高职高专“十二五”规划教材

SHIYONG FUWU LIYI
PEIXUN JIAOCHENG

实用服务礼仪
培训教程

随书附光盘

刘长凤 主编 邓 英 副主编

第二版

化学工业出版社

·北京·

本书介绍了服务行业在服务过程中应遵循的操作规范及应懂得的一些礼仪常识，主要包括：服务礼仪概述、服务人员的仪表仪容规范、服务人员仪态规范、服务人员语言规范、服饰礼仪规范、实用人际交往礼仪、涉外礼仪实务、宗教礼仪、我国部分少数民族和港澳台地区的习俗礼仪、我国主要客源国的习俗礼仪、旅行社主要岗位礼仪规范、酒店主要岗位礼仪规范等内容。本书具有可操作性强、体系完整、内容丰富、形式新颖等特点。

全书内容紧紧围绕提高学生实际能力培养的主题，结合服务岗位的实际，对实训的标准做了细致的量化，并对每项实训内容做了具体要求、能力测试与考核。

本书可作为高等职业技术院校旅游及相关专业的教材，也可作为一些企事业单位及酒店、旅行社的礼仪培训教材。

为了方便广大师生的教学需要，本书配有光盘。光盘中包括电子教案及实训演示，并附有可供查询的礼仪常识表等。

图书在版编目（CIP）数据

实用服务礼仪培训教程：配光盘/刘长凤主编．—2版．北京：化学工业出版社，2015.7（2025.7重印）

ISBN 978-7-122-24022-4

Ⅰ.①实…　Ⅱ.①刘…　Ⅲ.①服务业-礼仪-教材　Ⅳ.①F719

中国版本图书馆CIP数据核字（2015）第106264号

责任编辑：蔡洪伟　于　卉　　文字编辑：李　曦
责任校对：王素芹　　装帧设计：韩　飞

出版发行：化学工业出版社(北京市东城区青年湖南街13号　邮政编码100011)
印　　装：北京科印技术咨询服务有限公司数码印刷分部
787mm×1092mm　1/16　印张15¼　彩插1　字数377千字　2025年7月北京第2版第8次印刷

购书咨询：010-64518888　　售后服务：010-64518899
网　　址：http://www.cip.com.cn
凡购买本书，如有缺损质量问题，本社销售中心负责调换。

定　价：39.00元（附光盘）

版权所有　违者必究

《实用服务礼仪培训教程》

编写人员名单

名誉顾问　臧春华

主　　编　刘长凤

副 主 编　邓　英

参　　编　（按姓氏笔画排列）

王　玉　　吕丽辉　　张　莹

封宗华　　顾　静

前　　言

对于服务人员和即将走向服务岗位的学生来说，做好服务工作，不仅需要职业技能，更需要懂得服务礼仪规范：即热情周到的态度、敏锐的观察能力、良好的语言表达能力以及灵活、妥善的处理事件的能力。本教材正是为了满足高职高专人才培养的需要和服务企业的需要而编写的。

本教材的内容主要包括：服务礼仪的基本理论、服务人员的仪容规范、服务人员的服饰规范、服务人员的仪态规范、服务用语的语言规范、实用人际交往常识、涉外礼仪实务、旅行社主要岗位实务、酒店主要岗位实务等。

本着理论与实践同步，教学与实训结合，客观指导与情感培养并重的指导思想，同时注重文本的条款清晰度和版面设计的灵活性，本教材采用图文并茂并结合大量相关链接的编排方法，以增强学生的阅读兴趣，丰富相关业务知识。本教材具有以下几个特点。

1. 可操作性强

本教材所阐述的内容系国内外服务礼仪活动的实践总结，与日常活动形成较一致的对应关系，有利于学生在日后工作中应用。每章内容都紧紧围绕提高学生实际能力培养的主题，结合服务岗位的实际，采用案例分析与场景模拟结合的方法，通过在“做中学”，达到“人才培养与就业岗位零距离”的目标。本选题还有很强的可操作性，对实训的标准作了细致的量化，并对每项实训内容做了具体要求（实训项目、实训目的、实训时间、实训方法）、能力测试与考核，使教师教有依据，学生学有标准，实现“培养标准与企业标准零距离”的目标。

2. 体系完整，内容精练

本教材在结构体裁上设置为：学习目标、教学内容、训练方法、考核表格、本章小结、复习思考题、案例分析、模拟实训，教学内容穿插阅读资料和图片。

3. 相关链接丰富，版面形式新颖

为提高学生的阅读兴趣，培养学生职业情感，本教材在编写过程中，链接了大量相关知识和图片以及相关名言格言，同时在版面设计方面打破传统教材固有格式，让读者在轻松愉快的状态下，掌握相关知识。

4. 为了方便广大教师教学的需要，本书配有电子课件，书后附有可供查询的礼仪常识表，每章习题有参考答案和提示。

本教材是由从事专业教学实践多年的高职教师及酒店高级管理者共同执笔编写。由刘长凤担任主编，邓英担任副主编。国家餐饮服务大师臧春华担任顾问。具体分工是：刘长凤负责设置全书的基本框架，确定基本内容，再版修订工作，并编写项目一、项目五以及项目二的部分内容，最后负责总纂稿、修改定稿工作；邓英参与了本书的策划、统改和再版修订工作，编写了项目三、项目四、项目八和项目十二；顾静编写了项目二的部分内容；吕丽辉编写了项目六；王玉编写了项目七；张莹编写了项目九、项目十；封宗华编写了项目十一；孙朋久负责本书版面的策划和设计工作，并为本书的部分章节制作标示图片。

本书在编写过程中，参阅了大量专著和书籍，在此对借鉴书刊、资料的作者深表谢意。同时也得到学院、行业专家的指导和帮助，在此一并致谢。鉴于编者的学识和时间所限，书中难免有疏漏之处，我们企盼在今后的教学中，有所改进和提高。恳请广大读者批评指正。

编　者

2015年3月

第一版前言

随着我国加入WTO、北京申办2008年奥运会和上海申办2010年世博会的成功，服务性产业呈现出了一派欣欣向荣的景象，国内旅游业、酒店业更是以其独特的行业优势得到快速发展。如何在急剧扩张的市场中占据更多的份额，如何在激烈的竞争中求得生存和发展，是目前服务行业面临的最大问题。当前，商品的竞争就是服务的竞争。怎样把客户服务放在首位，最大限度为客户提供规范化、人性化的服务，以满足客户需求，是现代企业面临的最大挑战。培养一大批既掌握较高的专业知识又具备较强的实际操作能力的高素质的从业人员是当务之急。所以，现代企业必须在服务上下工夫，才能在同行业中获得持续、较强的竞争力。

对于服务人员和即将走向服务岗位的学生来说，做好服务工作，不仅需要职业技能，更需要懂得服务礼仪规范：热情周到的态度，敏锐的观察能力，良好的口语表达能力以及灵活、规范的事件处理能力。本教材正是为了满足高职高专人才培养的需要和服务企业的急需而编写的。

本教材具有很强的实用性、可操作性，具有体系完整、内容丰富、形式新颖等特点。在阐述服务礼仪理论的基础上，侧重对服务礼仪的操作标准和实训方法的强化。全书的内容以提高学生实际能力的培养为主题，结合服务岗位的实际，对实训的标准做了细致的量化，在每项实训内容中列出了具体要求、能力测试与考核。为提高学生的学习兴趣，培养学生的职业情感，书中链接了大量相关知识和图片，在版面设计方面也打破传统教材固有的格式，让读者在轻松愉快的状态下掌握知识。

本教材由刘长凤担任主编，王其梅、苏静、邓英担任副主编。臧春华担任名誉顾问。具体分工是：刘长凤负责设置全书的基本框架，确定基本内容，并编写第一章、第五章以及第二章的部分内容，最后负责总纂稿、修改定稿工作；王其梅、苏静、邓英参与了本书的策划和编写工作，王其梅负责教学光盘的拍摄和制作；顾静编写了第二章的部分内容，并负责书稿的初步校对工作；邓英编写了第三章、第八章和第十二章，参与了书稿的统改工作；姚远编写了第四章，吕丽辉编写了第六章，王玉编写了第七章，张莹编写了第九章、第十章，封宗华编写了第十一章，苏静编写了常用服务岗位用语（英语）。孙朋久负责本书版面的策划和设计工作，并为本书的部分章节制作标示图片。此外，王娟、赵甲申、倪犟参与了光盘中附录部分的资料收集和整理工作。

本教材是在编者学校领导及各部门的大力支持下，在学校酒店烹饪系和外语系的全力帮助下编写完成的。在此向本书编写过程中所有关心和支持者表示衷心的感谢！

由于编写时间所限，书中疏漏和不妥之处，敬请读者批评指正。

编　者

2007年7月

目　录

项目一　服务礼仪概述

【学习目标】

通过本章学习，使学生了解礼仪的含义、分类；理解服务礼仪的特征和基本功能；熟悉服务礼仪的基本原则；掌握服务礼仪的基本要求，树立正确的服务意识，以便在今后的工作中，能为服务对象提供标准规范、人性化的优质服务。

任务一　礼仪概述

礼仪是为维系和发展人际关系而产生的，是人类文明和社会进步的重要标志。它既是交往活动的重要内容，又是道德文化的外在表现形式，有着丰富的内涵。我国素有“礼仪之邦”的美誉，礼仪文化源远流长，并有着完备的礼仪体系。随着社会的进步，经济的发展，人和人之间、国与国之间交往的日益频繁，礼仪已成为人们社会生活中不可缺少的内容。礼仪修养不仅是现代人必备的基本素质，而且是社会交往、商务活动和各项事业成功的一个重要条件。

一、礼仪的含义

（1）礼仪　礼仪是“礼”和“仪”的统称，是指在人际交往过程中，人们为了表示尊重与友好而共同遵守的行为规范和交往程序。在礼学体系中，礼仪是有形的，它存在于社会的一切交往活动中，其基本形式受物质水平、历史传统、文化心态、民族习俗等众多因素的影响。礼仪一般包括语言（书面与口头）、行为表情、服饰器物三大基本要素。

（2）礼貌　礼貌是人们交往时，相互表示敬重和友好的行为准则。它体现了时代的风尚与道德品质，体现了人们的文化层次和文明程度。礼貌是一个人在待人接物时的外在表现，它通过仪表、仪容、仪态以及言语和动作来体现。

（3）礼节　礼节是人们在日常生活中，特别是交际场合中，互相问候、致意、祝愿、慰问以及给予必要的协助与照料的惯用形式。

礼仪与礼貌、礼节既有区别，又相互联系。礼仪在层次上含义最深、最广，是由一系列具体的、表现礼貌的礼节所构成的，具体表现为礼貌、礼节、仪表、仪式、礼仪器物等；而礼貌则是礼仪的基础，礼貌是人们在相互交往过程中表示敬重、友好的行为规范，它侧重于表现人的品质与素养；礼节则是礼仪的基本组成部分，是礼貌的具体表现方式，是为表示尊重的惯用形式和具体要求。礼仪与礼貌、礼节三者所表现的都是对人的尊敬和友善。

二、礼仪的分类

依据适用的对象和范围的不同，礼仪主要分为行业礼仪与交往礼仪。

（1）行业礼仪　行业礼仪是依照行业划分的，并且是人们在工作岗位上所应遵守的行为规范和道德准则。主要包括政务礼仪、商务礼仪和服务礼仪。

（2）交往礼仪　交往礼仪主要以交往范围为依据，是人们在人际、国际交往中应遵守的礼仪规范和准则。主要包括社交礼仪、涉外礼仪和习俗礼仪。

三、礼仪的基本原则

所谓礼仪的基本原则是指在人际交往过程中，各种礼仪规范和行为应共同遵守的基本准则。“道德仁义，非礼不成”，它是现实生活中具体礼仪规范的提炼、概括和升华，具有普遍的指导意义。

（1）尊重原则　尊重原则，是指人们在致礼施仪时要体现出对他人真诚的恭敬与重视。尊重，是现代礼仪的实质。礼仪本身从内容到形式都是尊重他人的具体体现。尊重他人，就是要求人们在交际活动中，与交往对象既要互谦互让，互尊互敬，友好相待，和睦共处，更要把对交往对象的重视、恭敬、友好放在第一位。尊重是人际交往获得成功的重要保证，也是礼仪的核心。孔子曾经说：“礼者，敬人也”，尊重他人是赢得他人尊重的前提，只有相互尊重，人与人之间的关系才会融洽和谐。

（2）平等原则　现代礼仪中的平等原则，是指对任何交往对象都必须一视同仁，给予同等程度的礼遇。以礼待人，有来有往，既不能盛气凌人，也不能卑躬屈膝。平等原则是现代礼仪的基础，是现代礼仪有别于以往礼仪的最根本的原则。交往的双方相互平等、相互尊重，是现代礼仪最深刻的内涵。

（3）宽容原则　宽容原则，是要求人们在人际交往活动中，严予律己，宽以待人，这是为人处世的较高境界，也是具备较高修养的表现。在人际交往过程中，要允许其他人有个人行动和独立进行自我判断的自由，要尊重其个人选择。对不同于己、不同于众的行为耐心容忍，不必要求其他人处处效仿，与自己完全保持一致，这实际上也是尊重对方的一个主要表现。

（4）真诚原则　礼仪上所讲的真诚原则，就是要求在人际交往中运用礼仪时，务必待人以诚，诚心诚意，诚实无欺，言行一致，表里如一。只有这样，自己在运用礼仪时所表达的对交往对象的尊敬与友好，才会更好地被对方所理解、所接受。

（5）遵守原则　在人际交往过程中，每一位参与者都必须自觉、自愿地遵守礼仪，以礼仪去规范自己在交际活动中的一言一行，一举一动。对礼仪，不仅要学习、了解，更重要的是学了就要用，要将其付诸个人社交实践。任何人，不论身份高低、职位大小、财富多寡，都要自觉遵守、应用礼仪。

（6）适度原则　适度原则是要求应用礼仪时，为了保证取得成效，须注意技巧，合乎规范，特别要注意做到把握分寸，恰到好处。运用礼仪时，假如做得过了头，或者做得不到位，都不能真正地表达自己的自律、敬人之意。

（7）自律原则　礼仪的根本内容是“约束自己，尊重他人”。古人所谓“学礼仪，见贤思齐，见不贤而自省”和现代礼仪的自律原则有异曲同工之处。学习、应用礼仪，最重要的就是要自我要求、自我约束、自我对照、自我反省，这就是所谓自律的原则。古语云：“己所不欲，勿施于人”，若是没有对自己的首先要求，人前人后不一样，只求诸人，不求诸己，不讲慎独与克己，遵守礼仪就无从谈起，就是一种蒙骗他人的大话、假话、空话。

（8）从俗原则　由于国情、民族、文化背景的不同，在人际交往中，存在着“十里不同风，百里不同俗”的局面。对这一客观现实要有正确认识，不要自高自大，唯我独尊，以我划线，简单否定其他人不同于己的方法。必

阅读资料1-1

服务是什么

美国市场营销协会(AMA)1960年最先给服务下的定义是：“用于出售或者是同产品连在一起进行出售的活动、利益或满足感。”后来重新定义为：“可被区分界定，主要为不可感知却可使欲望得到满足的活动，而这种活动并不需要与其他产品或服务的出售联系在一起。生产服务时可能会或不会需要利用实物，而且即使需要借助某些实物协助生产服务，这些实物所有权也不涉及转移的问题。”

雷根把服务定义为：“直接提供满足或者与有形商品或其他服务一起提供满足的不可感知活动。”斯坦通指出：“服务是一种特殊的无形活动。它向顾客或工业用户提供所需的满足感，它与其他产品销售或其他服务并无必然联系。”克里斯蒂·格鲁诺斯认为：“服务是以无形的方式，在顾客与服务人员、有形资源商品或服务系统之间发生的，解决顾客问题的一种或一系列行为。”

服务(service)由7个字母组成：“s”是指微笑(smile)；“e”是指杰出、优秀(excellence)；“r”是指准备(readiness)；“v”是指观察(viewing)；“i”是指邀请(invitation)；“c”是指创造性(creativeness)；“e”是指关注(eye)。

要时，必须坚持入国问禁、入乡随俗、入门问讳，与绝大多数人习惯做法保持一致，切勿目中无人，自以为是，指手画脚，随意批评，否定其他人的习惯性做法。遵守从俗原则的规定，会使礼仪的应用更加得心应手，更加有助于人际交往。

任务二　服务礼仪概述

服务是一个与人打交道的工作，也是一个与服务对象沟通的工作。学会与顾客交往、沟通的技巧，掌握对顾客服务的行为规范，展现一名服务人员的外在美和内在修养，能更容易拉近服务人员与顾客的距离，赢得顾客的满意和忠诚，提升企业的形象，实现品牌的增值。在市场经济条件下，商品的竞争就是服务的竞争。现代企业必须在服务上下工夫，才能在同行业中获得持续的、较强的竞争力。怎样把客户服务放在首位，最大限度为客户提供规范化、人性化的服务，以满足客户需求，是现代企业面临的最大挑战，也正是服务礼仪要解决的问题。

一、服务的含义

服务礼仪的内容丰富，内涵深刻。要领会它的含义，必须了解什么是服务。

（1）概念　服务是指服务方遵照被服务方的意愿和要求，为满足被服务方需要而提供相应满意活动的过程。服务是一种劳动方式，它不是以实物形式而是以提供劳动的形式满足他人某种需求的活动。它不创造实物产品，但又必须以实物产品为依托。

在市场竞争条件下，一个企业要获得成功，必须以服务质量求生存、求发展。用服务创造价值，推行“以顾客满意为中心”的服务战略，打造以优质服务为核心的竞争优势，已经成为新竞争形势下的竞争法则。

（2）优质服务的内容　优质服务是企业发展的永恒主题，更是企业生存与发展的根本所在。

二、服务礼仪的含义

（1）概念　服务礼仪与礼仪有着密切的关系。礼仪是服务礼仪的基础和内容。服务礼仪是礼仪在服务过程中的具体运用，是礼仪的一种特殊形式，是体现服务的具体过程和手段，使无形的服务有形化、规范化、系统化。服务礼仪是指服务人员在自己的工作岗位上向服务对象提供服务时的标准的、正确的做法。

（2）服务礼仪的主要内容　服务礼仪以服务人员的仪容规范、仪态规范、服饰规范、语言规范和岗位规范为主要内容。

① 仪容规范。服务礼仪的仪容规范指的是服务人员在工作岗位上，按照本行业的要求对自己的仪容进行必要的修饰与维护的要求和标准。主要内容包括面部修饰、发部修饰、肢体修饰和化妆修饰四个方面。

② 仪态规范。服务礼仪的仪态规范是指对服务人员的身体在工作岗位上的姿态、行为和动作的具体要求。主要包括仪态、举止、风度。

③ 服饰规范。服务礼仪的服饰规范是服务行业对其从业人员在工作岗位上的服饰提出统一的要求与限制。服务人员的服饰问题，主要涉及在其服务工作中穿戴、使用的服装、饰品、用品等选择与使用的规范。

④ 语言规范。服务礼仪的语言规范是对服务人员在工作岗位上使用的礼貌用语及谈话技巧的要求及准则。

阅读资料1-2

海尔空调星级服务歌

海尔服务兵个个要牢记，三大纪律八项注意：

第一，真诚才能到永远，牢记用户永远是上帝；

第二，用户永远是对的，标准就是用户满意；

第三，不能对用户说不，用户的难题是我们的课题；

三大纪律我们要做到，八项注意切莫忘记了：

第一，服务准备要充分，仪表整洁工具要完好；

第二，服务一定要准时，用户问题彻底解决掉；

第三，言谈举止要文明，态度和蔼要面带微笑；

第四，鞋套穿好再进门，每次服务不能忘记了；

第五，自觉请用户监督，主动递卡自我来介绍；

第六，盖布、垫布全用上，整洁服务处处注意到；

第七，用户东西莫乱动，请示使用不能损坏了；

第八，联系电话要留下，道别致谢回访要做好；

星级标准条条要记清，时刻不忘我是海尔人，

遵守标准人人要自觉，互相监督切莫违反了，

用户满意才能有美誉，世界名牌一定能做到。

⑤ 岗位规范。服务礼仪的岗位规范是指服务人员在服务岗位上应遵循的具体要求和操作标准（本书主要介绍旅行社岗位礼仪和酒店岗位礼仪规范）。

服务行业是广泛接触社会、接触人的工作。由于服务对象所在的国家和地区、民族、文化、语言、宗教、信仰、习俗等不同，服务人员为了能做好服务与接待工作，也要学习和了解社交礼仪、涉外礼仪、我国部分少数民族及港澳台地区习俗礼仪、我国主要客源国习俗礼仪、宗教礼仪等。

三、服务礼仪的特征

服务礼仪是一门实用性很强的礼仪学科。同礼仪的其他门类相比，服务礼仪具有明显的规范性、可操作性和灵活性的特征。

（1）规范性　服务礼仪是指服务人员在自己的工作岗位上应当严格遵守的行为规范。这种规范，不仅要求服务单位及员工要按照一定的礼仪规范做好服务与接待工作，而且也约束着服务人员在服务过程中的言谈话语、行为举止要合乎礼仪。尽管服务业涉及的接待程序和接待规范上存在着差异，但都是在服务接待活动中调节客人与服务人员相互之间最一般关系的行为规范，其礼仪基本内涵都是一致的。“宾客至上”、把“尊贵让给客人”应该是服务行业各个部门共同的行为准则，是服务行业全体成员应该共同遵守的人际交往和社会交往准则。

（2）可操作性　服务礼仪是礼仪在服务过程中的具体应用。简便易行、容易操作是服务礼仪的一大特征。它既有总体上的服务礼仪原则、操作规范，又在具体的细节上有一系列的方式、方法，细致而周详地对服务礼仪原则、服务礼仪规范加以贯彻，把它们落到实处。服务礼仪因其切实有效，实用可行，规则简明，易学易会，便于操作，易记易行，使其被人们广泛地运用于服务过程中，并受到人们的认可。

（3）灵活性　培根说：“礼仪是微妙的东西，它既是人们交际所不可或缺的，又是不可过于计较的。”服务礼仪的规范是具体的，但不是死板的教条，它是灵活的、可变的。服务人员应该在不同的场合下，根据交往对象的不同特点，灵活地处理各种情况。

四、服务礼仪的功能

英国哲学家约翰·洛克说：“美德是精神上的一种宝藏，但是使它生出光彩的则是良好的礼仪。”我国古代思想家颜元也有“国尚礼则国昌，家尚礼则家大，身尚礼则身正，心尚礼则心泰”的论述。这些都说明了礼仪在约束人们的行为、加强人际关系和谐发展、促进社会进步方面有着重要作用。作为礼仪的一个重要组成部分，服务礼仪对服务人员服务质量的提高和完善，对企业的生存和发展具有积极的促进作用。

（1）服务礼仪可以快速地提升企业的竞争力　随着市场竞争的日益激烈，企业之间的竞争越发表现出服务水平的竞争。市场中各个企业服务的竞争不仅仅是某种服务项目的较量，更重要的是这种服务要通过每一位员工和每一个细节表现出来。消费者在购买商品时，不但希望买到质优的有形产品，而且还希望获得满意的无形服务，从而使企业之间的技术竞争、价格竞争空间越来越小，使服务竞争显现出魅力。服务礼仪不仅能够给服务人员在服务过程中以行为指导，从而使服务交往变得容易进行，并且还能帮助服务人员养成良好的服务意识。具有良好服务意识的服务人员，能够长期赢得服务对象的认可，从而可以有效地提升本企业的竞争能力。

（2）服务礼仪可以有效地塑造并维护企业的整体形象　良好的企业形象是吸引消费者、扩大企业市场份额的有效保证。塑造并维护企业的整体形象，更好地、更充分地展示企业的风貌和实力是得到顾客信任和美誉，提升顾客的忠诚度的重要方法。良好的服务礼仪是一个企业树立良好的企业形象的有效手段。人们对一个企业的认识，首先是从该企业为服务对象提供的服务开始的。因此，服务礼仪可以塑造一个人、完善一个企业、体现一个地区乃至反映一个国家的整体形象。

（3）服务礼仪可以更好地提高服务人员的个人素质及服务质量　服务礼仪作为行为规范，为服务人员在服务过程中使自身的行为符合服务对象的要求提供了依据，也有助于服务人员个人素质的提高。服务质量，通常泛指服务人员的服务工作的好坏与服务水平的高低。服务质量主要由服务态度与服务技能两大要素构成。在一般情况之下，消费者对服务态度的重视程度，往往会高于对服务技能的重视程度。服务礼仪有助于提高服务人员的服务意识、服务质量，它不仅使服务交往变得顺利，让服务对象感觉轻松和愉快，还能使服务人员通过养成的良好服务意识对服务对象的需求做出适时的回应，从而让服务对象满意。

（4）服务礼仪可以更多地为企业创造经济效益和社会效益　随着服务业的迅猛发展，服务在国民经济中的地位越来越显示出重要性。企业之间的竞争再也不是有形产品之间的竞争，更多是无形服务的竞争，企业已经意识到良好的服务可以给企业带来可观的经济效益。与此同时，服务礼仪的意义绝不是只局限于经济层面，它已渗透到社会生活的各个层面，社会文明的发展和民主的进步，呼唤着服务礼仪的完善。服务礼仪可以给一个企业带来更多的社会效益，它使世界更美好，社会更和谐。

任务三　服务礼仪的基本要求

服务行业是观察社会风气的一个重要窗口。作为“窗口行业”，服务行业与社会接触面最广，与人们的生活息息相关。服务质量的优劣，直接体现服务人员的文明程度和文化素养，体现着企业的服务质量和管理水平，从某种意义来讲，也体现着一个国家和人民的精神面貌和道德水准。从根本上提升服务品质、打造企业核心竞争优势、增强服务意识、提升服务素养是服务礼仪对现代企业及员工所提出的基本要求。

一、强化职业道德

职业道德，既是服务礼仪的主要理论基石之一，也是对现代企业员工的基本要求。服务行业的职业道德，是指服务人员在服务过程中，接待自己的服务对象，处理自己与服务对象、与所在单位和国家之间的相互关系时所应当遵守的职业行为准则。它本身受到个人素质与自我良心的制约。

服务行业的职业道德的核心思想，是要为社会服务，为人民服务，对服务对象负责，让对方对己方的服务质量称心满意，并且通过全体服务人员的一言一行，传达出己方对服务对象的体贴、关心与敬意，反映己方积极进取、报效国家与社会的精神风貌。

服务行业的职业道德的具体内容，主要包括服务人员在思想品质、服务态度、经营风格、工作作风、职业修养等方面规范化的要求。它们都是用以调节服务人员在其工作中的各种人际关系的行为准则。

（1）思想品质　在我国，对服务人员在思想品质方面的规范化要求，主要表现在热爱祖国、热爱社会主义和热爱本职工作三个方面。

热爱祖国、热爱社会主义就是拥护中国共产党的领导，积极投身于社会主义现代化建设事业，从自己身边的点滴小事做起，努力奉献，为国效力，为国分忧，永远热爱自己的祖国，永远忠于自己的祖国，维护民族利益与尊严和维护社会主义利益与尊严。

热爱本职工作就是爱岗敬业、忠于职守，就是要努力做到热爱自己所从事的具体职业，热爱自己所在的具体工作岗位，维护本职业的利益，担负本岗位的责任。在工作上认真负责，在技术上精益求精，力求掌握最好的职业技能，勤勤恳恳，踏踏实实，始终如一，不计名利，认真做好本职工作。

（2）服务态度　服务态度，主要是指服务人员对服务工作的看法以及在为服务对象进行服务时的具体表现。一名服务人员的服务态度端正与否，直接影响到他为服务对象所提供的服务的好坏。我国服务行业对服务人员的服务态度的总要求是：热情服务，礼待宾客，以质见长。

（3）经营风格　对服务行业在经营风格方面的总的要求是：必须切实维护消费者的权益，从而有利于社会的发展与稳定。要实现这一目标，通常要求服务行业与服务人员要在货真价实和诚信无欺两个方面多下工夫。

（4）工作作风　服务人员的工作作风，指的就是服务人员在工作岗位上所表现出来的态度与行为。它不仅体现着服务人员的思想品质，而且还影响到服务人员的服务质量与个人形象。服务人员应做到清正廉洁、一心奉公。

（5）职业修养　职业修养，通常指的是某一行业的从业人员，在自己的工作岗位上通过经年累月的锻炼，从而在思想上、业务上所达到的一定的水准，以及由此而养成的待人处事的基本态度。对广大服务人员而言，个人的职业修养往往会直接影响到他的服务质量与工作态度。这就要求服务人员在职业修养方面应当树立崇高理想，努力钻研业务，做到理论与实践并重。

二、明确角色定位

角色定位理论，主要是要求服务人员在为服务对象提供服务之前，必须准确地确定好在当时特定的情况下，双方各自扮演何种角色。

（1）确定角色　角色定位理论认为，人们不仅在日常生活里扮演着一定的角色，而且在不同的场合里还往往扮演着不同的角色。所谓社会角色、生活角色或者性格角色，实际上只不过是在不同的场合，或者依据不同的标准，对人们所进行的一种定位。

服务人员在工作岗位上最需要为自己所进行的角色定位，主要是确定自己的社会角色，而不是自己的生活角色或性格角色。

（2）摆正位置　服务人员在工作时必须清楚地知道，自己应当被定位于服务他人的角色。即自己在工作岗位上所要扮演的角色，是要为人民服务，为社会服务，为社会主义现代化建设服务。而且要意识到：自己从事的工作既重要又光荣。

服务人员要恪守本分，以朴素、大方、端庄、美观为第一要旨。在工作岗位上，服务人员的一切行为，包括仪容、仪态、服饰、语言乃至待人接物的行为等，均不得与之背道而驰。

（3）特色服务　所谓特色服务，是指有别于常规服务的、具有某种特殊之处的服务。特色服务之所以常常取得成功，关键就在于它能够了解人们的特殊需求，并给予适当的满足。服务人员在对服务对象进行角色定位时，除了取决于自己的经验、阅历、教养与判断之外，主要是基于自己对对方的性

阅读资料1-3

101%的服务

有一次，一位顾客在肯德基用餐时，需要服务员为她拿一把汤勺。服务生微笑着答应了。很快，那位服务员回来了，可手里却不见汤勺，只见一张洁净的白纸巾，顾客有些不高兴。就在那位服务员伸出手掌，翻开纸巾的时候，顾客会心地笑了。因为她看到雪白的纸巾上静悄悄地“躺”着一把汤勺。

无疑，那位服务员受到了上司的嘉奖。因为他不只做到了顾客想要什么就给她什么，还想到了顾客没有要求的。他的小小举动，让顾客看到了一流的服务。他的用心，让客人觉得肯德基的服务超出了自己的想象。虽然只是一个小小的举动，却足以让顾客感动。他超出了100%的服务，做到了101%的服务。

别、年龄、气质、教养、仪容、仪态、服饰、语言等方面所进行的综合观察。

（4）不断调整　在服务过程中，服务人员为自己所进行的角色定位需要有所变化、有所调整，主要是因为随着自己与服务对象相互接触的不断加深和服务工作的不断进行，自己所处的具体位置不时需要有所变动。

三、善于双向沟通

双向沟通理论，是服务礼仪的重要理论支柱之一。它的中心内容，是主张以相互交流、相互理解作为服务人员与服务对象彼此之间进行相互合作的基本前提。双向沟通理论认定，离开了服务人员与服务对象彼此之间的相互交流、相互理解，服务人员要向服务对象提供令人满意称心的良好服务，通常都是不可能的。

（1）理解服务对象　双向沟通理论特别强调：人是需要理解的，而服务者是必须要理解人的。在服务岗位上，唯有正确地理解服务对象，服务人员才谈得上能够以自己的优质服务去充分地满足对方的实际需要。

服务人员应当了解，服务对象的实际需要大体上可以分为以下两种基本类型。

一类可以称之为服务对象的正常需要，见表1-1所示。

另一类则可称之为服务对象的特殊需要，见表1-2所示。强调个人、展现实力等，它是属于人类在某种特殊的情况下所产生的需要。

表1-1　服务对象的正常需要

需　要	适用的人群
受欢迎的需要	穿着时髦的客人、举行家宴的客人、少数民族着装的客人、自我炫耀的客人、前呼后拥的客人、主动递名片的客人、举办婚宴的客人、向朋友宣传酒店的客人、外宾等
及时服务的需要	身体不好的客人、腿脚不便的老人、怀孕的客人、商务人士等
感觉舒适的需要	旅游度假的客人、指定房型的客人、家庭消费的客人、持卡消费的客人、就餐时选观景房的客人等
有序服务的需要	团队旅游者、海外考察团、会议客人等
被理解的需要	醉酒的客人、尴尬的客人（如喝洗手盅水的客人）、损坏酒店物品的客人等
被帮助和被协助的需要	身体不好的客人、腿脚不便的老人、怀孕的客人、带孩子的客人等
受重视的需要	自报公司及职务的客人、重要领导、酒店的大客户、酒店领导的朋友、提意见和建议的客人等
被称赞的需要	事业有成的客人、打扮入时的客人、小孩等
被识别或被记住的需要	商界名流、明星等演艺人士、政府官员、外宾、其他身份特殊的客人等

表1-2　服务对象的特殊需要

特殊需要	可能需要的客人
保密	演员、政府官员、商界名流，其他有特殊要求的客人
祝福	老人、过生日的客人、办婚宴的客人
关心	生病的客人、有残疾的客人
支持	事业刚起步的客人
交流	独自来的客人、异地来的客人、有语言障碍的客人
信任	无担保的客人、信用卡透支的客人
认同	提意见和建议的客人
鼓励	打保龄球分不高的客人、唱歌跑调的客人
肯定	事业成功的客人

（2）加强相互理解　相互理解，亦即双向沟通，是实现交往成功的基本前提。有时，人们也将其简称为沟通。在任何形式的人际交往中，包括服务人员与服务对象在服务过

程之中的人际交往在内，假如没有交往双方之间的相互理解，就很难使双方的交往融洽而成功。

（3）建立沟通渠道 双向沟通理论主张，要想在人际交往之中真正地使交往双方实现相互理解，主要有赖于建立一种约定俗成的、相对稳定的、有助于交往双方彼此相互理解的沟通渠道。这种沟通渠道，可被视为在人际交往中，交往双方实现相互理解的一种捷径。

（4）重视沟通技巧 服务礼仪是实现双向沟通的一种最重要的沟通技巧，它可以提高人们对服务礼仪重要性的认识，可以端正人们对服务礼仪实用性的认识。

四、坚持“三A法则”

服务人员欲向服务对象表达自己的敬意的时候，必须善于抓住如下三个重点环节，即接受服务对象，重视服务对象，赞美服务对象。由于在英文里，“接受”、“重视”、“赞美”这三个词汇都以“A”字母打头，所以它们又被称作“三A法则”。

（1）接受服务对象 接受服务对象，主要应当体现为服务人员应当积极、热情、主动地接近服务对象，淡化彼此之间的戒备、抵触和对立的情绪，恰到好处地向对方表示亲近友好之意，将对方当做自己人来看待，真正将消费者视为自己的“上帝”和“衣食父母”，诚心诚意地意识到消费者至上，认可对方，容纳对方，接近对方。在内心里必须确认：客人通常都是正确的。只有做到了这一点，才能真正地提高自己的服务质量。

（2）重视服务对象 重视服务对象，主要应认真对待服务对象，并且主动关心服务对象。服务人员在工作岗位上要真正做到重视服务对象，首先应当做到目中有人，招之即来，有求必应，有问必答，想对方之所想，急对方之所急，认真满足对方的要求，努力为其提供良好的服务。服务人员重视服务对象的具体方法主要有牢记服务对象的姓名、善用服务对象的尊称、倾听服务对象的要求等。

（3）赞美服务对象 赞美服务对象，是要求服务人员在向服务对象提供具体服务的过程中，要善于发现对方所长，并且及时地、恰到好处地对其表示欣赏、肯定、称赞与钦佩。这种做法的最大好处是可以争取服务对象的合作，使服务人员与服务对象彼此在整个服务过程中和睦而友善地相处。服务人员在有必要赞美服务对象时，要注意适可而止、实事求是、恰如其分，否则自己对对方的赞美往往难以奏效。

五、注重形象效应

企业形象不仅是指一种产品、一项政策或行为留给公众的印象，也是企业与目标公众在长期的社会交往中形成的一种信赖关系，是企业知名度和美誉度的综合反映，是企业履行社会责任的重要标志。企业形象是企业各个部分形象的总和，具体说来，包括产品形象、服务形象、员工形象、企业外观形象等方面的内容。

服务礼仪的形象效应指的是企业形象在人们心目中所产生的反映和效果。服务行业的形象效应主要体现在服务之初、服务之中、服务之后，可以说是体现在服务的第一环节、中间环节和最后环节，也就是服务人员在与服务对象交往过程中的第一印象、中间印象和最后印象。服务礼仪称之为首轮效应、亲和效应和末轮效应。

（1）首轮效应 首轮效应，有时亦称首因效应。它的理论核心点是：人们在日常生活之中初次接触某人、某物、某事时所产生的即刻印象，通常会在对该人、该物、该事的认知方面发挥明显的，甚至是举足轻重的作用。首轮效应理论实质上是一种有关形象塑造的理论。在人际交往中，之所以强调第一印象十分重要，目的就在于要塑造好形象，维护好形象。

首轮效应理论对整个服务行业的重要启示有两条。第一，一家服务单位在创建之初，必须注意认真策划好自己的“初次亮相”，以求使社会公众对自己的良好形象先入为主，萌生好感，并且予以认同。第二，服务行业的全体从业人员在面对顾客时，均应力求使对方对自己产生较好的第一印象。

（2）亲和效应　所谓亲和效应，是指人们在交际应酬里，往往会因为彼此之间存在着某些共同之处或近似之处，而感到相互之间更加容易接近。这种相互接近，则通常使交往对象之间萌生亲切感，更加相互接近，相互体谅。交往对象由接近而亲密、由亲密而进一步接近的这种相互作用，有时被人们称为亲和力。

服务行业、服务人员与服务对象，尤其是常来常往的服务对象彼此之间形成亲和力，是非常有必要的。要做到这一点，必须做到待人如已、出自真心和不图回报。

（3）末轮效应　末轮效应理论的核心思想，是要求人们在塑造单位或个人的整体形象时，必须有始有终，善始善终，始终如一。它特别主张在人际交往的最后环节，争取给自己的交往对象最后留下一个尽可能完美的印象。在服务过程中，得体而周全地运用末轮效应的理论，有助于服务单位与服务人员始终如一地在服务对象面前维护自己的完美形象；有助于服务单位与服务人员为服务对象热情服务而真正地获得对方的认可，并且为对方所愉快地接受；有助于服务单位与服务人员在服务过程中克服短期行为与近视眼光，从而赢得服务对象的人心，并因此逐渐地提高本单位的社会效益与经济效益。

所以，服务行业与服务人员都要特别注意，在为服务对象进行服务的整过程中，如欲给对方留下完美的印象，不但要注意给对方留下良好的第一印象，而且也要注意给对方留下良好的最后印象。

根据服务行业目前的具体情况，服务行业与服务人员在掌握并运用末轮效应理论时，应当注意三个方面的问题。

① 抓好最后环节。首先，对服务单位而言，要抓好服务过程的最后环节，主要应该从自己的“硬件”方面着手。即有必要对处于服务过程最后环节的设备、设施，以及其他一切有可能为服务对象所接触或使用的用具、物品等，力臻完善。切勿令其滥竽充数。

其次，对服务人员而言，要抓好服务过程的最后环节，主要是应该使自己始终如一地在服务对象面前，保持“全心全意为人民服务”的高度热情。在最后环节上，为全体服务对象所提供的热情服务，应当是绝对公平、一视同仁的。

② 做好后续服务。所谓后续服务，又叫售后服务，它在这里特指在服务人员为服务对象所提供的直接服务结束之后，服务单位和服务人员有责任与义务，主动或应邀为服务对象提供的连带性、补充性服务。

服务行业可为服务对象提供后续服务，主要包括允许退货、准予更换、保质保修、安装检修、咨询指导、接待投诉、服务热线、服务上门等。

服务单位与服务人员应当注意的是，自己为服务对象所提供的上述种种后续服务项目宜求其精，宜求其实，而不宜只图形式，走过场，或是贪大求全。

③ 着眼两个效益。在服务工作中，提倡服务人员热情为服务对象进行

阅读资料1-4

背后的鞠躬

日本人讲礼貌，行鞠躬礼是司空见惯的。可是一位留学生在日本学习期间看到的一次日本人行鞠躬礼的作为在脑海中留下了深刻的印象。

一天，这位留学生来到了日航大阪饭店的大厅。那时，正是日本国内的旅游旺季，大厅里宾客进进出出，络绎不绝。一位手提皮箱的客人走进大厅，行李员立即微笑地迎上前去，鞠躬问候，并跟在客人身后问客人是否需要帮助。这位客人也许是有急事吧，嘴里说了声“不用，谢谢”就头也没回地径直朝电梯走去。那位行李员向匆匆离去的背景深深地鞠了一躬，嘴里还不断地说：“欢迎！欢迎！”

这位留学生看到这一情景困惑不解，便问该饭店的经理：“当面给客人鞠躬是为了礼貌服务，可那位行李员朝客人的后背深鞠躬又是为什么呢？”“既是为了这位客人，也是为了其他客人。”经理说，“如果此时那位客人突然回头，他会对我们的热情态度留下深刻的印象。同时大堂里的其他客人看到，他们会想，当我转过身去的时候，饭店的员工肯定对我一样礼貌。”

服务，从根本上自然是着眼于服务单位社会效益与经济效益双丰收。

服务人员必须明确两点：第一，在自己的工作岗位上所面对的一切外来人，都是自己的服务对象。不论对方是否消费，自己都有义务自始至终地热情服务。自己的热情服务不应当直接同对方的消费行为进行“等价交换”。第二，自己所接待的服务对象，亦有一定的分别。接待行动消费者时，应当细致周到；接待知晓消费者时，应当循循善诱；接待潜在消费者时，应当积极争取；接待非消费者时，则应当宣传感化。

六、提倡零度干扰

零度干扰理论，亦称作零干扰理论。它是服务礼仪的一种重要的支柱型理论。它的基本主张是：服务行业与服务人员在向服务对象提供具体服务的一系列过程中，必须主动采取一切行之有效的措施，将对方所受到的一切有形或无形的干扰，积极减少到所能够达到的极限，也就是要力争达到干扰为零的程度。

零度干扰理论的主旨，就是要求服务行业与服务人员在服务过程中，为服务对象创造一个宽松、舒畅、安全、自由、随意的环境。使对方在享受服务的整个过程里，尽可能地保持良好的心情，让对方始终能够逛得惬意，选得满意，买得称心。在进行消费的同时，令对方真正可以获得精神上的享受。

实践已经证明，一个社会的文明程度越高，其社会成员对服务领域内的干扰现象就越是难以容忍。服务对象的文化程度越高，在其享受服务的整个过程之中便越是不希望受到任何形式的干扰。

零度干扰理论的核心，就是要使服务对象在服务过程中所受到的干扰越少越好。服务行业与服务人员要贯彻落实好这个主要意图，就应当特别注意以下三个方面。

1．创造无干扰环境

必须承认，任何一个服务场所的周边环境，或多或少地都对服务对象构成一定的影响。在某种程度上，服务场所的周边环境，实际上也是整体服务的有机要素之一。为服务对象创造无干扰的周边环境，主要需要服务行业与服务人员从讲究卫生、重视陈设、限制噪声、注意温度和湿度、注意光线与色调等方面着手。

① 讲究卫生。环境卫生，通常最为服务对象所看重，并且在其眼中直接与服务单位的档次、服务水平的高低挂钩。注意周边环境的卫生，主要是要做到在服务单位的辖区之内，特别是在为服务对象提供服务的现场，以及对方的其他一切所到之处、无异物、无异味。

② 重视陈设。一家服务单位的陈设与装潢，颇有专门的讲究。它既要文明、美观，又要安全、实用。更加重要的是，它应当充分发挥吸引与方便服务对象的功能，而不应当适得其反。

③ 限制噪声。在人们对服务进行选择，或者享受服务的过程中，为了能专心致志地挑选或体验商品，都希望保持肃静。因此，服务行业与服务人员在为服务对象服务时，一定要将有碍于对方的噪声限制到最低点。

噪声，亦称噪音。它一般是指在正常的环境下不应当存在的嘈杂、刺耳、碍于人的听觉的声响。对服务对象来讲，下列不合时宜的声响都有可能是形成干扰的噪声：一是反复播放的广告，二是服务人员进行推销时的大声喊喝，三是服务人员私自进行的聊天，四是服务人员行动所造成的声响，五是服务过程中不应产生的物体碰撞之声，六是尖锐刺耳或过度无聊的背景音乐。

④ 注意温度和湿度。这里特指服务进行时，现场的温、湿度等重要的指标。在正常条

件下，人们在享受服务时，对现场的温度、湿度往往会有一定的要求。

就温度而言，人们感觉最为舒适的温度，是人的正常体温的“黄金分割点”，即22.5℃左右。高于这一指标10℃，就会让人燥热不堪；低于这一指标10℃，则会令人寒冷难耐。

就湿度而言，人们最适宜的湿度是相对湿度为50%。这个时候，人们会觉得空气不干不湿，清新宜人。相对湿度若高于90%，会让人感到又潮又闷；相对湿度若低于10%，则会使人感到又干又燥。由此可知，服务现场的温度、湿度如果反常，都是对服务对象的一种干扰。

⑤ 注意光线与色调。在服务现场，光线的明暗与背景色彩，对服务对象的消费心理都有一定程度的影响。在一般情况下，光照不应当过强或过暗。假如自然光源难以符合要求，可采用人造光源进行辅助。选用人造光源，不应以之直接照射服务对象，不宜采用彩灯或闪烁的灯光。令服务对象视觉舒适，并且增强服务项目的可视性，很值得服务单位重视。

若无特殊原因，服务现场的背景色彩应以令人赏心悦目的某些单色、浅色为主。如乳白色、淡蓝色、浅绿色等，都是可优先考虑的色彩。尽量不要以杂色、艳色作为背景色的主色调。特别是轻易不要选择令人狂躁不安的红色、黄色、橙色，或者令人恐惧、颓废的黑色、灰色，作为服务现场的主要背景色。

2．保持适度的距离

人际距离，一般是指在人与人进行的正常交往中，交往对象彼此之间在空间上所形成的间隔，即交往对象彼此相距的远近。在不同的场合里和不同的情况下，交往对象之间的人际距离通常会有不同的要求。心理学实验证明人际距离必须适度，人际距离过大，容易使人产生疏远之感；人际距离过小，则又会使人感到压抑、不适或是被冒犯。总之，人际距离过大或过小均为不当，它们都是有碍于正常人际交往的。

① 服务距离。服务距离是服务人员与服务对象之间所保持的一种最常规的距离。它主要适用于服务人员应服务对象的请求，为对方直接提供服务之时。在一般情况下，服务距离以0.5～1.5米为宜。至于服务人员与服务对象之间究竟是要相距近一些还是远一些，则应视服务的具体情况而定。

② 展示距离。展示距离，其实是服务距离的一种较为特殊的情况。即服务人员需要在服务对象面前进行操作示范，以便使后者对服务项目有更直观、更充分、更细致的了解。进行展示时，服务人员既要使服务对象看清自己的操作示范，又要防止对方对自己的操作示范有所妨碍，或是遭到误伤。因此，展示距离以1～3米为宜。

③ 引导距离。所谓引导距离，一般指的是服务人员在为服务对象带路时彼此之间的距离。根据惯例，在引导时，服务人员行进在服务对象侧前方1. 5米左右是最为适当的。此时，服务人员与服务对象之间相距过远或过近，都是不允许的。

④ 待命距离。待命距离，特指服务人员在服务对象尚未传唤自己、要求自己为之提供服务时，所须与对方自觉保持的距离。在正常情况下，它应当是在3米之外。只要服务对象视线所及，可以看到自己即可。服务人员主动与服务对象保持这种距离的目的，在于不影响服务对象对服务项目的浏览、斟酌或选择。

⑤ 信任距离。信任距离，指的是服务人员为了表示自己对服务对象的

阅读资料1-5

一天凌晨2点左右，一位客人在熟睡中被一阵嘈杂的声音吵醒。这种机械的声音在半夜的时候显得格外响亮，被折腾得睡不着觉的客人不满地打开了房门，结果发现一位服务员正在清洁过道的地毯。

客人非常生气地说：“半夜三更的，你们还让不让客人睡觉了？”服务员不知所措地愣了一会儿，然后，他理直气壮地对客人说：“先生，这是酒店的工作安排……”说完，他就接着清洁地毯。客人被激怒了，他走进房间就向房务中心投诉自己受到了干扰。

尽管客房经理最终指示服务员停止了工作，但是，客人还是在第二天清早离开了酒店，并解除了与酒店的长期合约。

信任，同时也是为了使对方对服务的浏览、斟酌、选择或体验更为专心致志而采用的一种距离，即离开对方而去，从对方的视线中消失。采取此种距离时，必须力戒两点，一是不要躲在附近，似乎是在暗中监视服务对象；二是不要去而不返，令服务对象在需要服务人员帮助时找不到人。

⑥ 禁忌距离。禁忌距离主要是指服务人员在工作岗位上与服务对象之间应当避免出现的距离。这种距离的特点，是双方身体相距过近，甚至有可能直接发生接触，即小于0.5米。这种距离多见于关系极为亲密者之间。若无特殊理由，服务人员千万不要主动采用。

3. 热情服务无干扰

真正受到服务对象欢迎的热情服务，必须既表现得热烈、周到、体贴、友善，同时又能够善解人意，为服务对象提供一定的自由度，不至于使对方在享受服务的过程中，受到服务人员的无意之中的骚扰、打搅、纠缠或者影响。这便是向服务对象提供无干扰的热情服务的含义。

从根本上来讲，要求服务人员在向服务对象提供热情服务时，必须同时具有对对方无干扰的意识，实际上就是要求服务人员在服务过程中务必要谨记热情有度。在一般情况下，服务人员要向服务对象提供无干扰的热情服务，特别有必要注意以下三个具体问题。

① 注意语言。按照惯例，服务人员在自己的工作岗位值班时，除了以常规礼貌用语向服务对象主动致以友善的问候之外，一般不宜再多此一举地对对方多言多语。否则，就会产生负面影响，对对方形成一定的干扰。服务人员尤其需要在语言上避免出现不适当的征询、不适当的邀请和不适当的推介等差错。

② 注意表情。在人际交往中，表情通常亦被人们视为一种信息传播与交流的载体。服务人员在向服务对象进行服务时，有必要对自己的表情自觉地进行适当的调控，以便更为准确、适度地向对方表现自己的热情友好之意。应避免不佳的眼神和不佳的笑容等。

③ 注意举止。德国大诗人歌德曾说：“一个人的礼貌，就是一面照出他的肖像的镜子。”服务人员在为服务对象提供服务时，要讲究文明礼貌，举止得体，要对自己的行为有所克制。下列四种有可能干扰对方的举止，理当严禁。如不卫生的举止、不文明的举止、不敬人的举止、不负责的举止。

本章小结

礼仪是指在人际交往过程中，人们为了表示尊重与友好而共同遵守的行为规范和交往程序。

礼貌是人们交往时，相互表示敬重和友好的行为准则，它体现了时代的风尚与道德品质，体现了人们的文化层次和文明程度。

礼节是人们在日常生活中，特别是交际场合中，互相问候、致意、祝愿、慰问以及给予必要的协助与照料的惯用形式。

礼仪与礼貌、礼节的关系是：礼仪包括礼貌、礼节，它是由一系列具体的、表现礼貌的礼节所构成的；而礼貌是礼仪的基础；礼节则是礼仪的基本组成部分，是礼貌的具体表现方式。礼仪与礼貌、礼节三者所表现的都是对人的尊敬和友善。

“法度者，万民之仪表也。”

——《管子》

礼仪主要分为行业礼仪与交往礼仪：行业礼仪是依照行业划分的，并且是人们在工作岗位上所应遵守的行为规范和道德准则。主要包括政务礼仪、商务礼仪和服务礼仪。交往礼仪主要以交往范围为依据，是人们在人际、国际交往中应遵守的礼仪规范和准则。主要包括社交礼仪、涉外礼仪和习俗礼仪。

礼仪的基本原则包括：尊重、平等、宽容、真诚、遵守、适度、自律、从俗的原则。

服务礼仪是礼仪在服务过程中的具体运用，是礼仪的一种特殊形式，是体现服务的具体过程和手段，使无形的服务有形化、规范化、系统化。服务礼仪的实际内涵是指服务人员在自己的工作岗位上向服务对象提供服务时的标准的、正确的做法。服务礼仪以服务人员的仪容规范、仪态规范、服饰规范、语言规范和岗位规范为主要内容。

服务礼仪具有规范性、实用性、灵活性等特征。

服务礼仪的功能主要有：服务礼仪可以快速地提升企业的竞争力；服务礼仪可以有效地塑造并维护企业的整体形象；服务礼仪可以更好地提高服务人员的个人素质及服务质量；服务礼仪可以更多地为企业创造经济效益和社会效益。

服务礼仪的基本要求：强化服务意识、明确角色定位、善于双向沟通、坚持“三A法则”、注重形象效应、提倡零度干扰。

重点内容

礼仪的原则　服务礼仪的含义　服务礼仪的功能　服务礼仪的基本要求

案例分析

米店的故事

20世纪40年代的台湾地区，电话还不普及，买米要到街上的米店去买。这对顾客来说真是很不方便，经常是到了煮饭的时候，才发现没米了。当时的米店是要等顾客上门才有生意做。

在了解米市的情况后，一家小米店的老板小王想出了一套“服务到家”的经营手法。当有顾客来买米时，他会提议：“我帮您把米送到家里。”因为当时来买米的通常都是妇女和老人，顾客当然欣然接受。

小王将米送到顾客家中，并帮忙把米倒进顾客的米缸中，这时，他就细心记下顾客家里米缸的容量。接着，小王了解顾客家里有几个大人，几个小孩，一天的用米量大概有多少。

从那以后，小王根据收集的顾客吃米信息，计算出顾客家里米的用量，就知道每次需要送多少米，而且在顾客的米吃完之前，就能将米送到。不久以后，小王就积累了许多“固定”的长期顾客，加上顾客相互传颂，小王服务周到的美名渐渐“一传十,十传百”。他的生意很快就越做越大。多年后，小王变成了今天台湾地区家喻户晓的王永庆。

分析：这个故事给你的启发是什么?

基本训练

1. 判断题

① 一般说来，与“礼”相关的词最常见的有三个，即礼仪、礼节、礼貌。它们是可以混合使用的。礼仪与礼貌、礼节三者所表现的都是对人的尊敬和友善。(　)

② 礼节是人们在日常生活和交际场合中，互相问候、致意、祝愿、慰问以及给予必要的协助与照料的惯用形式。(　)

③ 礼仪在层次上含义最深、最广，它包括礼貌、礼节，它是由一系列具体的、表现礼节的礼貌所构成的。(　)

④ 服务礼仪属于行业礼仪。(　)

⑤ 礼仪是成功的基石，礼仪是素养的体现。(　)

2．选择题

①“人无礼而不生，事无礼则不成，国无礼则不宁”是我国古代思想家（　）提出的。

A．孔子　　B．孟子　　C．荀子　　D．老子

② 仪表是指人的外表，含容貌、服饰、个人卫生、姿态，如（　）等。

A．衣帽　　B．表情　　C．服饰　　D．风度　　E．姿态

③ 依据适用的对象和范围的不同，礼仪主要分为行业礼仪与（　）。

A．政务礼仪　　B．服务礼仪　　C．交往礼仪　　D．政务迎送礼　　E．商务礼仪

④ 服务礼仪同礼仪的其他门类相比，具有明显的（　）、（　）和灵活性的特征。

A．时代性　　B．继承性　　C．规范性　　D．可操作性　　E．差异性

⑤ 服务礼仪以服务人员的（　）、（　）、（　）、（　）和岗位规范为主要内容。

A．仪容规范　　B．语言规范　　C．操作规范　　D．服饰规范　　E．仪态规范

3．简答题

① 什么是礼貌、礼节、礼仪？

② 礼仪是如何分类的？

③ 服务礼仪的特征及功能有哪些？

④ 礼仪的基本原则主要包括哪些内容？

⑤ 服务礼仪对现代企业的要求是什么？

4．实训题

由于顾客的性格特征、喜好、年龄、经历等各不相同，不同的顾客沟通方式和处事习惯有所差异，如识别客人需要的信息见表1-3所示。服务人员能否根据不同的情况，耐心地为顾客办理业务、解答咨询，提供热情周到的服务。

表1-3　识别客人需要的信息

客人的信息		可能的需要	能	否
客人的年龄	年轻	被称赞、及时服务、受欢迎		
	年老	被尊重、有序、被帮助和协助		
手持物品	鲜花	受重视、被称赞、被帮助和协助		
	蛋糕	受重视、被帮助和协助、被称赞		
服饰	非常时髦	被称赞、受重视		
	过时	被理解、受尊重		
语言能力	非常流利	被称赞		
	不流利	被理解、被帮助和协助、有序服务		
态度	积极	被识别和被记住		
	消极	被理解、被帮助和协助		

5．综合测试题

① 在比较正式的场合，和别人说话时，你的表现是（　）。

A．直直地盯着对方的眼睛

B．面含微笑，不时地看着对方的眼睛

C．边听对方说话边忙手里其他事情

D．不时地插话

E．如果对方说错时，立即给予纠正

② 在比较正式的场合用餐，你的表现是（ ）。
A. 站起身来伸直手臂去夹远处的菜
B. 在菜盘里翻找自己想要的菜，不爱吃的再放回去
C. 夹菜前先舔舔自己的筷子
D. 在自己的主管领导没有敬酒之前，抢前给老总敬酒
E. 随口把骨、刺直接吐到桌上或地上
③ 在打电话时，你的表现是（ ）。
A. 响过五六声后再接
B. 得知对方找你所认识的人时，不问对方是谁而直接让对方改时间打
C. 在工作时间打个人电话
D. 接起电话时，首先说：“您好”
E. 说完话时自己先挂断电话
④ 使用名片时，你的表现是（ ）。
A. 把名片印的颜色多一些
B. 接过对方的名片后，直接装进衣兜
C. 用左手向对方递送名片
D. 递送名片时，把顺字的一面向着对方
E. 把名片放在钱夹里
⑤ 穿着西服时，你的表现是（ ）。
A. 如果是三粒的，扣最下面一粒扣
B. 如果是两排扣的，全扣上
C. 保留西服袖子上的商标
D. 让衬衫的袖子短于西服的袖子
E. 如果是一粒扣的西服，不扣扣子
⑥ 在日常工作中，你的表现是（ ）。
A. 为了方便，直接上门拜访客户
B. 对面交谈，有第三者在场时，也用方言俚语
C. 上网时，将自己单位的工作情况和细节告诉网友
D. 工作上的好与坏、得与失，都让它尽情写在脸上
E. 任何场合都板着脸，以显得严肃、认真
⑦ 如果你给来公司访问的阿联酋男性商务合作伙伴选礼物，下面合适的是（ ）。
A. 封面上印有公司标志的集邮册
B. 真皮名牌皮带
C. 高级有机茶
D. 茅台酒
E. 印有因端庄而著名的女明星图片的礼品
⑧ 接电话测试（ ）。
A. 电话一响立即或者响过四五声再从容地接起来
B. 如果不是本部门的电话，就没必要理，免得耽误正常的工作
C. 快下班的时候，为了能更好地解答客户咨询，让客户改天再打电话来
D. 如果电话意外中断了，即使知道对方是谁也不应该主动打过去，而是等对方打过来
E. 在和客户谈事的时候，如果手机响了，应该避开客户到其他地方接听
⑨ 在你准备应聘时，你的表现是（ ）。
A. 穿着越时尚越好
B. 不必考虑本地区本行业的普遍工资，直接要求一个自己认为适中的数字
C. 把求职表修饰得越漂亮、越复杂越显档次
D. 对方要求先寄简历表时，带着简历表直接上门拜访
E. 去面试时，让朋友或家人陪着

⑩作为服务人员，平时在单位，你的表现是（　）。

A．天热没有什么大事的时候，穿拖鞋到单位上班

B．在工作时间里，和领导称兄道弟

C．进入熟悉的同事的办公室，如果门开着的，就不用敲门了

D．对同事的工作，自己在有空的时候直接替他/她管管

E．开会的时候，要谨言慎行，嘻嘻哈哈、说说笑笑可以，但不要随便谈论工作，以免自己的观点不周，让人笑话

项目二　服务人员的仪表仪容规范

【学习目标】

通过本章学习，使学生了解仪表仪容的基本常识，熟悉仪表仪容的含义，明确注重仪表仪容的重要意义以及服务人员仪表仪容应遵循的原则，掌握服务人员仪容的具体操作规范。

任务一　仪表仪容的认识

一、仪表与风度

仪表通常指人的外表，包括人的仪容、仪态和服饰等方面，是一个人的精神面貌和内在素质的外在表现。

风度是人的全部生活姿态表现给外界的综合印象，是一个人个性、品质、修养、情趣、学识、精神境界、生活习惯等的外在表现。它可以通过人的服饰、形体、言谈、表情、态度举止等形式表露出来。

人们的仪表风度、仪态举止，反映了时代的特点和一个国家、一个民族的精神风貌。优雅的仪表能给人以心理上的愉快和美的享受，讲究仪表美是服务行业的职业要求。

1. 仪表美的含义

一个人的仪表美是其内在美的一种自然展现。中华民族自古以来对仪表美的崇尚和理解是“诚于中而形于外”。早在我国的春秋时期，孔子就说“质胜文则野，文胜质则史，文质彬彬，然后君六”（《论语·雍也》）。其大意是说：只重品质朴实，而不重仪表、礼节，则显得粗野；只重仪表礼节的文雅，而缺乏质朴的品格，则显得浮华。只有既重学识品德修养，又讲究仪表礼节，举止文雅，才是值得尊敬的君子。仪态美在人际交往中之所以具备独特的重要性，就在于它是人的内在气质的深化。而一个人的风度优劣、举止美丑给别人的直觉和印象往往是有声的交谈难以改变的，对树立自我形象，取得交际效果影响很大。弗朗西斯·培根说：“就形貌而言，自然之美要胜于粉饰之美，而优雅行为之美又胜于单纯仪容之美”（《人生论·论美》）。人们的仪表风度、仪态举止，反映了时代的特点和一个国家、一个民族的精神风貌。优雅的仪表能给人以心理上的愉快和美的享受，讲究仪表美是服务行业的职业要求。

2. 风度的表现形式

一个人的风度，是在自然成长的社会文化氛围中，经过漫长的社会生活实践逐渐形成的。它不仅表现了仪表美的外观，而且更体现了仪表美的内含。优美的风度来自于优美的心灵，但优美的心灵不一定就自然产生优美的风度，它需要严格的培养、训练。

风度的含义丰富，表现形式多样，就其明显的特征而言，主要通过气质、人格和文化教养来体现。

（1）气质　气质是指人相对稳定的个性特点，它是风度的灵魂。没有气质就没有风度，高雅的气质决定优雅的风度。气质决定风度的表现形式，影响一个人的行为甚至容貌，也是一个人是否具有魅力的重要因素。

气质是多种多样的。有的人性格开朗，风度潇洒大方，气质表现为聪慧；有的人性格沉稳，风度温文尔雅，气质表现为高洁；有的人性格直爽，风度豪放雄健，气质表现为粗犷；有的人性格温柔，风度秀丽端庄，气质表现为恬静等。各种气质，是由每个人所处的不同环境及其心理因素决定的。

服务人员在接待服务工作中，应该通过自己的一言一行、一举一动的外在形式反映出风度美。酒店员工的风度应是不卑不亢，落落大方，与人为善，助人为乐，克己利人。

（2）人格　人格是指一个人的尊严、价值和品格的总和，是一个人在社会中的地位和作用的统一。优秀的人格包含诚实、正直、自尊、乐于助人、有进取精神等品质。人格反映的是人的内在美，心灵美是其真正依托。

服务人员的心灵美可以体现在其所提供的优质服务上，也可以表现在以下方面：爱国、正直和诚实，不做有辱国格、人格的事，不损人利己，不弄虚作假等。通过内心的美，可以折射出做人的品质，从而受到人们的尊重和爱戴。

（3）文化教养　风度是以个人良好的文化教养、渊博的学识、精深的思辨能力为基础的，是美的才识和智慧的显示。良好的文化教养，是构成高雅风度的内在因素，常通过语言、举止、服饰等自然转化为外在的形式。

二、仪容的含义

仪容，主要是指一个人的容貌，是仪表的重要组成部分，包括面容、发式及身体未被服饰遮掩的肌肤部分。但严格地说，仪容指的是按照社会审美观念进行修饰后符合礼仪规范的容貌。

一个人的仪容，主要受到以下两大要素的制约：第一，本人的先天条件。一个人相貌如何，通常主要受制于血缘遗传。第二，本人的修饰维护。修饰与维护，对仪容的优劣而言往往起着一定的作用。一个人倘若不注意对仪容进行合乎常规的修饰或维护，往往在他人的心目中也难有良好的个人形象。这就要求服务人员要学会修饰自己，扬长避短。

阅读资料2-1

人的相貌是可以改变的

许多研究表明，当一个人随着岁月的推移日趋成熟的时候，其知识、智慧、才能、品格及性格会在他(她)脸上留下痕迹。日本研究夫妻关系的专家发现：一些卓有成就的男士面部表情威严睿智，而他们的妻子却庸俗不堪。这是为什么呢?原因就在于这些男士还是小职员的时候与门当户对的妻子结婚，但是婚后由于工作需要或自身完善需要，他们每天大量地接触着外来的信息，不停地追求着更高的目标。而他们的妻子却沉溺于小家庭生活，每天围着柴米油盐、锅碗瓢盆、奶瓶尿布转。久而久之，原先较相似的两个人慢慢变得气质、性格、才能、智慧相距甚远了。所以说，外貌是不可改变也是可以改变的，把父母遗传下来的外貌靠自身的追求奋斗增加高贵的气质并非不可能。

三、服务人员注重仪表仪容美的重要意义

在服务岗位上，服务人员是被直接审视体察的最初对象，是良好的第一印象的来源，也是影响接待效果的重要因素，即前文提到的首轮效应。因此，服务人员注重仪表仪容美的意义十分重要。

（1）服务人员仪表仪容美是企业树立良好形象的手段　企业形象取决于两个方面：一是提供的产品与服务的质量水平；二是员工的形象。在员工形象中，仪表仪容美是最重要的表现，它在一定程度上体现了企业的服务形象。服务人员工作的特点是直接向服务对象提供服务，“第一印象”是至关重要的，而“第一印象”的产生首先来自于一个人的仪表仪容。良好的仪表仪容，会令人产生美好的第一印象，从而对企业产生积极的宣传作用。

（2）服务人员仪表仪容美是尊重服务对象的需要　注重仪表仪容是尊重服务对象的需要，是讲究礼节礼貌的具体表现。在服务的过程中，服务对象

都在追求一种比日常生活更高标准的享受，这里面包含着视觉、听觉和嗅觉等感官的美好的享受。仪表端庄大方，整齐美观，使服务对象得到视觉的享受，同时服务对象置身于外观整洁、端庄、大方的服务人员中，感到自己的身份地位得到应有的承认，求尊的心理也会获得满足。

（3）服务人员仪表仪容美反映了服务企业的管理水平和服务质量　在服务行业中，服务人员的个人仪表仪容是最受服务对象重视的部位，服务人员的仪表仪容往往会影响服务对象对其专业能力和任职资格的判断，并在一定程度上反映企业的管理水平和服务质量（在国内外评定旅游酒店星级的标准中，就有考核员工仪表仪容一项）。

在当今市场竞争激烈的条件下，服务企业的设施、设备等硬件已大为改善，日趋完美；作为软件的服务水平至关重要，服务人员的仪表仪容在一定程度上反映了服务人员的素质，而一个管理良好的企业，必然在其员工的仪表仪容和精神风貌上有所体现。著名的希尔顿饭店董事长唐纳·希尔顿所提倡的“微笑服务”就是一条管理酒店的法宝。泰国东方大酒店，曾两次被评为“世界十佳饭店”之首，其成功秘诀就在于把“笑容可掬”作为一项迎宾规范，从而给光临该店的游客留下美好的印象和回忆。

四、服务人员仪表仪容的要求

讲究仪表仪容美是设计美、创造美的过程，它是人际交往中人们都必须遵守的礼仪规范。在长期的实践中，人们对服务人员仪表仪容美的要求有了一些共识，并渐渐成为一种规范。

（1）讲究个人卫生，保持仪表整洁　个人卫生可以反映社会的文明程度，体现社会风尚。服务行业的员工因工作性质所决定，要特别注意个人卫生的清洁。个人卫生是向客人提供优质服务的基础和前提，个人卫生也是良好的个人仪容所必须具备的基本要求。

在工作岗位上，要求员工仪表仪容干净、整洁，就是要做到并保持身体无异味、无异物，服饰不残破、不褶皱。坚持不懈地做好仪容细节的修饰工作，要做到服装挺括，精神振作，整齐利落，使人感到愉悦，包括面容、头发、脖颈、耳朵、手、服饰等方面的整洁。要注意衣领袖口或其他地方有无污渍；服装应是平整无褶皱的，扣子齐全，不能有开线的地方；内衣外衣都应勤洗勤换，保持洁净状态。

（2）穿着得体美观，打扮端庄自然　衣着是人们审美的一个重要方面。现代服装除了御寒、遮羞外，还具有一系列功能，如体形展现、性别识别、职业区别、情感表达、经济状况的反映等。服装是人际交往中的一种无声语言，它能反映一个人的社会生活、文化水平和修养。在社交活动中根据自身特点和特定场合，选择得体的服装，并穿出一定的品位，能使人增添几分魅力。

穿着得体，就是在整理、修饰仪表仪容时，力求简练、明快、方便、朴素，要力戒雕琢、烦琐。要求端庄大方，就是要求端庄、斯文、雅气，而不花哨、轻浮、小气，并根据着装、自身特点、场合需要选择佩戴饰品。

（3）树立服务意识，遵守岗位规范　要求服务行业员工，要树立服务意识，突出岗位特点，维护企业形象，严格按企业对岗位的要求，规范着装、修饰。员工工作时必须穿统一的工作服。女员工上班要淡妆打扮，保持皮肤的细润，显得年轻、有活力。男员工不化妆，但要经常修面、剪鼻毛。

服务礼仪规定，服务行业的从业人员在自己的工作岗位上，都必须按照本行业的要求，对自己的仪容进行必要的修饰与维护。服务礼仪要求服务人员在修饰本人的仪容时，重心应当放在面部修饰、发部修饰、肢体修饰、化妆修饰四个方面。

任务二　面部的修饰规范

面部是一个人的“门脸”，在服务工作中，面部是最容易受到别人注意的地方。服务人员在自己的工作岗位上服务于人时，必须对自己面部的修饰予以高度的重视。服务人员按其工作性质进行面部修饰，最重要的是要将“秀于外”与“慧于中”二者并举。

一个人的仪容，最主要的是包括五官在内的整个脸部，它是人的仪表之首，是人际交往中他人所注意的重点。面部修饰的重点在眼部、口部、鼻部和耳部，通过修饰，应使之美观、整洁、端庄。

一、眼部的修饰

人们常说“眼睛是心灵的窗户”，一个人的眼睛是否有神，往往反映了他的精神状态。服务人员一定要注重眼部的修饰，让眼部焕发出奕奕的神采。眼部修饰应该达到洁净、卫生和美观的标准。

（1）眼部的洁净　眼部保持洁净是对服务人员的起码的要求，应注意及时除去眼角出现的分泌物，使眼睛看起来清爽、干净。

（2）眼部的卫生　眼部的卫生主要包括眼部的保健和眼病的防治。眼部的保健要求，要注意用眼的科学性，保持充足的睡眠，让眼睛得到充分的休息，保持眼睛的神采；同时，要注意眼病的预防和治疗。服务人员患有传染性的眼病，必须及时治疗、休息，绝不可直接与顾客接触。

（3）眼部的美观　一般来说，服务人员不宜佩戴眼镜上岗。但有些服务行业人员如导游、管理人员等因矫正视力，追求时尚美，戴与不戴不需要做严格的要求。若工作时允许佩戴眼镜，应注意眼镜的选择、眼镜的清洁和太阳镜的戴法三点。眼镜佩戴的注意事项见表2-1所示。

表2-1　眼镜佩戴的注意事项

<table>
<tr><th rowspan="2">脸　型</th><th colspan="2">眼镜架的形状</th><th rowspan="2">太阳镜镜片的颜色</th><th rowspan="2">注　意　事　项</th></tr>
<tr><th>宜　选</th><th>不　宜　选</th></tr>
<tr><td>圆脸型</td><td>方形、椭圆形</td><td>圆形、大镜框</td><td rowspan="4">1. 过滤光线最好的是灰色、绿色、褐色镜；
2. 滤光性最差的是蓝色、粉红色、淡紫色镜；
3. 琥珀色或黄色镜对散射光线具有较强的阻挡力</td><td rowspan="4">1. 皮肤红润者，应避免戴粉红色太阳镜；皮肤较黑者，适合戴红色、黄色、棕色、黑色的太阳镜；
2. 眼镜的上框最好齐眉，否则就好像长了四条眉毛；戴眼镜时不要将镜框放低到脸颊，否则会显得老气横秋</td></tr>
<tr><td>方脸型</td><td>两边略翘的椭圆形或圆形</td><td>大镜框</td></tr>
<tr><td>长脸型</td><td>宽大镜框</td><td>没底边、透明、细框、金丝边</td></tr>
<tr><td>尖脸型</td><td>椭圆形或蝴蝶形</td><td>大镜框</td></tr>
</table>

二、眉部的修饰

（1）眉型的美观　大凡美观的眉型，不仅形态自然优美，而且还应又黑又浓，对于那些不够美观的眉型，诸如残眉、断眉、竖眉、八字眉或过淡、过稀的眉毛，必要时应该采取措施进行适当的美化修饰。

（2）眉毛的修整　服务人员应养成习惯，每天上班前梳理一下眉毛，令其眉清目秀；

在洗脸、化妆及其他可能的情况下，服务人员要特别留意一下自己的眉部是否整洁，以防止在眉部出现诸如灰尘、死皮或脱落的眉毛等异物。

三、口部的修饰

（1）刷牙　口部除了口腔之外，还包括它的周边地带。口部修饰首要之务是注意口腔卫生，刷牙要采用正确的刷牙方式，更要贵在坚持。正确有效的刷牙要做到“三个三”：即每天刷三次牙，每次刷牙宜在餐后三分钟内进行，每次刷牙的时间不应少于三分钟。

（2）洗牙　维护牙齿，除了做到无异物、无异味之外，还要注意保持洁白，并且及时去除有碍口腔卫生和美观的牙石。最佳的办法就是定期去口腔医院洗牙，一般情况下，成年人半年左右应洗牙一次。

（3）禁食　服务人员在工作岗位上，为防止因为饮食的原因而产生的口腔异味，应避免食用一些气味过于刺鼻的食物，主要包括葱、蒜、韭菜、腐乳、虾酱、烈酒及香烟。

（4）护唇　服务人员平时应有意识地呵护自己的嘴唇，要想方设法不使自己的唇部干裂、起皮或生疮。另外，还应避免嘴边、嘴角残留食物。

（5）剃须　男性服务人员应坚持每日上班之前剃须，这样既令自己显得精明强干，又充满阳刚之气。切忌胡子拉碴地在工作岗位上抛头露面。

四、鼻部的修饰

（1）鼻垢的清理　有必要去除鼻垢时，宜在无人场合以手帕或纸巾辅助轻声进行，切不要将此举搞得响声大作，令人反感。不要当众擤鼻涕，挖鼻孔或者乱抹、乱弹鼻垢，同时男性服务人员要注意及时修剪鼻毛。

（2）“黑头”的清理　鼻部的周围，往往毛孔较为粗大。内分泌旺盛的人若清洁面部时对此不加注意，便会在此处积存油脂或污垢，即“黑头”。在清理这些有损个人形象的“黑头”时，首先应对此处认真进行清洗，其次可用专门的“鼻贴”将其处理掉，切勿乱挤乱抠，造成局部感染。

五、耳部、颈部修饰

（1）耳部的除垢　耳孔里的分泌物及落入的灰尘映入对方的视野会显得及为不雅观。因此，服务人员务必每天进行耳部除垢。但一定要注意，此举不宜在工作岗位上进行。

（2）耳毛的修剪　有的人由于个人生理原因，耳孔周围会长出一些浓密的耳毛，服务人员一旦发现自己有此类情况应及时进行修剪。

（3）颈部的修饰　颈部是人体最易显年龄的部位，因此在进行眼、嘴、鼻、耳修饰的同时，也要修饰脖颈。保持颈部皮肤的清洁，并加强颈部的运动与营养按摩，这样会使颈部皮肤绷紧，光洁动人。颈部的营养按摩一般从20～25岁开始为宜，如果年龄增大，恐怕会事倍功半。因此，宜尽早护理才能延缓衰老。

任务三　发部的修饰规范

当每一个人为他人所注视时，他的头发都是被关注的重点中的重点。有一位资深的形象设计专家曾经指出：“一个人正常情况下最引人注意的地方，是他对自己头发进行的修饰。”

发部修饰，特指人们依照自己的审美习惯、工作性质和自身特点，而对自己的头发所进行的清洁、修剪、保养和美化。服务人员在进行个人发部修饰时，不仅要恪守对常人的一般性要求，而且还必须严守本行业、本单位的特殊要求。

依照服务礼仪的规范，服务人员在进行个人发部修饰时，应注意下面3个主要问题。

一、发部的整洁

服务人员为了确保自己发部的整洁，维护本人的完美形象，对自己的头发应经常进行清洗、修剪和梳理。服务人员的头发每周至少清洗3次，每月至少修剪一次，每天梳理至少一次。

二、发部的造型

发部造型即头发经过一定修饰之后所呈现出来的形状。发型在一定程度上是时代的留影，也历来是人们审美趣味的中心，它既是保护、美化头部的能动因素，又是修饰面部审美格调的“重彩”。选择发型总的原则是男性应讲究阳刚之美，女性则崇尚阴柔之美。对服务人员而言，在选择发型时必须考虑的因素，首先是自己的职业，即应以工作为重，做到发型与工作性质相称。发型与脸型也有关系，具体内容详见表2-2所示。

表2-2　发型与脸型的关系

脸　型	主　要　不　足	适　合　发　型	效　果
梨形	面颊与额较前额宽	短发，头发尽量梳高，并覆盖前额和太阳穴，两鬓紧贴双耳	使面颊与前额平衡，夸张前额
圆形	苹果般的面孔和丰腴的下巴	避免从中间分开头发，把头发都梳到一边，并盖着耳朵，如是短发就使用浓密的刘海遮脸。若是长发，则将颈部的头发留密起来，以转移别人视线	由于头发不对称，脸看起来长些
正方形	太显刚毅，颧骨和腮边一样宽	头发不宜中间分开，特别是刘海可向一侧吹起一个高波，两鬓向后平掠，贴着耳朵。使用一排横过眼眉的小束形刘海会弱化方角感。卷曲和波纹会转移别人对脸形边缘的视线	脸的轮廓变柔和
瓜子形	下巴显尖削	额前覆盖些头发，头发可在身后散下	下巴丰润些
三角形	前额宽，颧骨高，两颊修削至尖小的小颌	配上长肩位松起的发型	使前额看起来较修长
长方形	前额的宽度与颧骨和腮边一样宽	选斜角的刘海或两旁较浓密的发型	产生宽度上的错觉

对服务人员头发总的要求是长度适中，以短为主。

（1）男性服务人员　头发不能过长，前发不覆额，侧发不掩双耳，后发不及衣领，见图2-1所示，不留大鬓角，也不能剃光头，绝不允许为追求时尚在工作时留长发或梳起发辫。

（2）女性服务人员　头发不宜长过肩部，不宜挡住眼睛，长发过肩者最好采取一定的措施，在上岗之前将长发盘起（图2-2）或束起来、编起来，或置于工作帽内，不可披头散发。总之，女性服务人员在平时有意识地留短发方为明智之举，这样做既方便梳理，应符合时尚，又会给人以精明伶俐、勤于梳理的印象。应注意在下述情况下自觉梳理头发：一是出门上班前，二是换装上岗前，三是摘下帽子时，四是下班回家时。梳发时还应注意：梳头不宜当众进行，应避开外人；梳头不宜直接用手，最好随身携带一把梳子；梳理的断发和头屑不可随手乱扔和乱拍。

图2-1　男性服务人员头发

图2-2　女性服务人员头发

三、发部的美化

平日，人们为了养护自己的头发，或者使其显得更加漂亮，时常会采用一些养发、护发、美发用品对其加以打扮、保护，或是使用一些装饰品对其进行装扮。这就是所谓发部的美化，亦称美发。人们在进行美发时最为常见的方法有护发、染发、烫发、佩戴假发，以及佩戴帽子、发饰等。

（1）护发　在护发方面，服务人员要给予高度的重视。只有注意护发，才会真正使自己的头发完美无缺。要正确地护发，一是要长期坚持，二是要选择好护发用品，三是要采用正确的护发方法，三者缺一不可。

（2）染发　在染发方面，服务人员重点要考虑的是本人染发有无必要，中国人历来以一头黑发为美，假定自己的头发不够油黑，特别是早生白发或长有一头杂色的头发，将其染黑是必要的。不过若是为了追求时尚，有意将自己的一头黑发染成其他的颜色，甚至将其染得五彩斑斓，则大都是不适合的。简而言之，一般的服务人员都不宜染彩色发。

（3）烫发　服务人员可以采用烫发的方法，为自己做出一些端庄大方的发型。但是在选择烫发的具体造型时，服务人员应当切记，不要将头发烫得过于繁乱、华丽、美艳。尤其需要指明的是，当前正在流行的在头上烫出大型花朵，或是烫出图案、文字的做法，不应为服务人员所选择。

（4）佩戴假发　在佩戴假发方面，服务人员应当明确，只有在自己的发部出现一定的情况，如掉发、秃发时，才适于佩戴假发，以弥补自己的缺陷。出于妆饰方面的原因佩戴假发，则通常不宜提倡。

（5）佩戴帽子　服务人员必须注意的问题是：在工作岗位上，只有佩戴工作帽才是允许的。在人际交往里，有“脱帽为礼”的讲究。服务人员在上班时擅自戴着自己的时装帽去接待顾客，是不应该的。服务人员在工作中所戴的工作帽，大致上共有四类，一是为了美观，二是为了防晒，三是为了卫生，四是为了安全。在戴后两类工作帽时，一般要求不应外露头发。对此规定，服务人员必须严格遵守。

（6）佩戴发饰　在佩戴发饰方面，服务人员在工作中最好不戴。即使允许戴发饰的话，也仅仅是为了女性用以“管束”自己的头发，而不是意在打扮。故此，女性服务人员在选择发饰时，只宜选择黑色、藏蓝色且无任何花色图案的发卡、发箍、发带。

任务四　肢体的修饰规范

一、手部的修饰

在服务工作中，手通常被视为服务人员的“第二张脸”，作为仪容的一部分，充当着友谊的使者。一双保养良好、干净秀美的手，往往会给服务操作增添美感，所以服务人员对自己在服务过程中自始至终处于显著位置的手，应悉心加以保养和修饰。

（1）手的保洁　手是常常露在服饰之外的，比较容易受到细菌和污垢的污染，许多传染性疾病的传播就是源于手的各种触摸活动，所以要注意手的保洁和清洗。清洗手部，要真正保持无泥垢、无污痕，除了手部的烟迹必须根除之外，其他一切碍眼的痕迹，如手上所沾的墨水、印油、油渍等污垢，均应清洗干净。在工作岗位上，每一位服务员都要谨记双手务必做到：上岗之前要洗手；外出归来要洗手；弄脏之后要洗手；接触精密物品前要洗手；吃东西之前要洗手；上过卫生间后要洗手；下班之前要洗手，使手部无污痕、干干净净。

（2）手部的保养　由于服务人员在服务时用手较多，有些特殊的工作岗位甚至还会在一定程度上对手部造成某种伤害，所以服务人员一定要高度重视保养自己的手。保养手部，一是方法得当，不科学、不正确的方法，很容易出意外；二是贵在坚持，坚持真正形成良好的用手动作和习惯。

（3）手部修饰　为了增添美感，对手部在注意清洁保养的同时须进行必要的修饰，服务人员在工作岗位上的修饰，应以朴素庄重为美，而不应艳丽、怪诞，否则就与自身特定的社会角色不相称。要做到：勤剪指甲，养成“三日一修剪，一日一检查”的良好习惯；不在指甲上涂饰彩妆。

阅读资料2-2

护理美丽玉手的小妙方

用醋或淘米水等洗手

双手接触洗洁精、皂液等碱性物质后，用食用醋水或柠檬水涂抹在手部，可去除残留在肌肤表面的碱性物质。此外，坚持用淘米水洗手，可收到意想不到的好效果。煮饭时将淘米水储存好，临睡前用淘米水浸泡双手10分钟左右，再用温水洗净、擦干，涂上护手霜即可。

用牛奶或酸奶护手

喝完牛奶或酸奶后，不要马上把装奶的瓶子洗掉，一定要记得对“废品”进行充分地利用。将瓶子里剩下的奶抹到手上，约15分钟后用温水洗净双手，这时会发现双手嫩滑无比。

鸡蛋护手

用一只鸡蛋去蛋黄取蛋清，加入适量牛奶、蜂蜜调和均匀后敷在手上，15分钟左右洗净双手，再抹护手霜。每星期做一次对双手有去皱、美白的功效。

二、下肢的修饰

在人际交往中，人们观察一个人常有“远看头，近看脚”的习惯，因此除了要慎重地对待下肢服饰的选择与搭配外，还要注意下肢的保洁与适当修饰。

（1）保持下肢的清洁　下肢的清洁，应特别注意3个方面。一是要勤洗脚。人的双脚不但易出汗，且易产生异味，必须坚持每天洗脚，而且对趾甲、趾缝、脚跟、脚腕等处要面面俱到。二是要勤换鞋袜。一般要每天换洗一次袜子，才能避免脚臭，还要注意尽量不穿不透气、吸湿性差、易产生异味的袜子。三是要定期交替更换自己的鞋子，并且要勤清洗、勤晾晒。在穿鞋前，务必细心清洁鞋面、鞋跟、鞋底等处，使其一尘不染，皮鞋要定期擦油，使其锃亮、光洁。

（2）下肢的适度掩饰　服务人员在工作岗位上，要对自己下肢的有关部位进行适度掩饰和修饰，做到“足下生辉”。要做到这一点，主要应从两方面入手：一是要慎重地对待下肢服饰的选择与搭配，服务人员应做到不光腿、不光脚、不露脚趾、不露脚跟。二是注重下肢的修饰与美化，主要包括去除腿毛、修剪趾甲。

任务五　面部的美容与化妆

一个人的容貌，很大成分是人的学识、修养、心理等综合因素的外溢。倘若具有高尚的品格和修养，丰富的学识与健康的心态，那么其举止仪表就能让他人体会到美感。当然，在公务场合和人际交往中，进行适度的美容与化妆还是有必要的。

面部的美容是人们通过各种手段对自己的面容进行的修饰与养护。化妆是指使用专用的化妆用品进行的仪容修饰。适度而得体的修饰，可以体现女性端庄、美丽、温柔、大方的独特气质。进行面部的保养与化妆可以达到美化自己、尊重他人、振奋精神、增强自信和塑造良好职业形象的目的。

服务人员在日常生活中和上岗服务时，需要对面部进行美容与化妆。在美容与化妆的基本要求、日常皮肤的养护、化妆修饰等主要方面严格地遵守相关的礼仪规范。

一、面部美容与化妆的基本要求

（1）符合审美标准　美容与化妆必须根据自己的面容特征、性格特点来确定化妆的风格，应讲究整体性、和谐性和自然性，给人以美的享受。服务人员化妆时，重要的是要自然大方，朴实无华，素净雅致。做到了这一点，其化出的妆才与自己特定的身份相称，才会为他人所认可。

（2）注重科学合理　美容与化妆必须了解各种化妆品的性质和特点，合理选择和使用。使用化妆品要根据自己肤质来选择，同时在涂抹时考虑皮肤的构造。在不同环境、不同季节，应随皮肤性质的改变更换不同的化妆品。

（3）修饰适度得体　对服务人员来说，外貌修饰是很必要的，适当的外貌修饰，可以扬长避短，使自己容光焕发，充满活力。但过分的浓妆艳抹，刻意追求打扮是不适宜的。从心理学角度去认识，服务人员过分的修饰，会在宾客面前造成显示自己的华贵娇艳的印象，从而影响宾客的心理情绪。

（4）坚持修饰避人　在众目睽睽之下化妆或整理妆容是非常失礼的。无论是在办公室、营业厅，或是社交场所、宴会席间，这样做既不尊重别人，也不尊重自己。需要补妆或化妆时应到房间或洗手间去，切勿当众表演，尤其注意女士一般不在男士面前化妆。

二、皮肤的日常保养

皮肤是人体最大的体表器官，它覆盖全身，是人体抵御外界有害因素侵入的第一道防线，具有调节体温、吸收、排泄、分泌、免疫和参与代谢等多项生理功能。同时，皮肤也是人体最大的感觉器官和最引人注目的审美器官，传递着人体的美感信息。尤其是面部皮肤的健美，它是整个人体健美的一面镜子。

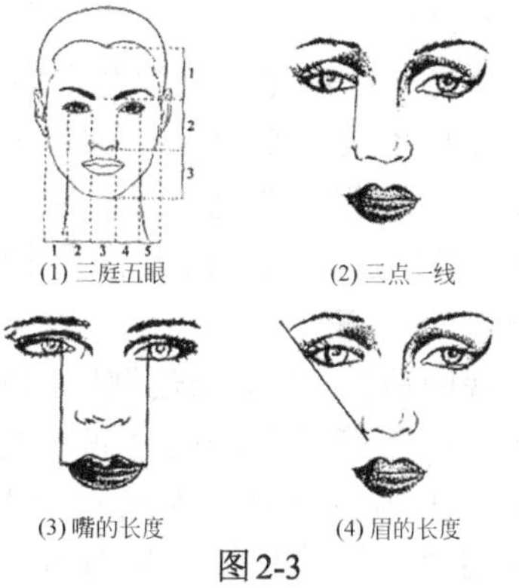

容光焕发、富有弹性的肌肤既是身体

(1) 三庭五眼　(2) 三点一线　(3) 嘴的长度　(4) 眉的长度

图2-3

阅读资料2-3

"三庭五眼"

五官端正，是指五官布局合理，即符合中国传统的"三庭五眼"的比例，见图2-3所示。其中"三庭"是指上庭、中庭和下庭。理想的比例是上庭：中庭：下庭=1：1：1，即三者长度相等。上庭是从额头发际到两眉连线之间的距离；中庭是从两眉头连线到鼻头底端之间的距离；下庭是从鼻头底端到下颏（下巴尖）的距离。"五眼"是指左右太阳穴处发际至眼尾的长度、右眼和左眼长度、两眼之间的长度。

健康的标志，也是构成仪表美的重要组成部分。保持健美的肌肤是美容的基础。皮肤越润泽、细腻，化出的妆就越自然；反之，如果皮肤粗糙，化妆品不能与其融为一体，就给人不自然的感觉。随着年龄的增长，人的皮肤会老化，产生皱纹，失去光泽和柔韧性，这是一种自然生理现象。然而，通过科学的方法可以减慢皮肤的老化过程，使皮肤的青春期多保持一段时间。

1．确定皮肤类型

皮肤通常分为以下5种类型。

（1）干性皮肤　毛孔细小，表面几乎不泛油光，不易生面疱。眼部及口部四周容易形成表情纹，遇到寒冷干燥的环境易粗糙、脱皮或干裂。眼部、颈部易出现松弛现象。

（2）中性皮肤　看起来很健康且质地光滑柔嫩，有均衡的油分及水分，很少生面疱。无粗大的毛孔或过于油腻的部位。

（3）混合性皮肤　看起来很健康且质地光滑，但T字区（额头、鼻子、下巴的区域）有些油腻，而两颊及脸部的外缘有一些干燥的迹象。

混合性肌肤在护肤时可考虑分区护肤的法则，对干燥的部位除了更多补水保养外，可适当地选择一些营养成分较丰富的护肤品，而偏油部分则可以使用清爽护肤品。

（4）油性皮肤　皮脂腺分泌很多的油脂，使皮肤看上去油亮，毛孔粗大，易生面疱但不易产生皱纹，表皮较厚。

（5）敏感性皮肤　皮肤表皮较薄，毛细血管明显，使用保养品时很容易过敏，出现发炎、泛红、起斑疹、瘙痒等症状。

早晨起床后准备三张干纸片，分别贴在额头、鼻子、面颊上，两分钟后揭下，放在亮处观察，判断自己皮肤的类型，参考保养要点进行改善，皮肤类型的自我测试及保养方法如表2-3所示。

表2-3　皮肤类型的自我测试及保养方法

纸片上油迹状况	皮肤类型	保养要点
满纸油迹	油性皮肤	控制油脂分泌；保湿
极少油迹	干性皮肤	补充油脂；保湿
额头、鼻子有油迹，脸颊上几乎没有	中性皮肤	维持水油平衡
额头、鼻子有较多油迹，脸颊上没有	混合性皮肤	控制T字区的油脂分泌；消除两颊的干燥现象；保湿
外感正常或伴有轻度脱屑、红斑或干燥	敏感性皮肤	适度清洁、不过度去角质、不频繁更换保养品、不使用含有致敏成分的化妆品

2．选择适合的化妆品

一是针对自己肤质来选择。二是要选用正规渠道生产销售的名牌化妆品，但是使用前要做过敏试验，即先取一点化妆品涂在前臂内，每天2次，连涂3天无异常即可。一旦确定适合自己的化妆品后不要频繁更换品种。三是使用化妆品时要顺着皮肤的构造涂抹，即需要渗透人体皮肤细胞的营养性化妆品，应当自下而上均匀涂抹，同时加以按摩；而只需附于皮肤表面的粉底和胭脂，则应自上而下涂抹，否则就容易长痤疮。

3．皮肤保养“八要诀”

（1）保持乐观的情绪　“皮肤是健康的晴雨表”，人体内脏器官的健康是保证皮肤健美的内在因素，乐观的情绪是最好的“润肤剂”。美国笑学权威福莱博士说：“笑是一种化学刺激反应，它激发人体各器官，尤其是激发头脑和内分泌系统的活动。”我国也有“笑一笑，十年少”的俗语。笑的时候，脸部肌肉舒展，使面部的皮肤新陈代谢加快，促进血液循环，增强皮肤弹性，起到美容的作用。经常笑能使面色红润，容光焕发，给人一种年轻和健康的美感。

（2）保证良好的睡眠　在睡眠的状态下，人体所有器官(包括皮肤在内)都能自动休整，细胞加速更新；皮肤可以获得更多的氧气，用于满足代谢的需要。要保证良好的睡眠，一是要经常变换睡觉的姿势，固定朝一侧睡，长时间压迫可能增加面部皱纹，甚至出现不对称的难以消失的条纹；二是睡前要洗脸，防止化妆品或灰尘对面部皮肤的刺激；三是尽量不服安眠药，安眠药会使血管收缩，减少对皮肤的血液供应，影响面部美容；四是保持卧室的良好环境，卧室的温度、床垫和枕头的软硬，都要适合自己入睡的要求，如有可能，可在室内装置加湿器，防止皮肤干燥。

（3）保持皮肤适度的含水量　皮肤的弹性和光泽，由含水量决定。如果皮肤中含水量低，皮肤则会干燥、无光泽。要使皮肤滋润，每天要保证喝水2000毫升。每天晚上睡前饮一杯凉开水，睡眠时，水分会融入细胞，为细胞所吸收。早上起床后，也要饮一杯凉开水，使胃肠通畅，水随血液循环分布到全身。皮肤角质层水分也可从体外吸收，保持环境湿度，在化妆品中配合上保湿剂，是保持皮肤水分的好方法。坚持每天用冷水浸脸（或用水花喷在脸上）一次，约2分钟。

（4）合理的饮食搭配　皮肤的健美与营养的关系显而易见。营养状况良好的人皮肤光滑，富有弹性和光泽；体弱多病和营养不良的人皮肤暗淡无光。丰富多变的食物可以美白皮肤，使皮肤滋润光洁。皮肤的蛋白质不足，新陈代谢迟缓，就缺乏白皙透明感。日常饮食切不可偏食。脂肪摄入过少，皮肤因缺少脂肪的充盈和滋润，也会显得干涩而无光泽；脂肪摄入过多，会使脂腺增大，皮脂分泌过多，造成皮肤的脱屑、脂溢性皮炎及痤疮等病症。

人们从食物中摄取各种营养成分，其美容功效是任何化妆品所不能及的。在饮食中，除吸取了足够的蛋白质、碳水化合物和脂肪外，还吸取了丰富的维生素和矿物质。特别要强调的是各种维生素具有一定美容功效。维生素的美容功效，见表2-4所示。

表2-4　维生素的美容功效

维生素	功　效	缺　乏	食　物
A	能促进各种油脂分泌，维持表皮细胞的正常结构和功能，使皮肤柔韧光滑且不易受细菌的感染	皮肤干燥而粗糙，表皮的角质层增厚，形成鳞肌状态和产生皱纹。同时，因皮肤新陈代谢的技能障碍，对细菌抵抗力减弱，易化脓，产生暗疮和粉刺	胡萝卜、番茄、橘、柑、橙及动物肝脏等
B族维生素	促进人体新陈代谢，令皮肤娇嫩	皮肤易于干燥、生皱纹，会发生口角炎和脂溢性皮炎及嘴唇干裂，受紫外线照射易过敏而引起斑疹等	牛奶、鸡蛋、瘦肉、豆类、谷物、菠菜、油菜及海产品中的贝类食物
C	能令血色保持鲜A红，减少色素沉淀，消除皮肤上的斑点，增加毛细血管的致密度，降低其通透性和脆性，增强人体对感染的抵抗力，使皮肤保持弹性，肤色洁白	皮肤无光泽、粗糙，有明显的大毛孔，无弹性、易生黑斑	绿色蔬菜、柠檬、苹果、草莓等
E	能促进人体荷尔蒙分泌，维持器官的正常机能，并对胶原纤维和弹性纤维具有恢复功能，改善皮肤弹性，推迟人体肌体过早衰老	易衰老、暗淡、干燥、易过敏	黄豆、木耳、芝麻、花生、蜂王浆、卷心菜、甲鱼、萝卜等
D	能够增强皮肤抵抗力	皮肤抵抗力降低	鱼类、蛋黄、花生、冬菇、鱼肝油等

（5）保持皮肤的清洁卫生　经常清洁皮肤，可以避免污垢引起皮肤腺管的阻塞和对皮肤的刺激，防止细菌生长，保证皮肤的健康。正确的洗脸方法，一是洗脸水温度不宜偏高，一般应低于35℃；二是洗脸应从下往上、由里向外的方向洗，这样有助于皮肤的血液循环；三是使用温和的洗面奶，少用或不用香皂；四是洗脸动作要轻柔。

（6）避免外界不良的刺激　皮肤位于身体的最外面，时刻与外界各种损害皮肤的因素接触，容易受到它们的刺激和损害。

紫外线对皮肤的弹力纤维有着明显的破坏作用。过度的阳光暴晒会导致弹力纤维断裂，引起黑色素增多，使皮肤粗糙，并出现皱纹，且易发生角质增生性皮肤病。因此，阳光太强的天气，要注意防晒。如果皮肤被晒，可用稀释柠檬汁洗脸，再用清水洗净，然后用毛巾铺在脸上静静按摩，使皮肤保持洁白光滑。

宜化淡妆，不宜浓妆艳抹，减轻对皮肤的刺激。化妆品质量要好，不要使用伪劣商品。有皮肤过敏症者，不宜用化妆品。化妆品对皮肤都有一定程度的损害，要养成卸妆的习惯，让皮肤得到休息。

只有自觉地、习惯地在日常生活和工作中保养皮肤，坚持皮肤锻炼，才能使皮肤细腻、光滑、柔嫩、红润，富有弹性，青春常在。

（7）按摩皮肤　按摩皮肤，可促进血液循环，改善皮肤营养，减缓皮肤的老化过程。按摩的方法很多，可以用两手掌相互摩擦发热，然后两手掌由前额顺着脸的两旁轻轻向下擦，擦至下巴时，再上擦至前额，如此一上一下将脸的各处擦周到，上下共36次，每天早晚洗脸后进行。也可用双手手指从颊部向上斜推至外眼角部，再向外至发际部，反复30～50次。在按摩时手法要轻柔，不可过分用力。还可以用经络美容法即用手指或毛刷等按摩、刺激有关的经络和穴位。

（8）每天放松10分钟　学会“放松”，也是保持乐观情绪的一剂良药。每天平躺在床上，使脚比头高，什么也不想，可以听音乐，10分钟后，即可增加面部血液供血。持之以恒，可以使人面色红润，容光焕发，给人一种年轻和健康的美感。

三、面部化妆的具体操作方法

健康而美丽的面部皮肤展示的是旺盛的生命活力和优质的生活质量。正确地进行日常清洁、养护，合理使用护肤品，适度运用化妆术，能够达到延缓皮肤衰老、塑造完美仪容的目的。

在服务岗位上，男性服务员一般不用化妆。男性服务员要显得稳重得体，也应注意外形的修饰，从而使人感到清洁、庄重、文雅、有朝气和有品位。男士的皮肤大多数偏于油性或混合性，易生面疱，应当特别注意前文所述的日常清洁、养护及防晒工作。

男性服务员一般不留胡须，每天上班前要养成剃须的习惯。对于长有络腮胡子的男性服务员来说，选穿白色衬衫可使脸部看上去更干净，而蓝色衬衫会将脸上的阴影衬托得更为明显。不要忘记将外露的鼻毛和耳毛用专用的剪子修剪掉，必要时可以请家人帮助完成。

服务行业的女性服务人员，除了个别的岗位有特殊的要求外，一般都应当进行适当的化妆。要求“化妆上岗，淡妆上岗”，即要求服务人员在上岗

阅读资料2-4

面试化妆小技巧

最好避免用颜色过于强烈的唇膏参加面试，这可能会分散主试者对你的注意力。不妨选用色彩不鲜艳但也不需要经常补妆的中淡色的唇膏。如果底色本身非常适合用红色调的唇膏，面试时还是同样选用此类色调的口红但或许可以考虑将亮度稍微降低，以平常使用的红色调唇妆产品，混合褐色调的唇膏即可。

面试中目光的接触相当重要，眼妆便需要特别注意。最好选用中性色调的眼部彩妆，才不会与肤色形成过于突出的对比；褐色的眼线及两排适当的睫毛是相当恰当的方式。至于具有戏剧效果的亮彩眼影，以及炭黑色、灰蓝色的眼线，还是保留到需要浓妆、晚妆的场合再用。

展现利落而有效率的妆容，能使对方感觉到你认真专注的优点，而不是个只会在镜子前花上好几个小时的“花瓶”。

腮红务求自然且能够与肤色相搭配融合，以呈现健康红润的面容。

从指甲也可以看出一个人的性格，修指甲应修剪得干净整洁且长短合宜。一般来说，涂着深色指甲油的尖长指甲及涂着五彩缤纷指甲油或粘贴花样的指甲在面试场合中颇不适宜。

妆容应尽量保持柔滑。不妨在自然光下看看是否有粉堆积在脸上，可以用手将堆积的腮红和蜜粉轻轻压平，不可以用擦的方式。此外，粉红或玻璃色的腮红、唇膏或古铜色的蜜粉皆能改善霓虹灯在脸上所造成的惨白效果，最好避免使用橙色和绿色系的彩妆颜色。

服务前，应当进行适当的化妆，化妆风格以淡雅为主，而不应当浓妆艳抹（见彩图1）。

1. 化妆的类型与要求

化妆的类型有很多的划分方法。按人们带妆的场合和环境可分为工作妆、生活妆、晚宴妆和舞会妆。不同类型的妆面有不同的要求。

（1）工作妆　宜化淡妆，净面之后涂上润肤霜，敷粉底，薄施粉，轻点朱唇淡扫眉。妆色健康、明朗、端庄，追求自然清雅的化妆效果。在一般情况下，服务人员化妆时修饰的重点，主要是嘴唇、面颊和眼部。对其他部位，化妆时不予考虑，则是允许的。

（2）生活妆　追求清丽洒脱的化妆效果，宜淡妆轻描。粉底用耐汗水的粉饼，或乳液型粉底薄敷一层；胭脂选用朱红色或桃红色，淡淡施抹；口红用色不要过重。长时间外出最好不涂眼影，不描眼线，以免汗多，化妆品刺激眼睛。

（3）晚宴妆　追求细致亮丽的化妆效果，宜化得浓艳些。粉底比白天亮一级；蜜粉色彩以亮丽色系为佳；胭脂用浅色或鲜红色；口红选用深桃色或玫瑰色，在灯光下这些颜色会让肤色华艳鲜亮；要强调眉形，并施染眼影，画眼线和上睫毛膏；唇妆须格外费心地防脱落，可涂上唇膏后再点蜜粉。

（4）舞会妆　追求妩媚动人的化妆效果。舞会灯光幽暗，宜化得稍浓艳。可使用掩饰力较强的粉底(对面部有瑕疵者)，扑上肉色粉；胭脂和唇膏选明艳的粉红色调，并上光亮唇膏；施敷眼影，画眼线，还可戴假睫毛和上睫毛膏。要注意突出个性。

2. 化妆的程序

（1）化妆用品及用具　化妆用品包括基本化妆品、各部位化妆品和清洁卸装品。基本化妆品包括化妆水、粉底、定妆粉等。各部位化妆品包括唇膏、唇线笔、眼影、眼线笔(块、液)、睫毛膏、眉笔、胭脂等。清洁卸妆品如卸妆油、清洁霜等。化妆用具包括毛刷(粉刷、胭脂刷、眉毛刷、唇刷等)、眉毛镊子、睫毛夹、睫毛卷曲器、粉扑、镜子、面巾纸、棉花球(棉签)等。

（2）妆前准备　程序为：束发—洁肤—护肤—修眉。

① 束发。用宽发带、毛巾等将头发束起来或包起来，最好在肩上披上

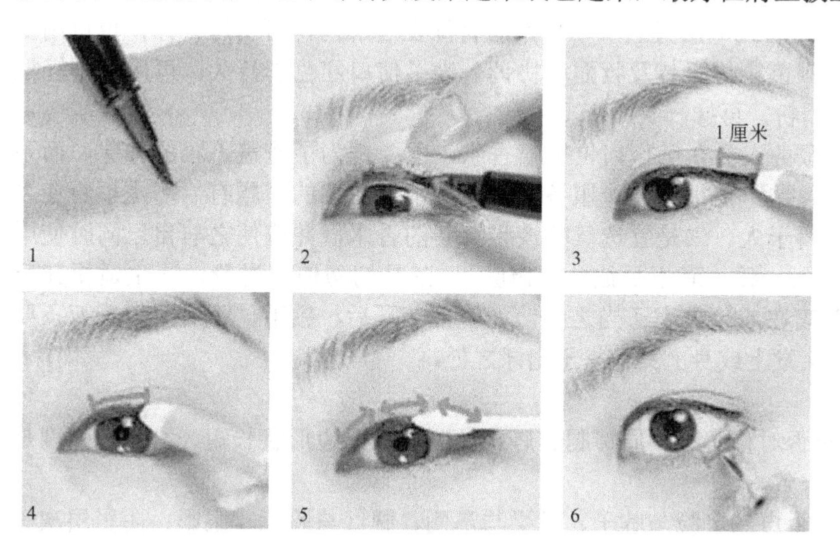

图2-4

阅读资料2-5

5分钟画出黑亮迷人大眼睛

每天早晨的时间总是很宝贵的，没有时间化一个精致的眼妆令上班族很沮丧。现在5分钟就能搞定你的眼睛，而且让你的眼睛顿时大而迷人。眼睛变大的化妆法，以往都是把眼线画粗，加上浓睫毛，现在又多了一个方法，就是让“瞳孔”的范围变得更圆大，并强调眼白清澈，一对比，眼睛就整个放大了。

Basic新大眼法则：用眼线液+眼线笔画出深又黑的隐型眼线。

黑色的眼线液比眼线笔有效果，也较不易晕开。沿着睫毛根部画，愈贴近内眼睑的黏膜，愈能让眼线和瞳孔连为一体，黑瞳大眼的效果最看得到。

Step 1：用眼线液前，先在手背上（在卫生纸上，眼线液反而被吸光）先顺一下笔尖和眼线液量。

Step 2：手指将眼皮向上撑开，清楚地看到睫毛的根部，从眼尾—眼中—眼头，分两段描出眼线。

Step 3：再用“黑色眼线笔”描一次眼线，在眼尾稍微拉长1厘米。

Step 4：在黑眼球正上方，再补一条和眼珠同宽的、略粗一点的眼线，使眼珠看起来更圆大。

Step 5：用棉花棒轻轻“左右来回”晕开眼线，眼线更柔和自然。

Step 6：以咖啡色眼线笔（或眼影也可以），描出下眼尾1/3，让眼珠更漆黑。

具体步骤见图2-4所示。

块围巾，防止化妆时弄脏头发和衣服，也可避免散发妨碍化妆。这样会使脸部轮廓更加清晰明净，以便有针对性地化妆。

② 洁肤。用清洁霜、洗面奶或洗面皂清洁面部的污垢及油脂，有条件的还可以用洁肤水清除枯死细胞皮屑，然后结合按摩涂上有营养的化妆水。

③ 护肤。选择膏霜类，如日霜、晚霜、润肤霜、乳液等涂在脸上，令肌肤柔滑，并可防止化妆品与皮肤直接接触，起到保护皮肤的作用。

④ 修眉。用眉钳、小剪修整眉形并拔除多余的眉毛，使之更加清秀。

（3）施妆过程　程序为：打底色—眼部—额、鼻、颊部—定妆—口部。

① 打好底色。选择与肤色较接近的粉底，用海绵块或手指从鼻子处向外均匀涂抹，尤其不要忽视细小部位，在头与脖子衔接处要渐淡下去，粉底不要太厚，以免像戴上一个面具。粉底抹完后要达到调整肤色、掩盖瑕疵、使皮肤细腻光洁的目的。

② 眼部的化妆。第一步，画眉毛。用眉刷自下而上将眉毛梳理整齐，用眉笔顺眉毛生长方向一道道描画，眉毛从眉头起至2/3处为眉峰，描至眉峰处应以自然弧度描至眉尾，眉尾处渐淡，用眉刷顺眉毛生长方向刷几遍，使眉道自然圆滑。第二步，画眼影。眼影用什么颜色，用多少种颜色，如何画，是因人因事而异的。一般深色眼影刷在最贴近上睫毛处，中间色刷在稍高处向眼尾处晕染，浅色刷在眉骨下。第三步，画眼线。眼线要贴着睫毛根画，浓妆时可稍宽一些，淡妆时可稍细一些。上眼线时内眼角方向应淡而细，外眼角方向则应加重，至外眼角时要向上挑一点，把眼角向上提，显得眼角上翘。第四步，刷睫毛。睫毛用睫毛夹子夹着由内向外翻卷，然后用睫毛刷从睫毛根到睫毛尖刷上睫毛液，为了使睫毛显得长些、浓些，可在睫毛液干后再刷第二遍、第三遍，最后再用眉刷上的小梳子将粘在一起的睫毛梳开。

③ 额、鼻、颊的化妆。腮红应抹在微笑时面部形成的最高点，然后向耳朵上缘方向抹一条，将边缘晕开。可用腮红和阴影粉做脸形的矫正。如在宽鼻梁正中抹上白色，使鼻子立体感增强。

④ 定妆。用粉扑蘸上干粉轻轻地、均匀地扑到妆面上，只需薄薄一层，以起到定妆作用，使妆面柔和，吸收粉底过多的光泽。扑好粉后，用大粉刷将妆面上的浮粉扫掉。

⑤ 画口红。先用唇线笔画好唇廓，再用唇膏涂在唇廓内，可用唇刷涂，也可用棒式唇膏直接涂。口红的颜色应与服装及妆面相协调。为了使口红色彩持久，可用纸巾轻抿一下口红，然后扑上透明粉，再抹一次唇膏。

（4）喷香水　服务人员在工作岗位上喷香水，主要是为了掩盖不雅的体味，而不是为了使自己香气袭人，这一点很重要。服务人员喷香水要注意的问题有：一是不应使之影响本职工作，或是有碍于人。二是宜选气味淡雅清新的香水，并应使之与自己同时使用的其他化妆品香型大体上一致，而不是彼此“窜味”。三是切勿使用过量，产生适得其反的效果。四是应当将其喷在或涂抹于适当之处，如腕部、耳后、领下、膝后等，千万不要将它直接喷在衣物上、头发上或身上其他易于出汗之处。

（5）妆后检查

① 检查左右是否对称。眼、眉、腮、唇、鼻侧等，两边形状长短、大小、弧度是否对称，色彩浓淡是否一致。

② 检查过渡是否自然。脸与脖子、鼻梁与鼻侧、腮红与脸色、眼影、阴影层次等过渡是否自然。

③ 检查整体与局部是否协调。各局部是否缺漏，碰坏；要符合整体要求；此浓淡是否达到应有效果，整个妆面是否协调统一。

④ 检查整体是否完美。化妆要忌“手镜效果”即把镜子贴近脸部检查。虽然这样会看清楚细小的部分，但一般人只是在1米之外的距离与你面谈或招呼，所以要在镜前50厘米处审视自己，对脸部整体的平衡做出正确的判断。

3．化妆的技巧

（1）不同脸型的施妆　不同脸型的化妆技巧，见表2-5所示。

① 鹅蛋脸(椭圆脸型)。这是一种标准的脸型，施妆无须掩饰，胭脂敷在颧骨最高处，再向后、向上晕开。

② 圆脸型。面颊部较宽，施妆适宜在面颊两侧加纵长影色，打纵长颊红(腮红)。面部正中加亮色，眉梢上升，眼影纵长，使面颊在视觉上显小和清秀。

③ 方脸型。施妆力求柔和感，胭脂从眼部平行涂下，眉梢尖微弯，不能有直角，腮部加影色使之显小。

表2-5　不同脸型的化妆技巧

脸　型	目　的	操　作　要　点	注　意　事　项
椭圆形	保持自然形状，突出其可爱之处	1.胭脂涂在颊部颧骨的最高处，再向上向外揉化开； 2.除唇型有缺陷外，尽量按自然唇型涂抹； 3.眉毛顺着眼睛的轮廓修成弧形，眉头应与内眼角齐，眉毛可稍长于外眼角	不需要通过化妆去改变脸型。一定要找出脸部最动人、最美丽的部位，而后突出来，以免给人平平淡淡、毫无特点的印象
长　形	增加面部的宽度	1.胭脂应离鼻子远些，在视觉上拉宽面部。抹时，可沿着颧骨的最高处与太阳穴下方所构成的曲线部位，向外向上抹开粉底，若双颊下陷或额窄小，应在双颊和额部涂以浅色调的粉底，造成光影，使之变得更丰满一些； 2.眉毛修正时应令其成弧形	1.眉毛切不可有棱角； 2.眉毛的位置不宜太高； 3.眉毛尾部忌高翘
圆　形	修正为椭圆形	1.胭脂从颧骨起开始涂至下颊部； 2.唇膏在上嘴唇涂成浅浅的弓形； 3.粉底用来在两颊造阴影，使圆脸瘦些；选用暗色调粉底，沿额头靠近发际处起向下窄窄地涂抹，至颧骨下可加宽涂抹的面积，造成脸部亮度； 4.眉毛可修成自然的弧形，作少许弯曲	1.胭脂不能简单地在颧骨凸出部位涂成圆形； 2.唇膏不能涂成圆形的小嘴形； 3.眉毛不可太平直或有棱角，不可过于弯曲
方　形	设法掩饰凸出的双颊骨，增加柔和感	1.胭脂宜涂抹得与眼部平行，并抹在颧骨稍下处并往外揉开； 2.粉底用暗色调在颧骨最宽处造成阴影，令其方正减弱，下额部用大面积的暗色调粉底造阴影，以改变面部轮廓； 3.唇膏，涂得丰满些，强调柔和感； 4.眉毛，修得稍宽些，眉型可稍带弯曲	1.胭脂忌涂在颧骨最凸出处； 2.眉型不宜有角
三角形	将下部宽角“削”去，把脸形变为椭圆形	1.胭脂由外眼角处起始，向下抹涂令脸部上半部分拉宽一些； 2.用较深色调的粉底在两腮部位涂抹、掩饰； 3.眉毛保持自然状态	眉毛不可太平直或太弯曲
倒三角形	将上部宽角“削”去，把脸形变为椭圆形	1.胭脂涂在颧骨最突出处，而后向上、向外揉开，用较深色调的粉底涂在过宽的额头两侧，而用较浅的粉底涂抹在两腮及下巴处，造成掩饰上部、出下部的效果； 2.唇型，用稍亮些的唇膏加以强调和感，唇型宜稍厚些； 3.眉毛，顺着眼部轮廓修成自然的眉型，描眉时，从眉心到眉尾宜由深渐浅	眉尾不可上翘

（2）不同眼型的施妆

① 大眼睛。可以不描眼线，只薄染眼影即可。

② 小眼睛。在眼睛周围施抹浅淡颜色的眼影，描绘眼线的长度应超过眼尾，稍粗浓，并在外眼角处略上翘。

③ 肉泡眼(肿眼泡)。择深色眼影，上眼皮眼线画得略粗些、长些，下眼皮眼线从眼角轻轻描入，以水平形态向眼尾渐宽匀开。

④ 细长眼睛。眼线中央部位画粗浓些，从视觉效果上产生眼周线缩短的感觉，眉描得直些，以冲淡细长眼睛之感。

（3）不同唇型的施妆

① 标准唇型。施妆只需着色润泽即可。

② 薄小唇型。抹粉底隐去原唇廓，画比原唇型大些的轮廓线。

③ 厚大唇型。抹暗色粉底，隐去原有唇廓，用唇线笔画比原唇型小些的轮廓线，涂唇膏时靠内侧浓，靠外侧略淡。

四、化妆的禁忌

服务人员在进行个人化妆时，要避免某些不应当出现的错误做法，它们一般被称作服务人员化妆的禁忌。服务人员化妆的禁忌主要包括以下4个方面。

（1）离奇出众　服务人员在化工作妆时出现的离奇出众，即指的是那些在化妆时有意脱离自己的角色定位，而专门追求的荒诞、怪异、神秘的妆容，或者是有意使自己的化妆出格，从而产生令人咋舌或毛骨悚然的效果。

（2）技法用错　在化妆时，服务人员如果不谙其道，那么他即使不化妆，也要比因贸然行事而出错，从而贻笑大方好得多。因为，服务人员化妆时技法方面出现了明显的差错，就会暴露出自己在素质方面的严重不足。

（3）残妆示人　残妆，指由于出汗之后、休息之后或用餐之后妆容出现了残缺，长时间的脸部残妆会给人懒散、邋遢之感，所以在上班时，工作人员要注意坚持化妆，而且要注意及时地进行检查和补妆。

（4）岗位上化妆　服务人员工作妆一般应在上岗之前完成，不允许在工作岗位上进行；否则显得工作三心二意，对服务对象不尊重。

附　服务人员仪表仪容的实训安排与考核

仪表仪容规范实训 2-1

【实训项目】 皮肤护理实训。

【实训目标】 掌握皮肤护理基本知识和操作要领。

【实训学时】 1学时。

【实训要求】

① 了解皮肤类型的自我测试方法；

② 掌握皮肤护理的操作程序。

【实训准备】 洗脸盆、毛巾、清洁纸巾、洗面奶等。

【实训考核】 皮肤护理实训考核内容，见表2-6所示。

表2-6　皮肤护理实训考核表

考生单位：　　　　　　　　　　　　　　　　　　　　　　考生姓名：

考核项目	考　核　要　求	配　分	得　分
洁　肤	1.将脸用温水打湿； 2.取适量洗面奶于手心，搓至起泡； 3.由下巴向额头，用手指轻轻地按摩清洗1～2分钟	5分 5分 10分	
爽　肤	1.取一小块棉花，把紧肤水（或收缩水）倒到棉花上； 2.把棉花上的紧肤水擦于脸上； 3.用手轻拍脸颊； 4.用清水清洗，手法自下而上“推”皮肤； 5.用纸巾或毛巾把多余的水分吸干，忌用毛巾在脸上无规则乱搓	10分 5分 5分 10分 5分	
护　肤	1.清晨用日霜； 2.临睡用晚霜； 3.夏日户外活动可用防晒霜	5分 5分 5分	
特殊护理（家庭）	1.深层清洁，使用磨砂洗面奶； 2.涂面膜，手法由下而上； 3.撕洗面膜，手法由上而下； 4.爽肤和护肤，每周1～2次	5分 10分 10分 5分	
总　　分		共100分	

仪表仪容规范实训 2-2

【实训项目】 女性服务人员工作妆实训。

【实训目标】 掌握服务人员工作妆的基本操作规程。

【实训学时】 1学时。

【实训要求】 掌握工作妆一般的化妆方法。

【实训准备】 化妆水、棉球、粉底霜、胭脂、眼影、眉笔、口红等。

【实训考核】 女性工作妆实训考核内容，见表2-7所示。

表2-7　女性工作妆实训考核表

考生单位：　　　　　　　　　　　　　　　　　　　　　　考生姓名：

考核项目	考　核　要　求	配　分	得　分
基面化妆	1.涂化妆水，用棉球蘸取向脸面叩拍； 2.抹粉底霜，用手指或手掌在脸上点染晕抹； 3.上粉底，用手指或手掌在脸上点染晕抹，不宜过厚； 4.扑化妆粉，用粉扑自下而上，扑均匀	5分 5分 5分 5分	
眼部化妆	1.涂眼影：用棉花棒蘸眼影，在眼周、眼尾、上下眼皮、眼窝处点抹并打开； 2.画眉：蓝灰色打底，棕色或黑色描出适合的眉型，直线型使脸显短，弯型使人显得温柔； 3.描眼线：用眼线笔沿眼睫毛底线描画	10分 10分 10分	
抹颊红	用颊红轻染轻扫两颊，以颧骨为中心向四周抹匀；长脸型横打胭脂，圆脸型和方脸型竖打胭脂	5分	
画口红	1.用唇笔描上下唇轮廓，起调整色泽、改变唇形作用； 2.涂口红填满	5分 10分	
检　查	1.发际和眉毛是否沾上粉底霜； 2.双眉是否对称； 3.胭脂是否涂匀； 4.妆面是否平衡； 5.与穿着是否协调； 6.适当调整修改	3分 3分 3分 3分 3分 3分	
总体要求	1.眼要自然不着痕，颊宜均匀； 2.内容可酌情舍弃或变动次序； 3.此操作仅适合简单快速淡妆或工作妆，用时10分钟左右； 4.不要在男士面前化妆	3分 3分 3分 3分	
总　　分		共100分	

仪表仪容规范实训 2-3

【实训项目】 女性面部生活妆实训。

【实训目标】 掌握生活化妆的基本操作规程。

【实训学时】 1学时。

【实训要求】 掌握生活化妆的一般方法。

【实训准备】 棉球、粉底霜、胭脂、眼影、眉笔、唇彩、香水等。

【实训考核】 女性面部生活妆实训考核内容，见表2-8所示。

表2-8 女性面部生活妆实训考核表

考生单位： 考生姓名：

考核项目	考 核 要 求	配 分	得 分
打粉底	1.选择粉底霜，粉底霜与肤色反差不宜过大； 2.用海绵取适量粉底涂抹细致均匀，切记在脖颈部打上粉底，以免面部与颈部“泾渭分明”	5分 5分	
画眼线	1.笔法先粗后细，由浓而淡； 2.上眼线从内眼角向外眼角画； 3.下眼线从外眼角向内眼角画； 4.一气呵成，生动而不呆板； 5.上下眼线不可在外眼角处交会	5分 5分 5分 5分 5分	
施眼影	1.选择对个人肤色适中的眼影，眼影色彩不宜过分鲜艳，工作妆应选用浅咖啡色眼影； 2.由浅而深，施出眼影的层次感	5分 5分	
描眉型	1.拔除杂乱无序的眉毛，使眉型具有立体感； 2.对逐根眉毛进行描眉形。注意两头淡、中间浓、上边浅，下边深	5分 10分	
上腮红	1.选择适宜腮红，使腮红与唇膏或眼影属于同一色系； 2.延展晕染腮红，注意腮红与面颊肤色过渡自然； 3.扑粉定妆	5分 5分 5分	
涂唇彩	1.以唇线笔描好唇线，先描上唇，后描下唇，从左右两侧，沿唇部轮廓向中间画； 2.涂好唇膏，描完后检查一下牙齿上有无唇膏的痕迹； 3.用纸巾吸去多余的唇膏	5分 5分 5分	
喷香水	1.选择适宜的香水类型，香水类型应气味淡雅清新； 2.喷涂于腕部、耳后、领下、膝后等适当之处，香水切勿使用过量	5分 5分	
总 分		共100分	

本章小结

仪表通常指人的外表，包括人的仪容、仪态和服饰等方面，是一个人的精神面貌和内在素质的外在表现。风度是人的全部生活姿态提供给外界的综合印象，是一个人个性、品质、修养、情趣、学识、精神境界、生活习惯等的外在表现。

仪容主要是指一个人的容貌，是仪表的重要组成部分，包括面容、发式及身体未被服饰遮掩的肌肤部分。

服务人员仪表仪容的要求：讲究个人卫生，保持仪表整洁；穿着得体美观，打扮端庄自然；树立服务意识，遵守岗位规范。

面部修饰的重点在眼部、口部、鼻部和耳部，通过修饰，应使之美观、整洁、端庄。

发部的修饰：发部的整洁、发部的造型、发部的美化。

肢体的修饰：手的保洁、手的保养、手的修饰、保持下肢的清洁、下肢的适度掩饰。

面部美容与化妆的基本要求：符合审美标准、注重科学合理、修饰适度得体、坚持修饰避人。

日常皮肤的保养：确定皮肤类型、选择适合的化妆品、皮肤保养 。

化妆的类型：按人们化妆的场合和环境可分为工作妆、生活妆、晚宴妆和舞会妆。

施妆的程序为：打底色—眼部—额、鼻、颊部—定妆—口部。

化妆的技巧：注意不同脸型的施妆、不同眼型的施妆、不同唇型的施妆。

化妆的禁忌：离奇出众、技法用错、残妆示人、岗位上化妆。

重点内容

仪表仪容的要求　仪容的修饰　皮肤的保养　施妆的程序　化妆的技巧　化妆禁忌

案例分析一

迈克尔·阿盖尔实验

仪表，在人际交往的最初阶段，往往是最能引起对方注意的。人们常说的“第一印象”的产生多半来自一个人的仪表，仪表端庄、穿戴整齐者比不修边幅的人显得有教养，也更懂得尊重别人。

行为学家迈克尔·阿盖尔曾做过实验，他本人以不同的装扮出现于不同的地点，结果却截然不同：当身穿西服革履的他以绅士的模样出现时，无论是向他问路的人还是问时间的路人，大多彬彬有礼，这些人看上去属于上流社会，颇有教养；而当迈克尔扮成无业游民时，接近他的人以流浪汉居多，或是来借火或是来借钱。

分析：此实验证明了什么?

案例分析二

服务员仪容对服务的影响

某公司总经理赵先生为视察工作和开拓新市场，下榻于广州某星级饭店。经过连续几日的工作，终于圆满完成任务。在回去之前，赵先生与几位分公司领导和来宾打算庆祝一下。当他们来到餐厅，接待他们的是一位面容姣好的服务员，接待服务工作做得很好，可是她面无血色显得无精打采。赵先生一看到她就觉得没了好心情，仔细留意才发现，原来这位服务员没有化工作淡妆，在餐厅昏黄的灯光下显得病态十足，这又怎能让客人看了有好心情就餐呢?当开始上菜时，赵先生又突然看到传菜员涂的指甲油缺了一块，当下赵先生第一个反应就是“不知是不是掉入我的菜里了?”，但为了不惊扰其他客人用餐，赵先生没有将他的怀疑说出来。但这顿饭吃得赵先生心里很不舒服。最后，他们唤柜台内服务员结账，而服务员却一直对着反光玻璃墙面修饰自己的妆容，丝毫没注意到客人的需要，到本次用餐结束，赵先生对该饭店的服务十分不满。

分析：运用所学的知识对此案例进行分析。

基本训练

1．判断题

①面部修饰的重点在眼部、口部、鼻部和耳部，通过修饰，应使之美观、整洁、端庄。（　）

②若工作时允许佩戴眼镜，应注意选择合适的眼镜、注意眼镜的清洁、不能戴太阳镜。（　）

③对服务人员的头发总的要求是：长度适中，以短为主。（　）

④妆后检查一般指检查左右是否对称、检查过渡是否自然、检查整体与局部是否协调、检查整体是否完美等。（　）

⑤经常更换化妆品品种对皮肤有益。（ ）

2．选择题

①服务礼仪要求服务人员在修饰本人的仪容时，重心应当放在（ ）方面。

A．面部修饰　B．发部修饰　C．肢体修饰　D．化妆修饰

②眼部的化妆的程序是（ ）。

A．刷睫毛　B．画眼线　C．画眼影　D．画眉毛

③要正确地护发的方法有（ ）。

A．长期坚持护发　B．选择好护发用品　C．正确的护发方法　D．经常剪发

④做好口部的修饰要（ ）几个方面注意。

A．刷牙　B．洗牙　C．禁食　D．护唇　E．剃须

⑤正确的洗脸方法是（ ）。

A．水温不宜太高　B．方向从下往上　C．方向由里向外　D．使用洗面奶

E．洗脸动作要轻柔

3．简答题

①什么是仪表、仪容，一个人的风度是通过什么体现的？

②在发型上对男性和女性的要求是什么？

③服务人员仪表仪容的要求有哪些？

④面部美容与化妆的基本要求是什么？

⑤皮肤保养“八要诀”指的是什么？

⑥简述化妆的禁忌。

4．实训题

准备化妆品，给自己化一个工作妆和生活妆。

项目三　服务人员仪态规范

【学习目标】

本章通过对仪态礼仪规范的详细阐述和一系列与之相配套的训练方法、考核方案，使服务人员能更好地掌握仪态规范，并能在工作中熟练应用。

任务一　服务人员的姿态

一、挺拔的站姿

站立姿势，又称站姿或立姿，是指人在停止行动之后，直着自己的身体，双脚着地或者踏在其他物体之上的姿势。它是一种静态的身体造型，是平常采用的最基本的姿势，又是其他动态的身体造型的基础和起点。优美的站姿是展现人体动态美的起点，是培养一个人全部仪态美的基础。

1．站姿的基本要求

基本站姿，指的是人们在自然直立时所采取的正确姿势。站姿的总的要求是“正看一个面，侧看一条线”。它的标准主要是正和直，即从人身体的正面来看，主要特点是头正、眼正、肩正、身正；从人身体的侧面来看，主要特点是颈直、背直、腰直、臂直、腿直。

2．正确站姿的要领

人在站立时头部要抬起，下颚微收，双眼平视，面带微笑，颈部挺直，双肩舒展、齐平，面部和身体朝向正前方，胸要微挺，腹部自然地收缩，腰部直立，臀部上提，挺直背脊，双臂自然下垂，双腿并拢立直。总的来讲，采取这种站姿，会表现出女性的恬静、端庄的阴柔美，男性的刚健、威严的阳刚美。

3．站姿的不同形式

不同的工作岗位对站姿有不同的要求，但任何一种形式的站姿都是在基本站姿的基础上变化的，服务人员在实际工作中选择适合的站姿形式来为客人服务。服务工作中常见的站姿有以下几种。

（1）侧放式站姿　侧放式站姿是男女通用的站立姿势。其要领是：脚掌分开成“V”字形，脚跟靠拢，两腿并拢立直，双臂放松，自然下垂于体侧，虎口向前，手指自然弯曲，见图3-1、图3-2所示。

（2）前腹式站姿

① 站姿一。其要领是：脚掌分开呈“V”字形，脚跟靠拢，两腿并拢立直，两手握指交于腹前，是女性常用的站立姿势。

② 站姿二。其要领是：两脚脚尖向外略展开，一脚在前，将一脚跟靠于另一脚内侧前端，形成斜写的一个“丁”字形，两手握指交于腹前。此站姿又称丁字式站姿，是只限于女性使用的站立姿势，见图3-3所示。

（3）后背式站姿　后背式站姿是男性常用的站立姿势。其要领是：两脚打开，略窄于肩

图3-1　侧放式（一）

图3-2　侧放式（二）

图3-3　前腹式

图3-4　后背式

宽，两脚平行，身体立直，身体重心放在两脚上，两臂肘关节自然内收，两手相握放在后背腰处，见图3-4所示。

（4）单臂式站姿　单臂式站姿是男女通用的站立姿势。其要领是：因工作的需要，选择将两脚打开或成丁字步，工作中常见到的是左手单臂后背，右手来完成例如斟酒服务等工作。

站立太累时，可变换为调节式站姿，即身体重心偏移到左脚或右脚上，另一条腿微向前屈，脚部放松。无论转变成何种站立姿势，都要注意做到“万变不离其宗”，即不能离开站姿的基本要领。

4．不良的站姿

所谓不良站姿，指的是服务人员在工作岗位上不应当出现的站立姿势。在服务工作中，服务人员要尽量注意以下身体部位，避免一些不良的站姿出现。

① 头。头部左、右歪斜或低头、仰头，左顾右盼，东张西望。

② 肩。肩不平，身体不正，含胸或过于挺胸。

③ 手。手臂插兜或叉腰，双臂交叉抱于胸前，手腕抖动。

④ 腰、背。腰部弯曲，背部弓起，腹部挺出。

⑤ 腿。弯曲，抖动，交叉，叉开过大。

⑥ 脚。内八字或外八字，蹬踏，抖动。

同时，还有趴扶倚靠、半坐半立、浑身抖动、身体歪斜等不良站姿。

5．站姿的训练方法

（1）面向镜子，按照动作的要领体会站立姿势。

（2）头顶可放本书，练习颈直和头颈部的稳定性。

（3）靠墙站立或两人一组背靠背站立，要求脚跟、小腿、双肩、后脑勺都贴紧墙或另一个人，练习身体直立，腰身挺拔。

以上训练每次应坚持30分钟左右，服务人员应着工作服，女性穿半高跟鞋进行练习，以增强训练的实效性。训练时可以配上优美的音乐，有利于保持愉快的心境，塑造自然的笑容，减轻单调、疲劳之感。

二、文雅的坐姿

坐的姿势，一般称为坐姿，是将自己的臀部置于椅子、凳子、沙发或其他物体之上，以支撑自己身体重量，单脚或双脚放在地上的姿势。它是一种静态的身体造型，是常用的姿势之一。不同的坐姿传达不同的意义与情感，文雅的坐姿可以展现人体静态美。

1．坐姿的基本要求

坐姿不仅包括坐的静态姿势，同时还应包括入座和起座的动态姿势，它们是坐不可分割的两个部分。“入座”作为坐的“序幕”，“起座”作为坐的“尾声”。

（1）静态的坐姿　静态的坐姿要求：头正目平，双目平视前方或注视对方，下颚向内微收，两肩放松，挺胸收腹，腰背挺直，嘴微闭，面带微笑，两手相交放在腹前双腿上，两脚平落地面。两膝间的距离，男子以一拳为宜，女子则以不分开为好。坐在椅子上，至少应坐满椅子的2/3或3/4。如果是沙发，座位较低，又比较柔软，应注意身体不要下滑陷在沙发里，这样看起来很不雅观。

静态坐姿注意：坐姿中除了注意两脚和两腿的摆放外，头部、身体和上肢的摆放姿势也很重要。

第一，头部位置要端正。入座后头部的标准是：头部抬直，双目平视，下巴内收。整个头部要与地面垂直。当有外人或者客人在时，头部不宜出现低头、仰头、扭头或者歪头的现象。

第二，身体位置要直立。入座后，身体的位置要注意：上身不宜完全倚

阅读资料3-1

不同的站姿反映的心理特征

心理学家测定得出：双腿并拢站立者，给人的印象是可靠、意识健全、脚踏实地而且忠厚老实，但表面上有时显得有点冷漠；双腿分开尺余，脚尖略朝外偏的站姿，表现出站立者果断、任性，富有进取心，不装腔作势；双腿并拢站立，一脚稍后，双足平置地面，则体现出站立者有雄心，性格暴躁，是个积极进取、极富冒险精神的人；站立时一脚直立，另一脚则弯置其后，以脚尖触地，则说明站立者情绪非常不稳定，变化多端，喜欢不断的刺激与挑战。

站立姿势还有正面与侧面之分。相比较而言，正面姿态所反映的特征，是人们通过学习和对自身经验的总结、积累而形成的；而侧面姿态，一般被认为是仍然保留着出生时的原始的姿态倾向和特征，表现出原始的感情和幼年、少年时期的心理活动以及与生活有关的心理倾向。例如，那种挺胸直背、身体后仰、膝盖绷直的侧面姿态，就是一种充满力量和紧张的姿态，暗示着站立者积极努力地适应现实的倾向。

靠在座椅的背部，私人休息时间除外；正式场合与人会面时，不可以一开始就靠在椅背上；在他人交谈时，身体应该朝向对方，以表示对对方的尊重；做到抬头挺胸、收腹直腰，保持身体形态的优美。

第三，注意手臂位置的摆放。入座后，手臂的摆放要合乎标准，不可随意搭放。一般来说，入座后手臂摆放的位置有：手臂摆放在两条大腿上。双手成“八”字各放于左右腿或者叠放在一条腿上。当穿短裙的女士面对男士坐时，可以将自己随身携带的皮包或者文件袋等物品放在并拢的大腿上，然后，双手放在皮包上面，这样可以避免自己“走光”。如果座椅有扶手，当正身而坐时，可以将双手分别扶在左右两侧的扶手上；当侧身而坐时，可以将双手叠放或者相交、相握后，然后放于侧身这边的扶手上，也可将一只手臂放在扶手上，掌心向下，另一只手臂横放于双腿上。如果面前有桌子，可将双臂弯曲，双手相握，放在桌子上。

（2）动态的坐姿

① 入座的要求。入座时，走到座位前面转身，要轻而缓，右脚向后撤半步，从容不迫地慢慢坐下，然后左脚跟上（或右脚向前）与右脚（或左脚）并齐。女子入座要娴雅，坐下前应用手把裙子向前拢一下。

在入座时要注意：不可抢先入座，一定要请对方先入座；不可抢先坐在上座，要主动地坐在适合自己身份的座位上；不可坐在桌子上、窗台上等不适宜的地方；在他人面前落座时，不要背对着座位前面的其他人；落座时，应面带微笑向周围人点头致意，动作要轻，速度不要太快，避免让座椅发出声音。

② 离座的要求。离座时，右脚先向后迈半步，站起身，向前走一步离开座位。不可猛地起身，制造紧张气氛。

在离座时要注意：需要离开座位时，要向周围人示意，切不可突然起身；与他人同时离座时，应该注意先后次序，一般来说，地位较高的人先离座，如果与周围人身份相当，可以同时离座；起身动作要缓慢，不要碰到周围其他人或碰倒椅子；根据礼仪的要求，入座、离座时最好在左侧，左进左出是入座、离座时的基本礼仪之一。

2．坐姿不同形式

入座后，人的双腿和双脚所处的不同位置往往体现出一个人坐姿的形式，最常用的坐姿形式主要如下。

① 正襟危坐式。正襟危坐式被认为是基本的坐姿，适用于正规的场合。

基本要求：上身与大腿、大腿与小腿都应当成直角，小腿垂直于地面。双膝、双脚和两脚跟都要并拢。

② 垂腿开膝式。垂腿开膝式也是较正规的坐姿，主要适用于男性。

基本要求：上身与大腿、大腿与小腿都应当成直角，小腿垂直于地面。两腿可以稍微分开，但不能超过肩宽，见图3-5所示。

③ 双腿叠放式。双腿叠放式适合穿短裙的女性。

基本要求：将双腿完全一上一下叠放在一起，叠放后的两腿之间没有缝隙，犹如一条直线。双脚斜放于左或右一侧，斜放后的腿部与地面成45°角，叠放在上面的脚的脚尖垂向地面，见图3-6所示。

④ 双腿斜放式。双腿斜放式适合穿裙子的女性，尤其是在低处就座时。

基本要求：双腿并拢，双脚向左或者向右侧斜放，斜放后的腿部与地面成45°角。

⑤ 前伸后曲式。前伸后曲式主要适用于女性。

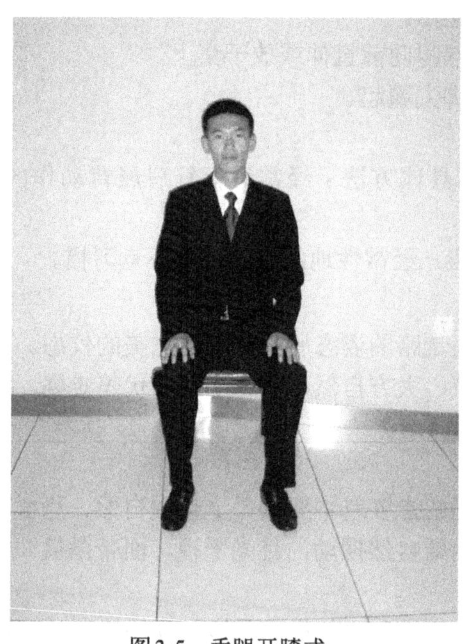

图3-5　垂腿开膝式

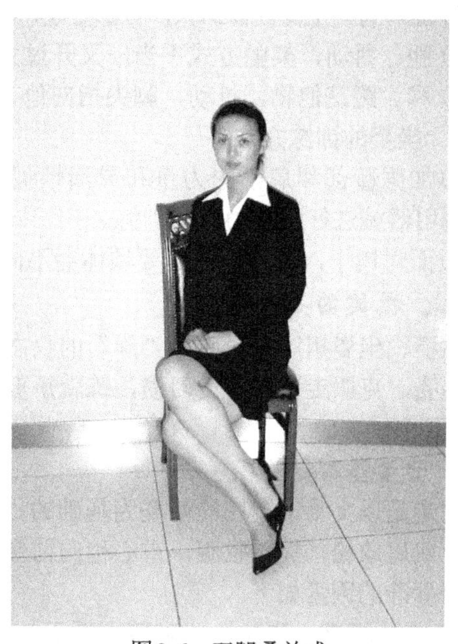

图3-6　双腿叠放式

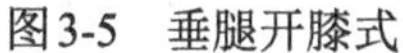

基本要求：大腿并拢，向前伸出一条腿，另一条腿往后屈回，两脚掌着地，两脚前后保持在一条直线上。

⑥ 双脚内收式。双脚内收式适合在一般场合使用，男性女性都可以采用。

基本要求：双膝、小腿并拢，向内侧屈回，双脚脚掌着地。

⑦ 双脚交叉式。双脚交叉式适用于各种场合，男性女性都可以采用。

基本要求：双膝并拢，双脚在踝部交叉。交叉后的双脚可以内收，也可以斜放，但不要向前方直伸出去，见图3-7所示。

⑧ 大腿叠放式。大腿叠放式主要在非正式场合采用，主要适合男性。

基本要求：两条腿在大腿部分叠放在一起。叠放后的下方一条腿的小腿垂直于地面，脚掌着地；上方的那条腿的小腿向内收，脚尖向下。

3．不良坐姿

所谓不良坐姿，指的是服务人员在工作岗位或与客人交谈时不应出现的坐姿。坐姿是人际交往过程中，持续时间较长的一种姿态，如果出现不良坐姿，会给对方留下难以改变的印象。

① 头。头部左、右歪斜或低头、仰头，左顾右盼，东张西望，头部靠于椅背。

② 肩。侧肩、耸肩、身体不正、含胸或过于挺胸。

③ 手。手臂插兜或叉腰，双臂交叉抱于胸前，手腕抖动，手部置于桌上，双手抱在腿上或夹在腿间，用手触摸脚部。

图3-7　双脚交叉式

④ 腰、背。上身向前趴伏，背部弓起，腹部挺出。

⑤ 腿。抖动，架腿方式不当，叉开过大，双腿向前直伸或放于桌上。

⑥ 脚。蹬踏他物，抖动，脚尖指向他人，脚尖翘起。

4．坐姿的训练方法

① 加强腰部和肩部的力量和灵活性训练，具体方法：经常进行舒肩展背动作的练习，同时利用器械进行腰部力量的训练。

② 面对镜子，按照动作的要领体会不同坐姿，经常性地纠正和调整不良习惯。

三、稳健的走姿

站姿、坐姿相对来说属于“静”的仪态，而走路的姿态属于富有动态美的仪态。掌握正确的走姿，克服走姿的不良习惯，练就矫健轻快、大方自然、从容不迫的优美走姿，显得尤为重要。

1．走姿基本要求

行走是以文雅、端庄的站姿为基础的。正确的走姿基本要领是：步履自然、稳健，抬头挺胸，双肩放松，提臀收腹，重心稍向前倾，两臂自然摆动，目光平视，面带微笑。决定走姿是否标准的因素如下。

① 步位标准。步位，即脚落在地面的位置。男性工作人员两脚跟可保持在适当间隔的两条平行直线上，脚尖可以稍微外展；女性工作人员两脚跟要前后踏在同一条直线上，脚尖略外展，也就是所谓的“男走平行线，女走一条线”。

② 步度适中。所谓步度也叫步幅，是指在行走时两脚之间的距离。同时步幅的大小也要与服装和鞋子的穿着相适应。

③ 步态优美。走路时膝盖和脚腕都要富于弹性，两臂自然轻松地前后摆动，男性应具有阳刚之美，展现其矫健、稳重、挺拔的特点；女性应显得温婉动人，体现其轻盈、妩媚、秀美的特质。

④ 步高合适。行走时脚不要抬得过高，那样看上去缺乏稳健感；也不能抬得过低，脚后跟在地上拖着走，给人的感觉缺乏朝气，显得“步履蹒跚”、“老态龙钟”。

⑤ 步速均匀。在一定的场合，一般应当保持相对稳定的速度，避免忽快忽慢。

⑥ 步声轻微。走路时，在保持正常走姿的情况下，尽量使鞋子与地面接触的声音减小，同时尽量减小衣物之间的摩擦声。

⑦ 身体协调。走路时身体各部位应保持动作的和谐。头正、肩平、躯挺，走动时要以脚跟先着地，膝盖在脚部落地时一定要伸直，腰部要成为重心移动的轴线，双臂在身体两侧一前一后地自然摆动。

2．特定情况走姿的标准

在具体的实践工作中，服务人员的走姿在不同情况下，有着不同的要求和规范，需要特别给予关注。

（1）与客人迎面相遇时　在行进过程中，当客人迎面走来，服务人员应放慢脚步，目视客人，面带微笑，轻轻点头致意，并且伴随礼貌问候语言。在走廊等路面较窄的地方，或是在楼道上与客人相遇，应停下脚步并面向客人，让客人先行，坚持“右侧通行”原则。

（2）陪同引导客人时　在服务工作中，陪同指的是陪伴客人一同行进。引导指的是在行进中引领客人，为客人带路。服务人员在进行陪同引导时要注意：与客人同行时，应遵循“以右为尊”的原则，服务人员应处在左侧。若双方单行行进时，则服务人员应走在客人侧前方约二三步的位置。行进速度须尽量与客人的步幅保持一致，并应及时给客人以关照和提醒。服务人员陪同引导客人上下楼梯时先行在前。

（3）进出升降式电梯时　通常，陪同客人乘坐升降式电梯时有两种情况：一是乘坐无人值守的电梯时，一般宜请客人后进先出，服务人员则先进后出；二是乘坐有人值守的电梯时，则应请客人先进先出，而服务人员后进后出。

（4）出入他人房间时　在进入他人房间时，一定要先叩门，或按门铃。在得到允许后，方可用手轻轻开门。出入房间，特别是在出入一个较小的房间，而房内又有自己熟悉的人时，最好是反手关门、反手开门，始终面向对方。与他人一起出入房间时，服务人员一般应"后进后出"，而请对方"先进先出"，并且替客人开门、关门。

（5）搀扶帮助他人时　在搀扶他人时，注意步速应主动和对方的步调保持一致。同时，考虑到对方的身体因素和身体状况，在行进过程中，适当地暂停几次，以使被搀扶者得以暂时休息。

3．不良走姿

所谓不良走姿，指的是服务人员在工作岗位上不应当出现的行走姿势。在服务工作中，不良走姿会对服务工作和个人形象以及企业形象造成不良影响，所以服务人员要尽量克服、避免不良走姿的出现。

① 头。头部左、右歪斜或低头、仰头，左顾右盼，东张西望。

② 肩。侧肩，耸肩，左右摇摆，身体不正，含胸或过于挺胸。

③ 手。手臂插兜或叉腰，双臂交叉抱于胸前或背手，手腕抖动，手部抓弄衣物，手臂僵硬或摆动过大。

④ 腰、背。上身过于前倾，背部弓起，腹部挺出。

⑤ 腿。腿部弯曲、步幅过大或过小，步履蹒跚，鸭子步。

⑥ 脚。蹬踏和拖蹭地面，内外八字步，踮脚，脚尖翘起。

4．走姿的训练方法

① 靠墙站立，背靠墙壁，将后脑、肩背、臀部和脚跟靠在墙上，进行整体的直立和挺拔训练。

② 在人行道和走廊等宽敞而安全的地方，沿着地面砖的直线缝隙进行直线走姿练习；同时依据地面砖的尺寸进行步幅练习。

③ 头顶书本行走，进行整体平衡的练习。

④ 对镜行走，进行面部表情等整体协调性的练习。

四、得体的蹲姿

蹲的姿势，又称为蹲姿。下蹲是由站立姿势变化而来的相对静止的体态，是由站立转变为两腿弯曲，身体高度下降的姿势。服务人员在工作时难免会在众人面前捡起掉在地上的东西或完成其他操作，这就需要采用正确的蹲姿。

1．蹲姿基本要求

蹲姿的基本要领是：站在所取物品的旁边，蹲下屈膝，抬头挺胸，不要低头，也不要弓腰，两脚合力支撑身体，掌握好身体的重心，慢慢地把腰部低下，臀部向下，蹲下的时候要保持上身的挺拔，神情自然。

2．蹲姿不同形式

① 高低式蹲姿。这是男女通用的蹲姿，主要特征是：双膝一高一低。

基本要求：下蹲时一般是左脚在前，右脚稍后，两腿紧靠向下蹲。左脚应完全着地，小腿基本上垂直于地面，右脚则应脚掌着地，脚跟提起。右膝低于左膝，右膝内侧可靠于左小腿的内侧，形成左膝高、右膝低的姿态。女性应靠紧两腿，男性则可以适度分开，见图3-8、图3-9所示。

② 交叉式蹲姿。只适用于女性，尤其是穿短裙的女性。这种蹲姿的主要特征是：蹲下后双腿交叉在一起。

基本要求：下蹲时，右脚在前，左脚在后，右小腿垂直于地面，全脚着地。右腿在上，左腿在下，两者交叉重叠。左膝由后下方伸向右侧，左脚脚跟抬起，并且脚掌着地。两腿前

图3-8　高低式（一）

图3-9　高低式（二）

图3-10　交叉式

后靠近，合力支撑身体。上身略向前倾，臀部朝下，见图3-10所示。

③ 半蹲式蹲姿。是男女通用的蹲姿，这种蹲姿多见于行进之中临时采用。男子采用半蹲式，蹲姿时两腿不必靠紧，可以有一定的距离，但女性应靠紧双腿。这种蹲姿的主要特征是身体半立半蹲。

基本要求：左脚在前，右脚在后，向下蹲去，左小腿垂直于地面，全脚掌着地，大腿靠紧，右脚跟提起，前脚掌着地，左膝高于右膝，臀部向下，上身稍向前倾。以左脚为支撑身体的主要支点。

④ 半跪式蹲姿。是男女通用的蹲姿，它是一种非正式蹲姿。这种蹲姿的主要特征是双腿一蹲一跪。

基本要求：下蹲之后，改为一腿单膝点地，臀部坐在其脚跟之上，而以其脚尖着地，另外一条腿，应全脚着地，小腿垂直于地面，双腿应尽力靠拢。

3．蹲姿的禁忌

① 不要突然下蹲。下蹲的时候，速度不要过快，尤其是在走姿变换成蹲姿时，要稍微停顿一下。

② 不要离人过近。在下蹲的时候，要与身边的人保持一定的距离，以防撞挤对方或妨碍他人。

③ 不要背对他人。在他人身边下蹲时，要侧身对着对方，不要正面面对他人或是背部对着他人下蹲，这是不礼貌的表现。

④ 不要毫无掩饰。身着裙装的女性下蹲时，一定要注意有所掩饰。

⑤ 不要蹲着休息。蹲姿是在特殊情况下的姿势，所以不可随意乱用。当服务人员站得有些疲劳的时候，可以适当变换站姿缓解疲劳，但是不允许蹲下来休息，这是非常失礼的。

4．蹲姿的训练方法

① 加强腿部、膝关节、踝关节的力量和柔韧性的训练，具体方法是：压腿、踢腿、活动关节。

② 有意识地、主动地、经常地进行标准蹲姿的练习，形成良好习惯。

任务二　服务人员的表情

表情是指一个人内心的思想感情体现在颈部以上（包括眼、眉、鼻、嘴等）各个部位的综合而微妙的反映。人的面部表情可以给人们以最直接的感觉和情绪体验。

在人际交往中，如果表情和语言所表述的内容高度和谐统一，就会使人们相信这种表述是真实可信的；否则人们就会更加相信表情所带来的信息。因此说，表情在人际交往的过程中起到十分重要的作用。

在构成表情的诸要素之中，眼神和微笑占有至关重要的地位，在生活和工作中使用频率最高的也是人的眼神和笑容。一般说来，在人际交往中眼神和微笑的应用，要遵循下面几项共同的标准和原则。

第一，谦恭。谦恭是服务人员主动向客人表示尊敬的一种方式，是服务对象首要的心理需求，也是评价服务水平的重要标准。

第二，友好。友好是服务人员向客人表示希望与之沟通和欢迎的表现形式，是顺利完成交流的重要基础。

第三，适时。适时是要求服务人员的表情神态，要与所处的场合和情境协调恰当，要求服务人员要有较强的应变能力和对情境气氛的感受能力。

第四，真诚。所有的语言和行为，如果不是建立在真诚的基础上，都会背离服务目标走向虚伪，而虚伪必将导致失败。

一、恰当的眼神

“眼睛是心灵的窗户”，是人类最明确的情感表现和交际信号。在人际交往当中，能够反映出人们内心世界很微妙的变化，恰当有效地使用眼神会取得意想不到的效果。

（1）注视的部位　注视他人不同的部位，不仅反映自己的态度和双方的不同关系，而且会直接影响双方交流的效果，因此是服务礼仪中应十分重视的内容。

① 公务凝视区。公务凝视区适用于洽谈公务的正式场合，例如磋商、谈判和小型会议等。凝视时目光停留的区域在对方脸部，以双眼为底线，上到前额的三角部分。谈话时适时自然地注视对方这个区域会显得严肃、认真、友好而有诚意。

② 社交凝视区。社交凝视区适用于各种社交场合，例如会见同学和朋友、与熟悉的同事谈轻松或非正式的话题等。凝视时目光停留的区域为对方唇心到双眼之间的三角区。谈话时注视对方这个区域会使对方感到轻松自然和亲切。

③ 亲密凝视区。亲密凝视区适用于亲人之间、恋人之间、家庭成员之间的交流。凝视时目光停留的区域为对方双眼到胸部之间。如果非亲密关系却凝视亲密凝视区域，对方会觉得受到了冒犯甚至侮辱，是很不礼貌的行为。

（2）注视的角度

① 正视。正视就是正面注视服务对象，在注视他人的时候，与之正面相向，同时还须将上身稍向前倾。正视对方是交往中的一种基本礼貌，表示对交谈对象的重视，见图3-11所示。

图3-11　正视（见彩图1）

② 平视。平视就是视线呈水平状态，服务人员与服务对象的视线处于相似高度，表示平等和友好。

③ 仰视。仰视就是主动处于较低的位置，抬眼注视他人。表示对服务对象的尊重和敬

畏，使服务对象获得被尊重的感受。

（3）注视的时间　在人际交往中，注视对方时间的长短，往往十分重要。在交谈中，听的一方通常应多注视说的一方。

① 表示友好。若对对方表示友好，则注视对方的时间应占全部相处时间的1/3左右。

② 表示重视。若对对方表示关注，比如听报告、请教问题时，则注视对方的时间应占全部相处时间的2/3左右。

③ 表示轻视。若注视对方的时间不到相处全部时间的1/3，往往意味着对其瞧不起，或没有兴趣。

④ 表示敌意。若注视对方的时间超过了全部相处时间的2/3以上，眼神流露出不友好的意思，往往表示可能对对方抱有敌意，或是为了寻衅滋事。

⑤ 表示兴趣。若注视对方的时间长于全部相处时间的2/3以上，还有另一种情况，面带微笑地注视对方，即对对方发生了兴趣。

注意在注视对方时，不要不停地眨眼和移动眼神。这样做别人会认为你是不礼貌和不真诚的。

（4）眼神的训练方法

① 睁大眼睛训练法。每天有意识地练习用力睁大眼睛，增强眼部周围肌肉的力量。

② 转动眼球训练法。头部保持稳定，眼球尽最大努力向四周做顺时针和逆时针360°转动，增强眼球的灵活性。

③ 钟摆式训练法。用线绳和小金属球制作摆动体，悬挂于适当位置，双目盯住小球并随之摆动。一方面训练眼球的灵活性，另一方面训练眼睛的捕捉物体的能力。

④ 目光集中训练法。眼睛盯住3米左右的某一物体，先看外形，逐渐缩小范围到物体的某一部分，再到某一点，再到局部，再到整体。提高眼睛的明亮度，使眼睛更为有神。

⑤ 观察体会训练法。在日常生活中，注意观察和体会优秀影视剧中的演员和节目主持人，以及生活中这方面比较出色的人士，是如何通过眼神表达内心情感的。

二、亲和的微笑

希尔顿饭店总部的董事长康纳•希尔顿曾经指出："酒店的第一流设备重要，而第一流的微笑更为重要。如果没有服务人员的微笑，就好比花园失去了春日的阳光和春风。"在服务行业，微笑的重要性可见一斑，微笑也是服务人员的基本技能之一。

1．微笑的作用

微笑有利于把友善与关怀有效地传达给对方，是表达爱意的捷径；微笑使人的外表更加迷人；微笑可以消除双方的戒心与不安，以打开僵局；微笑能消除自卑感，让自己更有信心；微笑能感染对方，让对方回报以微笑，创造和谐的交谈基础。

2．微笑的要求

笑，是七情中的一种情感，是心理健康的一个标志。微笑是个人自信的表现，是心地坦诚的象征。在服务工作中，微笑的使用要注意如下方面。

① 微笑要真诚。发自内心的情感流露才能真正赢得顾客的心，不能表现出故作笑颜、假意奉承。

② 微笑要适度。微笑虽然在人际交往中是最有价值的面部表情，但不能随心所欲，要加以节制。

③ 微笑要合乎规范。做到“四个结合”，即口眼结合，笑与神情、气质结合，笑与语言相结合，笑与仪表、举止相结合。

④ 微笑要区分场合。如进入庄严肃穆的场所或客人正满面愁容时，微笑显然是不合时宜的。

3．微笑的标准

① 微笑要得体。面含笑意，嘴角微微上翘，嘴唇略呈弧形，不牵动鼻子，不发出笑声，不露牙齿。

② 微笑需要面部各部位的相互配合。微笑时眉头应自然舒展，眉毛微微上扬，同时特别要注意眼神的配合。

③ 微笑要表里如一。要避免皮笑肉不笑，要调整自己的情绪，使微笑发自内心，自然舒畅。

4．微笑的训练方法

① 加强心理素质的锻炼，增强自控力。每个人不可避免都会有烦恼和痛苦，但是这种情绪不能无所顾忌地带到工作中去。因此，心理素质的修养是必不可少的。

② 情绪记忆。将生活中最美好的情绪牢记在心，在需要微笑的时候，经常回忆这些美好的东西，会使微笑更加自然和大方。

③ 对镜练习。对着镜子练习微笑，调整自己的嘴形和面部其他部位和眼神，找到自己认为较为完美的状态，经常进行练习，形成习惯。

④ 加强必要而严格的训练。除上述思想、心理素质培养外，还可以适当地借助于某种技术上的辅助，如借助普通话中的“茄子”、“田七”、“前”等的发音来进行口型训练。

任务三　服务人员的手势

手势也称为手姿，指的是人们特定的场合中运用手臂时所出现的具体动作与体态。它不仅能对口头语言起到加强、说明、解释等辅助作用，而且还能表达有些口头语言所无法表达的内容和情绪，它是人们交往时不可缺少的动作，是富有表现力的一种“体态语”。

一、手势的规范

1．手势的基本要领

规范的手势是手掌伸直，手指并拢，拇指自然分开，掌心斜向上方，腕关节伸直，手与前臂形成直线，以肘关节为轴，自然弯曲，大小臂的弯曲以140°左右为宜。做手势时，要配合眼神、微笑和其他姿态，使手势更显得协调大方。

2．手势的禁忌

在服务工作中，以下手势不可以使用。

① 容易造成误解的手势。容易造成误解的手势有两种，一是个人习惯，不为他人理解；二是因为不同的文化背景，手势被赋予了不同的意义。

② 不卫生的手势。如在客人面前搔头发、掏耳朵、抠鼻孔、剔牙齿等。

③ 不尊重他人的手势。如用掌心向下挥动手臂、用手指指点他人或用食指指向他人等。

④ 不稳重的手势。如双臂环抱、摆弄手指、双手抱头、手插口袋、搔首弄姿、端起双臂、抚摸身体等。

> **阅读资料3-2**
>
> **美丽笑容小知识**
>
> 先放松自己的面部肌肉，然后使自己的嘴角微微向上翘起，让嘴唇略呈弧形，露出2/3的牙齿，像发出“茄”的声音的口型，面含笑意，亲切自然，不发出笑声。同时，目光柔和发亮，双眼略微睁大，眉头自然舒展，眉毛微微向上扬起，这样便达到了我们常说的“眉开眼笑”了！

⑤ 忌手势过多，动作幅度过大。

二、常用的手势

1. 引导手势

引导，即为客人指示行进方向。同时对客人说“您请”，采用“直臂式”指路。具体做法是：将手臂抬到齐胸高度，拇指张开，四指并拢，以肘关节为轴，上臂带动前臂，自然向上抬直。上身前倾，面带微笑，身体侧向来宾，目光看着目标方向。

2.“请”的手势

“请”的手势是服务人员运用最多的手势之一。根据场景的不同有着不同的意义。

① 横摆式。在表示“请”的时候，常用右手，五指并拢伸直，掌心不可凹陷；女性为优雅起见，可微微压低食指。手与地面成45°角，手心斜对上方，肘关节微屈，腕关节要低于肘关节。动作时，手从腹部抬起至横膈膜处，然后以肘关节为轴向右摆动，到身体右侧稍后的地方停住。注意不要把手摆到体侧或是体后，见图3-12所示。

图3-12　横摆式

② 前摆式。前摆式的做法是，五指并拢伸直，掌心向上，手臂由体侧向体前自下而上抬起，当上臂与身体成45°角时，以肘关节为轴向体前摆动，距身体20厘米停止。

另外还有“双臂横摆式”、“双臂侧摆式”等。

3. 介绍的手势

① 介绍他人。掌心向上，上臂自然下垂，手掌抬至肩的高度，并指向被介绍的一方。

② 介绍自己。右手五指并拢，用手掌轻按自己左胸。

4. 鼓掌的手势

在欢迎客人到来或是其他时刻，会用到鼓掌这一手势。使用时应用右手手掌拍左手手心，五指并拢，但要注意避免时间过长、用力过分。

5. 举手致意的手势

当服务人员忙于手头的工作，不能与他人握手和交谈，又看到面熟的客人，向对方举手致意可以消除对方的被冷落感。举手时应全身直立，面向对方，至少上身与头部要朝向对方，在目视对方的同时，举手时面带微笑；手臂自下而上向侧上方伸出，手臂既可略有弯曲，也可全部伸直；这时的掌心应向外，即面对对方，指尖朝向上方，同时切记要伸开手掌。

6. 接送物品的手势

① 一般来讲，递接物品用双手为最佳。

② 将带尖、带刃或是其他易于伤人的物品递给他人时，应使尖、刃朝向自己，或是朝向他处。

③ 递接物品时，应主动走近对方或尽量在递接物品时起身站立。

④ 递给他人的物品，应直接交到对方手中为好。同时，在递物时要让对方便于接取。在将带有文字的物品递交给他人时，要正面朝向对方。

7. 展示物品的手势

① 手位正确。被人围观时，可将物品举至高于双眼之处展示物品；也可以双臂横伸将物品向前伸出，活动范围上不过眼部，下不过胸部，这样的手位易给人以安定感。

② 便于观看。展示物品时，一定要方便现场的观众观看。当四周皆有观众时，展示还需要变换不同角度。

③ 操作标准。服务人员在展示物品，动手操作时，应干净利索，速度适宜，并经常进行必要的重复。

附　仪态部分实训的安排与考核

仪态礼仪实训3-1

【实训项目】 站姿。

【实训目标】 通过对站姿的训练，使学生掌握站姿的基本要领和不同形式的站姿，并能自己发现错误站姿，纠正不良站姿，养成好的习惯，为各项服务工作打下基础。

【实训学时】 6学时。

【实训方法】

① 面向镜子，按照动作的要领体会站立姿势。

② 头顶可放本书，练习颈直和头颈部的稳定性。

③ 靠墙站立或两人一组背靠背站立，要求脚跟、小腿、双肩、后脑勺都贴紧墙或另一个人，练习身体直立，腰身挺拔。

④ 以上训练每次应坚持30分钟左右，应着统一服装，女性穿半高跟鞋进行练习，以增强训练的实效性。训练时可以配上优美的音乐，有利于保持愉快的心境，塑造自然的笑容，减轻单调、疲劳之感。

【实训准备】 准备一间四面墙安装长度及地镜子的形体训练室和一些书籍、音乐。

【实训考核】 站姿训练考核内容，见表3-1所示。

仪态礼仪实训3-2

【实训项目】 坐姿。

【实训目标】 通过对坐姿的训练，使学生掌握坐姿的基本要领、不同形式的坐姿和起座、落座的要点，并能自己发现错误坐姿，纠正不良坐姿，养成好的习惯，为各项服务工作打下基础。

表3-1 站姿训练考核表

考生单位：　　　　　　　　　　　　　　考生姓名：

程　序	操作标准	配　分	得　分
侧立式站姿（男女通用）	1. 身体保持正、直，遵守站姿基本要领； 2. 脚掌分开是呈“V”字形，脚跟靠拢，两腿并拢立直； 3. 双臂放松，自然下垂于体侧，虎口向前，手指自然弯曲	10分 5分 2分	
前腹式站姿	1. 身体保持正、直，遵守站姿基本要领； 2. 脚掌分开是呈“V”字形，脚跟靠拢，两腿并拢立直； 3. 双臂放松，两手握指交于腹前 （女性常用的站立姿势）	10分 5分 3分	
	1. 身体保持正、直，遵守站姿基本要领； 2. 两脚脚尖向外略展开，一脚在前，将一脚跟靠于另一脚内侧前端，形成斜写的一个“丁”字； 3. 双臂放松，两手握指交于腹前 （只限于女性使用的站立姿势）	10分 5分 3分	
后背式站姿（男性常用）	1. 身体保持正、直，遵守站姿基本要领； 2. 两脚打开，略窄于肩宽，两脚平行，身体立直，身体重心放在两脚上； 3. 两臂肘关节自然内收，两手相握放在后背腰处	10分 5分 2分	
单臂式站姿（男女通用）	1. 身体保持正、直，遵守站姿基本要领； 2. 选择将两脚打开或成丁字步站立； 3. 左手单臂后背，右手完成例如斟酒等服务工作	10分 3分 2分	
调节式站姿（男女通用）	1. 身体保持正、直，遵守站姿基本要领； 2. 双腿微微打开，身体重心偏移到左脚或右脚上，另一条腿微向前屈，脚部放松	10分 5分	
总　分		共计100分	

【实训学时】 4学时。

【实训方法】

① 加强腰部和肩部的力量和灵活性训练，具体方法：经常进行舒肩展背动作的练习，同时利用器械进行腰部力量的训练。

② 面对镜子，按照动作的要领体会不同坐姿，经常性地纠正和调整不良习惯。

③ 以上训练每次应坚持30分钟左右，应着统一服装，女性穿半高跟鞋进行练习，以增强训练的实效性。训练时可以配上优美的音乐，有利于保持愉快的心境，塑造自然的笑容，减轻单调、疲劳之感。

【实训准备】准备一间四面墙安装长度及地的镜子的形体训练室、椅子若干和一些书籍、音乐。

【实训考核】 坐姿训练考核内容，见表3-2所示。

仪态礼仪实训3-3

【实训项目】 走姿。

【实训目标】 通过对走姿的训练，使学生掌握走姿的基本要领、在特定情况下的走姿标准，并能自己发现错误走姿，纠正不良走姿，养成好的习惯，为各项服务工作打下基础。

【实训学时】 6学时。

【实训方法】

表3-2　坐姿训练考核表

考生单位：　　　　　　　　　　　　　　　　　考生姓名：

程　序	操　作　标　准	配　分	得　分
入座的要求	1. 入座时，走到座位前面转身，要轻而缓； 2. 右脚向后撤半步，从容不迫地慢慢坐下，左脚跟上（或右脚向前）与右脚（或左脚）并齐； 3. 女子入座要娴雅，坐下前应用手把裙子向前拢一下； 4. 面带微笑，速度不要太快，避免让座椅发出声音； 5. 从座位的左侧入座	3分 3分 5分 2分 2分	
坐姿的要领	1. 头正目平，下颚微收，两肩放松，挺胸收腹，腰背挺直，嘴微闭，面带微笑； 2. 两手相交放在腹前双腿上，两脚平落地面； 3. 两膝间的距离，男子以一拳为宜，女子则不分开为好； 4. 坐在椅子上，至少应坐满椅子的2/3或3/4	5分 2分 3分 5分	
离座的要求	1. 起立时，右脚向后迈半步，站起身，向前走一步离开座位； 2. 离开座位时，要向周围人示意，不可突然起身； 3. 起身动作要缓慢，不要碰到周围其他人或碰倒椅子； 4. 从座位的左侧离座	5分 3分 2分 2分	
不同形式的坐姿	（男女通用的坐姿） 1. 正襟危坐式：上身与大腿、大腿与小腿都应当形成直角，小腿垂直于地面，双膝、双脚和两脚跟都要并拢； 2. 双脚内收式：双膝、小腿并拢，向内侧屈回，双脚脚掌着地； 3. 双脚交叉式：双膝并拢，双脚在踝部交叉，交叉后的双脚可以内收，也可以斜放，但不要向前方直伸出去	5分 5分 5分	
	（适合女性的坐姿） 1. 双腿叠放式：将双腿一上一下叠放在一起，叠放后的两腿之间没有缝隙，双脚斜放于左右一侧，斜放后的腿部与地面成45°角，叠放在上面的脚的脚尖垂向地面； 2. 双腿斜放式：双腿并拢，双脚向左或者向右侧斜放，斜放后的腿部与地面成45°角； 3. 前伸后曲式：大腿并拢，向前伸出一条腿，另一条腿往后屈回，两脚掌着地，两脚前后保持在一条直线上	5分 5分 5分	
	（适合男性的坐姿） 1. 大腿叠放式：两条腿在大腿处叠放在一起。叠放后的下方一条腿的小腿垂直于地面，脚掌着地。上方的那条腿的小腿向内收，脚尖向下； 2. 垂腿开膝式：上身与大腿、大腿与小腿都应当形成直角，小腿垂直于地面。两腿可以稍微分开，但不能超过肩宽	5分 5分	
头部的姿态	入座后抬头，双目平视，下巴内收，整个头部要与地面垂直	2分	
身体的姿态	1. 上身不宜完全倚靠在座椅的背部； 2. 在他人交谈时，身体应该朝向对方，以表示对对方的尊重； 3. 做到抬头挺胸、收腹直腰，保持身体形状的优美	2分 2分 2分	
手臂的摆放	1. 双手成八字形各自放在腿上； 2. 将双手叠放在一条大腿上； 3. 放在皮包上，当穿短裙的女士面对男士而坐时，可以将自己随身携带的皮包或者文件袋等物品放在并拢的大腿上，然后，双手放在皮包上面； 4. 放在扶手上，可以将双手分别扶在左右两侧的扶手上，也可将一只手臂放在扶手上，掌心向下，另一只手臂横放于双腿上； 5. 放在桌子上，如果面前有桌子，可将双臂弯曲，双手相握放在桌子上	2分 2分 2分 2分 2分	
总　分		计100分	

① 靠墙站立，背靠墙壁，将后脑、肩背、臀部和脚跟靠在墙上，进行整体的直立和挺拔训练。

② 在人行道和走廊等宽敞而安全的地方，沿着地面砖的直线缝隙进行直线走姿练习；同时依据地面砖的尺寸进行步幅练习。

③ 头顶书本行走，进行整体平衡的练习。

④ 对镜行走，进行面部表情等整体协调性的练习。

⑤ 训练时应着统一服装，女性穿半高跟鞋进行练习，以增强训练的实效性。

表3-3　走姿训练考核表

考生单位：　　　　　　　　　　　　　　　　　　考生姓名：

程　序	操　作　标　准	配　分	得　分
走姿基本要求	1. 步履自然、稳健，抬头挺胸，双肩放松，提臀收腹，重心稍向前倾，两臂自然摆动，目光平视，面带微笑； 2. 行走过程中要注意：步线清晰、步位标准、步度适中、步态优美、步高要合适、步速均匀、步声轻微、身体协调	10分 20分	
与客人迎面相遇时	1. 同“一般走姿”； 2. 当客人迎面走来，服务人员应放慢脚步，目视客人，面带微笑，轻轻点头致意，并且伴随礼貌问候语言； 3. 较窄的地方或在楼道上与客人相遇，应停下脚步并面向客人，让客人先行，并应坚持“右侧通行”原则	5分 5分 5分	
陪同引导客人时	1. 同“一般走姿”； 2. 与客人同行时，应遵循“以右为尊”的原则，服务人员应处在左侧； 3. 若双方单行行进时，则服务人员应走在客人侧前方二三步左右的位置； 4. 行进速度与客人的步幅保持一致，并及时关照、提醒客人； 5. 服务人员陪同引导客人上下楼梯时先行在前	5分 5分 3分 3分 3分	
进出电梯时	1. 同“一般走姿”； 2. 乘无人值守的电梯时服务人员应“先进后出”； 3. 乘有人值守的电梯时服务人员应“后进后出”	5分 3分 3分	
出入他人房间时	1. 同“一般走姿”； 2. 在进入他人房间时，一定要先叩门，或按门铃，在得到允许后，方可用手轻轻开门户； 3. 出入房门，最好并且始终面向对方； 4. 与他人一起出入房间时，服务人员一般应“后进后出”，而请对方“先进先出”，并且替客人开门、关门	5分 5分 2分 3分	
搀扶帮助他人时	1. 同“一般走姿”； 2. 预先征得其同意； 3. 在搀扶他人时，注意步速应主动和对方的步调保持一致	5分 2分 3分	
总　分		计100分	

⑥ 训练时可以配上优美的音乐，有利于保持愉快的心情，塑造自然的笑容，减轻单调、疲劳之感。

【实训准备】 准备一间在四面墙上安装长度及地镜子的形体训练室、书籍、音乐。

【实训考核】 走姿训练考核内容，见表3-3所示。

仪态礼仪实训3-4

【实训项目】 蹲姿。

【实训目标】 通过对蹲姿的训练，使学生掌握蹲姿的基本要领和蹲姿的形式，并能在训练中自己发现错误蹲姿，及时纠正，养成好的习惯，为各项服务工作打下基础。

【实训学时】 4学时。

【实训方法】

① 加强膝关节、踝关节的力量和柔韧性的训练，具体方法是：压腿、踢腿、活动关节。

表3-4 蹲姿训练考核表

考生单位：　　　　　　　　　　　　　　　　　　　　考生姓名：

程　序	操　作　标　准	配　分	得　分
基本要求	1．站在所取物品的旁边，蹲下屈膝，抬头挺胸，不要低头，也不要弓腰； 2．两脚合力支撑身体，掌握好身体的重心，慢慢地把腰部低下，臀部向下； 3．蹲下的时候要保持上身的挺拔，神情自然	10分 10分 5分	
高低式蹲姿（男女通用）	1．下蹲时一般是左脚在前，右脚稍后，两腿紧靠向下蹲； 2．左脚应完全着地，小腿基本上垂直于地面，右脚则应脚掌着地，脚跟提起； 3．右膝低于左膝，右膝内侧可靠于左小腿的内侧，形成左膝高、右膝低的姿态； 4．女性应靠紧两腿，男性则可以适度分开	5分 5分 10分 5分	
半蹲式蹲姿（男女通用）	1．左脚在前，右脚在后向下蹲去，左小腿垂直于地面，全脚掌着地，大腿靠紧，右脚跟提起，前脚掌着地，左膝高于右膝，臀部向下，上身稍向前倾； 2．以左脚为支撑身体的主要支点； 3．两腿不必靠紧，可以有一定的距离	10分 5分 5分	
交叉式蹲姿（适用女性）	1．下蹲时，右脚在前，左脚在后，右小腿垂直于地面，全脚着地； 2．右腿在上，左腿在下，两者交叉重叠，左膝由后下方伸向右侧，左脚脚跟抬起，并且脚掌着地； 3．两腿前后靠近，合力支撑身体，上身略向前倾，臀部朝下	5分 10分 5分	
半跪式蹲姿（男女通用）	1．下蹲之后，改为一腿单膝点地，臀部坐在其脚跟之上，而以其脚尖着地； 2．另外一条腿，应全脚着地，小腿垂直于地面，双腿应尽力靠拢	5分 5分	
总　分		计100分	

② 有意识地、主动地、经常地进行标准蹲姿的练习，形成良好习惯。

【实训准备】 准备一间四面墙安装长度及地的镜子的形体训练室。

【实训考核】 蹲姿训练考核内容，见表3-4所示。

仪态礼仪实训3-5

【实训项目】 眼神。

【实训目标】 通过对眼神的训练，使学生掌握眼神的基本要领，并能正确使用眼神，在训练中发现不足，及时纠正，养成好的习惯，为各项服务工作打下基础，提高气质。

【实训学时】 4学时。

【实训方法】

① 睁大眼睛训练法。

② 转动眼球训练法。

③ 钟摆式训练法。

④ 目光集中训练法。

⑤ 观察体会训练法。

⑥ 训练时可以配上优美的音乐，有利于保持愉快的心境。

【实训准备】 每人准备一面小镜子、欢快的音乐。

【实训考核】 眼神训练考核内容，见表3-5所示。

表3-5 眼神训练考核表

考生单位： 考生姓名：

程　序	操 作 标 准	配　分	得　分
注视部位的训练	1. 注意对方的双眼，表示自己对对方全神贯注，在问候对方、听取诉说、征求意见、强调要点、表示诚意、向人道歉或与人道别时，都应注意对方的双眼，但时间不宜过长，一般以3～6秒时间为宜； 2. 注视对方的面部，最好是对方的眼鼻三角区，而不要聚集于一处，以散点柔视为宜； 3. 注视对方的全身。在站立服务时与服务对象相距较远时，服务人员一般应当以对方的全身为注视点； 4. 注视对方的局部。服务工作中，须根据实际需要，多加注视客人的某一部分，例如在递接物品时，应注视对方手部	15分 15分 10分 15分	
注视角度的训练	1. 正视对方：在注视他人的时候，与之正面相向，同时还须将上身稍向前倾； 2. 平视对方：服务人员与服务对象视线处于相似高度，表示平等和友好； 3. 仰视对方：服务人员主动处于较低的位置，抬眼注视他人。表示对服务对象的尊重和敬畏，使服务对象获得被尊重的感受	15分 15分 15分	
总　分		计100分	

仪态礼仪实训3-6

【实训项目】 微笑。

【实训目标】 通过对微笑的训练，使学生掌握微笑的基本要领，并能在工作和生活中正确使用微笑，在训练中发现不足，及时纠正，养成爱微笑的好习惯，为各项服务工作打下基础，提高气质。

【实训学时】 4学时。

【实训方法】

① 加强心理素质的锻炼，增强自控力。

② 情绪记忆。将生活中最美好的情绪牢记在心，在需要微笑的时候，经常回忆这些美好的东西，会使微笑更加自然和大方。

③ 对镜练习。对着镜子练习微笑，调整自己的嘴形和面部其他部位及眼神，找到自己认为较为完美的状态，经常进行练习，形成习惯。

④ 加强必要而严格的训练。除上述思想、心理素质培养外，还可以适当地借助于某种技术上的辅助，如借助普通话中的“茄子”、“田七”、“前”等的发音来进行口型训练。

⑤ 训练时可以配上优美的音乐，有利于保持愉快的心境，塑造自然的笑容。

【实训准备】 每人准备一面小镜子、欢快的音乐。

【实训考核】 微笑训练考核内容，见表3-6所示。

表3-6　微笑训练考核表

考生单位：　　　　　　　　　　　　　　　　　　　考生姓名：

程　序	操　作　标　准	配　分	得　分
微笑	1．微笑的要领：面含笑意，嘴角微微上翘，嘴唇略呈弧形，不牵动鼻子，不发出笑声，不露牙齿； 2．微笑需要面部各部位的相互配合：微笑时眉头应自然舒展，眉毛微微上扬，同时特别要注意眼神的配合，要做到目光柔和发亮，双眼略为睁大； 3．微笑要表里如一：要避免皮笑肉不笑，要调整自己的情绪，使微笑发自内心，自然舒畅； 4．微笑须兼顾服务场合	30分 30分 20分	
眉语	服务人员的眼睛、眉毛要保持自然而舒展，说话时不宜过多牵动眉毛，要给人以庄重、自然、典雅之感	20分	
总　　分		计100分	

仪态礼仪实训3-7

【实训项目】 手势。

【实训目标】 通过对手势的训练，使学生掌握手势的基本要领、常用手势的标准，并能自己发现不当的手势，并及时纠正，养成好的习惯，为各项服务工作打下基础。

【实训学时】 6学时。

【实训方法】

① 先调整身体，保持良好的站姿。

② 对镜自己练习常用手势，学生进行点评，教师给予纠正。

【实训准备】 准备一间四面墙安装长度及地镜子的形体训练室。

【实训考核】 手势训练考核内容，见表3-7所示。

表3-7 手势训练考核表

考生单位： 考生姓名：

程　序	操作标准	配分	得分
手势基本要求	1．手掌伸直，手指并拢，拇指自然分开，掌心斜向上方； 2．腕关节伸直，手与前臂形成直线，以肘关节为轴，自然弯曲，大小臂的弯曲以140°左右为宜； 3．做手势时，要配合眼神、微笑和其他姿态，使手势显得更协调大方	5分 5分 5分	
引导的手势	1．对客人说“您请”，采用“直臂式”指路； 2．将手臂抬到齐胸高度，拇指张开，四指并拢，以肘关节为轴，上臂带动前臂，自然向上抬直； 3．上身前倾，面带微笑，身体侧向来宾，目光看着目标方向	2分 5分 3分	
“请”的手势	横摆式 1．常用右手，五指并拢伸直，掌心不可凹陷； 2．手与地面成45°角，手心斜对上方，肘关节微屈，腕关节要低于肘关节； 3．动作时，手从腹部抬起至横膈膜处，然后以肘关节为轴向右摆动，到身体右侧稍后的地方停住； 4．注意不要把手摆到体侧或是体后	10分 5分 3分 2分	
	前摆式 1．五指并拢伸直，掌心向上，手臂由体侧向体前自下而上抬起，上臂与身体成45°角； 2．以肘关节为轴向体前摆动，距身体20厘米停止	3分 3分	
介绍的手势	1．介绍他人：掌心向上，上臂自然下垂，手掌抬至肩的高度，并指向被介绍的一方； 2．介绍自己：右手五指并拢，用手掌轻按自己左胸	5分 3分	
鼓掌的手势	用右手手掌拍左手手心，五指并拢，注意时间不宜过长、用力过大	5分	
举手致意的手势	1．全身直立，面向对方，至少上身与头部要朝向对方； 2．在目视对方，面带微笑； 3．手臂自下而上向侧上方伸出，手臂既可略有弯曲，也可全部伸直，这时的掌心应向外，即面对对方，指尖朝向上方，同时切记伸开手掌	2分 5分 5分	
接送物品的手势	1．双手递接物品； 2．将带尖、带刃或是其他易于伤人的物品递给他人时，应使尖、刃朝向自己，或是朝向他处； 3．递接物品时，主动走近对方或尽量在递接物品时起身站立； 4．递给他人的物品，应直接交到对方手中为好；在递物时应让对方便于接取；在将带有文字的物品递交给他人时，还应使正面朝向对方	2分 5分 5分 5分	
展示物品的手势	1．手位正确。双臂横伸将物品向前伸出，活动范围自肩至肘之处，上不过眼部，下不过胸部； 2．便于观看，当四周皆有观众时，展示还需要变换不同角度； 3．操作标准。动手操作时，应干净利索，速度适宜，并经常进行必要的重复	2分 2分 3分	
总　分		计100分	

本章小结

仪态也叫仪姿、姿态，泛指人们身体所呈现出的各种姿势，它包括举止动作、神态表情和相对静止的体态。

基本站姿标准：主要是正和直。

站姿不同形式：侧放式站姿、前腹式站姿、后背式站姿、单臂式站姿。

坐姿的基本要领是：头正目平，双目平视前方或注视对方，下颚向内微收，两肩放松，挺胸收腹，腰背挺直，嘴微闭，面带微笑，两手相交放在腹前双腿上，两脚平落地面。

坐姿不同形式：正襟危坐式、垂腿开膝式、双腿叠放式、双腿斜放式、前伸后曲式、双脚内收式、双脚交叉式、大腿叠放式。

走姿的基本要领是：步履自然、稳健，抬头挺胸，双肩放松，提臀收腹，重心稍向前倾，两臂自然摆动，目光平视，面带微笑。

决定走姿是否标准的因素：步线清晰、步位标准、步度适中、步态优美、步高合适、步速均匀、步声轻微、身体协调。

蹲姿的基本要领是：站在所取物品的旁边，蹲下屈膝，抬头挺胸，不要低头，也不要弓腰，两脚合力支撑身体，掌握好身体的重心，慢慢地把腰部低下，臀部向下，蹲下的时候要保持上身的挺拔，神情自然。

蹲姿不同形式：高低式蹲姿、交叉式蹲姿、半蹲式蹲姿、半跪式蹲姿。

眼神和微笑应用的标准和原则：谦恭、友好、适时、真诚。

注视的角度：正视、平视、仰视。

微笑的要领：面含笑意，嘴角微微上翘，嘴唇略呈弧形，不牵动鼻子，不发出笑声，不露牙齿。

手势的基本要领：是手掌伸直，手指并拢，拇指自然分开，掌心斜向上方，腕关节伸直，手与前臂形成直线，以肘关节为轴，自然弯曲，大小臂的弯曲以140°左右为宜。做手势时，要配合眼神、微笑和其他姿态，使手势更显得协调大方。

常用手势：引导手势、“请”的手势、介绍的手势、鼓掌的手势、举手致意的手势、接送物品的手势、展示物品的手势。

重点内容

案例分析一

站姿的规范　坐姿的规范　走姿的规范　眼神的运用　微笑的使用

微笑化解服务矛盾的有效方式

在上海飞往广州的航班上，两位美国女性刚上飞机，就一面皱眉头、掩着鼻子，一面嚷着舱里空气不好。一位空中小姐微笑着走过来，一面请她们原谅，一面递上一小瓶香水。没想到的是香水却被她们扔到客舱座位的角落里去了。

此时空中小姐心里很不是滋味，她的自尊心受到了伤害，但还是微笑着给她们送来可口可乐。可是她们还没喝，就说可乐有问题，甚至过分地将可乐泼到空中小姐的身上。这时空中小姐该怎么办？如果在生活中，她是该反击了，但作为空乘人员，她必须理智地化解这一难题。只见空中小姐强忍着这种极端无礼的行为，再次把可口可乐递了过去，不卑不亢地微笑着用英语说："小姐，这些可口可乐是美国的原装产品，也许贵国这家公司的可口可乐都是有问题的。我很乐意效劳，将这瓶可口可乐连同你们的芳名及在美国的地址，一起寄到这家公司，我想他们肯定会登门道歉并将此事在贵国的报纸上大加渲染的。"两位女士顿时目瞪口呆。这位机智的空中小姐又微笑着将其他饮料递给她们。事后，这两位女士在留言中检讨说她们自己太苛刻、太过分，并称赞中国空中小姐的服务和微笑是一流的！

案例分析二

分析：这个案例给你的启发是什么？

迎宾员小吴的第一天工作

下面是饭店门厅迎宾员小吴第一天上班的情景。

小吴昨天才来到饭店，参加了为期一个星期的学习，今天正式走上了工作岗位，非常激动。今天有个贵宾光临，小吴很想好好表现一下。贵宾准时到达饭店门口，小吴想到应微笑待客，于是脸上堆满了笑容；在接触到贵宾的眼神后便立即转向别处，这样贵宾也不至于太尴尬。等到贵宾走到跟前的时候，小吴上前一步，友好地向客人伸出了手，然后又向旁边的女士握手，但只是轻轻地象征性地握了一下。直到看到客人走进大厅，小吴才松了一口气，自己心里有些高兴，毕竟培训时学到的都用上了，自始至终都用自己的神态表情向客人表达了欢迎和尊敬！但他又总觉得自己好像还有什么地方做得不够。

分析：你能帮小吴想想他什么地方做得不够吗？

基本训练

1．判断题

① 仪态是一种无声的语言和有形的语言，它可以表达情感。（ ）

② 丁字式站姿，是只限于女性使用的站立姿势。( )

③ 一般来讲，递接物品用右手为最佳。( )

④ 在人际交往中眼神和微笑的应用，应共同遵循谦恭、友好、适时、真诚的标准和原则。( )

⑤ 与客人同行时，应遵循"以右为尊"的原则，服务人员在左侧。( )

⑥ 介绍自己时，左手五指并拢，用手掌轻按自己右胸。( )

⑦ 站姿是一种静态的身体造型，是其他动态的身体造型的基础和起点。( )

⑧ 站立姿势的调整，都要注意做到"万变不离其宗"，即不能离开站姿的基本要领。( )

⑨ 在保持基本坐姿时，可以将双臂交叉抱于胸前，或手部置于桌上。( )

⑩ 服务人员在引导客人上下楼梯时行在后。( )

2．选择题

① 站姿的形式有（ ）。

A．侧放式站姿　B．前腹式站姿　C．后背式站姿　D．单臂式站姿

② 入座离座时的基本礼仪是（ ）。

A．左进左出　B．右进右出　C．左进右出　D．右进左出

③ 决定走姿是否标准的因素有（ ）。

A．步位标准　B．步度适中　C．步速均匀　D．步声轻微

④ 常见的蹲姿形式有（ ）。

A．高低式蹲姿　B．交叉式蹲姿　C．半蹲式蹲姿　D．半跪式蹲姿

⑤ 与人交往时常采用的注视角度为（ ）。

A．正视　B．平视　C．仰视　D．侧视

3．简答题

① 不良的站姿有哪些表现？

② 微笑的使用要注意哪些问题？

③ 简述决定走姿的因素是什么。

④ 简述手势操作的基本要领及使用手势的注意事项。

⑤ 在人际交往中眼神和微笑的应用，要遵循哪些标准和原则。

4．实训题

① 情景模拟

模拟内容：迎宾员引领客人上、下楼梯和上电梯。

要求：学生分成组，角色、情节自编，注意操作中要体现礼仪规范。

② 进行眼神、眉语和微笑相配合的综合训练。

项目四　服务人员语言规范

【学习目标】

在服务工作中，服务人员在同服务对象所接触的整个过程中，始终都离不开双方的语言交流。对于服务人员而言，灵活的语言运用、良好的表达能力，既体现着自己的服务水准，又直接与自己所在单位的总体精神文明状况密切相关。所以，服务人员在自己的工作岗位上服务于人时，必须自觉地遵守有关的语言规范。

通过本章的学习，了解服务人员礼貌服务用语、文明服务用语，熟悉服务人员行业用语，掌握服务人员服务用语规范、技巧，从而锻炼和提高服务人员的语言运用、表达能力，以提高自己的服务水准。

任务一　服务人员的文明用语

所谓文明用语，是指在语言的选择、使用中，应既表现出其使用者的良好的文化素养、待人处事的实际态度，又能够令人产生高雅、温和、脱俗之感。服务人员在工作岗位上使用文明用语，这是应当遵守的基本规范之一。想要在使用文明用语方面真正有所提高，除了要不断地努力学习，对自己严格要求外，更重要的是：要认认真真地称呼恰当、口齿清晰、用词文雅三个方面下工夫。

一、恰当的称呼

对服务人员而言，所谓称呼，主要是指自己在接待服务的过程中，对服务对象所采用的称谓语。在人际交往中，特别是在与陌生人打交道时，人们对他人对自己的称呼都非常重视。在服务过程中，服务人员对服务对象的称呼是否恰当，不但真实地反映了个人教养与实际心态，而且还客观地反映出服务人员对服务对象是否尊重。

服务礼仪规定，在任何情况下，服务人员都必须对服务对象采用恰当的称呼。要做好这一点，主要应当从以下4个方面来具体着手。

1．区分对象

当面对不同行业、不同职务、不同身份乃至不同性别的交往对象时，由于彼此的关系、身份、地位、民族、宗教、年纪、性别等存在着一定的差异，因此在具体称呼服务对象时，服务人员最好有所区别，因人而异。

根据惯例，称呼的使用有着正式场合与非正式场合之分。

（1）正式场合的称呼　主要分为3种类型。一是泛尊称，例如“先生”、“小姐”、“夫人”、“女士”等。二是职业加泛尊称，例如，“警察同志”、“司机先生”、“秘书小姐”等。三是姓氏加以职务或职称，例如，“张经理”、“王科长”、“李教授”等。

（2）非正式场合的称呼　主要分为6种类型。一是直接以姓名相称，例如，“邢飞”、“刘胜宇”、“陈哲”，等等。二是直接称呼名字，例如，“爱莉”、“雪梅”，等等。三是称呼爱称或小名，例如，“明明”、“东东”、“楠楠”，等等。四是称呼辈分，例如，“大爷”、“奶奶”、“阿姨”，等等。五是姓氏加上辈分，例如，“张大妈”、“李叔叔”、“赵伯伯”，等等。六是在姓氏之前加上“老”字或“小”字，例如，“老赵”、“小冯”，等等。

一般情况，在工作岗位上称呼他人时，服务人员最好使用各种适合于正式场合的称呼，其中以使用各种泛尊称为宜。例如，“同志”这一称呼，对国内的任何人几乎都可以使用。

2．照顾习惯

在实际生活中称呼他人时，必须对交往对象的语言习惯、文化层次、地方风俗等因素加以考虑，并分别给予不同的对待。切不可自行其是，不加任何区分。

例如，“先生”、“夫人”、“小姐”一类的称呼，在国际交往中最为适用。在称呼海外华人或内地的白领时，也可酌情采用。但若以之去称呼农民，却未必会让对方感到舒服和顺耳。

称呼熟人或老年人时，往往可采用一些非正式的称呼，例如，“大哥”、“大姐”、“陈哥”、“夏姐”、“王大伯”、“张奶奶”等，这样会使对方备感亲切。可若以此去称呼城市白领或知识分子，往往会被理解为“套近乎”。

“老大”、“爱人”这两种称呼，在内地分别表示在兄弟姐妹中排行第一和合法的配偶，但到了海外地区，却会被理解为黑社会的头目或者情人。

3．主次有序

服务人员面对诸多服务对象时，称呼对方应当“面面俱到”，切不可只对其中的几位有所青睐，而对另外的人有所疏忽。

需要称呼多位服务对象时，一般讲究分清主次，由主至次，依次进行。需要区分主次称呼他人时，标准的做法有以下两种。

（1）由尊而卑　即在进行称呼时，先长后幼，先女后男，先上后下，先疏后亲。

（2）由近而远　即先对接近自己者进行称呼，然后依次向下称呼他人。

假如几位被称呼者一起前来，可对对方一起加以称呼，而不必具体到每个人。例如，“各位”、“诸位来宾”、“女士们”、“先生们”等。

4．严防犯忌

在需要称呼他人时，服务人员还必须了解一些主要禁忌，以防犯忌，否则很有可能会失礼于人。

在称呼方面，服务人员有可能触犯的禁忌主要有以下两类。

（1）使用不规范的称呼　有些服务人员有时懒于使用称呼，直接代之以“喂”、“嘿”、“下一个”、“那边的”，甚至连这类不礼貌的称谓语索性也不用。这一做法，是失敬于人的。

（2）使用不雅的称呼　一些不雅的称呼，尤其是含有人身侮辱或歧视之意的称呼，例如，“眼镜”、“瘦猴”、“胖子”、“大头”等，是服务人员绝对忌用的。

二、清晰的发音

服务人员在工作岗位上运用口语时，不仅需要了解口语的通俗活泼、机动灵活、简明扼要的基本特点，而且更重要的是要努力使自己在运用口语与人际交往的过程中真正做到口齿清晰。只有做到这一点，自己所言才能被交往对象听清楚、搞明白，真正实现双向沟通。

服务人员要做到口齿清晰，主要应在语言标准、语调柔和、语气谦恭3个方面合乎服务礼仪的基本规范。

1．语言标准

语言标准，是语言交际的基本前提。语言不标准，就有可能让服务对象听不懂自己的话，甚至会因此产生一些不必要的误会，从而影响到服务质量。语言标准，主要的要求有：

一是讲普通话；二是发音正确。

（1）讲普通话　普通话，是我国法定的汉语的标准语言，它以北京语音为标准，以北方话为基础方言，以典范的现代白话文著作为语法规范。推广普通话，既是我国的一项基本国策，也是提高服务质量的一项重要举措。我国地大物博，人口众多，方言土语极多。不同地方的人到了一起，时常会因为双方之间存在语言障碍而产生误会。在服务过程中，除面对外国友人、少数民族人士、个别听不懂普通话的人士之外，服务人员一定要在与对方交谈时使用普通话。

（2）发音正确　发音正确包含双重含义：一方面，它要求服务人员在运用口语时不能念白字；另一方面，它则要求服务人员在讲普通话时要注意其阴平、阳平、上声、去声四种基本声调的区别。只有发音完全正确，才能算讲好了普通话。

2．语调柔和

语调柔和，是口齿清晰地基本要求之一。语调，指的是人们说话时的具体腔调。通常，一个人的语调，主要体现在他讲话时的语音高低、轻重和快慢的具体配置。要求服务人员语调柔和，主要在语音的高低、轻重、快慢方面多多加以注意。

（1）音量适中　音量适中，指的是一个人讲话音量的高低轻重的问题。对服务对象讲话时，服务人员的音量如果过高、过强，就会显得态度生硬、粗鲁，而且还有可能会让对方感觉不适；相反，如果服务人员的音量过低、过弱，则又会显得有气无力，因而会令对方感到沉闷不堪，甚至还会产生一种被怠慢的感觉。

服务人员在交谈时，要真正做到音量适中、不高不低、不强不弱，一般并不困难。重要的是，在实际工作中，还必须注意因人而异、因时而异。跟常人在正常条件下交谈，音量适中即可；而与耳背之人交谈，或在人声嘈杂之处与人交谈，则显然应当适度提高音量。

（2）快慢有度　讲话时的快慢，通常指的是语速方面的问题。服务人员在与人交谈时，必须注意保持适当而自然地语速。在运用普通话与人交谈时，通常每分钟所讲的字数在60～80个为宜。在交谈期间，还应注意适时地进行必要的停顿。语速过慢或过快，都有可能被理解为自己感到厌烦，而且也会破坏交谈对象的情绪。

3．语气谦恭

语气，即人们说话时的口气。在服务人员的口语里，语气一般具体表现为陈述、疑问、祈使、感叹、否定等不同形式。服务人员在工作岗位上与服务对象口头交谈时，一定要在自己的语气上表现出热情、亲切、和蔼和耐心。特别重要的是不要在有意无意间使自己的语气显得急躁、生硬。

三、文雅的用词

对服务人员来讲，用语文雅主要包括两方面的基本要求，即尽量选用文雅用语、努力回避不雅之语。选用文雅用语属于对服务人员的高标准要求，回避不雅之语是所有服务人员在工作岗位上都必须做到的。

尽量选用文雅用语，主要是要求广大服务人员在与服务对象交谈时，尤其是在与其进行正式的交谈时，用词用语要力求谦恭、敬人、脱俗，在注意切实致用，避免咬文嚼字、词不达意的同时，应当有意识地采用一些文雅的词语。这样做可以显示服务人员的良好教养。

努力回避不雅之语，主要是指服务人员在与人交谈时，不应采用任何不文雅的语词。其中粗话、脏话、黑话、怪话与废话，则更是在任何情况下都不可出现于服务人员口中。

（1）不讲粗话　服务人员在工作岗位上服务于人时，不论遇上何种情景，都不允许骂骂咧咧，不宜在口语中夹杂骂人的话，就算是别人首先辱骂了自己，也不允许与对方相互对骂。

（2）不讲脏话　在服务于人时，服务人员不论自己与对方是同性还是异性，是故旧还是初识，是晚辈、平辈还是长辈，均不得在交谈中讲任何脏话，带任何脏字。有些话具有双关性质或暗示作用，极易引起误会，也不能使用。

（3）不讲黑话　从角色定位的角度上来讲，只有涉“黑”之人才会讲黑话。服务人员若是在服务于人时有意对对方讲黑话，不仅会使自己显得匪气十足、身份叵测，而且也会惊扰对方，令其心生疑惑或戒心。

（4）不讲怪话　在日常生活中，服务人员切勿因为个人的委屈、不满，当着服务对象的面阴阳怪气，或乱讲怪话、以泄私愤。至于因故对服务对象产生意见，进而指桑骂槐、旁敲侧击，则更是有悖服务宗旨，应予禁止。

（5）不讲废话　服务人员务必牢记，在自己的工作岗位上，不宜主动去找服务对象攀谈与服务内容无关的题外话，尤其是不宜主动询问对方的个人隐私问题。如果在工作中没话找话、说废话，只能说明自己对本职工作心不在焉。

除此之外，服务人员还应当注意：在使用文明用语时，语言内容要文明、语言形式要文明、语言行文要文明。只有三者并重，三位一体，才能够真正地使自己做到用语文明、文明用语。

任务二　服务人员的礼貌用语

在人际交往的过程中，恰到好处地使用礼貌用语，可以表现出亲切、友好、和蔼与善意，还能够传递出对交往对象尊重、敬佩的信息，因此有助于双方之间互相产生好感、相互达成谅解。在服务岗位上，准确而恰当地运用礼貌用语，是对服务人员的一项基本要求，同时也是其做好本职工作的基本前提之一。

对服务行业而言，要求服务人员在工作岗位上所使用的礼貌用语，主要是指在服务过程中表示服务人员自谦恭敬之意的一些约定俗成的语言及其特定的表达形式。服务人员在不同工作场合里所使用的礼貌用语，在具体内容上通常又各有其特殊的要求。

一、亲切的问候

问候，又叫问好或打招呼。它主要适用于人们在公共场所里相见时向对方询问安好、致以敬意，或者表达关切之意。

在服务岗位上，适宜使用问候用语的主要时机有以下几个：一是主动服务于他人时；二是他人有求于自己时；三是他人进入本人的服务区域时；四是他人与自己相距过近或四目相对时；五是自己主动与他人进行联络时。

进行问候，通常是相互的，应当有来有往、有问有答。在正常情况下，应由身份较低之人首先向身份较高之人进行问候。在工作中，自然应当由服务人员首先向服务对象进行问候。如果被问候者不止一人，则服务人员对其进行问候时，有3种方法可遵循：一是统一对其进行问候，而不是一一具体到每个人；二是采用“由尊而卑”的礼仪惯例，即率先问候身份高的人，然后问候身份低的人；三是以“由近而远”为先后顺序，即首先问候与本人距离近者，然后再问候身份低的人。

在问候他人时，具体内容应既简练又规范。通常，服务人员采用的问候用语，主要分为下列两种。

1. 标准式

标准式问候，即直截了当地问候对方。常规做法主要是在问好之前加上适当的人称代词或者其他尊称。例如，“你好”、“您好”、“各位好”、“大家好”、“先生好”，等等。

2. 时效式

时效式问候用语，即在一定的时间范围内才有作用的问候用语。它的常见做法是在问好、问安之前加上具体的时间，或者在两者之前再加以尊称。例如，“早上好”、“中午好”、“下午好”、“周末好”、“新年好”、“各位下午好”、“徐总晚上好”，等等。

一些非正式的问候用语，例如，“吃饭了吗”、“忙什么呢”等，都不宜在服务岗位上采用。它们也称作问答式问候用语。

二、热情的迎送

迎送用语，主要适用于服务人员在自己的工作岗位上欢迎或送别服务对象。具体可划分为欢迎用语与送别用语，二者分别适用于迎客之时或送客之际。

在服务过程中，服务人员不但要自觉地采用迎送用语，而且还必须对欢迎用语、送别用语一并配套予以使用。做到了这一点，才能使自己的礼貌待客有始有终。

1. 欢迎用语

欢迎用语，又叫迎客用语，适用于服务对象光临自己的服务岗位时。在服务对象光临之初，服务人员的欢迎用语是不能不用的，在使用时，应注意以下3点。

① 欢迎用语，离不开“欢迎”一词的使用。最平常的欢迎用语有：“欢迎”、“欢迎光临”、“欢迎您的光临”、“见到您很高兴”，等等。

② 在服务对象再次到来时，应以欢迎用语表明自己记得对方，以使对方产生被重视之感。具体做法是在欢迎用语之前加上对方的尊称，或加上其他专用词。例如，“徐总，欢迎光临”、“欢迎您再次光临”、“王女士，我们又见面了”，等等。

③ 在使用欢迎用语时，通常应当一并使用问候语，并且在必要时还须同时向被问候者主动施以见面礼，如注目、点头、微笑、鞠躬、握手，等等。

2. 送别用语

送别用语，又叫告别用语，它仅适用于送别他人之际。在使用送别用语时，经常需要同时采用一些适当的告别礼。最为常用的送别语主要有：“再见”、“慢走”、“欢迎再次光临”、“一路顺风”，等等。使用送别用语时，通常注意以下两点。

（1）不要忘记使用　当服务对象因故没有消费时，服务人员更要一如既往地保持风度，千万不要在对方离去时默不作声。

（2）不要随意滥用　在有些特殊的服务部门里，有些送别语如使用不当，便会令人感到不甚吉利。例如，对参加完丧事宴会的宾客离开时，就不宜说“欢迎再来”、“一路走好”。

三、灵活的应答

应答用语，在此特指服务人员在工作岗位上服务于人时，用来回应服务对象的召唤，或在答复其询问时所使用的专门用语。在服务过程中，服务人员所使用的应答用语是否规范，往往直接反映着他的服务态度、服务技巧和服务质量。服务人员在回答客人的提问时要灵活多变，常见的应答方式有以下3种。

1. 肯定式

它主要用来答复服务对象的请求，一般不允许服务人员对服务对象说“不”字，更不允许对其置之不理。这一类的应答语主要有：“是的”、“好”、“随时为您效劳”、“听候您的吩咐”、“我知道了”、“我会尽量按照您说的要求去办”、“一定照办”等。

2. 谦恭式

当服务对象对所提供的服务表示满意，或是直接对服务人员进行口头表扬、感谢时，一般宜用这种应答用语进行回答。主要有“这是我的荣幸”、“请不必客气”、“这是我们应该做的”、“请多多指教”、“您太客气了”等。

3. 谅解式

在服务对象因故向自己致以歉意时，应及时予以接受并表示必要的谅解。

常用语有：“不要紧”、“不必”、“没有关系”、“我不会介意”等。

四、真诚的致谢

致谢用语，又称道谢用语、感谢用语，主要是指当得到他人的帮助或他人为你提供了方便时，所采用的一种表示感激的方式。恰当地运用致谢用语，可以使自己的心意为他人所领受，而且也可以展示个人的修养。

对服务人员来讲，在下列6种情况下，应当及时使用致谢用语，一是获得他人帮助时；二是得到他人支持时；三是赢得他人理解时；四是感到他人善意时；五是婉言谢绝他人时；六是受到他人赞美时。

致谢的方式，可以是直接口头致谢，可以是书面致谢，也可以是打电话致谢或由他人转达谢意等。当面致谢时，要伴随着一定的体态语言。说“谢谢”时要伴随一定的体态语言，头部应轻松一些，目光应注视着要感谢的人，而且应伴随着真挚的微笑，这样致谢，在对方心里引起的反响会更强烈。总之，学会并习惯于向人致谢，将有助于创造一种良好的人际关系。

致谢用语在实际运用时内容或有变化，但基本上可以归纳为3种基本形式。

1. 标准式

通常使用“谢谢”一词，在许多情况下，如有必要，在采用标准式致谢用语向人道谢时，还可以在其前后加上尊称或人称代词，如“张先生，谢谢”、“感谢您”、“谢谢王女士”，等等。这样可使对象性更为明确。

2. 加强式

为了强化感谢之意，可在标准式致谢用语之前加上某些副词，就是所谓加强式的致谢用语。最常见的加强式致谢用语有：“十分感谢”、“万分感谢”、“非常感谢”、“多谢”，等等。

3. 具体式

具体式的致谢用语，一般使用于因为某一具体事宜而向人致谢时。在致谢时，致谢的原因通常会被一并提及。例如，“有劳您了”、“让您替我们费心了”、“上次给您添了不少麻烦”、“那件事情太让您为我操心了”，等等。

五、衷心的祝贺

在服务过程中，服务人员往往有必要适时地向服务方使用一些祝贺用语。在不少场合，这样做不但是一种礼貌，而且也是一种人之常情。

祝贺用语非常多，适宜服务人员在工作中使用的主要有以下两种。

1. 应酬式

在各种一般性的场合，它往往被用来祝贺服务对象顺心如愿。在使用时，要求对对方的心思多少有所了解。常见的应酬式祝贺用语主要有：“祝您成功”、“心想事成”、“事业成功”、“身体健康”、“全家平安”、“生活如意”、“恭喜、恭喜”、“向您祝贺”、“真替您高兴”，等等。

2. 节庆式

节庆式祝贺用语，主要在节日、庆典以及对方喜庆之日使用，它的时效性极强。例如，“节日快乐”、“仪式成功”、“春节快乐”、“生日快乐”、“新婚快乐”、“福如东海，寿比南山”，等等。

六、诚恳的道歉

在工作中，当因种种原因给他人带来不便，或妨碍、打扰对方时，服务人员必须及时地向对方表达自己的歉意。常规做法是：需要使用规范的道歉用语，当面口头向对方赔礼。

道歉用语多种多样，在需要使用时，服务人员应当切忌做得过分，并要根据不同对象、不同事件、不同场合认真选择。在服务工作中，需要掌握的道歉技巧，有以下5点。

1. 道歉语应当文明、规范

有愧对他人之处，宜说：“深感歉疚”，“非常惭愧”。渴望见谅，需说：“多多包涵”，“请您原谅”。有劳别人，可说：“打扰了”，“麻烦了”。一般场合，则可以讲：“对不起”，“很抱歉”，“失礼了”。

2. 道歉应当及时

知道自己错了，马上就要说“对不起”，否则拖得越久，就越容易使人误解。

3. 道歉应当大方

做错事情给别人造成伤害，应当大大方方道歉，不要遮遮掩掩，这样才有利于关系的融洽和缓和，也不要过分贬低自己，只要大方得体即可，所谓“精诚所至，金石为开”就是这个道理。

4. 道歉可借助于“物语”

有些道歉的话当面难以启齿，写在信上寄去也行。对西方妇女而言，令其转怒为喜，既往不咎的最佳道歉方式，无过于送上一束鲜花，婉“言”示错。这类借物表意的道歉“物语”，会有极好的反馈。

5. 道歉并非万能

不该向别人道歉的时候，就千万不要向对方道歉。即使有必要向他人道歉时，也要切记，更重要的是要使自己此后的所作所为有所改进，不要言行不一，依然故我。道歉仅仅流于形式，只能证明自己待人缺乏诚意。

七、谦恭地请求

请托用语，通常指的主要是在请求他人帮忙或者托付他人代劳时，照例所应当使用的专项用语。在日常用语中，人们出于礼貌常常用请托语，以示对交际对象的尊重。在工作岗位上，任何服务员都免不了有求于人。不管是需要理解，还是寻求帮助，谦恭而诚恳地使用请托语，对于广大服务人员而言都是非常必要的。在一般情况下，服务人员使用的请托语可分为以下3种。

1. 标准式

最典型、最为常见的请托语是用“请”字来表示请求之意。当服务人员向服务对象提出某项具体要求时，加上“请”字，比如“请进”、“请稍候”、“请关照”、“请让一下”、“请勿喧哗”、“请大家坐好”、“请您帮我一个忙”等，往往更容易为服务对象所接受。这些语句中的“请”大都带有敬重的色彩。在用“请”字表示请求的词语中，有的“请”已经和其他语素构成了固定的结构，用来表示不同的请求之意，如“请问”、“请便”、“请教”，等等。

2. 求助式

这一形式的请托语，最为常见的有：“劳驾”、“拜托”、“打扰”、“借光”、“请关照”等。

它们往往是在向他人提出某一具体的要求时，比如请人让路、请人帮忙、打断对方的交谈，或者要求对方照顾一下自己时，才被使用的。

3. 组合式

有些时候，服务人员在请求或托付他人时，往往会将标准式请托语和求助式请托语混合在一起使用，这便是所谓组合式请托语用语。“拜托您为这位先生/女士让一个座位”、“请您帮我一个忙”、“劳神，代为照顾一下”，等等，都是较为典型的组合式请托用语。

八、由衷地赞美

赞赏用语，主要适用于人际交往中称道或者肯定他人之时。及时而恰当的赞赏，等于是接受自己的交往对象，或是对其所作所为作出正面的认可。从实际效果来看，它既可以激励别人，促使其自我约束、正视自己、好上加好，也可以促进或改善双方的人际关系。

服务人员在工作岗位上对服务对象使用赞赏用语时，讲究少而精和恰到好处，切不可视其为讨好服务对象的一剂灵丹妙药，以为多多益善，实际上，在运用它时，宁缺毋滥。

在实际运用中，常见的赞赏用语大致分为以下3种具体形式。

1. 评价式

它主要适用于服务人员对服务对象的所作所为在适当时予以正面评价之用。经常采用的评价式赞赏用语主要有：“太好了”、“对极了”、“非常出色”、“您真有眼光”，等等。

2. 认可式

当服务对象发表某些见解之后，往往需要由服务人员对其直接做出评判。在对方的见解正确时，一般应对其做出认可。例如，“还是您懂行”、“您的观点非常正确”、“看来您一定是一位内行”，等等。

3. 回应式

回应式的赞赏用语主要适用于服务对象夸奖服务人员之后，由后者回应对方之用。例如，“哪里，哪里，我做得还很不够”、“我做得不像您说得那么好”、“承蒙夸奖，真是不敢当，不过得到您的肯定，的确让我开心”，等等。

九、巧妙的拒绝

拒绝，就是不接受，即对别人意愿或行为的一种间接的否定。在拒绝他人时，如果语言得体、态度友好、理由充分，拒绝者往往可以使被拒绝者的失望心理迅速淡化；反之，如果拒绝得过于冰冷、生硬，直言“不知道”、“做不到”、“不归我管”、“问别人去”、“爱找谁找谁”等话，则很可能令服务对象不快、不满，甚至怒发冲冠，酿成口角。应该说：“我帮您问问看”，“您可以去对面看一看”，“我们这里规定不可以”，等等。

从语言技巧上说，拒绝有直接拒绝、婉言拒绝、沉默拒绝、回避拒绝等方式。

1. 直接拒绝

直接拒绝，就是把拒绝的意思当场明讲。这个方法操作时重要的是应当避免态度生硬，说难听话。在一般情况下，直接拒绝别人，需要把拒绝的原因讲明白。可能的话，还可以向对方表达自己的谢意，表示自己对其好意心

阅读资料4-1

学会拒绝接受请托的要领

1. 要耐心倾听请托者所提出的要求。即使在请托者述说的半途中即已知道非加以拒绝不可，你都必须凝神听完他的话语。这样做，为的是确切地了解请托的内涵，以及表示对请托者的尊重。

2. 如你无法当场决定接受或拒绝请托，则要明白地告诉请托者你仍要考虑，并确切地指出你所需要的考虑时间，以消除对方误以为你是在以考虑作挡箭牌。

3. 拒绝接受请托的时候，应显示你对请托者的请托已给予庄重的考虑，并显示你已充分了解到这种请托对请托者的重要性。

4. 拒绝接受请托时，你在表情上应和颜悦色。最好多谢请托者能想到你，并略表歉意。

5. 拒绝接受请托时，你除了应显露和颜悦色的表情外，还应显露坚定的态度。这就是说，不要被请托者说服而打消或修正拒绝的初衷。

6. 拒绝接受请托者，你最好能对请托者指出拒绝的理由。这样做，将有助于维持你跟请托者的原有的关系。但这并不意味着对所有的请托拒绝都必须附以理由。

7. 要让请托者了解，你所拒绝的是他的请托，而不是他本身。这就是说，你的拒绝是对事而不对人的。

8. 拒绝接受请托之后，如有可能你应为请托者提供处理其请托事项的其他可行途径。

9. 切忌通过第三者拒绝某一个人的请托，因为一旦这么做，不仅足以显示你的懦弱，而且在请托者心目中会认为你不够诚挚。

领神会，借以表明自己通情达理。如果是和别人公务交往中对方送了现金作为礼品，按规定不能接受，不妨采用婉转的语气拒绝馈赠，如可以说："某先生，实在感谢您的美意，但我们规定，不允许接受别人赠送的礼金。实在对不起了，您的钱我不能收。"这样对方就不好强人所难了。

2. 婉言拒绝

婉言拒绝，就是用温和的语言来表达拒绝的意思。和直接拒绝相比，它更容易被接受。因为它在很大程度上，顾全了被拒绝者的尊严。

3. 沉默拒绝

沉默拒绝，就是在面对难以回答的问题时，暂时中止"发言"，一言不发。当他人的问题很棘手甚至具有挑衅、侮辱的意味，不妨以静制动，一言不发，静观其变。这种不说"不"字的拒绝，所表达出的无可奉告之意，常常会产生极强的心理上的威慑力。沉默拒绝法虽然效果明显，但如果运用不当，难免会"伤人"。所以可以尝试避而不答、"顾左右而言他"的方法，也就是"回避拒绝法"。

4. 回避拒绝

回避拒绝，就是避实就虚，对对方不说"是"，也不说"否"，只是搁置下来，转而议论其他事情。遇上别人过分的要求或难答的问题时，就可以使用这个方法。

实际生活、工作中，很难做到，其实也没必要做到"有求必应"，必需的时候应该会"拒绝"。巧妙的拒绝别人时，应该遵循以下原则。

一是说出真实情况。在拒绝的过程中，要采取换位的思考、同情的语调来处理。有的人在拒绝别人的时候，因为不好意思而不敢实话实说，采用闪烁其词的方式反而让人反感，让对方产生很多不必要的误会。

二是选择好拒绝的时间、地点和机会。当拒绝别人的时候，要找合适的地点、时机，据实向对方表明你的态度，及早拒绝，以免伤害对方。

三是给对方留个退路。当拒绝那些总喜欢坚持自己的意见，自以为是的人时，直接拒绝的方式无疑会使他们下不了台。应仔细听完对方的话后，心里再决定怎样去拒绝和说服对方，最好能引用对方的话，用"不肯定"他的要求的方式，给对方留下足够的面子，给对方留下一个退路。

四是用友情来说服对方。如果想使自己拒绝的意见不引起对方的反感，最好让对方明白：你是忠实的朋友，自己并不强迫他接受反对的意见；你是最关心他的人，是从他长远利益来考虑的。

阅读资料4-2

一种极为有效的拒绝方式

拒绝接受不善体谅他人而又十分苛刻的上司的要求，通常都被视为极度艰难甚至不可能的事。但是，有些老练的管理者却深谙回拒方法：经常将来自上司的原已过多的工作，按轻重缓急编排办事优先次序表，当上司再提出额外的工作要求时，即展示该优先次序表，以令他决定最新的工作要求在该优先次序表中的恰当位置。这种作法具有3个好处：第一，让上司作主裁决，表示对上司的尊重。第二，行事优先次序表既已排满，则任何额外的工作要求都可能令原有的一部分工作要求无法按原定计划完成，因此除非新的工作要求具高度重要性，否则上司将不得不撤销它或找他人代理。就算新的工作要求具有高度重要性，上司也将不得不撤销或延缓一部分原已指派的工作，以使新的工作要求能被办理。第三，下属若采取这种拒绝方式，将可避免上司误以为他在推卸责任。因此，这是一种极为有效的拒绝方式。

任务三 服务人员的行业用语

行业用语，又叫行业语、行话，它一般是指某一社会行业所使用的专门性用语，主要用以说明某些专业性、技术性的问题。对服务人员而言，自己在与服务对象交谈时，使用一些行业用语，其实并不困难，难的是如何使自己在使用行业用语时既得心应手，又真正地有助于服务质量的提高。

在服务过程中，服务人员在与服务对象交谈时，尤其是在向对方介绍商品或服务项目时，往往需要使用行业用语，标准的服务性语言必须亲切、准确、简明扼要、表达清楚。对客人用请求、建议、劝告式语言，不用否定、命令、训诫式语言。

一、基本原则

每一位服务人员在使用岗位用语同服务对象进行交流时，应认真遵守三T原则和适度原则。

1. 三T原则

三T原则是服务人员在使用岗位用语时的一条重要原则。所谓“三T”，实际上是英文“Tact”、“Timing”、“Tolerance”等三个单词的缩写。它们的含义分别是“机智”、“时间”与“宽容”。由此可知，三T原则的本意，就是要求服务人员在使用岗位用语时，一定要同时兼顾表现机智、考虑时机、待人宽容3个方面的具体问题。

（1）表现机智　主要是要求服务人员在面对形形色色的服务对象时，一定要善于察言观色、反应灵敏，既要首先对对方准确地进行必要的角色定位，又要以双向沟通为主要目的。还须注意的是：在使用行业用语时，一定要抓住重点，讲究少而精，并且尽量为对方所理解。这样才能提高自己办事的效率。

（2）考虑时机　在一般情况下，行业用语的使用具有一定的时间限制。只有在工作岗位上有其必要性时，使用行业用语才会发挥功效。如果不分时间、不看对象，开口闭口满嘴行业用语，非但没有任何必要，也不易为常人所接受。

（3）待人宽容　服务人员在具体运用行业用语服务于人时，要将心比心、待人如己，努力进行换位思考，处处设身处地地多为对方着想。假定发觉自己所使用的行业用语不为对方所理解，则应立即加以调整，甚至完全把本人的意思阐述清楚或把对方的问题回答清楚为止。

2. 适度原则

适度原则，是在使用行业用语时，服务人员必须谨记的另一条重要原则。它的基本含义是，行业用语的使用必须要适得其所。服务人员在具体使用行业用语时，一定要牢牢把握分寸，表现得体。运用行业用语要做到得体，关键是要切记当用则用、尽量少用。

在具体运用行业用语时服务人员一定要注意以下两点。

（1）实事求是　要求服务人员在运用行业用语时实事求是，主要是要其客观地、正确地使用行业用语。既不可不懂装懂，又切莫指望以满口似是而非的行业用语去蒙人、骗人、唬人，更不可随意编造、以假充真。

（2）使用得当　在具体使用行业用语时，一定要准确使用，并且还要注意行业用语的规范性与地方性差异。在一般情况下，使用行业用语时，必须力求正确无误。

二、具体应用

就具体内容而言，服务人员在使用岗位用语时，要善用专业术语、常用敬人之语和不用服务忌语。

1. 专业术语

在工作岗位上，服务人员必须要善用专业术语。在行业用语中，绝大部分都属于专业性的术语，在使用这些只适用于某一特定领域内的专门性用语时，服务人员既要遵守三T原则和适度原则，更要特别注意因人而异，因事

阅读资料4-3

饭店前厅部岗位用语

1. 上午好/晚上好！欢迎光临！
2. 请问有什么可以帮到您！
3. 您好！我可以为您做点什么或有什么可以为您效劳？
4. 您喜欢什么样的房型呢？
5. 先生，请稍等一下！
6. 先生/女士，请讲慢一点好吗？
7. ××先生已经外出，请问贵姓？
8. 心感谢您，×××先生！
9. 对不起，让您久等了！
10. ××先生，您对我们的服务感到满意吗？
11. ××先生，祝您好运！
12. 下次旅行时，希望您再到这里来。

阅读资料4-4

饭店客房部岗位用语

1. 上午好/中午好/晚上好！
2. 欢迎您到我们饭店！
3. 请这边走！
4. 这是您的房间，请进。
5. 我是这个房间的服务员，您有什么事情需要我做吗？
6. 有事请打电话到服务台，号码是××××
7. 我非常高兴为您服务！
8. 请稍等，我马上通知工程部来人修理。
9. 对不起，打扰您了，我可以现在打扫房间吗？
10. 我们马上给您查一下。
11. 抱歉，我们给您添了许多麻烦！
12. ××先生，听说您不舒服，我们感到很不安。需不需要请医生看看？
13. 请好好休息。
14. 欢迎您下次再来，再见！

而异。

2. 敬人之语

服务人员必须常用敬人之语。敬人之语，简称敬语、敬词，它指的是用来向交谈对象表示恭敬之意的一些特定的用语。敬语主要包括礼貌用语、文明用语以及自谦用语等。在工作岗位上服务于人时，服务人员必须常用、多用敬人之语，这是对服务人员的一项基本业务要求，也是服务礼仪的一项主要规范。在具体运用时，要重在落实，重在持久，重在言行一致，重在普及与提高并重。

3. 服务忌语

服务人员禁止使用服务忌语。服务忌语，通常是指服务行业里的忌讳之语，即服务人员在服务于人时不宜使用，并应当努力避免使用的某些词语。站在提高服务质量的角度上来讲，不用服务忌语，应是服务人员使用规范化的岗位用语的必然结果。

美国知名教授保罗·福塞尔曾经说过："语言最能表现一个人。你一张口，我就能了解你。""一个人怎么说话，说什么话，当然毫无例外地显示着他的品位。"

他由此进一步认定：一个人平日里使用的具体词汇，实际上都如实地表现了它自身的修养与待人的态度。用他的观点来解释服务人员不得使用服务忌语的原因，同样是行得通的。

就具体内容而论，服务人员在工作岗位上不宜使用的服务忌语，主要有以下4类。

一是不尊重之语。如对老年服务对象使用"老家伙"、"老头"；对残疾人使用"残废"；对体胖的人使用"胖子"；对个矮的人使用"小矮子"等。

二是不友好之语。如"你买得起吗？"；"装什么大款？"；"我就这个态度"；"愿意去哪儿告都行！"等。

三是不耐烦之语。如"那上面不是写着吗？"；"没长眼睛吗？"；"找别人去"；"那里不归我管"；"抓紧时间"；"你自觉点。"等。

四是不客气之语。如"弄坏了你赔"；"瞎乱动什么？"；"管那么多干什么？"；"没有零钱找。"等。

任务四　服务人员的电话用语

服务人员在自己的服务岗位上，经常会利用电话与服务对象进行沟通，服务人员电话用语水平直接构成了服务质量的一部分，影响着服务对象对服务产品、服务机构的评价，因此，在运用电话进行服务时，应做到彬彬有礼，用语得体，声音自然、亲切。

一、拨打电话的要求

1. 备好电话号码

在有条件的情况下，拨打电话之前，必须正确无误地预备或查找好对方的电话号码。必要时，还要同时准备好联络对方的其他方式，如移动电话、传真等，以备在难以拨通头一个电话号码时使用。

阅读资料4-5

饭店餐饮部岗位用语

1. 上午好/晚上好！欢迎光临！
2. 您好，见到您很高兴！
3. 请问一共有几位客人？
4. 请这边走。
5. 请坐。
6. 请先看看菜单！
7. 对不起，现在可以点菜吗？
8. 您喜欢喝什么酒？我们有××××
9. 您喜欢××××吗？
10. 请尝尝今天的特菜好吗？
11. 真对不起，这个品种刚刚卖完！
12. 我跟厨师联系一下，会让您满意的！
13. 我可以撤掉这个盘子吗？
14. 对不起，打扰您了！
15. 谢谢您的帮忙！
16. 现在可以为您结账吗？
17. 请您出示房卡。
18. 对不起，我们这里不可以，请您付现金好吗？
19. 希望您吃得满意。
20. 慢走，请带好随身物品，欢迎下次光临！

阅读资料4-6

洗浴部岗位用语

1. 上午好/晚上好！欢迎光临，请这边淋浴！
2. 请问有什么可以帮到您！
3. 您好！我可以为您做点什么或有什么可以为您效劳？
4. 不客气，这是我们应该做的。
5. 请稍等，马上为您送到！
6. 先生/女士，请这边换浴服！
7. 您好！休息厅这边请！
8. 不好意思，打扰一下，请问您是×××先生吗？噢，外面有位先生找您，……嗯，好的。
9. 先生，不好意思，麻烦您换上我们这里的浴服进去好吗？谢谢您对我们工作的支持，谢谢！
10. 请问您手牌号是多少？很高兴能为您服务，您坐这里好吗？我为您更衣，不客气。
11. 先生请您检查一下物品是否齐全，可以锁了吗？好的，先生，您的衣柜已锁好，这边请！

2. 想好通话内容

在通话之前应提前对通话内容有所准备。在进行重要的电话通话之前，最好是准备一份通话提纲。这样在正式通话之中，既可以节约时间与费用，又可以抓住重点，条理分明，不易遗漏。

3. 慎选通话时间

服务人员在拨打电话给他人时所选择的通话时间，首先应当方便于对方。一般情况下，拨打给他人的电话，不易选择过早、过晚或私人休息的其他时间。节假日、午休或用餐时间，通常均不宜选择。打国际电话，还应考虑到时差问题。

4. 挑准通话地点

因公进行电话通话前，通话地点应有所斟酌；谈话内容具有保密性的通话不宜在大庭广众之下拨打；不宜利用本单位电话拨打私人电话；尽量不要借用外人或外单位的电话，特别是不宜长时间借用。

二、通话初始的要求

1. 通话初始问候

在通话之初，双方开口所讲的第一句话，就是问候对方。既可以恭敬地问候对方："您好"！也可以和蔼地问候对方："你好"！

2. 双方自我介绍

为了让通话对象了解自己的身份，通话双方在通话之初均应以适当的方式向对方作简略的自我介绍，可报单位全称"××酒店"；单位与具体部门全称"××酒店销售部"；通话人全名"王瑶"；通话人全名与所在具体部门名称"人事部孙超英"；通话人全名和单位的全称及具体部门名称"××酒店财务部张欣"。

3. 双方进行确认

具体做法是拨打电话一方可以发问："请问是××酒店餐饮部吗？"或"请问李岚经理在不在？"接听电话的一方可以询问："您找哪个部门？"或"您找哪一位？"等。

三、通话中的要求

在具体进行电话通话时，虽然看不到对方，但是彼此的表现却是完全可以感受到的。服务人员在进行电话通话时，无论是拨打电话还是接听电话，都要以礼相待，并对自己的声音与态度进行有意识的控制，让对方可以"听到你的微笑"。这就要求服务人员要做到以下几点。

① 声音清晰。

② 态度平和。

③ 内容紧凑。

④ 主次分明。

⑤ 重复重点。

⑥ 积极呼应。

四、通话结束的要求

通话结束，是通话的最后一个阶段。在这一阶段，通话双方都应当遵守基本的礼仪规范，以便双方的通话善始善终。在通话结束时，应遵守的礼仪规范是：①再次重复重点；②暗示通话结束；③感谢对方帮助；④代向他人问好；⑤互相进行道别。

依照惯例，在通话结束时应由通话双方中地位较高者负责挂断电话，如果双方地位平等，则依例由拨打的一方首先挂断电话。挂机时应当小心轻放，别让对方听到你很响的搁机声。

五、接听电话的基本原则

① 电话铃响在三声之内接起。

② 电话机旁准备好纸笔进行记录。

③ 告知对方自己的姓名。

④ 接电话时，不使用“喂”回答。

⑤ 音量适度，不要过高，注意讲话语速不宜过快。

⑥ 听取对方来电用“是”、“好的”、“清楚”、“明白”等回答，必要时应进行记录。

⑦ 注意听取时间、地点、事由和数字等重要词语并进行确认。

⑧ 电话中应避免使用对方不能理解的专业术语或简略语。

⑨ 打错电话要有礼貌地回答，让对方重新确认电话号码。

六、办公及营业区域电话用语

① 不允许在营业时间，无人接听电话。

② 电话铃响在三声之内接起，如超过三声要致歉，标准为：“对不起，让您久等了”。

③ 要尽量识别对方的声音。

④ 接听电话时要问好，报出酒店全名及姓名，标准为：“您好！ ××酒店×××为您服务”。如在节日期间，问好为节日祝福，例：“新年快乐！，××酒店×××为您服务”。

⑤ 说话时要面带微笑，音量要适中、声调要柔和、语气要亲切。

⑥ 如需同时接听两部电话，应请一方稍等或告之对方一会儿回电，标准为：“对不起，请您稍等。”然后接起另一部电话，并询问“我正在接电话，请稍等一下好吗？”得到肯定的答复后，迅速处理好第一部通话，接听第二部电话，致歉“对不起，让您久等了。”

⑦ 通话结束时要道别，标准为：“感谢您的来电，再见！”。

⑧ 双方确认通话结束后，方可挂断电话，收线时要轻放电话。

七、代接电话用语

① 当对方要找的人就在附近时，要告知对方“请稍候”，然后立即去找。注意不要立即大声喊人，不要让对方等候过久。

② 当对方要找的人已经外出时，应告知对方，并询问对方：“请问您是哪位？是否有事需要转达？您愿不愿意留下姓名和电话？”如对方有事需要转达，应认真记录下来，并尽快予以转达。

③ 当对方要找的人不便接听时，可请对方稍后再打，如“×××正在接电话或×××正在开会，请您稍后再打过来，或者我帮您转达一下好吗？”

八、做好电话记录

服务人员在与服务对象或其他人互通电话时，尤其是在接听对方打进来的电话时，经常需要对对方的电话进行必要的记录，用以备忘。在进行电话记录时，除了要选择适当的记录工具外，最重要的是要力求记好要点内容，并在记完要点后进行核实。

按照常规，在进行电话记录时，其内容大致上应当包括：来电时间、通话地点、来电人的情况、电话的主要内容及处理方式等。

做好电话记录后，一定要将其精心加以保管。切勿随手乱扔乱放，致使需要之时难以寻找。有鉴于此，尽量不要在碎纸或便条上进行重要的电话记录。

对重要的电话记录，尤其是当其涉及行业秘密时，要严格地进行保密。在一般情况下，单位专用的电话记录簿要由专人负责保管。不准将其广为传阅，或者随意向外界披露。其他服务人员，未经允许，不得随意翻阅本单位专管专用的电话记录簿。

进行电话记录后，有关人员应及时对其进行必要的处理。该汇报的要汇报，该转告的要转告，该办理的要办理。要注意不得随意拖延处理时间。在交接班时，有关负责人要认真做好未曾处理的电话记录的交接。

附　服务人员语言规范的实训安排与考核

礼貌用语礼仪实训4-1

【实训项目】 礼貌用语。

【实训目标】 掌握常用的礼貌用语及使用方法，以及使用礼貌用语时的正确的身体姿态和面部表情。帮助从事服务工作的服务人员在服务场合能够正确地使用礼貌用语，从而体现对服务对象的尊重。

【实训学时】 2学时。

【实训方法】

① 将学生分组，每组5～6人。

② 由学生分组练习，教师指导。

③ 学生分组考核，用摄像机等记录学生考核过程。

④ 回放考核过程，学生进行自我评价，教师总结点评学生存在的个性与共性的问题。

【实训准备】 职业装、数码照相机、摄像机、大屏幕教室。

【实训考核】 实训考核内容，见表4-1所示。

表4-1　礼貌用语训练考核表

考生单位：　　　　　　　　　　　　考生姓名：

程序	操作标准	评分标准	配分	得分
您好	1．可统一对服务对象进行问候，而不再一一具体到每个人，可问候对方："大家好！"，"各位午安！"。 2．可采用"由尊而卑"的礼仪惯例，率先问候身份高者，然后问候身份低者。 3．当被问候者身份相似时，可以以"由远而近"为先后顺序，首先问候与本人距离远者，然后依次问候其他人。 4．问候语常常会伴随欢迎语的使用。例如"您好，欢迎光临！"在必要时还须同时向被问候者主动施以见面礼。身体保持正、直，遵守站姿基本要领	1．使用场合正确。 2．使用方法正确。 3．使用时的面部表情正确。 4．使用时的身体姿态正确	5分 5分 5分 5分	
请	1．可以单独使用，也可与其他词搭配使用，并伴以恰当的手势。 2．适用情况：通常在请求别人做某件事时、表示对他人关切或安抚时、表示谦让时、要求对方给予配合时、希望得到他人谅解时，都要"请"字当头。身体保持正、直，遵守站姿基本要领	1．使用场合正确。 2．使用方法正确。 3．使用时的面部表情正确。 4．使用时的身体姿态正确	5分 5分 5分 5分	
谢谢	1．适用情况：在获得他人帮助时、得到他人支持时、赢得他人理解时、感到他人善意时、婉言谢绝他人时、受到他人赞美时使用。 2．使用时应面带微笑，目光注视对方。 3．必要时，要解释一下致谢的原因，这样不至令对方感到茫然和不解。身体保持正、直，遵守站姿基本要领	1．使用场合正确。 2．使用方法正确。 3．使用时的面部表情正确。 4．使用时的身体姿态正确	5分 5分 5分 5分	

续表

程序	操作标准	评分标准	配分	得分
对不起	1．适用情况：在工作之中，因为种种原因带给他人不便，或妨碍、打扰对方时，服务人员必须及时地向对方说“对不起”。 2．可以单独使用。如果需要，它也可以与其他礼貌用语或其他词句组合在一起使用	1．使用场合正确。 2．使用方法正确。 3．使用时的面部表情正确。 4．使用时的身体姿态正确	5分 5分 5分 5分	
再见	1．适用情况：在分别时常用的一句告别语。 2．使用时应面带微笑，目视对方，如有必要可借助动作进一步表达依依惜别、希望重逢的意愿，如握手、鞠躬、摆手等	1．使用场合正确。 2．使用方法正确。 3．使用时的面部表情正确。 4．使用时的身体姿态正确	5分 5分 5分 5分	
总　分			100分	

文明用语礼仪实训4-2

【实训项目】 文明用语。

【实训目标】 掌握文明用语的使用规范要求，正确熟练地使用文明用语。帮助从事服务工作的服务人员在服务场合能够正确地使用文明用语，从而体现对服务对象的尊重。

【实训学时】 2学时。

【实训方法】

① 将学生分组，每组5～6人。

② 由学生分组练习，教师指导。

③ 学生分组考核，用摄像机等记录学生考核过程。

④ 回放考核过程，学生进行自我评价，教师总结点评学生存在的个性与共性的问题。

【实训准备】 职业装、数码照相机、摄像机、大屏幕教室。

【实训考核】 实训考核内容见表4-2所示。

表4-2　文明用语训练考核表

考生单位：　　　　　　　　　　　　　　　　考生姓名：

程序	操作标准	评分标准	配分	得分
称呼恰当	1．区分对象 （1）区分内宾和外宾。一般来说，对外宾要用国际通用的称呼，即对男性称先生，对女性称女士、小姐、夫人。 （2）要注意区分内宾的传统称呼和现代称呼。 2．由主而次 ① 由尊而卑。 ② 由远而近。 3．严防犯忌 ① 使用不规范的称呼。 ② 使用不雅的代称	1．能正确区分对象。 2．有主有次 3．使用称呼规范恰当	15分 10分 10分	

续表

程序	操作标准	评分标准	配分	得分
口齿清晰	1. 语音标准； 2. 语调柔和； 3. 语速适中； 4. 语气谦恭	1. 语音标准。 2. 语调柔和。 3. 语速适中。 4. 语气谦恭。	5分 5分 5分 5分	
用词文雅	1. 不讲粗话； 2. 不讲脏话； 3. 不讲黑话； 4. 不讲怪话； 5. 不讲废话	1. 不讲粗话。 2. 不讲脏话。 3. 不讲黑话。 4. 不讲怪话。 5. 不讲废话。	5分 5分 5分 5分 5分	
语言简明	1. 简单明了，中心突出。 2. 内容通俗易懂	1. 简单明了，中心突出。 2. 内容通俗易懂	10分 10分	
总　分			100分	

电话用语礼仪实训4-3

【实训项目】 电话用语。

【实训目标】 掌握电话用语的使用规范要求，并能熟练地使用电话用语，以帮助从事服务工作的服务人员在服务场合能够正确地使用电话用语，从而体现对服务对象的尊重。

【实训学时】 2学时。

【实训方法】

① 将学生分组，每组5～6人。

② 由学生分组练习，教师指导。

③ 学生分组考核，用摄像机等记录学生考核过程。

④ 回放考核过程，学生进行自我评价，教师总结点评学生存在的个性与共性的问题。

【实训准备】 职业装、数码照相机、电话、摄像机、大屏幕教室。

【实训考核】 实训考核内容见表4-3所示。

表4-3　电话用语训练考核表

考生单位：　　　　　　　　　　　　考生姓名：

程序	操作标准	评分标准	配分	得分
通话前的准备	1. 打电话前的准备要求：备好电话号码、想好通话内容、慎选通话时间、挑准通话地点。 2. 接听电话的准备要求：确保畅通、专人值守、预备记录簿	1. 备好电话号码。 2. 想好通话内容。 3. 慎选通话时间。 4. 挑准通话地点。	2分 3分 2分 3分	
通话初始	1. 通话初始问候。 2. 双方自我介绍。 3. 双方进行确认	1. 通话初始问候。 2. 双方进行确认。 3. 双方自我介绍。	5分 5分 5分	
通话中	1. 内容紧凑。 2. 主次分明。 3. 重复重点。 4. 积极呼应	1. 内容紧凑。 2. 主次分明。 3. 重复重点。 4. 积极呼应。	5分 5分 5分 5分	

续表

程序	操作标准	评分标准	配分	得分
通话结束	1. 再次重复重点。 2. 暗示通话结束。 3. 感谢对方帮助。 4. 代向他人问好。 5. 互相进行道别。 6. 话筒要轻轻挂上。	1. 再次重复重点。 2. 暗示通话结束。 3. 感谢对方帮助。 4. 代向他人问好。 5. 互相进行道别。 6. 话筒要轻轻挂上	5分 5分 5分 5分 5分 5分	
代接电话	1. 当对方要找的人就在附近时，要告知对方“请稍候”，然后立即去找。注意不要大声喊人，不要让对方等候过久。 2. 当对方要找的人已经外出时，应告知对方，并询问对方：“请问您是哪位？是否有事需要转达？您愿不愿意留下姓名和电话？”如对方有事需要转达，应认真记录下来，并尽快予以转达。 3. 当对方要找的人不便接听时，可请对方稍后再打，如“×××正在接电话或×××正在开会，请您稍后再打过来，或者我帮您转达一下好吗？”	1. 当对方要找的人就在附近时，要告知对方“请稍候”，然后立即去找。 2. 当对方要找的人已经外出时，应首先告知对方，然后再询问对方。 3. 当对方要找的人不便立即接听时，可请对方稍后再打，或者帮助转达	5分 5分 5分	
做好电话记录	1. 电话记录的大致内容包括：来电时间、通话地点、来电人的情况、电话的主要内容及处理方式等。 2. 做好电话记录后，一定要将其精心加以保管。 3. 对重要的电话记录，尤其是当其涉及行业秘密时，要严格地进行保密。 4. 进行电话记录后，有关人员应及时对其进行必要的处理	1. 电话记录内容全面。 2. 电话记录簿精心保管。 3. 记录内容保密。 4. 电话记录后，及时进行必要的处理	3分 2分 2分 3分	
总　分			100分	

本章小结

在生活中，礼貌用语是文明社会中人际交往所必需的，特别是对服务人员能否做好服务工作具有重要影响。服务人员的语言礼仪规范，是指服务人员在语言的选择和使用中，表现出良好的文化修养和职业素质，准确地运用文明有礼、高雅清晰、称谓恰当、标准柔和的语言。语言礼仪是服务礼仪的重要组成部分，服务人员掌握语言礼仪规范是改善和提高服务质量的内在要求。

重点内容

灵活的交谈技巧　拨打电话的要求　接通电话的原则　电话记录　岗位用语原则　岗位用语的应用

案例分析一

某饭店两个包房（A、B）内有两批客人在就餐，A包房的客人就餐接近尾声时，服务员送上一盘果盘称是饭店免费赠送的，恰好被B包房的客人看见，B包房的客人提出要求，希望饭店也免费赠送他们一盘，服务员拒绝了，称是奉主管之命行事，只给A包房客人送。不公平的感觉使B包房的客人义愤填膺了，于是与服务员发生了争执。争执中，服务员甩下一句话：“不干我的事，你们找错对象了，去找主管吧！”主管来了对客人解释说：

“按本饭店规定，消费满300元方可赠送果盘，而你们只消费了100多元，不够条件，因此无能为力！”B包房的客人拂袖而去，走到邻近的一家饭店用餐，从此再未跨进这家饭店的大门。

分析：为什么B包房的客人会有如此遭遇？请你判断并分析以上情景中服务人员岗位用语的使用是否符合礼仪规范，如果你是服务员或主管，你会如何解决？

案例分析二

1. 一男士夜间休息，电话铃响，被惊醒。

2. 一女士在办公室内打电话：“这场球太臭了，真的，那个6号……”

3. 一男士接听电话：“您好！惠达公司。您找瑞安公司？抱歉！您拨错了。需要的话，我可以替您查一下瑞安公司的电话。”查手册，又道：“他的电话是××××××。不客气，再见！”

4. 一男士接电话：“你好！惠达公司。你找瑞安公司？下次看清楚，我们是惠达公司。”

分析：请你判断并分析以上情景中对电话的使用是否符合礼仪规范。

基本训练

1. 判断题

① 在任何情况下，服务人员都必须对服务对象采用恰当的称呼。（ ）

② 在需要称呼他人时，服务人员还必须了解一些主要禁忌，以防犯忌，否则很有可能会失礼于人。（ ）

③ 答复服务对象的请求时，一般允许服务人员对服务对象说“不”字，也允许对其置之不理。（ ）

④ 服务人员可以利用节假日、午休或用餐时间拨打电话给他人。（ ）

⑤ 听到对方挂断电话后，方可收线，收线时要轻放电话。（ ）

⑥ 当对方要找的人就在附近时，要告知对方“请稍候”，然后立即去找。注意不要立即大声喊人，不要让对方等候过久。（ ）

⑦ 服务人员在使用岗位用语时，要善用专业术语、常用敬人之语和不用服务忌语。（ ）

⑧ 服务人员在与服务对象或其他人互通电话时，尤其是在接听对方打进来的电话时，不需要对对方的电话进行必要的记录。（ ）

⑨ 对重要的电话记录，尤其是当其涉及行业秘密时，要严格保密。（ ）

⑩ 在工作岗位上服务于人时，服务人员必须常用、多用敬人之语，这是对服务人员的一项基本业务要求，也是服务礼仪的一项主要规范。（ ）

2. 选择题

① 在称呼对方时应（ ）。

A. 区分对象　　B. 照顾习惯　　C. 主次有序　　D. 严防犯忌

② 当得到他人的帮助或他人为你提供了方便时，你所采用的一种表示感激的方式致谢，致谢时要注意（ ）。

A. 选择场合　　B. 选择语言　　C. 选择方式　　D. 选择时机

③ 拒绝别人时可采用的方式有（ ）。

A. 直接拒绝　　B. 婉言拒绝　　C. 回避拒绝　　D. 沉默拒绝

④ 三T原则是服务人员在使用岗位用语时的一条重要原则。所谓“三T”，实际上是英文“Tact”、“Timing”、“Tolerance”等3个单词的缩写。它们的含义分别是（ ）。

A. 机智　　B. 时间　　C. 宽容　　D. 真诚

⑤ 服务人员在使用岗位用语时要（ ）。

A. 善用专业术语　　B. 常用敬人之语　　C. 不用服务忌语　　D. 随意用语

3. 简答题

① 服务人员怎样才能在工作中做到称呼恰当？

② 在服务工作中，倘若自己的言行有失礼或不当之处，或是打扰、麻烦、妨碍了别人，应如何向对方道歉？

③ 如何才能做好电话的通话记录？

④ 服务人员在通电话时应如何注意自己的通话表现与通话内容？

⑤ 什么是三T原则和适度原则？

4．实训题

（1）模拟实训

前台服务人员进行散客入住接待。

实训要求

① 学生分组，进行模拟练习，每组派出2人做接待和收银，2人做客户。

② 要求在模拟活动中灵活运用岗位用语。

③ 实训过程用摄像机记录，结束时回放并进行讨论。在教师指导下找出问题并进行分析，同时提出解决办法。

（2）模拟实训

餐饮服务人员接受电话预订。

实训要求

① 学生分组，进行模拟练习，每组派出1人做接待，1人做客户。

② 要求在模拟活动中按照接听电话标准进行模拟并灵活地运用电话用语。

③ 实训过程用摄像机记录，结束时回放并进行讨论。在教师指导下找出问题并进行分析，同时提出解决办法。

项目五　服饰礼仪规范

【学习目标】

通过本章的学习，使学生了解服饰礼仪的含义、类别；能理解服饰礼仪的功能；熟悉服务着装的基本原则；掌握服务服饰的规范和技巧，从而更好地对服务对象的尊重，反映服务人员的良好素质和修养，进而展示企业良好的精神面貌和管理水平。

任务一　服饰概述

服饰是一种文化，穿着是一门艺术，它能够反映一个国家、一个民族的、文化素养、精神文明与物质文明发展的程度。穿一身美观得体的服装出现在公共场合并非是一件随心所欲的事情。服装是人们审美的一个重要方面，着装大方和整洁有一种无形的魅力，得体的服饰与装扮可以“画龙点睛，烘云托月”，将人体的曲线美、协调美、韵律美衬托得更加光彩照人，把女性的天生丽质与男士的俊秀与潇洒展示得更加淋漓尽致。服饰还是一种语言，它在表达对人是否尊重的同时，还表达了一个人的社会地位、文化品位以及生活态度等。服务人员的得体规范的服饰，可以更好地表现对服务对象的尊重，反映服务人员的良好素质和修养，进而展示企业良好的精神面貌和管理水平。

为了便于全面掌握服务礼仪对服务人员的服饰规范，有必要对服饰的基础知识和基本常识进行了解和学习。

一、服饰的含义

人类在漫长的历史发展过程中，为了改造和美化生活，创造了绚丽多姿的服饰文化。服饰有广义和狭义之分。广义的服饰是指人的服装穿着、饰品佩戴、美容化妆几个方面的统一；狭义的服饰仅指衣着穿戴，也就是对人们衣着及其所用装饰品的一种统称。一个人的穿着品位能体现他的性格，显示他的职业、地位，更重要的是能体现他的修养。本章就是从服饰狭义的含义及所包含的内容来学习和探讨的。

二、服饰的功能

俗话说“人靠衣装马靠鞍”，说明服饰对人的重要性。人的着装最直接、最明显地以静态语言的方式传达出一个人内在文化素质和审美情趣的高低与雅俗，以及其身份地位、经济实力等信息。著名的意大利影星索菲亚·罗兰就曾深有感触地说过：“你的服装往往表明你是哪一类人物，他们代表着你的个性。一个和你会面的人往往自觉不自觉地根据你的衣着来判断你的为人。”

在人际交往中，服饰在某种意义上好似每个人手持的一封无言的介绍信，时时刻刻向自己的每一个交往对象传递着各种信息。美国心理学家彼德·罗福甚至认为：一个人的服饰并不是只表露了他的情感，而且还显示着他的智慧。一个人的衣着习惯，往往透露出他的人生哲学和人生观。莎士比亚则进一步强调“服装往往可以表现人格”。

服饰是一种无声的语言，它显示人的个性、修养及心理状态等多种信息。服饰有着广泛的实用功能、装饰功能以及角色功能和表达功能。

无礼是无知的私生子。
——巴特勒

（1）实用功能　服饰最初主要的功能就是御寒遮羞。随着社会的发展，服饰又具有了适应生产生活需要的功能，并因民族和地域的不同而产生很大的差异，如游牧民族多穿宽大长袍，以便于骑马放牧，并保护腰腿不受风寒；水乡渔民多穿短衣短裤，便于撒网捕鱼。从古至今，无论服装如何发展，服饰的实用的功能总是最基本的。

（2）装饰功能　著名美学专家马克斯·德索在评价服装时认为，在气候和温度达不到必须穿衣服的时候，衣服就像装饰品那样被穿戴着。即服装具有极强的装饰、美化人体的作用。

在现代，由于服装制作和工艺的提高，服装织物色彩的增多，以及服装面料种类的不断开发，使人们能够充分利用服装达到美化人体的目的，如用直线条使人产生延伸感；借横线条使人产生扩张感；借紧束的衣饰使身体的某些部位挺起和突出；借宽松的款式使身体的某些部位后收或不显；借深色产生收缩感；借浅色产生膨胀感；借褶皱产生收紧或丰满感；借单色产生拔高感；借杂色产生分散感等。

总之，通过对服装款式、色彩、工艺、质料、饰物的变化，使人产生一种视觉差，从而达到服装美化人体、强化美感和掩饰不足的美学效果。

（3）角色功能　角色功能随着社会的不断发展，服装在人的社会生活中作用越来越大，它已成为区别人们职业、身份、地位的标志之一。

从古至今由于社会生产和生活的需要，一些特殊行业和职业，常以特殊标记的服装表明着装人的社会角色，如像军装、警服、飞行服等类工作制服，以及与服装配套的各种徽、章、标记。此外，服装在一定场合和一定历史条件下，其颜色、款式、质地、饰物等，则是着装人身份地位的象征。

（4）表达示意功能　服装的款式、质地、颜色，在社会交往中常以静态无声的形式，表现出着装人的思想观念、经济状况、社会背景以及个性特征。在一般情况下，服装是人们思想观念的外化，思想观念的保守或开化、新潮或陈腐，都可以从服装的款式、色彩等方面表现出来。另外，经济状况越好，服装的款式越考究，制作工艺越精制，质地越高档。

社会背景不同，人们的着装习惯不同，常以特色的服饰表现出来。此外，服装款式、色彩的不同搭配常常表达自己的不同情绪和情感。一般说来，情绪兴奋和情感美好时，服装的款式往往新颖，服装的颜色往往鲜亮；反之，则款式正规甚至古板，颜色暗淡。

三、服饰的和谐美

服饰是人形体的外延，包括衣、裤、裙、帽、袜、鞋、手套及各类饰物。它们一同起着遮体御寒、美化人类的作用。服饰又是一种无声的语言，它传逆着一个人的个性、身份、涵养及心理状态等多种信息，正如莎士比亚所说的“服饰往往可以表现人格”，一个人穿戴什么样的服饰，直接关系到别人对他个人形象的评价。

现代美学认为，服饰是借助物质的手段直接美化自身的艺术，这是因为美的形象总是由人体与服饰共同构成。服饰只有穿在人身上，才能充分显现它的魅力。服饰美的最高境界是“和谐”，主要包括服饰与环境和谐、服饰与人体和谐、服饰与社会角色和谐、服饰与时节和谐。

（1）服饰与环境和谐　人置身于不同的环境，就应该有不同的服饰穿戴；要注意所穿戴的服饰与外围环境的和谐。比如，身居家中，可穿随意舒适的休闲服。办公时，则需穿端庄典雅的职业装。

阅读资料5-1

衣着通常说明人的一切
——莎士比亚

当你步入一个房间时，即使房间里没有人认识你或以前曾经见过你，可他们仅仅基于你的外表就可以对你的10个方面做出推断。他们甚至还可以做出更多的推断：

①你的经济水平；
②你的文化程度；
③你的可信任程度；
④你的社会地位；
⑤你的老练程度；
⑥你家族的经济地位情况；
⑦你家族的社会地位情况；
⑧你的家庭教养情况；
⑨你是不是成功人士；
⑩你的品行。

几乎以任何方式去努力获得成功，你都必须相信，这些推断对你都是有益的，因为从自己留给他人的第一印象中，你可以明白——你的穿着说明了你的一切。如果你认识到自己的内心世界是通过覆盖自己身体的90%的衣服体现出来的话，那么，你就会高度重视自己当时的衣着。

（2）服饰与人体和谐　人们追求服饰美，就是要借服饰之美来装扮自身，利用服饰的质地、色彩、图案、造型和工艺等因素的变化引起他人的各种错觉，从而美化自己。人们在了解服饰诸因素的同时，必须充分了解自身的特点，只有这样，才能达到扬己之长避己之短，扬己之美避己之丑的目的。比如，身材矮小者适宜穿着造型简洁、色彩明快、小花型图案的服饰。肤色偏黄者，最好不要选择与肤色相近的或较深暗的服色，如棕色、土黄色、深灰色、蓝紫色等，它们容易使人显得缺乏生气。

（3）服饰与社会角色和谐　在社会生活中，每个人都扮演者不同的角色。社会心理学家认为，不同的社会角色必须有不同的社会行为规范，在服饰的穿戴方面自然也有其规矩。总之，无论你出现在哪里，无论你干什么，最好先弄明白你所扮演的角色是什么，然后再考虑选择一套适合于这个角色的服饰来装扮自己，这会使你增强信心，更会使旁人对你多几分好感。

（4）服饰与时节和谐　注重了环境、场合、社会角色和自身条件而不顾时节变化的服饰自然也是不可取的。

以上四条是服饰穿戴最基本的原则。除此以外，还应特别注意：保持服饰的清洁与整齐，整洁是服饰美的根。事实证明，服饰只有与穿戴者的气质、个性、身份、职业以及穿戴的环境、时间协调一致时，才能真正达到美的境界。

任务二　服　　装

一、服装的要素及应用

服装是由色彩、面料、款式这三项基本要素构成。

1. 色彩

色彩（见彩图 2）是服装留给人们记忆最深的印象之一，而且在很大程度上也是服装穿着成败的关键所在。在服装的三大要素中，色彩对他人的刺激最快速、最强烈、最深刻。所以，被称为“服装的第一可视物”。

人们在穿着服装时，在色彩的选择上往往既要考虑个性、爱好、季节，又要兼顾他人的观感和所处的场合。所以世界著名服装设计师伊迪丝·里德说：“也许在取得衣着成功方面，色彩是最有帮助的要素。色彩可以是您最好的朋友，也可以是您最凶恶的敌人。”

对一般人而言，在服装的色彩上要想获得成功，最重要的是要掌握色彩的特性、色彩的搭配、色彩的调节以及色彩的选择这4个方面的问题。

（1）色彩的特性　色彩是人的眼睛对物体反射不同波长的光所产生的印象。从色彩的功能上来看，它有如下基本特性。

① 色彩的冷暖。每种色彩都有区别于其他色彩的特征，叫作色相。色彩因色相不同，而使人产生温暖或寒冷的感觉。使人有温暖、热烈、兴奋之感的色彩，叫暖色，如红色、黄色；使人有寒冷、抑制、平静之感的色彩，叫冷色，如蓝色、黑色。

② 色彩的轻重。色彩的明暗变化的程度，被称为明度。不同明度的色彩，往往给人以轻重不同的感觉。色彩越浅，明度就越强，它使人有上升感、轻感。色彩越深，明度就越弱，它使人有下垂感、重感。人们平日的着

阅读资料5-2

胡石塘的故事

我国元朝，有一个名叫胡石塘的文人进京赶考。此人满腹经纶、才超群儒，但他有一个最大的缺点就是不修边幅，经常衣冠不整，别人提醒他，他也满不在乎。在元世祖忽必烈召见他时，他所戴的帽子还像平常一样歪斜着。元世祖就问他都学了些什么？胡生答道：“修身、治国、平天下之学。”元世祖笑着说：“自己的一顶帽子都戴不端正，还能平天下吗？”胡生汗颜，从此回家教书，第一课即教学生注重仪容仪表：“衣贵洁，不贵华，冠必正，纽必结，袜必履，俱紧切。”

装，通常是讲究上浅下深。

③色彩的软硬。色彩鲜艳明亮的程度，叫做纯度。色彩纯度越高，就越鲜艳纯粹，并给人以软的感觉。色彩纯度越低，就越为深、暗，并给人以硬的感觉。前者适用于喜庆场合的着装，后者则适用于庄重场合的着装。

④色彩的缩扩。色彩的波长不同，给人收缩或扩张的感觉便有所不同。一般来讲，冷色、深色属收缩色，暖色、浅色则为扩张色。运用到服装上，前者使人看起来苗条，后者使人看起来丰满，两者都可使人在形体方面扬长避短，但若运用不当，在形体上便会出丑露怯。

⑤色彩的感觉。色彩依明度、色相、纯度、面积、材质、冷暖等特性的不同而不同，色彩间的对比调和效果则更加千变万化。因此，人们需要了解对不同色彩的心理感觉，如表5-1所示。

表5-1　色彩带给人的心理感觉

色　相	正面的心理感觉	负面的心理感觉
红色	积极、热诚、温暖、前进、热烈、朝气、活力	警告、危险、禁止、着火、流血、侵略、残忍、骚动
橙色	温暖、活泼、热情	警戒、刺眼
黄色	明亮、活泼、阳光、喜悦、光彩、乐观	警告、嫉妒、挑衅
绿色	清爽、理想、希望、生长、和平、平衡、和谐、诚实、富足、肥沃	贪婪、猜忌、厌恶、毒药、腐蚀
蓝色	沉稳、理智、准确、秩序、忠诚	忧郁、疏远、压抑、寒冷、无情
紫色	细腻、温存、女性化、神秘、浪漫	不稳定、偏见、傲慢
褐色	古典、优雅、亲切	无个性、平庸、陈旧
白色	纯洁、无私、善良、信任、高级、科技	寒冷、平淡、严峻
黑色	权威、高贵、稳重、庄严、执著	压抑、忧郁、沉重
灰色	柔和、高雅、科技、沉稳、考究	沉闷、呆板、僵硬

（2）色彩的搭配　不论是整体运用还是局部运用，服装的色彩往往都是几种一起搭配使用的。搭配色彩，常有下述方法可循。

①同色搭配法。即配色时尽量采用同一色系中各种明度不同的色彩，按照深浅不同的程度进行搭配，以便创造出和谐之感。它适合于工作场所或庄重的社交场所着装的配色。

②对比搭配法。即在配色时运用冷暖、深浅、明暗两种特性相反的色彩进行组合的方法，它可以使着装在色彩上反差强烈，静中有动，突出个性。此法适用于各种场合的着装配色。

③呼应搭配法。即配色时在某些相关的部位刻意采用同一种色彩，以便使其遥相呼应，产生美感。例如，穿西装的男士讲究鞋与公文包同色，即为此法的运用。它也适用于各类场合的着装配色。

④ 点缀搭配法。即在采用统一法配色时，为了有所变化，而在某个小范围里，选用某种不同的色彩加以点缀美化。此法若运用得当，会有很好的效果。这种方法主要适用于为工作场合的配色。

⑤ 时尚搭配法。即在配色时酌情选用当时正在流行的某种色彩。它多用于普通的社交场合与休闲场合的配色。

（3）色彩的调节　在配色时，可运用适当的方法在整体上对其进行调节，以求使之趋于合理。

① 强调法。当服装的整体配色过于单调、乏味时，可加入某种较为强烈的色彩作为重点，使之产生紧张感、变化感。这时就需要运用强调法调节色彩。

② 平衡法。服装色彩过于深沉或淡雅时，都会令人感到软弱无力，整体失衡。此刻可在保持个人风格的前提下，添加与之相反的色彩，进行调节。这就是运用平衡法调节色彩。

③ 分割法。当两种对比色过分强烈时，可运用其他较为协调的色彩，在其交界处对两者进行分割，以使其更为和谐。

④ 渐变法。两种色彩的组合不太协调时，使之形成有次序又有层次的渐变。

（4）色彩的选择　有一句话叫做“选对了颜色，就穿对了一半。”可见服装色彩的选择的重要性，对色彩的选择应主要人的肤色和服装的款式两方面考虑。

① 人的肤色是有差别的，人类学家把人类分为黑、白、红、黄四种人种。东方人尽管被统称为“黄种人”，但肤色也是千差万别，各具特色。细究起来，大致可分为偏白、偏黄、偏红、偏黑四大类。判断皮肤颜色类型“对号入座”，以便正确选择合适的颜色，达到“和谐美”。

目前流行的“四季色彩理论”将生活中的常见的颜色按照其基调的不同划分为四大组，由于各组颜色的特征恰好与大自然的四季色彩特征相吻合，故分别命名为“春”、“夏”、“秋”、“冬”。 着装者可根据所属的类型选择合适的色彩。

肤色偏白（春季型人）适合的典型色彩：黄绿色、杏色、亮金色、浅棕色、浅鲑肉色。

肤色偏红（夏季型人）适合的典型色彩：淡蓝色、蓝灰色、薰衣草紫色、粉红色、浅正绿色。

肤色偏黄（秋季型人）适合的典型颜色：橙色、金色、褐色系、橄榄绿色、芥末黄色、深棕色等。

肤色偏黑（冬季型人）适合的典型颜色：银灰色、纯黑色、深紫红色、海军蓝色、玫瑰粉色。

明显符合春、夏、秋、冬其中一组的特征，可能就是属于这个类型。如果无法分辨，还可借助四季色彩属性与适合颜色参考列表进行判断，如表5-2所示。

② 服装按穿着的场合来划分，主要有正装和便装之分，对正装和便装色彩的选择，也有不同的要求。非正式场合所穿的便装，色彩的选择可根据自身的喜好，穿着的场合等因素来考虑。而正式场合穿着的正装，选择色彩主要考虑两个方面。

阅读资料5-3

四季色彩理论

春天　阳光明媚，草木冒出黄绿色的新芽，漫山遍野的桃花、杏花、樱花竞相开放，到处都是明亮、鲜艳、轻快的颜色。

春季型人的特征

皮肤：浅淡透明的象牙色

眼睛：明亮有神、浅棕黄色眼珠

头发：柔软的棕黄色

夏天　春天的新绿已经变成了浅正绿色，阳光照在海面上，周围是一片雾蒙蒙的、浅浅淡淡的水蓝色，一切看起来朦胧和梦幻。

夏季型人的特征

皮肤：细腻而白净、面带冷玫瑰色色晕

眼睛：眼神柔和、深棕色或黑色眼珠

头发：柔软的棕黑色

秋天　树木的叶子慢慢变成金黄色，地上铺满了枯黄的落叶，金灿灿的麦穗长满四野，世界的色彩华丽、厚重、浓郁。

秋季型人的特征

皮肤：匀称的深象牙色，皮肤不易出红晕

眼睛：眼神沉稳、深棕色眼珠

头发：偏黑的深棕色

冬天　冬天的色彩有着鲜明的对比。白雪覆盖的大地与黑色的树干以及漫漫无尽的黑夜都鲜明地存在，人们拿着大红大绿的礼物准备过年。一切看起来都显得对比、纯正、饱和。

冬季型人的特征

皮肤：青白的小麦色或土褐色

眼睛：眼神锋利、黑色眼珠

头发：乌黑浓密

表5-2　四季色彩属性与适合颜色参考列表

色彩属性	春	夏	秋	冬
红色系中可选的颜色	清新的橙红色	清新的正红色	橙红色	正红色
粉红色系中可选的颜色	清新的珊瑚色、浅杏桃色、浅鲑肉色	所有的粉红色系	珊瑚色、杏桃色、鲑肉色	桃红色、鲜艳的粉红色、冰粉红色
橙色系中可选的颜色	清新的橙色系	无	所有的橙色系	无
黄色系中可选的颜色	黄色系中可选的和带金黄色调的黄	粉彩的柠檬黄色	所有带金黄的黄色调	正黄色、冰黄色
棕褐色系中可选的颜色	任何浅且柔和的棕褐色系，如淡棕色、驼色、金褐色	带玫瑰、烟灰的棕褐色系，如可可色、灰褐色	所有的棕褐色系	黑褐色
绿色系中可选的颜色	清新的黄绿色系	各种不鲜艳的蓝绿色系	浓郁的暖绿色，如黄绿色、橄榄绿色	正绿色、鲜艳的蓝绿色、深绿色、冰绿色
蓝色系中可选的颜色	各种清新的蓝色、紫蓝色	任何蓝色，只要不过于鲜艳	浓郁的紫蓝色、绿蓝色	任何鲜艳的蓝，如正蓝色、宝蓝色、水蓝色、冰蓝色以及海军蓝色
紫色系中可选的颜色	清新的、偏黄的紫色系	粉紫色、淡紫色或不鲜艳的深紫色	浓郁的、偏黄的紫色系	任何鲜艳的紫色、冰紫色
黑色系中可选的颜色	可将黑色作为点缀色	烟黑色	铁灰色	黑色
白色系中可选的颜色	牛奶白及较浅的象牙白色	牛奶白色	任何带有黄调的白，如象牙白色、米白色	纯白色
金色系中可选的颜色	亮金色	无	所有的金色	无

第一，三色原则。这是选择正装色彩的基本原则。即要求正装的色彩在总体上应当控制在3种以内，有助于保持正装庄重、保守的风格，并使正装在色彩上显得规范、简洁、和谐。正装的色彩若超出3种色彩，一般都会给人以繁杂、低俗之感。

第二，基本色彩。正装的色彩，一般应为单色、深色，并且应当无图案。最标准的套装色彩是蓝色、灰色、棕色、黑色。衬衫的色彩最佳为白色。皮鞋、袜子、公文包的色彩宜为深色，并以黑色为常见。正装的色彩若为多色、艳色，具有花哨的图案，则会令人侧目。此点对男士尤为重要。

2. 款式

服装的款式指的是它的种类、式样与造型。它不仅与着装者的性别、年龄、体型、职业、爱好有关，而且受制于文化、习俗、道德、宗教与流行趋势。

现代服装按功能分为礼服、便服、职业服3大类型，见图5-1所示，不同的场合就要选穿不同的服装。

礼服是参加宴会、婚礼、丧礼等庄重仪式时穿的正规服装，依仪式种类和规模的不同而不同。过去男子礼服分正式礼服和半礼服两种，正式礼服白天为晨礼服，晚上为燕尾服。近些年来服装趋于简化，均以黑色西装套服代替。女子礼服花样繁多，白天社交场合穿的午后服装多为连衣裙，晚间则为晚礼服。目前，国际上正逐渐以深色西装套服取代礼服，在大多数正式场合，男子都可以穿西装。

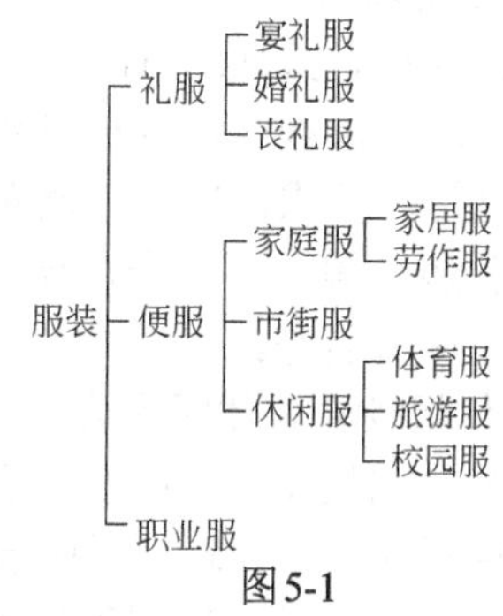

图5-1

便服是日常生活中随意穿着的服装，它视个人的具体情况而定，不受特定格式限制，可以随心所欲地打扮。其中市街服常常进入新潮时装的领域。

职业服的特点是以社会因素为前提，不强调个人因素，所以要求有一定的社会形象特征，是一种比较正规的衣装。

选择服装的款式时，主要应考虑时间、地点、目的和场合等方面的因素，以达到合乎礼仪规范，维护自身形象，尊重交往对象的目的。

（1）TPO原则　TPO原则的概念，是日本男用时装协会于1963年提出来的。TPO原则一经提出，便迅速在全世界传播、普及，成为世界服装界公认的审美原则。TPO是英语“Time”(时间)、“Place”(地点)、“Occasion”(目的)的缩写，意思是说选择服装服饰要与时间、地点、目的相协调。

①时间。T既指出席或参加某一活动的具体时间，同时也指出席或参加某一活动的一定跨度的时间，如某个季节、某几天等。显而易见，在不同的时间里，着装的类别、式样、造型应因此而有所变化。比如，冬天要穿保暖、御寒的冬装，夏天要穿透气、吸汗、凉爽的夏装；白天穿的衣服需要面对他人，应当合身、严谨；晚上穿的衣服不为外人所见，应当宽大、舒适、随意等。

②地点。P既指某个国家或地区或某一地点的地理位置、气候条件，也指某个国家、地区或地点的国民性情，即在着装上是保守还是开放。如东西方以及经济发达和相对落后地区的国民着装习惯和风俗就不同。从地点上讲，置身在室内或室外，驻足于闹市或乡村，停留在国内或国外，身处于单位或家中，在这些变化不同的地点，着装的款式理当有所不同，切不可以不变而应万变。

③目的。O既指出席或参加某一活动的具体场合，也指出席人或参加人在某一场合中所扮的角色。不同的场合不同的角色，其着装应有所不同。注意区分自己所处的具体场合，并且依照礼仪规范和惯例，在不同的场合选择不同款式的服装。

（2）场合的要求　在具体选择服装的款式时，应当在遵守TPO原则的同时，注意区分自己所处的具体场合，并且依照礼仪规范和惯例，在不同的场合选择不同款式的服装。

在人际交往中，人们所面临的场合，可分为公务场合、社交场合、休闲场合3个大类。在这3类不同的场合，着装的款式应各有不同。原则上讲，公务场合、社交场合属于正式场合，总的要求是正规、讲究。休闲场合则属于非正式场合，总的要求是随意、自便。

①公务场合。公务场合，指的是人们置身于工作地点，用于上班的时间。公务场合对于服装款式的基本要求是：庄重、保守、传统。

符合这一要求，适用于公务场合的服装款式为：制服、套装、套裙、工作服等。不适合在公务场合穿着的服装款式有：牛仔装、运动装、沙滩装、家居装等。

②社交场合。社交场合，此处特指人们置身于交际地点，用于在上班之外，在公共场合与熟人交往、共处的时间。在这个意义上，聚会、拜会、宴会、舞会、音乐会等，都是典型的社交场合。社交场合对服装款式的基本要求是：典雅、时尚、个性。

符合这一要求，适用于社交场合的服装款式为：时装、礼服、民族服装，以及个人缝制的个性化服装等。不适合在社交场合穿着的服装款式则有制服、工作服、牛仔装、运动装、沙滩装、家居装等。

③休闲场合。休闲场合，此处所指的是人们置身于闲暇地点，用于在公务、社交之外，一人独处，或是在公共场合与不相识者共处的时间。居家、健身、旅游、娱乐、逛街等，都属于休闲活动。休闲场合对服装款式的基本要求是：舒适、方便、自然。

符合这一要求，适用于休闲场合的服装款式为：家居装、牛仔裤、运动装、沙滩装等。

不适合在休闲场合穿着的服装款式则有：制服、套裙、套装、工作服、礼服、时装等。

3. 面料

服装的面料在服装大世界里，服装的面料五花八门，日新月异，优质、高档的面料，大都具有穿着舒适、吸汗透气、悬垂挺括、视觉高贵、触觉柔美等方面的特点。

下面，对常见的服装面料的特性分别做一些简单的介绍。

① 棉布。棉布是各类棉纺织品的总称。它多用来制作时装、休闲装、内衣和衬衫。它的优点是轻松保暖，柔和贴身，吸湿性、透气性甚佳。它的缺点则是易缩、易皱，外观上不大挺括美观，在穿着时必须时常熨烫。

② 麻布。麻布是以大麻、亚麻、苎麻、黄麻、剑麻等各种麻类植物纤维制成的一种布料。一般被用来制作休闲装、工作装，目前也多用其制作普通的夏装。它的优点是吸湿、导热、透气性甚佳，它的缺点则是穿着不甚舒适，外观较为粗糙、硬挺。

③ 丝绸。丝绸是以蚕丝为原料纺织而成的各种丝织物的统称。与棉布一样，它的品种很多，特性各异。它可被用来制作各种服装，尤其适合用来制作女士服装。它的长处是轻薄、合身、柔软、滑爽、透气，色彩绚丽，富有光泽，适中典雅，穿着舒适。它的不足则是易生褶皱、容易吸身、不够结实、褪色较快。

④ 呢绒。呢绒又叫毛料，它是各类羊毛、羊绒织成的织物的泛称。它通常适用制作礼服、西装、大衣等正规、高档的服装。它的优点是防皱耐磨，手感柔软，高雅挺括，富有弹性，保暖性强。它的缺点主要是洗涤较为困难，不大适用于制作夏装。

⑤皮革。皮革是经过鞣制而成的动物毛皮面料。它多用制作时装、冬装。又可以分为两类：一是革皮，即经过去毛处理的皮革；二是裘皮，即处理过的连皮带毛的皮革。它的优点是轻盈保暖，雍容华贵。它的缺点则是价格昂贵，贮藏、护理方面要求较高，故不宜普及。

⑥ 化纤织物。化纤织物是化学纤维织物的简称，它是利用高分子化合物为原料制作而成的纤维纺织品。通常它分为人工纤维与合成纤维两大类。它们共同的优点是色彩鲜艳、质地柔软、悬垂挺括、滑爽舒适。它们的缺点则是耐磨性、耐热性、吸湿性、透气性较差，遇热容易变形，容易产生静电。它虽可以用作各类服装，但总体档次不高，难登大雅之堂。

⑦ 混纺织物。混纺织物是将天然纤维与化学纤维按照一定的比例，混合纺织而成的织物，可用来制作各种服装。它的长处是既吸收了棉、麻、丝、毛与化纤织物各自的优点，又尽可能地避免了它们各自的缺点，而且价格上相对较为低廉，所以大受欢迎。

二、服务岗位着装的要求和规范

服务行业员工的服装属于职业服，对服务人员的服饰做出统一的要求与限制，有着重要意义。服务人员整洁大方的服装可以体现对服务对象的尊重，表达对服务对象的高度重视；服务人员得体的着装，有助于塑造与维护企业的形象；有利于提高服务人员的个人素质。

服务人员的服装主要包括在服务工作中所穿戴使用的正装和便装。

1. 正装

正装，一般泛指人们在正式场合的着装。服务岗位的正装是按照有关规定，服务人员穿着的、与本人所扮演的服务角色相称的正式服装。服务人员的正装，应具有正式规范、庄重大方、符合身份、实用便利等特点。

（1）制服穿着的要求和规范　作为服务行业的正装，能够最大限度地体现职业的功能，见图5-2所示。要使制服在服务工作之中发挥其应有的作用，服务人员在自己的工作岗位上身着正装，尤其是身着正规的制服时，必须要在以下4个方面加以特别的注意。

图5-2　制服的穿着

①制作精良。服务人员所穿着的正装，通常体现了本服务行业及本服务单位的服务特色，它是服务品牌的象征，是组织形象的重要标志。在本单位财力、物力允许的前提下，为服务人员所统一制的正装，务必要力求精益求精，好上加好。

②外观整洁。服务人员身着美观、整洁的服装，不仅能让服务对象看了赏心悦目，还能使服务人员增添对服务工作的信心。要保证正装的外观整洁，服务单位与服务人员应当同心协力做到：制服外观平整挺括、完好无损、干净卫生、无异味。

图5-3　西装

③文明着装。服务人员的正装务必讲究文明着装、穿着雅观。根据服务礼仪的基本规定，服务人员在身着正装上岗时要使之显示出自己文明高雅的气质，需要避免穿着过分裸露、过分薄透、过分瘦小、过分艳丽的服装。

④穿着得当。穿着得当，要求服务人员在身着正装时必须注意穿着得当，也就是按规定穿着正装、自觉地穿好正装。

（2）西装穿着的规范　西装是一种国际性服装，见图5-3所示，也是最为常用的男士正装。人们常说："西服七分在做，三分在穿。"一套合体的西装，可以使着装者显得潇洒、精神、风度翩翩。工作和正式场合穿着的西服，称为职业西装。它具有严肃性、职业化的特点，并表达了着装者的社会地位和经济能力。非正式场合穿着的西服，称为时尚西服或休闲西装。男性服务人员身着西装是对服务对象敬重的表示，西装作为服务人员所选择的正装时应遵循以下规则。

① 讲究规格。西服有二件套、三件套之分，正式场合应穿同质、同色的深色毛料套装。二件套西服在正式场合不能脱下外衣。按习俗，西服里面不能加毛背心或毛衣。在我国，至多也只能加一件“V”字领毛衣，否则会显得十分臃肿，破坏西服的线条美。

② 穿好衬衫。衬衫通常为单色，领子要挺括，不能有污垢、油渍。衬衫下摆要放在裤腰里，系好领扣和袖扣。衬衫衣袖要稍长于西装衣袖0.5～1厘米，领子要高出西装领子1～1.5厘米，以显示衣着的层次。

③系好领带。西装与领间的“V”字区最为显眼，领带应处在这个部位的中心，领带的领结要饱满，与衬衫的领口吻合、紧凑，领带的长度以系好后下端正好触及腰上皮带扣上端处为最标准，领带夹一般夹在衬衫第三粒与第四粒扣子间为宜。西装系好纽扣后，不能使领带夹外露。

④ 用好衣袋。西服上衣两侧的口袋只作装饰用，不可装物品，否则会使西服上衣变形。西服上衣左胸部的衣袋只可放装饰手帕。有些物品，如票夹、名片盒可放在上衣内侧衣袋里，裤袋亦不可装物品，以求臀位合适，裤形美观。

⑤ 系好纽扣。双排扣的西服要把纽扣全部系上，以示庄重。单排两粒扣，只扣上面一粒纽扣，三粒扣则扣中间一粒，坐下时可解开。单排扣的西服也可以全部不扣。

⑥ 穿好皮鞋。穿西服一定要穿皮鞋，而且裤子要盖住皮鞋鞋面。不能穿旅游鞋、轻便鞋或布鞋、露脚趾的凉鞋，也不能穿白色袜子和色彩鲜艳的花袜子。男士宜着深色线织中筒袜，切忌穿半透明的尼龙或涤纶丝袜。

（3）女士西服套裙的着装规范　西服套裙，见图5-4所示，是女性的标准职业着装，可塑造出精明强干的形象。穿着西服套裙应遵循以下规则。

① 符合标准。上衣和裙子的面料与颜色应相同。上衣袖子一般应到手腕，裙子长度应触及小腿。

图5-4　女士西服套裙

阅读资料5-4

领带

领带是西装的佩饰，男女都可佩戴，但主要用于男性，有人称它为“男性的象征”。领带的图案、色彩、质地和系结，都有不少讲究。

领带的图案千变万化，尽表男士心情：网状大方格子大度刚强，表达慷慨大方之意；如同阶梯的横条，有层层向上的攀登感，展露不断进取的精神；布满面料的小碎点细腻入微，表达爱慕关怀之情；比小圆点还要细碎的小碎花，细而多的花纹表示温柔和体贴之意；一道道斜纹自下而上，有直冲顶端的感觉，显示了男士的勃勃雄心；一个个小三角形，棱角尖锐，有防备感，表示了谨慎的心态；写实的山水风光、人物鸟兽、车辆建筑，明显表示出热爱自然、热衷旅游、崇尚名人等全新的视觉感受；品形方块，沉稳有序，增强了男性的雄浑力量。一般在正式社交场合与公务交往中，领带的图案要庄重大方，而休闲场合则不必过于拘谨，可以时髦一些。

领带少不了色彩，不同的色彩具有不同的含义。选择领带的色彩时，主要应考虑西装、衬衫和领带三者的配色，通常是根据西服的色彩来搭配衬衫和领带。一种是调和色的搭配方法，即西装、衬衫、领带三者色彩基本接近。这种搭配的方法有如下3类。

深—浅—深，如西装为深蓝色，衬衫为浅蓝色，领带又采用深蓝色。这是使用最为普遍的配色法。

浅—中—浅，如西装为驼色，衬衫为棕色，领带又采用驼色。

深—中—浅，如西装为藏青色，衬衫为深灰色，领带为月白色。

另一种是对比色的搭配方法。这种方法要求在衬衫和领带中必须有一种色彩特别鲜艳醒目，与西装的色彩形成强烈对比，如西装为浅灰色，衬衫为蓝色，打一条鲜红的领带。这种配色方法很受年轻人的青睐。

领带的面料，以真丝面料最佳。涤丝等合成纤维面料的领带也可以在正式场合佩戴。至于羊皮、蛇皮之类的领带，只有在休闲活动中才适宜佩戴。

佩戴领带有一些约定俗成的习惯，应该注意遵守。如一般领带的长度应是领带尖正好盖住皮带扣；西服内穿背心或羊毛衫时，领带要放在背心或羊毛衫的领口内，背心或羊毛衫应为鸡心领；戴领带夹时就不能穿背心或羊毛衫；领带夹应夹在衬衫的第三粒纽扣位置等。

②搭配合理。衬衫的颜色以白色为主；应搭配高跟、半高跟的船式皮鞋或盖式皮鞋；袜子最好是肉色的高筒袜与连裤袜。

③穿着到位。上衣的领子要完全翻好，衣袋的盖子要拉出来盖住衣袋；裙子要穿着得端端正正，上下对齐。穿衬衫时，须注意衬衫的下摆必须掖入裙腰之内，衬衫的纽扣要一一系好，除最上端的一粒纽扣按惯例允许不系外，其他纽扣均不得随意解开，衬衫在公共场合不宜直接外穿。

④注意细节。穿套裙时，鞋袜应当完好无损；袜子的穿着应规范、文明。

2. 便装择

便装，又称便服。在绝大多数情况下，人们所说的便装，通常都是相对于正装而言的，适合于在各类非正式场合所穿着的服装。一般来说，便装在穿着时没有多少严格的限制或规定，因其使人感到轻松而随便，所以它才有便装之谓。

在服务行业里，便装往往是相对于服务人员在正式场合所穿的套装、制服、礼服一类的正装来说的。实际上，它主要是指服务人员在其日常生活之中所穿的服装。平日里，服务人员接触最多，同时也是时下最为风行的便装主要有夹克衫、T恤衫、牛仔装、沙滩装、运动装、西短裤等。严格地说，服务人员在自家活动时所穿的家居装、卧室装，亦应被包括在便装之内。

服务人员平时所穿的便装，无疑是其个人形象的有机组成部分。而广大服务人员日常生活之中的形象，无可否认地说，其实也是其所在单位企业形象的一种自然的延伸。服务人员个人日常生活中所选着的便装是不容忽视的。

按照服务礼仪的基本规范，服务人员在为自己进行便装的选择时，必须认真地对便装的适合的场合、合理的选择以及正确的搭配3个方面的重点问题予以系统的考虑。

（1）适合的场合　服务人员在选择便装时必须优先考虑其适合场合的问题。依照服务礼仪的具体规定，服务人员主要是在非正式的场合里方可身着便装，如居家休养、外出度假、运动健身、观光旅游、逛街散步以及采买购物等。此外，在某些特定的情况下，如销售便装的服务人员、游泳陪练等服务单位统一将某种便装规定为本单位的正装时才能例外。

（2）合理的选择　依照服务礼仪的基本规范，服务人员在考虑便装对自己合宜与否的问题时，重点要根据自己的性别、年龄与体型特征达到扬长避短的效果，便装的选择技巧见表5-3所示。

（3）正确的搭配　服装的搭配，通常是指人们在穿着服装时，出于一定的目的，将同时需要穿着的多件服装，以一定的规律有机地组合在一起，使其彼此之间和谐、般配、呼应，相互协调一致，以求使之发挥最佳的穿着效果。服务人员在选着便装时，进行正确的搭配，一般应当注意风格协调、色彩和谐、面料般配和力戒犯规4个问题。

表5-3 便装的选择技巧

体型	体型特征	目标	适合	不适合
楔形	1．肩部较宽； 2．胸部可能很丰满； 3．背部较宽； 4．腿部纤细	减小胸部和腹部，加宽臀部	1．无肩缝的衣袖； 2．底部丰满的裙子、宽褶裙和有边线的裙子； 3．式样简单的上衣； 4．腰部下垂、直线条或宽松样式的上衣	1．避免肩部的细节，如肩章、宽的西服上衣翻领； 2．避免有水平线条的、有外口袋的、有装饰的或有过长衣袖的上衣
沙漏形	1．上衣丰满，腰部纤细； 2．臀围较宽； 3．大腿丰满	缩小曲线，使体型伸长	1．衬衫与长裙搭配，也可加束腰、裹扎式外衣和有荷叶边装饰的外衣； 2．柔软的宽下摆的裙或上窄下宽的大群摆； 3．上宽下窄的长裤或直筒裤，加柔软的褶皱或束腰； 4．长过臀部的柔软布料外套	1．避免箱式上衣和厚重的套头衫； 2．不要穿紧身衣或强调胸部的衣服； 3．避免过高、过宽的腰际线以及束胸的上衣； 4．避免穿着有外口袋、水平线条和胸部或臀部有图案的衣服
三角形	1．胸部比臀部窄； 2．腰部以下变宽或更结实； 3．肩部比臀部或大腿窄	使腰部以上更丰满、更宽些，同时减小臀部和大腿的宽度	1．上身有装饰的样式，收腰、肩章、褶皱和外口袋； 2．宽领或勺形领； 3．带垫肩的直线条上衣，长度高于或低于臀部的最宽处； 4．套衫式上衣、垂腰式上衣、两件套外衣	1．避免直线条箱式上衣、无间缝衣袖以及其他使视线下移的装饰线； 2．不要穿有水平接缝、束腰和褶皱的外衣或臀部有图案的服装； 3．避免长至臀部最宽处的紧身上衣； 4．不要穿底部为浅色的深色上衣
矩形	1．有棱角，缺乏曲线； 2．没有明显的腰部曲线； 3．轮廓几乎是直上直下； 4．腰部和臀部的尺寸相差很小	使身体的上部减小，创造出更纤细而有曲线的体型	1．有型的、轮廓分明的上衣； 2．斜裁的、下摆逐渐向外张开的裙子，带褶的裙子； 3．高腰或垂腰式裙子或长裤	1．不要系宽的或颜色对比鲜明的腰带； 2．避免水平线条和水平线图案； 3．避免位于臀部的大外口袋； 4．避免箱式、宽松或方形的上衣
瘦形	1．肩膀、腰部和臀部较窄； 2．轮廓线瘦直，缺少曲线	创造出更丰满的体型外观	1．显得丰满的上衣、衣袖、长裤和裙子； 2．增添饱满的线条，例如，束腰、褶皱、褶边和外口袋； 3．有纹理的织物，例如，花呢、毛织品、天鹅绒、马海毛和编织物	1．不要选择非常笨重的衣料或过大的图案； 2．避免穿紧身上衣和紧身裙或紧身长裤； 3．避免垂直线条和垂直样式； 4．避免透明的织物，不要穿着无肩带的或宽领口的服装
椭圆形	1．丰满的上身，丰满的腰部； 2．臀围较宽，腹部突出	使体型伸长并显得苗条	1．长至臀部或更长的宽松上衣； 2．腰部不突出的样式，例如，无袖长上衣和无腰带的宽松上衣； 3．无腰带上衣或腰部稍束的罩衫； 4．高腰或垂腰式裙子或长裤	1．避免穿笨重或质地较厚的外套； 2．避免系厚的或醒目的腰带； 3．避免紧身衣或任何将注意力引向腹部或臀部的样式； 4．避免水平线条和水平图案

①风格协调。服务人员所选着的便装在风格上应协调一致。任何款式的便装，都有其主导性风格。例如，牛仔装的奔放，仿军装的豪爽，运动装的矫捷，沙滩装的热烈，乞丐装的出位，家居装的慵懒等，都是使其自成一体的主要特征。有条件的时候，穿着便装应力求使之风格上完美一致。至少，也不要使自己同时所穿的多件便装风格上相距甚远，相互“打架”。

②色彩和谐。服务人员所选择的便装在色彩上应相互和谐。服务人员在为自己所选着的便装进行组合、搭配时，除了要兼顾本人对色彩的偏爱和色彩的流行之外，要使不同的便装在色彩方面或者统一，或者呼应，力求使之在总体上相互协调。

③面料般配。服务人员所选着的便装在面料上应彼此般配。服务人员在选择便装时考虑其面料，不仅要对其舒适与否、外观美感给予重视，还须令同时所穿的数件便装在面料上大致上趋同。如果将轻柔而平滑的真丝上装与粗犷的呢裙配在一起穿着，二者之间反差过大，一般看上去就会让人觉得不是很舒服。

④力戒犯规。服务人员所选着的便装在应力戒犯规。穿着便装对其进行组合搭配时，人们往往可以自行其是。这是使其大受欢迎的重要原因之一。然而也有一些便装搭配的成规，即其约定俗成之法，是人们在着装时不可以完全漠然视之的。

任务三　饰　　物

饰物，泛指全身的小型装饰品，在一般情况下，它所指的是人们在为自己进行穿着打扮时所使用的装饰之物。它在人们的服装整体中起着画龙点睛的作用。饰物的基本作用有以下4个方面。

一是美化自身。作为装饰用品，饰物大都精美雅致。如果对其正确地选择、组合、佩戴，通常都可以发挥美化自身形象的功效。

二是体现情趣。绝大多数饰物，都以其独具特色的艺术造型而见长。在选戴一款饰物时，人们的艺术眼光如何，自然不言而喻地被体现了出来。

三是反映财力。饰物，尤其是贵重的饰物，往往是可用金钱来估价的。所以从某种意义上讲，人们所佩戴的饰物可被视为其财力状况的真实写照。

四是区分地位。不同社会地位的人士，在选戴饰物时的讲究、偏爱常常互有不同。在正常情况下，依据一个人所佩戴的饰物，大致上便可对其所处的实际的社会地位有所了解。

一、首饰

服务礼仪对服务人员在工作中首饰的使用的主要规范是：符合身份，以少为佳，区分品种，佩戴有方。

（1）符合身份　服务人员在自己的工作岗位上佩戴首饰时，一定要使之符合身份。在工作岗位上，服务人员的工作性质，主要是服务于人。即一切要以自己的服务对象为中心，尽心竭力地为其提供优质的服务。在佩戴可以美化自身、体现情趣、反映财力、区分地位的首饰时，广大服务人员尤其要注意惜守自己的本分，万万不可在佩戴饰物时无所顾忌，甚至有意“一试身手。”

如果服务于人的服务人员所佩戴的首饰过度地张扬，与其实际身份不符，比方说，一位女性服务人员在餐厅里为顾客上酒水时，手戴一枚硕大的钻戒。与顾客所戴的首饰相比，她所戴的钻戒“贵压群芳”。那样一来，难免会令顾客认为她不太得体。

（2）以少为佳　通常，服务人员在其工作岗位上可以不佩戴任何一种、任何一件首饰。对男性服务人员来讲，尤其有必要如此。服务人员在自己的工作岗位上佩戴首饰时，一定要牢记以少为佳。服务礼仪规定，服务人员在其工作岗位上佩戴首饰时的具体要求是：在选择、佩戴首饰时，一般不宜超过两个品种。佩戴某一具体品种的首饰，则不应超过两件。

例如，一名女性服务人员在其工作岗位上佩戴首饰，若无特殊要求，一般可以是单一品种戒指，或者是将戒指与项链、戒指与耳钉两两组合在一起使用。如果她既佩戴了戒指、项链，又佩戴了耳钉，甚至再加上一对手镯和一副脚链，它们彼此之间就难以协调，甚至会彼此相克，看上去乱七八糟了。要是她一只手上戴四枚戒指、两三只手镯，或者脖子上戴两条项链，两耳上各有四只耳环，还会令人产生符合其身份的美感吗？

（3）区分品种　在日常生活里，人们佩戴的首饰多种多样。目前，最为常见的有戒指、项链、耳环、耳钉、手链、手镯、胸针、发饰、脚链等。

服务人员在其工作岗位上选戴首饰时，因其具有特殊身份的缘故，并不可以对上述各种首饰自由地进行选择。对此时的服务人员来讲，有些首饰可为其所用，而另外一些首饰则不宜为其所用。所以，当服务人员为自己选戴饰物时，应当对其不同的具体品种，分别予以不同的对待。下面，就来简介一下有关这个方面的注意事项。

① 戒指。戒指，又称指环。它实际上是一种戴在手指上的环状饰物。除个别特殊的部门，如医疗、餐饮、食品销售部门外，一般服务部门里的从业人员皆可佩戴戒指。对男性服务人员来讲，戒指可以说是在其工作岗位上唯一被允许佩戴在衣外的首饰。戒指通常应戴在左手，戴在不同的手指表示不同的含义。戴在食指上表示求婚；戴在无名指上表示订婚或已婚；戴在中指上表示未婚；戴在小拇指上表示还是一个单身贵族等。

② 项链。项链，有时又叫颈链。它指的是一种戴于脖颈上的链状饰物。在其下端，往往还带有某种形状的挂件。在工作中，一般允许女性服务人员佩戴项链。男性服务人员通常在其工作岗位上不宜佩戴项链。即便佩戴的话，也只能将其戴在衣内，而不宜令其显露在外。

③耳环。耳环，一般是指戴在耳垂之上的环状饰物。有时，它又名耳坠。通常，耳环被视为最能显示女性魅力的首饰。正因为如此，它只为女性所专用。但是，女性服务人员在自己的工作岗位上，是不宜佩戴耳环的。当前，也有一些新潮的男性佩戴耳环，其具体做法通常是只戴一只耳环，并且仅在左耳佩戴。对此，不允许男性服务人员加以模仿。

④ 耳钉。耳钉，指的多是戴在耳垂上的钉状饰物。与耳环相比，耳钉小巧而含蓄。所以，在一般情况下，允许女性服务人员佩戴耳钉。

⑤ 手链。手链，指的一般是戴在手腕上的链状饰物。由于服务人员在工作岗位上动手的机会较多，在手上佩戴手链，既可能使其受损，又可能妨碍自己的工作，故此服务人员工作中佩戴手链被公认为不妥。

⑥ 手镯。手镯，又叫手环。它指的通常是人们佩戴在手腕上的环状饰物。佩戴手链不妥的原因相似，服务人员在其工作岗位上不宜佩戴手镯。

⑦ 胸针。胸针，往往又叫做胸花。它一般是指人们佩戴在上衣左侧胸前或衣领上的一种饰物，男女皆可佩戴。对工作中的服务人员来讲，佩戴胸针，大多都会被允许。但若被要求佩戴身份牌或本单位证章、徽记上岗的话，则一般不宜再同时佩戴胸针。不然的话，胸针很可能就会“大出风头”，而令前者“相形见绌”。

⑧发饰。发饰，指的多是女性在头发上所采用的兼具束发、别发功能的各种饰物，常见

的有头花、发带、发箍、发卡等。女性服务人员在工作时，选择发饰宜强调其实用性，而不宜偏重其装饰性。通常，头花以及色彩鲜艳、图案花哨的发带、发箍、发卡，都不宜在上班时选用。

⑨脚链。脚链，又叫足链。它指的是佩戴在脚腕上的一种链状饰物，多受年轻女性的青睐。通常认为，佩戴脚链，可吸引他人对佩戴者腿部及步态的关注。因为这一原因，一般不提倡女性服务人员在工作中佩戴脚链。

除上述9种最为常见的饰品外，时下社会上还流行佩戴鼻环、脐环、脚戒指等。它们多为标榜前卫、张扬个性的选择，尚未形成社会主流，所以不宜为服务人员在工作时佩戴。

（4）佩戴有方　服务人员在自己的工作岗位上佩戴首饰时，一定要力求佩戴有方。服务人员除去要对以上各点多加注意外，还应当同时注意掌握一些基本的佩戴技巧。只有这样，在工作岗位上佩戴首饰时，才有可能既使自己充满自信，又为他人所欣赏。服务人员在自己的工作岗位上佩戴首饰时，特别要谨记并遵守下列3点。

①穿制服的要求。穿制服时，一般不宜佩戴任何饰物。制服不仅表示正在工作，而且代表着正统、保守。因此，在穿制服时，尤其是在身着适用于劳作的制服时，服务人员以不佩戴任何饰物为好。

②穿正装的要求。着正装时，通常不宜佩戴工艺首饰。工艺首饰，在此特指那些经过精心设计、精心制作，具有高度的技巧性、艺术性，在造型、花色、外观上别具一格的饰物。一般而言，工艺首饰多适合人们在社交应酬中佩戴，借以突出佩戴者本人的鲜明个性。然而，正装的基本风格却是追求共性，不强调个性的，所以服务人员在身着正装时通常不宜佩戴工艺首饰，特别是不宜佩戴那些被人们视为另类的工艺首饰，诸如其造型为骷髅、刀剑、异形、女人裸体的饰品等。

③工作时的要求。在工作中，不宜佩戴珠宝首饰。根据质地区分，首饰有珠宝首饰、金银首饰以及仿真首饰之分。所谓珠宝首饰，通常是对以珍珠、翠玉、宝石一类材料制作而成的饰物的泛指。一般而言，珠宝首饰价格昂贵，身价往往尤为他人所关注，所以它更适合在社交场合佩戴。将珠宝饰品与礼服、时装等组合和搭配在一起，才真正是珠联璧合。

在工作之中，即便允许佩戴首饰，通常服务人员也只宜选戴金银饰品或者不戴首饰，而绝对不宜佩戴珠宝首饰，或仿真的珠宝首饰，使自己浑身上下珠光宝气，熠熠生辉。否则，不但与自己的工作、着装相互矛盾，而且也会令服务对象不满。

（5）协调性要求　佩戴首饰，不宜彼此失调。服务人员假如被许可在工作之中佩戴首饰，也要力求少而精。即便是准备同时佩戴两种首饰或两件首饰，也千万不要随意将其“披挂”在身。如果佩戴两种首饰或两件首饰时，一定要尽力使彼此和谐，相互统一。

在这一问题上，重要的是应当关注以下3点：一是要使二者在质地上大体相同，二是要使二者在色彩上保持一致，三是要使二者在款式上相互协调。简言之，就是要使多种、多件首饰在质地、色彩、款式上统一起来、协调起来，这就是协调性的要求。做到了这3点，饰品的佩戴才可以恰到好处。

二、用品

富有工作经验的服务人员必定知道，有一些在日常生活中可有可无、可用可不用的物品，自己在工作中往往不可或缺。唯有精心预备、随身携带，方可有备无患。它们就是所谓服务人员的用品，亦即服务人员经常所用之物。

按照实际用途来划分，服务人员的常规用品可被分为工作性用品与生活性用品两个类别。

1. 工作性用品

工作性用品，一般是指服务人员在从事服务工作时，往往不可缺少的日常用品。在服务工作中，服务人员使用最广泛的工作性用品主要有身份牌、书写笔、计算器、记事簿等。对其进行使用时，应注意其各自不同的具体要求。

（1）身份牌　身份牌，又称姓名牌、姓名卡，简称名牌。它所指的是服务人员在其工作岗位上佩戴在身，用以说明本人身份的，经由单位统一制作的，有着一定规格的，专用的标志牌。在工作岗位上佩戴身份牌，有利于服务人员表明自己的身份，进行自我监督，同时也方便服务对象更好地寻求帮助，或是对其进行监督。在使用身份牌时，主要有以下4点注意事项。

① 规格统一。服务人员所佩戴的身份牌，应由其所在单位统一负责订制、下发。身份牌的基本要求是耐折、耐磨、轻巧。身份牌的色彩宜淡、宜少。它的外形应为长方形，具体尺寸多为10厘米×6厘米，即长10厘米，宽6厘米，其尺寸不应过大或过小。

② 内容标准。身份牌的具体内容，一般应包括部门、职务、姓名3项。必要时，还可贴上本人照片。有时，亦可由部门、工号两项内容构成。上述内容，均应打印。采用中文书写身份牌时，不应滥用繁体字或自造的简化字，字体要注意清晰易认，而且大小必须适度。若是涉外服务单位，在打印具体内容时通常应采用中英文。

③ 佩戴到位。凡单位有佩戴身份牌上岗要求，服务人员必须自觉遵守。佩戴身份牌的常规方法有3种：一是将其别在左侧胸前；二是将其挂在自己胸前；三是将其先挂在本人颈上，然后再将它夹在左侧上衣兜上。

④ 完整无缺。在工作岗位上，身份牌是服务人员的个人形象的重要组成部分之一。所以在对其进行佩戴时，应认真爱护，保证其完好无损。

（2）书写笔　在工作中，服务人员往往需要借助于笔具进行书写。因此，必须随身携带专用的书写笔，这视为服务人员的基本功。

服务人员在工作中随身携带的笔具，最好别在上衣左侧衣袋上，或是别在上衣内侧衣袋上。可将圆珠笔以绳、带缚住，挂在脖上后，令其垂于胸前。但是，切不可这样携带钢笔。

（3）计算器　在买卖活动中，价格的计算通常必不可少。服务人员在必要时，若是能够取出随身携带的计算器，进行必要的计算，既能节省时间，又能达到精确无误。

服务人员携带的计算器，不必求其功能齐全，但其数字的位数却应当尽量多一些，以保证计算结果的精确。同时，还应力求小型化。

（4）记事簿　在服务工作中，服务人员要真正恪尽职守，凡事要勤观察，细思量。服务人员在工作中随时随地地将需要记忆的重要信息记录下来，诸如资料、数据、人名、品名、地址、电话、传真、线索、思路、建议等。

服务人员得体的做法是应当郑重其事地为对方准备一本可以随身携带的小型记事簿。这种记事簿，应当易于书写和保存，并且大小适度。

2. 生活性用品

生活性用品，又称形象性用品。它在一般情况下所指的，实际上是服务人员用以维护、修饰自我形象时所使用的一些日常用品。服务人员使用最多的形象性用品，主要包括纸巾、梳子、化妆盒、擦鞋器等。

（1）纸巾　在服务工作岗位上提倡服务人员随身携带一包袋装纸巾。它的优点：其一，适用面甚广，不论擦手、擦汗还是清除污物，皆可使用。其二，较为卫生。

（2）梳子　在维护个人形象方面，头发的整洁与否令人极其关注。服务人员外出时，最好携带一把小梳子，以供必要时使用。

适合为自己梳理头发的时机主要有：出门之际、上岗之前、下班之时、脱帽之后，以及其他一切明显感到本人头发有可能蓬乱的时刻。梳理本人头发，宜在无人的地方进行。在工作岗位上面对服务对象时，切忌这么做。

（3）化妆盒　服务人员应当在工作中随时随地注意个人形象。随身携带化妆盒，这是对经常有必要化彩妆的女性服务人员的一项基本规定。

服务行业的绝大多数女性，在上岗前，是应化彩妆的。一旦因刮风、下雨、出汗、洗脸、用餐、小憩或更衣等缘故，使自己原先精心描绘的彩妆遭到破坏，或者出现瑕疵，亦应及时予以修补，甚至有必要为自己重新化妆。如果听之任之，使自己呈现出一副“衰绿残红”之态，对个人形象伤害极大。

服务行业的女性，是不可以借用外人的化妆品为自己化妆或补妆的。因此，应当养成出门之际尤其是上班之时，随身携带上一只小型化妆盒。它应当既方便，又实用，应当包括化彩妆时最常用的唇膏、腮红、眼影、眉笔、粉刷以及小镜子等。使用化妆盒化妆、补妆，应注意修饰避人。

（4）擦鞋器　在工作岗位上，身着正装，尤其是身着制服的服务人员，往往会同时配穿皮鞋。脚穿皮鞋时，鞋的光洁程度，大抵与其完好性同等的重要。对此，服务人员千万不要疏忽大意。

擦鞋器，可为皮鞋上油、上光，并为之除去灰垢的擦鞋用具。服务人员在脚穿皮鞋时，若是随身携带一只擦鞋器，并且在必要情况下使用，可使自己的皮鞋油光锃亮。

使用擦鞋器擦鞋，亦应回避他人。擦鞋的适宜时间主要有每天的上岗前、进门前、外出前，以及其他一切有必要擦鞋的时候。

附　服饰礼仪实训安排与考核

【实训项目】 着装。

【实训目标】 通过对服装穿着的实训，使学生掌握站姿的基本要领和不同形式的站姿，并能自己发现错误站姿，纠正不良站姿，养成好的习惯，为各项服务工作打下基础。

【实训学时】 2学时。

【实训要求】

①掌握正装的基本要求。

②掌握西装的穿着方法。

③掌握女士套装的穿着方法。

【实训方法】

①将学生分组，每组5～6人。

②由学生分组练习，教师指导。

③学生分组考核，用摄像机等记录学生考核过程。

④回放考核过程，学生自我评价，教师总结点评学生存在的个性与共性问题。

【实训准备】 职业装、西装、女套装、数码照相机、大屏幕教室。

【实训考核】 着装实训考核内容,见表5-4所示。

不念居安思危，戒奢以俭；斯以伐根而求木茂，塞源而欲流长也。

——魏徵

表5-4　着装实训考核表

考生单位：　　　　　　　　　　　　　　　　　　　　考生姓名：

考核项目		考核要求	是否能做到	改进措施
正装总的礼仪规范	制作精良	1. 选择优良的面料。	口是口否	
		2. 选择适当的款式。	口是口否	
		3. 进行精心的缝制	口是口否	
	外观整洁	1. 保证正装无褶皱。	口是口否	
		2. 保证正装无残破。	口是口否	
		3. 保证正装无脏物。	口是口否	
		4. 保证正装无污渍。	口是口否	
		5. 保证正装无异味	口是口否	
	文明着装	1. 忌过分裸露。	口是口否	
		2. 忌过分薄透。	口是口否	
		3. 忌过分瘦小。	口是口否	
		4. 忌过分艳丽	口是口否	
	穿着得当	严格按照各单位的规范要求去做	口是口否	
西装的着装礼仪	西装的选择	1. 西装外套必须合体。	口是口否	
		2. 西裤的肥瘦、长短合适。	口是口否	
		3. 衬衫的选择合理。	口是口否	
		4. 领带、鞋袜与西装相协调	口是口否	
	西装的着装要求	1. 西装要干净、整洁，西裤要烫出裤线。	口是口否	
		2. 衬衫要清洁，穿着要符合规范。	口是口否	
		3. 西装的扣子系法要符合要求。	口是口否	
		4. 西装的上衣及西裤的口袋不可装物品。	口是口否	
		5. 衣袖、裤边不卷。	口是口否	
		6. 皮鞋要上油擦亮	口是口否	
女士着装的礼仪规范	套装的选择	1. 套装的款式、面料选择合理。	口是口否	
		2. 衬衫以白色为主。	口是口否	
		3. 内衣应柔软合体。	口是口否	
		4. 衬裙选择合理。	口是口否	
		5. 鞋袜与套装相配	口是口否	
	套装的着装要求	1. 穿着到位。	口是口否	
		2. 衬衫穿着符合规范。	口是口否	
		3. 衬裙穿着合理。	口是口否	
		4. 鞋袜的穿着符合规范要求	口是口否	

本章小结

服饰有广义和狭义之分。广义的服饰是指人的服装穿着、饰品佩戴、美容化妆几个方面的统一；狭义的服饰仅指衣着穿戴，也就是对人们衣着及其所用装饰品的一种统称。

服饰的功能：实用功能、装饰功能、角色功能、表达示意功能。

服饰的和谐美：服饰与环境和谐、服饰与人体和谐、服饰与社会角色和谐、服饰与时节和谐。

服装构成要素：色彩、面料、款式。

服装色彩：要想在服装色彩上获得成功，要掌握色彩的特性、色彩的搭配、色彩的调节以及色彩的选择4个方面的问题。

现代服装按功能分为：礼服、便服、职业服3大类型。

选择服装的款式的注意事项：TPO原则、场合的要求。

制服穿着的要求和规范：制作精良、外观整洁、文明着装、穿着得当。

西装穿着的规范：讲究规格、穿好衬衫、系好领带、用好衣袋、系好纽扣、穿好皮鞋。

女士西服套裙的着装规范：符合标准、搭配合理、穿着到位、注意细节。

便装的选择要注意：适合场合、合理选择、正确搭配。

饰物使用的主要规范：符合身份，以少为佳，区分品种，佩戴有方。

重点内容

服饰的功能　服饰的和谐美　服装构成的要素　选择服装款式的注意事项　着装的规范

案例分析

松下幸之助和理发师

有一天，松下幸之助到东京的某理发店理发。理发师无意中认出了松下幸之助，大为惊讶这位日本闻名的大实业家竟是衣冠不整的小老头。理发中，他告诫松下幸之助说：“你是公司的代表，却这样不重衣着，别人会怎样想。连人都这样邋遢，他公司的产品会好吗？”

一席话把松下幸之助说得无言以对。他默然地接受了理发师的建议，并且常常“不惜金钱来东京理发”。

分析：根据所学知识分析这个故事说明了什么道理？

基本训练

1．判断题

①服饰是一种无声的语言，它传示着一个人的个性、身份、涵养及心理状态等多种信息。（　）

②服装是由色彩、面料、款式这3项基本要素构成的。（　）

③穿着西装时一般要带领带，领带夹一般夹在衬衫第二粒与第三粒扣子间为宜。（　）

④人们平日着装时，从色彩的轻重角度来讲，通常是讲究上深下浅。（　）

⑤现代服装按功能分为礼服、休闲服、职业服3大类型。（　）

2．选择题

①服饰的功能是（　）。

A．实用功能　B．装饰功能　C．角色功能　D．表达示意功能

②服饰美的最高境界是“和谐”，主要包括（　）。

A．与环境和谐　B．与人体和谐　C．与社会角色和谐　D．与时节和谐

③适合于庄重的社交场所选择的着装配色方法是（　）。

A．同色搭配法　B．对比搭配法　C．呼应搭配法　D．时尚搭配法

④选择服装服饰遵循TPO原则，TPO是指（　）。

A．时间　B．地点　C．场合　D．身份

⑤服务人员在工作中饰物的使用主要规范是（　）。

A．符合身份　B．以少为佳　C．区分品种　D．佩戴有方

3. 简答题

①简述西装穿着的规范。

②在色彩上做好搭配应常遵循的方法有哪些？

③简述着装的TPO原则。

④正式场合穿着正装时，在色彩的选择方面要考虑到哪几点？

⑤如何理解服饰的和谐美？

4. 实训题

①假设你现在的身份是酒店餐厅服务员、旅行社的接待员、商场的服务员，请选择适合的服饰。

②如果你去参加一位朋友的生日晚宴或去一家公司应聘，请问你应选择什么样的服饰？

项目六　实用人际交往礼仪

【学习目标】

通过本章的学习，使学生了解见面礼仪的使用方式，理解见面礼仪的注意事项和赠送礼品的禁忌，熟悉餐具的正确使用方法，掌握用餐的礼仪。

“礼出于俗，俗化为礼”，约定俗成的礼仪规范随着社会的发展，成为人们思想道德素质中最基本、最起码的要求。人际交往礼仪是人们在彼此交往中应具备的最基本的礼仪常识，它反映了人们在社会生活中最一般的道德关系，是一个文明人应当具备的最基本的修养。

任务一　见面礼仪

所谓见面礼仪就是在人际交往中，遇见他人时用来表示自己对对方的热情、尊重、致意等态度的一种行为。见面礼包括握手礼、致意礼、拥抱礼、亲吻礼、介绍礼、名片礼等。

一、握手礼

握手礼被称为人类的“次语言”，是一种很常见的见面礼仪。握手礼一般在问候、致意、介绍、祝贺、表示理解、原谅、尊重、初次见面和久别重逢等情况下使用。

（1）握手的方式　握手时，两人相对而立，上身略向前倾，右手手掌略向前下方伸出，与地面垂直，四指并拢，拇指张开与对方相握，见图6-1所示。双目注视对方，用力适度，上下稍许晃动三四次，一般时间是3～5秒，然后松开手，恢复原状。男士和女士握手，可以只握住对方的四根手指，但不可漫不经心，异性之间最好不要双手捧握。

图6-1

（2）握手的顺序　握手的顺序要体现“尊重为本”的原则，即：尊贵的一方有决定握手与否的权力。所以握手的顺序应当是上级、长辈、地位高者、女士先伸手，下级、晚辈、地位低者、男士在与对方见面时先问候，待对方伸出手后再接握过来，后者为了表示自己的谦虚有礼，可以微微欠身，双手捧握。

（3）握手礼的注意事项

① 握手前要摘掉手套、帽子和墨镜。逢在寒冷的室外或其他特殊情况，如双方都不摘亦可，但如有一方摘掉，则对方必须要回礼。女士如果戴的是装饰性的手套和帽子，那么包括握手在内的许多场合都可以不用摘掉。

② 军人在握手前要先行举手礼。

③ 握手切忌交叉。

④ 不要用左手与他人握手。

⑤ 握手前要考虑是否受对方的欢迎，若对方没有握手的意思，可用点头或鞠躬致意的方式表示问候。

⑥ 握手后不能用手帕揩拭自己的手掌。

⑦ 不要拒绝与他人握手。

二、致意礼

致意礼仪主要是人们在见面的时候用来表示对对方敬意的一种礼节。致意礼主要有欠身礼、脱帽礼、点头礼、举手礼、拱手礼、合十礼等。

（1）致意礼的顺序　致意礼的顺序是：下级、晚辈、地位低者、男士应先向上级、长辈、地位高者、女士行致意礼。

（2）致意礼的方式

① 欠身礼。欠身礼是一种比较常见的致意礼仪。标准的做法是：身体的上身微微向前一躬，面带微笑，双目注视对方。欠身礼的幅度介于点头礼和鞠躬礼之间，可向一人或数人、群体同时施礼，施礼时可站可坐，但双手不能放在裤袋里。

② 脱帽礼。在庄重、正规的场合应自觉脱帽向他人致意，尤其是男士在见到女士的时候应主动脱帽致意。在遇到熟人，两人之间尚有一段距离时，男士右手举帽稍离头部，身体微微欠身，头稍向前致意，待对方走过后再将帽子戴上。

③ 点头礼。点头礼是最普遍的见面礼仪。行点头礼时，面带微笑，双目注视对方，头微微向下一动，点头时速度不要过快，幅度不要过大，次数不要过频。信奉伊斯兰教的女士不与男士握手，可行点头礼。

④ 举手礼。在公共场合与距离较远的熟悉的宾客打招呼时，一般可以不用语言，而是举起右臂，向前伸直，掌心朝向对方，起摆一下即可。注意摆幅不要太大，同时，要面带微笑，双目注视对方。

⑤ 拱手礼。又叫做作揖礼，是我国一种传统的见面礼。作揖的基本手势是：右手握拳，左手搭于右手之上，表示左阳右阴；双手相抱，是以双手代表自己的头；双手以臂为轴，上下运动，表示扣头与点头之意，以示对别人的尊敬。

⑥ 合十礼。又称合掌礼，其行礼方法是：行礼时应面对受礼者，两个手掌在胸前合拢并齐，掌尖和鼻尖基本相对平齐，手掌向外向下倾斜，微微向下，以示虔诚，头略低，面带微笑。受礼者应以同样礼节还礼。

三、拥抱礼

拥抱礼是西方国家常见的见面礼与道别礼。在人们表示祝贺、慰问、欣喜时也经常使用。常常与握手礼、亲吻礼并用。

（1）拥抱礼的方式　正规的拥抱礼，讲究两人相对站立，各自抬起右臂，将右手搭在对方左肩后面，左臂从对方右肋往背后轻轻环抱，也可以用左手扶住对方的右腰后侧，按各自方位，头部及上身向左侧拥抱对方一次，然后向右，然后再次向左，拥抱三次后礼毕。

（2）拥抱礼的注意事项

① 在我国，除一些仪式场合或少数民族同胞之间外，拥抱礼通常不被采用。

② 礼节性拥抱一般时间很短，久别友人或至亲之间的拥抱在姿势或次数上则不必拘于形式。

③ 拥抱时双方身体不可贴得很近。

④ 西方人在商务往来中一般不行拥抱礼。

⑤ 阿拉伯人一般不行握手礼，同性之间多行拥抱礼。

四、亲吻礼

亲吻礼，也是一种西方国家常用的会面礼。有时，它会与拥抱礼同时采用。

（1）亲吻的部位　在行礼时，由于双方关系不同，亲吻的部位也会有所不同。

① 关系亲近的女士之间：贴面颊。

② 关系亲近的男士之间：多数行抱肩或拥抱礼，也可以行贴面颊礼。

③ 男女朋友或兄妹姐弟之间：吻面颊。

④ 父母子女或长辈晚辈之间：长辈吻晚辈的面颊或额头；晚辈吻长辈的面颊或下颌。

⑤ 男士对尊贵的女士行吻手礼。

⑥ 夫妻之间或恋人之间可以亲吻嘴唇。

（2）吻手礼　吻手礼，主要流行欧洲国家。上流社会异性之间的礼仪，其内容是男士以亲吻女士手背或手指方式来表示自己敬意，是最高层次的见面礼。

行礼时，男士行至已婚女士面前，首先垂手立正致意，然后用右手或双手捧起女士的右手，轻轻抬起并弯腰俯身，双唇微闭，象征性地在女士的手背或手指上轻轻吻一下，然后抬头微笑相视，把手放下。

（3）其他注意事项

① 行亲吻礼时，通常忌讳发出声音，而且不应将唾液弄到对方的脸上或手上。

② 行吻面颊的礼仪时，男、女双方均可主动，轻吻右颊表示友谊，轻吻双颊表示双方之间关系比较亲密。

③ 行吻手礼只限于室内，而且吻手礼的受礼者，只能是已婚妇女，手腕及其以上部位，是行礼时的禁区。

④ 吻嘴唇，仅限于夫妻与恋人之间，而不宜滥用，不宜当众进行。

五、鞠躬礼

尽管鞠躬礼源自中国，但作为日常的见面礼节已不多见。目前在国内主要适用于向他人表示感谢、领奖或讲演之后、举行婚礼或参加追悼会等活动。在朝鲜、韩国、日本，鞠躬礼应用十分广泛。

（1）鞠躬的方式　行鞠躬礼时，应脱帽立正，双目要注视受礼者，然后上身弯腰前倾。一般来说，男士双手放在两侧裤线处，女士的双手则应下垂搭放在腹前，见图6-2所示。

（2）鞠躬的幅度　一般的问候、打招呼，鞠躬的幅度在15°左右。迎客、送客等场合，幅度在30°～40°左右；如遇悔过或谢罪等场合，则90°的大鞠躬才能表示出其诚恳之意。鞠躬的幅度越大，所表示的敬重程度就越大。幅度的判断也可以用双手在腿面的位置来决定，一般的鞠躬，随着弯腰，双手的指尖下垂到大腿面的中部，如是向贵宾、恩人等行礼，双手的指尖则应垂到双膝附近。

图6-2　鞠躬的方式

（3）鞠躬的次数　鞠躬的次数，可视具体情况而定，唯有追悼活动才采用三鞠躬；在喜庆场合，一般鞠躬的次数不超过三次。

六、介绍礼

介绍是人际交往中与他人进行沟通、增进了解、建立联系的一种最基本、最规范的方式，是人与人进行相互沟通的出发点。在介绍完毕后，双方应相互握手、点头、微笑、问好，以表示对对方的尊敬。介绍是在人际交往中经常使用的一种手段。不同方式的介绍标准是不一样的。

（1）为他人做介绍　为他人做介绍又称为第三者介绍，是使互不相识的双方通过符合礼仪的介绍彼此认识乃至熟悉，从而建立良好关系的一种礼节形式。作为介绍人，介绍的前提是要率先考虑双方有无相识的必要。

① 介绍的顺序。根据介绍双方的身份、地位等情况，一般来讲，介绍的顺序是：先介绍男士，再介绍女士；先介绍年轻的，再介绍年长的；先介绍下级人士，再介绍上级人士；先介绍主人，再介绍客人。即介绍的顺序应遵循“尊者优先了解情况”的原则。

② 语言表述。在为他人做介绍时，语言表述很重要，一定要口齿清晰，发音准确，分清介绍内容主次，不可含糊其辞，啰嗦不休。

③ 体态语。介绍人在介绍时可以以手势做辅助，右手手心向上，四指并拢，以肘关节为轴，指向被介绍者一方，并向另一方点头微笑，切不可用手指指来指去。被介绍双方则均应起身站立，面带微笑，双目注视对方，显现出认识对方的诚意。

（2）自我介绍　在社交场合，有时缺少适当的介绍人，这时可以自己担任介绍自己的主角，主动把自己介绍给对方，这就是自我介绍。

① 介绍的内容。一般情况下，介绍自己的时候应包括自己的姓名、工作单位、职务、职位及从事的具体工作等。但因为自我介绍场合的随机性比较强，所以在内容上可以根据场合来决定介绍方式：一是应酬式，简单明了，只介绍姓名即可；二是工作式，在介绍姓名的基础上，还要介绍自己的工作单位或从事的具体工作；三是社交式，在应酬式和工作式的基础上，进一步介绍兴趣、爱好、习惯或是同交往对象的某些熟人之间的关系等。

② 介绍的方式。介绍的方式通常有两种：口头介绍和名片介绍。口头介绍比较简单；采用名片介绍方式进行自我介绍时，先递上自己的名片，然后再做自我介绍，这种方式往往

可以给对方留下深刻的印象。

③ 介绍时仪态。进行自我介绍时，先向对方点头致意，得到回应后再向对方介绍自己。介绍时，要真实诚恳，实事求是；善于用眼神表达自己的友善和对沟通的渴望。

（3）介绍礼的注意事项

① 做介绍之前，最好征求一下双方意见，或是考虑一下双方的兴趣、职业、信仰等，从而决定双方是否有相识的必要。

② 为让对方记住自己的姓名，可以将自己姓名再重述一遍。

③ 如果介绍人没有说清双方的姓名或身份等，作为被介绍一方，可以以“对不起，我刚才没有听清楚”等话语，在适当时机再次向被介绍的另一方询问。

④ 自我介绍时要注意把握好“场合”和“度”，要选在对方有兴趣、干扰少、情绪好、有时间的情况下主动去做自我介绍。介绍时要先以“您好”做问候语，以提醒对方注意，切不可不顾对方反应说个没完没了，那样只会适得其反。

七、名片礼

名片是当代社会私人交往和公务交往中一种最为经济实用的介绍性媒介。作为一种自我的“介绍信”和社交的“联谊卡”的名片如何正确的使用，在人际交往中就显得尤为重要。

（1）递送名片　递送名片的方法是：起身站立，走到对方面前，面带微笑，眼睛友好地注视对方，用双手或者右手的拇指、食指和中指合拢，夹着名片的右下部分，使对方方便接拿，将名片正面面对对方，恭敬地递于对方的胸前，并配以口头介绍和问候。

如果同时向多人递送，可以按照由尊而卑、由近而远的顺序，先将名片递送给职务较高或年龄较大者。不要跳跃式择人递送，给人一种厚此薄彼的感觉。

（2）接受名片　接受名片的方法：应尽快起身，面带微笑，以双手拇指和食指去接名片下方的两角，眼睛友好地注视对方，并表示感谢。接过名片后，要认真地看一遍，最好能将对方姓名、职务、职称轻声地读出来，以示对对方的尊重。如遇不懂之处可以向对方请教。

认真看过名片后，将名片郑重放好，一般是放在名片夹、上衣口袋里，并同时给对方递上自己的名片，如碰巧身边没有名片，要给对方一个适当解释。

（3）注意事项

① 名片递送时，不能一边自我介绍，一边到处翻找自己的名片，要随身准备好。

② 中国人递送或接受名片都是双手接递，如果不用双手亦可，但一定要用右手，西方人、阿拉伯人和印度人是很忌讳用左手接递名片的。

③ 不要把名片拿在手里随意摆弄，或随意放置，这是一种非常不恭敬的行为。

任务二　餐饮礼仪

为了表示欢迎、答谢、祝贺等情感，以增进彼此之间的友谊和融洽气氛，人们常要用宴请招待的方式款待客人，这时餐饮礼仪显得尤为重要。

一、中餐礼仪

中餐礼仪是中华饮食文化的重要组成部分。它所指的主要是以中餐待客，或者是品尝中餐时，应当遵守的习惯做法和传统习俗。

1．中餐的用餐方式

中餐的用餐方式，主要是指以哪一种具体形式用餐的问题。对中餐的用餐方式，主要可以依据用餐的规模和餐具的使用。

（1）根据用餐的规模来划分　主要有宴会、家宴、便宴的具体形式。

宴会是指出于一定的目的，由机关、团体共组织或个人出面组织的，以用餐为形式的社交聚会。通常宴会又可以分为正式宴会与非正式宴会两种类型。正式宴会，顾名思义，是一种隆重而正规的宴请。

家宴，在一般情况下，家宴是由主人以某种名义，在自己的私人居所内举行的，招待自己的亲朋好友的一种非正式宴会。

便宴在这里主要是指供自己在日常生活里所吃的家常便饭。有时，它就直接被称作便饭。

（2）根据餐具的使用来划分　中餐用餐方式可以被区分为分餐式、公筷式、自助式、混餐式4种具体形式。

分餐式用餐，指的是在用餐的整个过程中，为每一位用餐者所上的主食、菜肴、酒水，以及所提供的其他餐具，一律每人一样一份，分别使用，不容混杂、共用或共享。

公筷式用餐，即在用餐时，主食、菜肴等不必每人一份，分装开。但是在取用主食、菜肴时，不允许直接用自己入口的餐具，如筷子、汤匙等取用，而必须首先借助于带有特殊标记的、公用的餐具，取拿适量，放入自己专用的食碟、汤碗之内，再用自己专用的餐具享用。

自助式用餐，是近年来借鉴西方的一种现代用餐方式。它的主要特点，是不排席位，不安排统一的菜单，而将所能提供的全部主食、菜肴、酒水陈列在一起，由用餐者完全根据个人爱好，自主地选择、加工、享用。

混餐式用餐，是中餐传统用餐方式的一个主要特点。它是指多人一道用餐时，主食、菜肴被置于公用的碗、盘之内，而由用餐者根据自己的口味嗜好，使用自己的餐具，直接从前者中取用。

2．餐具的种类及使用礼仪

中餐的餐具主要包括筷子、小碟、碗、匙、盘等（见彩图3）。水杯放在餐盘前方，酒杯放在右前方，筷子与汤匙放在专用的座上，餐巾叠成杯花插在水杯中，或叠成盘花放在餐盘上，公用筷、公用勺应备有筷、勺座，其中一套摆在主人面前。

（1）餐巾　入座后，一般要等主人拿起餐巾后再行动。午餐巾可以全部展开平铺在并拢的双腿上，晚餐用的大幅餐巾如是正方形的餐巾，应将它折成等腰三角形，折角朝向膝盖方向，如是长方形餐巾，可以对折放在双膝上，将折口朝外，这样可以在用内侧拭嘴后，再将餐巾合拢，以免被人看到有污渍的一面。中途离席时，可以将餐巾置放在椅座上，表示“暂时离开”，如果放在餐桌上，则表示“一去不回”。如酒水打翻在餐桌上，可用餐巾铺盖上。使用餐巾时要注意：不要将餐巾塞在颈下，或塞到皮带下；餐巾的功能是拭嘴、掩口和防止菜食弄污衣服，不要用其来擦拭餐具；餐巾使用完毕后不要折叠，自然放置在餐桌上即可。

（2）筷子　筷子是中餐的主要餐具，使用筷子时要注意：凡是筷子夹得起来的菜，都用筷子；筷子夹不起来或不方便夹的，才用汤匙；筷子应成双使用，不能用单根筷子去插取食物；不要用筷子去指点别人，不要用嘴含着筷子，不要将筷子当牙签使用，不要敲筷子，不要用筷子翻搅、掏取自己爱吃的食物，不要把筷子放在碗上。

（3）汤匙　关于是用左手还是右手拿汤匙进食，一直存在争议，但毋庸置疑的是，在手里握有汤匙的同时，不能同时在同一只手或另一只手里拿着筷子。使用汤匙时应注意：用筷子取菜时，可用汤匙做辅助；用汤匙饮汤时，不要将汤匙全部放入口中吸吮；若食物过烫，不可用汤匙搅拌，应等其自然冷却；汤匙不用时，要放到自己的食碟上，不要放在桌上或汤碗里。

（4）碗　主要用于盛放主食、汤等。使用碗时要注意：不要端起碗进餐；不能用嘴吸碗内的食物，要用餐具来取食。

（5）盘　即就餐者的食碟。进餐时尽可能避免从菜盘取菜后直接放入口中，要放在食碟中搁置一下再吃。在使用食碟时注意：一是不要取放菜肴过多；二是如果饭店没有为用餐者准备放置渣滓、骨刺的专用小碟的话，可以把不宜入口之物放在食碟的前端，由服务员撤换。

（6）杯　在中餐里，最好不要混用水杯、酒杯与茶杯。水杯主要是用来盛水或饮料的，一般不用其盛茶或酒，不管是否使用，都要注意不能倒扣水杯，如逢主人斟酒，可以用手或手指在杯上轻轻盖一下，并说声客气的话表示谢绝。如是喝茶或咖啡，牛奶、方糖通常单独摆放，可自取放入杯中，并以小茶匙前后搅拌，不要拿着茶匙在杯里转圈，搅拌后茶匙仍放回茶碟旁边。

（7）湿毛巾　宴会开始前或吃到某一段落，会为用餐者准备湿毛巾，其用途，一是在餐前拭手，二是在吃某些可以用手拿的食物如炸鸡腿、虾、蟹等时用来擦去手上的油腻，不可用其擦脸擦汗；如果在宴会结束前再上一块湿毛巾，则可用之擦嘴。

（8）水盂　其又名洗指碗。有时，在食用某些可以直接用手拿取的食物如鸡、虾、水果等时，会同时送上一个铜、瓷或水晶、玻璃质地的大碗，碗里飘有玫瑰花瓣或柠檬香片，仅供洗手用。洗时轮流沾湿手指，轻轻刷洗后用餐巾擦干即可。

（9）牙签　就餐时尽量不当众使用牙签，必要时要以一手覆口，剔出之物放在餐巾纸中，尽量避免被人看到；不要用嘴叼着牙签。如逢吃西瓜或菠萝等可以去皮切成小块的水果，可以用牙签或餐叉取食，这时的牙签往往直接摆放在水果拼盘里。

3．点菜的技巧和上菜的顺序

（1）点菜的技巧　吃中餐实际上主要是吃中国菜，不论是请客还是被请，都少不了会碰上点菜的问题。懂得运用点菜的礼仪和技巧，就能达到“乘兴而来、满意而归”的效果。

用餐点菜时，首先，要考虑不仅要吃得饱，还要吃得好，更重要的是必须量入为出，量力而行。因此，在点菜时，务必做到心中有数，视人数点菜，适度而不过量，绝不铺张浪费。其次，要懂得搭配之道，即荤素搭配、色彩美观、味道鲜美、营养均衡、含义深远，能体现中餐的特色和中国饮食文化的精髓。

（2）上菜的顺序　标准中餐的上菜顺序首先是冷盘，接着是热炒和主菜，然后是点心和汤，最后上水果拼盘；如果由服务员给每个人上菜，要按照先主宾后主人，先女士后男士或按顺时针方向依次进行；如果由个人取菜，首先由主宾来做，也要按顺时针方向依次取食，之后，其他人才可以进行。

4．座次的安排

在中餐礼仪中，席位的排列是一项十分重要的内容。它关系来宾的身份和主人给予对方的礼遇，所以受到宾主双方的同等重视。

（1）桌次礼仪　在中餐宴请活动中，往往采用圆桌布置菜肴、酒水。采用一张以上圆桌安排宴请时，就出现了桌次的尊卑问题。排列圆桌的尊卑次序，大抵有以下两种情况。

第一种情况，由两桌组成的小型宴请。在安排桌次时，如果两桌横排时，以右为尊，以左为卑，这里所讲的左与右，是由面对正门的位置来确定的，此法也叫“面门定位”；如果两桌竖排时，以远为上，以近为下，这里所讲的远近，是以距离正门的远近而言的。小型宴会桌次安排见图6-3所示。

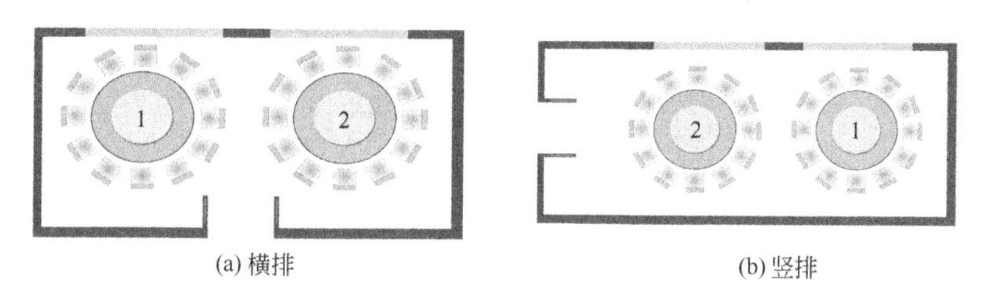

图6-3　桌次礼仪（一）

第二种情况，是由3桌或3桌以上的桌数所组成的宴请。在安排桌次时，要注意“面门定位”、“以右为尊”、“以远为上”这3条原则，除此之外，还应兼顾其他各桌距离主桌的远近。通常距离主桌越近，桌次越高；距离主桌越远，桌次越低。这项规则，也称“主桌定位”。大中型宴请桌次安排见图6-4所示。

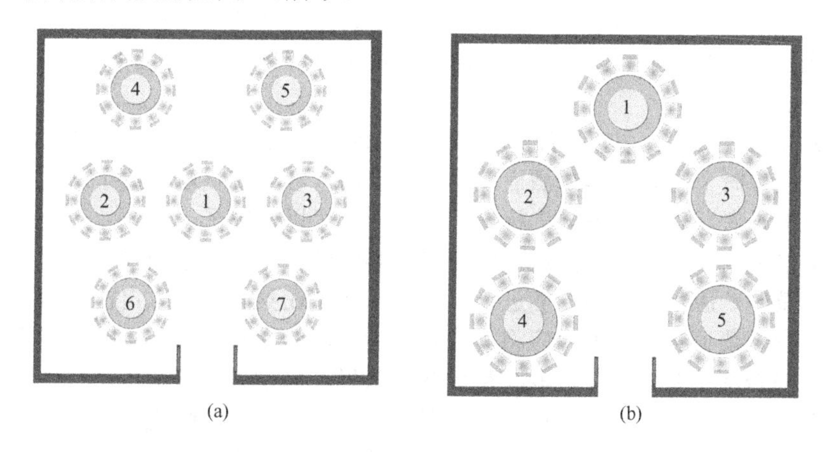

图6-4　桌次礼仪（二）

在安排桌次时，所用餐桌的大小、形状应大体相仿。除主桌略大之外，其他餐桌不宜过大或过小。

（2）位次礼仪　在进行宴请时，每张餐桌上的具体位次也有主次尊卑之别。排列位次的基本方法有4条：第一，主人大都应当面对正门而坐，并在主桌就座。第二，举行多桌宴请时，各桌上都应有一位主桌主人的代表在座，亦称各桌主人。其位置一般应与主桌主人同向，有时也可以面向主桌主人。第三，各桌之上位次的尊卑，应根据其距离该桌主人的远近而定，以近为上，以远为下。第四，各桌之上距离该桌主人相同的位次，讲究以右为尊，即以该桌主人面向为准，其右为尊，其左为卑。

参考上面4条位次的排列方法，常见圆桌上位次的具体排列分为两种情况。它们的共同特点：是均与主位（即主人所坐之处）有关。

第一种情况，叫作每桌一个主位的排列方法。其特点，是每桌只有一名主人，主宾在其右首就座，每桌只有一个谈话中心。中餐宴会一个主位座位安排，见图6-5所示。

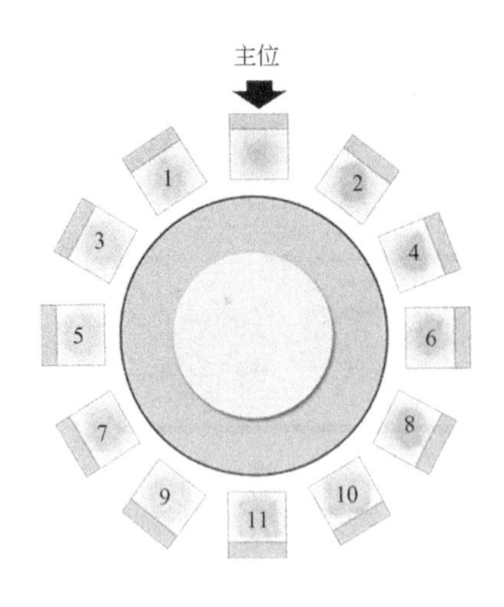

图6-5　桌次礼仪（三）

主位（男主人）

第二主位
（女主人）

图6-6　桌次礼仪（四）

第二种情况，叫作每桌两个主位的排列方法。其特点，是主人夫妇就座于同一桌，以男主人为第一主人，以女主人为第二主人，主宾和主宾夫人分别在男女主人右侧就座。每桌从而客观上形成了两个谈话中心。中餐宴会两个主位座位安排，见图6-6所示。

5．用餐礼仪

（1）开始用餐的信号　主人陪同主宾进入宴会厅，全体人员落座；主人发表正式讲话后；主人铺开餐巾时；主人致辞祝酒后或宣布开宴后，客人就可以进餐了。同一餐桌的用餐信号是以本桌的长者、尊者的举筷为标志，其他人就可以进餐了。

（2）取菜的礼仪　一道菜上桌后，应首先将其转到主宾或长辈面前，待对方食用后方可自己食用；取菜时，应从盘子的一侧进行，不要用筷子在菜盘中扒取自己喜爱的食物；如果在取菜过程中偶然菜掉到餐桌上，应将其夹起放到自己的食碟或骨碟中；当主人为客人布菜时，不管爱吃与否都不要拒绝，可取少量放在食碟里，而不去吃它即可。

（3）进餐的礼仪　吃东西要文雅，不要发出大的声响，要闭嘴咀嚼；喝汤时不要啜吸或边吹边喝；吐口中杂物如鱼刺等时，不要直接往外吐，应用筷子接取，放置盘内；席间部分菜肴可以用手拿取，但吃时及吃完后不可舔嘴、舔手指，那样很不雅观；席间注意不宜当众服用药品，如必须服用，可以离席悄悄服用。

（4）席间饮酒礼仪　中国是最早发明制酒技术的国家，至今已有四千余年酿酒、饮酒的历史，酒在中国发展迄今，有白酒、黄酒、啤酒、葡萄酒（或果酒）、配制酒（或药酒）五大类。酒文化发展至今，形成一定的饮酒礼仪。

① 正规的白酒杯应是三钱左右的小酒杯，一般来说，“满上”的概念是指八成满。

② 斟啤酒或其他发泡酒，速度要放慢，必要时可以分两次斟，或将杯子倾斜后再斟。斟啤酒可以将啤酒瓶口对着、紧贴着杯口的边缘，防止啤酒外溢。正规宴会一般不饮用烫过的酒。

③ 当主人为客人斟酒时，客人可以行“叩指礼”向主人表示感谢，即把拇指和中指捏在一起，轻轻在桌子上叩几下。

④ 根据社交礼仪的规定，首先向来宾祝酒、提议大家干杯的应是宴会主人。在为欢迎某位贵宾而特意举行的欢迎宴会上，在第一主人祝酒完毕后，主宾也可以祝酒。祝酒时

要尽量避免长时间演讲和多人接连登场致辞，当主桌没有祝酒时，其他桌不可先起立或串桌祝酒。

⑤ 席间敬酒，要把握好敬酒的最佳时间，根据自己的身份、饮酒场合以及被敬酒者的身份来决定何时敬酒最合适，如是政务场合、商务场合或其他重要场合，最好先了解对方的饮酒习惯，并因此决定自己的敬酒方式。客人不宜先提议为主人干杯，以免喧宾夺主；女士不宜先提议为男士干杯。正规的中餐场合，在干杯时惯例是饮用白酒。

⑥ 在主人或他人提议干杯时，应当起身站立，右手端起酒杯，或者用右手拿起酒杯后，再以左手托扶其杯底，面带微笑，目视他人。碰杯时，主人和主宾先碰。人多时注意不要交叉碰杯，可以同时举杯示意，不一定碰杯，一般碰杯后都要干杯，并向对方示意自己的杯子是空的。

⑦ 当主人、主宾或本桌其他就餐者致辞、祝酒时，应暂停进餐，注意倾听，不要借此机会交谈或吸烟，更不要做与主题无关的事情。主人和主宾致辞结束后，首先是与贵宾席人员祝酒碰杯，然后往往要到其他餐桌敬酒，遇此情况桌上其他人要起立举杯，表示尊重。

⑧ 饮酒席间切忌喝酒过量致使失言、失态，正式宴会上，最好自觉将饮酒控制在本人平常酒量的三分之一以内。

（5）席间谈话　席间谈话的主题尽量由请客的主人提出，客人不要喧宾夺主；谈话时参加客人越多越好，所以最好选择一些大众话题；席内可以谈笑，制造亲切热烈的气氛，但话题要愉快、健康、轻松，不要谈论耸人听闻、低级下流或血腥暴力的话题；谈话内容避免使其他客人发生辩驳，如出现这种情况要立即转换话题；谈话声音不要太大，不要影响到其他人的交流；不要贬低嘲讽主人请客的场所及菜品的质量。

（6）席间体态语礼仪　席间尽量避免过分的声张和举动。如碰到意外，如酒水打翻，餐具掉落等情况，应沉着并尽量低调处理，可以请服务员来帮忙，不要弄得尽人皆知；不可边进餐边打饱嗝，如遇打喷嚏、咳嗽、擤鼻涕时，要尽量避开大家进行，或将头扭到一边；用餐期间体态语幅度不要过大，不要在主人宣布就餐时往前挪动椅子，不要做挽起袖子、摘掉领带等动作；口中满含食物时，尽量不要说话，如果不巧别人向你问话，也得咽下食物后再做回答；尽可能不在中途去卫生间，如必须去，要先小声向邻座表示歉意；如逢正规宴会，还不能在用餐过程中接打电话，如此是对主人或客人的不尊重；尽量不吸烟，如吸烟要先征得主人、女士的同意。

（7）退席礼仪　如主人没有率先表示，客人不要先提出“宴会该结束”之类的话；当主人把餐巾放在餐桌上，或吃完水果后主人和主宾起座，或询问大家“吃好了吗”等类似客气的话，就表明宴请活动已结束，看到这种信号后，宾客可以起身退席。退席时男士要帮身边的女士拉椅，协助其退席，并将餐椅放回原处；退席时要对送客的主人表示感谢。

二、西餐礼仪

西餐礼仪的规定要比中餐礼仪更为严格，强调餐具的使用及使用顺序、菜品上桌及食用顺序、酒水饮用种类以及酒水与菜品的搭配等。在基本的常识性礼仪规范与中餐礼仪大抵相同的前提下，西餐中还要注意如下礼仪。

1．宴会前期准备工作

西方宴会以晚宴最为重要，午宴次之。晚餐时间大致在19～20点，一般在晚宴之前的16～18时有茶会。宴会越隆重，发出请柬的时间就要越早

阅读资料6-1

“酒醉事成”？

杨平是个性格豪爽的北方人，酒量大，最近又被委任为公司副总经理，应酬自然就多了，喝酒更是常事。在和国内客商的合作中，他的这个特长被发挥得淋漓尽致。

8月份的时候几位外商来公司考察合作事宜。在欢迎晚宴上杨平充分利用自己的“特长”，不停地劝酒、拼酒，几位外商很快就招架不住了。第二天一早，杨平美美地准备好了合同书，就等外商大笔一挥了。但就在第二天上午，外商们竟然直接回国了。

在西方礼仪里，喝酒的时候没有吆五喝六以及劝酒等我们认为热闹的场面，他们喝酒更多的成分是在品酒，而且认为劝酒、灌酒是失礼的，是不尊重对方的表现。只要有其他的选择余地，谁愿意和不尊重自己的人合作？

一些，通常在两星期以前发出，甚至还有在一个月前就发出请柬的，请柬上往往注明“敬候示复”的意思，通常还要注明应穿着服装的种类。

接到邀请后，要尽快给予答复，最迟不超过24小时，赴宴时不得同时参加两处宴会，除非极特殊情况。一经答复赴宴，那么不是万不得已原因时不能失约。

2．上菜顺序

正规的西餐宴会，菜序复杂而讲究，一般情况下，完整的西餐正餐一般按下列8道菜顺序上：开胃菜、面包、汤、主菜、点心、甜品、水果、热饮。在对菜品进行选择时，通常是先决定主菜的种类，然后再配以其他食品；隆重宴会一般不用奶油或面包。

3．餐具的种类及使用礼仪

西餐的餐具（见彩图4）主要有餐巾、刀、叉、餐匙、餐盘、杯。

（1）餐巾　在西方人眼里，餐巾用完后一定要自然放置在餐桌上，如果折叠起来的话，意味着客人认为主人可以不必再清洗这种折叠好的餐巾，而在下次办宴会时可以拿出来直接继续使用。这是对主人的侮辱。

（2）刀、叉　刀、叉，是对餐刀、餐叉两种餐具的统称。二者既可以配合使用，也可以单独使用。使用刀时，不可将刀柄握住，应将食指伸直使之着力。在正规的西餐宴会上，讲究每吃每道菜时，都要使用专门的刀叉。

在一般情况下，摆放在每位用餐者面前的刀叉主要有：吃黄油用的餐刀放在食碟左前方，吃鱼、肉用的刀叉分别放在食碟的右侧和左侧，吃甜品用的刀叉横放在食碟的正前方。有时在餐盘左右两侧分别摆放的刀会有三副之多。应当依次分别两边由外侧向内侧取用。

使用刀叉，一般有两种常规方法可供借鉴。其一，叫作英国式。它要求在进餐时，始终右手持刀，左手持叉，一边切割，一边叉而食之。这种方式比较文雅。其二，叫作美国式。它的具体做法是，先是右刀左叉，一口气把餐盘的食物全部切割好，然后把右手的餐刀斜放在餐盘的前方，将左手中的餐叉换到右手里，然后再品尝食物，这种方式比较省事。

使用刀叉，可以向侍者暗示用餐者是否吃好了某一道菜肴。就餐中暂时放置刀叉的方法是右手刀口向内，左手叉齿向下，成汉字“八”字形摆放在餐盘上；如是彻底吃完，则可以刀口向内，叉齿向上，刀右叉左并排纵放，或者刀上叉下地并排横放在餐盘里。要注意，不可将刀叉交叉放成“十”字形，西方人认为，这是令人晦气的图案。

（3）餐匙　在正式西餐宴会上，餐匙至少会有两把，个头较大的餐匙是汤匙，通常摆放在餐盘右侧的最外端，与餐刀并列纵放。个头较小的甜品匙则横放在甜品刀叉的前方。使用汤匙时要注意：中餐使用汤匙是从外向内舀取，西餐则一定要按照从内向外的方向舀汤，然后再送入口中；餐匙取食不要过满，一旦入口，就要一次饮用完毕；要以餐匙前端入口，不要将其全部放入嘴中。

（4）餐盘　西餐中的盘一般是盛菜用的，但也有深一些的盘是用来盛汤的，如果汤很少时，可以用左手将盘子边沿稍稍提起，使其向前倾斜，再以汤匙从内向外的方向舀汤。使用餐盘时注意：自己面前的餐盘是用来切割食物的，不要在公共盘中将食物切割成小块，再取回食用；如果有食物滑落到桌子上，将其放在餐盘的前端即可。

（5）杯　用咖啡杯或红茶杯时，一般是用右手的拇指和食指握住杯耳端起，然后再慢慢品尝。用手握杯身、杯口、托杯底、用手指穿过杯耳、双手握杯等，都是不正确的。与咖啡杯相对应的碟子是用来放置咖啡匙，并接收溢出杯子的咖啡的，喝咖啡时，如果离桌子较近，可以直接端起杯子喝；如果靠在椅座上、离桌子较远或站立、走动时，则可以用左手将杯、碟一起端起至胸高，再用右手持杯饮用即可。西餐中，每一道菜要配用不同的酒，而不同的酒应换不同的杯，香气需要缓释的酒用收口的高脚杯，香槟酒则用广口的香槟酒杯，雪利酒一般以小杯盛饮。一般来说，在餐刀的前方不可缺少香槟酒杯、白葡萄酒杯、红葡萄酒杯及水杯几种。正规西餐的饮料服务中，甚至要对杯子的温度进行控制，冷的饮料要让服务员预先降温，而热的饮料，杯子应预先加热。这样，用杯子盛饮料时不会因杯子的温度而引起饮料温度的变化。除了水杯、酒杯、咖啡杯外，西餐中还有一种杯是用来喝汤的，这种汤主要是指用主料煨熟后经过滤而成的清汤或类似做法的汤。用时要把汤匙放在杯托里，端起杯子直接喝，不能用汤匙舀来喝。

4．座次的安排

在西餐用餐时，越是正式的场合，座次的安排就越显得重要。在绝大多数情况下，西餐的座次问题，更多地表现为位次问题。桌次问题，除非是极其重要的盛宴，一般涉及较少。因此，在西餐座次的安排上考虑位次的安排。

排列西餐的位次，应依照一些约定俗成的常规进行，除遵循“面门为上”、“以右为尊”、“恭敬主宾”、“距离定位”的原则外，在西餐排位的时候还应特别注意以下原则。

（1）女士优先　在排定用餐位次时，主位一般应请女主人就座，而男主人则须退居第二主位。

（2）交叉排列　用中餐时，用餐者经常可能与熟人，尤其是与其恋人、配偶在一起就座。但在西餐排列位次时，要遵守交叉排列的原则。依照这一原则，男女应当交叉排列，生人和熟人也应当交叉排列。常常会安排男主宾坐在女主人右侧，安排女主宾坐在男主人右侧。这样做，就要求用餐者最好是双数，并且男女人数应当各半。

在西餐用餐时，所用的餐桌有圆桌、方桌和长桌。最常见、最正规的西餐桌是长桌。以长桌排位一般有两种方法：第一种方法，是男女主人在长桌中央对面而坐，餐桌两端可以坐人，也可以不坐人；第二种方法，是男女主人分别就座于长桌两端。西餐宴会座位安排的两种方法，见图6-7所示。

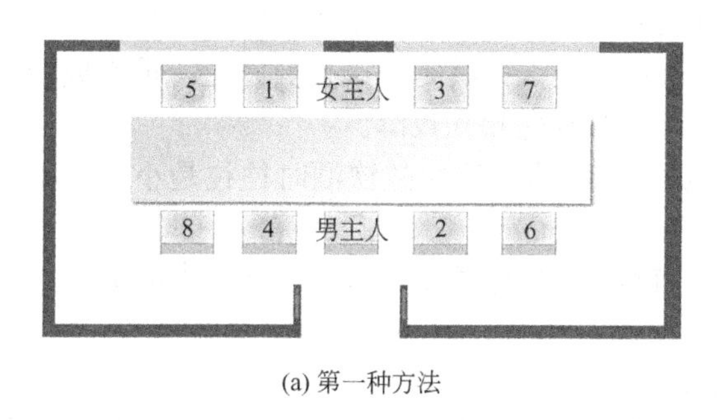

(a) 第一种方法

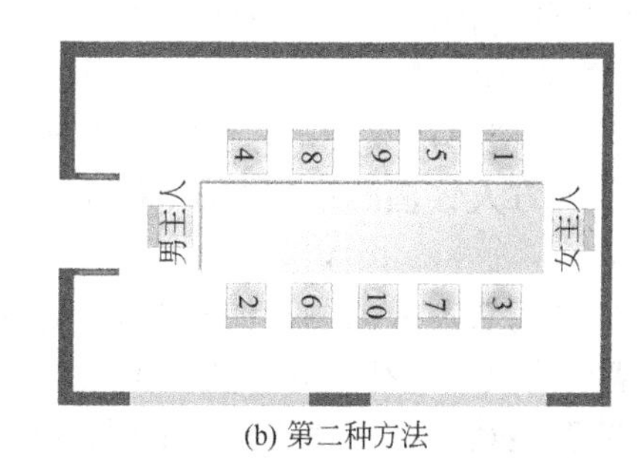

(b) 第二种方法

图6-7　西餐桌次

5．用餐礼仪

（1）餐前的礼仪　在正式用餐前要食用开胃菜或饮用开胃酒，开胃菜即打开胃口的菜，可以是蔬菜拼盘，或沙拉类菜品；开胃酒则主要是鸡尾酒。

（2）取菜的礼仪　刀可以用来切食物或把食物拨到叉上，叉用来取食物或在切割时固定食物。用叉往嘴里送食物的时候，切记是叉背朝着嘴的方向进餐，不可用刀送食物入口；刀仅在切断食物时才使用，如果可以用叉切断的食物就不用刀；用刀叉在盘中切割食物，其大小以食物的任何一部分均须完全在口内为宜，不可慢慢吸入或再以叉或匙的帮助而放入口内；一般侍者会将份菜派送到每一位就餐者盘中，没有派送，那么用刀叉可以先取一部分放在自己餐盘中再切，此时不能取食过多；如侍者第二次派送自己不想再吃的菜品时，可以直接拒绝他；若是需要其他食物，而自己又取不到时，可以请同桌其他就餐者递给你，这时语气要委婉；不可用本人的叉或匙自公共食盘中取食物；不宜伸手过餐桌中心取任何物品。

（3）进餐的礼仪　西餐进餐全程都可以食用面包，如果涂黄油或果酱的话，可以先取部分黄油或果酱放在自己的面包碟里，用左手撕下一块刚好可以一次吃下的面包，吃一小块涂一小块，面包的吃法一般仅限于此。不能将面包全部涂上黄油双手再托着吃；不能将面包浸在汤里或用叉子叉着面包吃；如果是烤面包片，不能撕开吃；切下的食物块大小刚好一口吃下，不要叉起来再一口一口咬着吃。饮汤时不可出声，不可将碗碟端起来吃；不可一次入口食品过多，咀嚼声音过大；吃带有骨头的食物如鱼、鸡、牛排等时，要先用餐刀将骨头剥出，切成小块后再食用；吃通心粉时应将面条缠绕在叉上再送入口中，不滑腻的甜点可以用手拿着吃；布丁和冰淇淋应用餐匙取食；西餐的水果可以取到自己的餐盘中来切，再用叉叉着吃；若将食物掉在桌上，要用叉拾起，放在自己餐盘的边缘即可。

（4）席间饮酒礼仪

① 祝酒词通常安排在宾主入座后、用餐前，也可安排在吃过主菜后，甜品上桌之前。西餐宴会的祝酒干杯一般只用香槟酒，而绝不可以用啤酒或其他葡萄酒滥竽充数。碰杯后，即使不会喝也要稍饮一点示意一下。如绝对不能饮酒的，在席间可向侍者要水代酒饮用。

② 西餐上酒水的顺序，普通情况是在上汤与鱼时，用雪利酒；次上白葡萄酒，再次红葡萄酒，上甜点时或席毕时则饮用香槟酒。

③ 西餐的饭前用酒，多采用鸡尾酒。服务员将鸡尾酒上来后，可以补充再点一些菜，以更好地品尝鸡尾酒；西餐的酒水搭配通常讲究“红肉配红酒，白肉配白酒”的原则。食用鱼虾海味的时候，一般配以清淡的白酒，可以使海味更可口；食用禽鸟牲畜肉类食品时，一般饮用醇香的红酒；席毕，一般饮用白兰地或香槟酒，尤其是在庆贺典礼上，最考究的是饮用香槟酒；隆重的宴会上，饮香槟酒时，主人通常要先起立致辞。

④ 西方人饮酒时讲究在品酒香的同时观酒色、闻酒味，故饮酒时往往是小口品啜，仔细感受。

⑤ 席间敬友人的酒，如与友人座位离得较远，不便直接言语时，不要大喊大叫，可以请侍者转告友人，待友人感觉后敬之。

⑥ 其他基本礼仪规范参考中餐饮酒礼仪。

（5）席间体态语礼仪　在正式的宴会桌上常有标示姓名的台位牌，就餐者可以据此与不相识的邻座交谈联系，不要因为不认识就一脸漠然的表情；如果没有台位牌，可以做自我介绍，交换一下名片。进餐时使用餐具尤其是刀叉的动作与声响不要过大，以免影响到他人；不要用刀叉指点着他人说话；有事先问主人较为有礼貌；进食时要挺直身体，不可附在桌子边缘；不可用嘴去吹或是用匙搅拌比较热的汤；说话声音不可过大；坐着时不要倾斜椅凳，不可把手肘支在桌子上或以手托腮，使手肘尽量靠近自己的身边以免妨碍他人的动作；脚不可成“八”字型向外伸出，不要架起“二郎腿”并随意抖动。

（6）退席礼仪　关于退席礼仪中的信号标志，与中餐礼仪要求基本一致。由于西餐比较讲究就餐者性别平衡，女士优先原则体现得也很明显，所以西餐退席信号一般以女主人的行动为准；男女宾客同时退席时，一般男宾先与男主人告别，女宾先与女主人告别，再交叉告别，最后与其他客人告别；客人在向主人临别致谢时要先向女主人表示感谢。此外，西餐规则，宴会主人退席时不说例如“招待不周”、“准备欠妥”、“无好酒菜”等谦逊的词。

任务三　馈赠礼仪

馈赠，主要是指人们基于友谊、尊重、感谢等向他人表达某种个人意愿的目的，将具有意义的物品不求报偿、毫无代价地送给对方，也可称为赠送。健康而美好的馈赠是人们在交往过程中表达情感的一种方式，它可以恰到好处地表达自己的友好、慰问、尊敬、祝贺，使受赠者满意、高兴，增进彼此的友谊。

一、礼品的选择

具体来说，礼品的选择应遵循如下原则。

（1）礼品的种类　选择范畴应当围绕能让对方有意外惊喜，表现出幽默感、送礼者的品位、别出心裁而不标新立异等方面。可以以地方特产、具有浓厚地方文化色彩及富有纪念意义的物品为赠送礼品，如中国的手工艺品、茶叶、瓷器、丝绸等，都是馈赠国外友人的最佳礼品。

（2）礼品的价值　贵重礼品常常会使人有“重礼之下，必有所求”的猜测，所以礼物的选择主要是要体现出它的价值而非价格，同时不要超出送礼者的经济能力；要注重真情实意和最佳效果的感情物化方式。

（3）馈赠的对象　礼品要因人而异，要根据受赠者的国度、民族、年龄、性别、爱好、兴趣、知识、品位、与之交往关系的深浅等决定选择什么样的礼品。

（4）馈赠的目的　要根据此次活动的目的来决定礼品的选择，目的不同，用途不同，礼品各异。比如，年轻人过圣诞节互赠的礼品如果拿到看望生病老人的病房中，肯定是不适宜的；同样，恋爱中情侣的富有特殊浪漫情意的小礼物也不适合送给普通朋友。

二、礼品的赠送

如何把选择到的合适的礼品在合适的场合送给对方，是交际礼仪中比较关键的一个环节。

（1）礼品的包装　礼品的包装十分重要。中国人送礼往往看重礼物本身，对包装并不感兴趣，其实这是不对的。西方人非常看重对礼物的包装，精美、细致的包装外表不仅美观大方，提高了礼物的档次，而且也显示出送礼者对对方的重视程度。在国际交往中，礼品包装的价格要占礼物本身价格的二分之一，也就是占包装后全部礼品价格的三分之一。

（2）赠送的时机　赠送礼品时要根据具体情况具体安排，选择好赠送时机。比如选择生日节庆、婚嫁迎娶、拜访送别等都是很好的时机；为企业开张竣工赠送贺礼，企业为内部员工赠送慰问性礼品，可以增强联络，加深感情。

（3）赠送的方式　送礼时最好当面赠送，直接表达自己的祝贺、感谢等情感；如果身在异地，可以委托他人代为赠送，或者是邮寄转送等，但要向受礼者说明情况。

送礼时要起身，双手或用右手递送，要神态自然，大方得体，可以用简短的语言表明送礼的原因；西方人送礼多会附上卡片，也可用名片代替，并在卡片或名片上写上简短的文字，以表达祝福的心愿。

（4）解释与说明　可以辅以对礼物的解释说明，对于礼物的特殊之处要着重指出。比如送人一本书比较常见，但如是知名作者的亲笔签名，而受赠者又对该作者慕名很久的时候，可以特意向其说明一下礼物的来历。

（5）注意细节　中国人送礼常常要对礼物发表自谦之词，比如“些许薄礼，不成敬意”、“顺便捎带，还望笑纳”等；但与西方人打交道时，一般不做自谦之语，最好不要说“随意买的”、“不是什么好的东西，凑合着用吧”之类的话，因为他们会认为这些东西真的可能是你随意买的，觉得送礼者对自己不够尊重和重视。

如礼品上附有价格标签，一般要先拿掉。目前，中国人习惯将在商店购买礼品的信誉卡随礼物包装，这样的目的是如果收礼者对礼物不满意或认为礼物不合适的话，可以持卡去商店更换更合适的礼物，但外国人一般不喜欢这样。

三、礼品的接受

作为被赠送礼品的对象，在适当的环境接受适当的礼品是正常而符合礼仪规则的，接受礼品的礼仪应当从礼貌地接受、委婉地拒绝、礼尚往来几个方面考虑。

（1）礼貌地接受

① 一般情况下，只要送礼者送礼的目的是基于友好往来、感谢尊重、祝贺问候，而不是基于庸俗的利益目的，所送的礼品也不是违法违规的，那么，最好的方式就是大方接受。

② 许多礼品的赠送是有其深刻含义的，这时作为受赠一方要及时地表现出对礼品价值的认可与肯定。1919年9月美国商人阿查德·哈默第二次访问苏联时，送给列宁的礼物是一件凝视着人类头盖骨的青铜小猴子，这个礼物很特别，它其实暗示着人类对文明有可能会毁于一旦的担心以及人类对和平的向往。而列宁及时地体会出这份礼物的深刻寓意，他风趣幽默地说：“可能有朝一日，会有一只猴子捡起人类的头盖骨，却不知道它是从哪里来。”

③ 接受礼品的体态语应当真诚热情，要停止其他正在做的事情，起身站立，双手接过，并向对方表示感谢。

④ 接受礼品时既不要表现出对礼品的好奇和过分关注，也不要表现出对礼品的冷漠和过分推辞。不要过早就把手伸出，给人以急切之感，这是不礼貌的。

⑤ 中国习俗，收到礼物时不要当着送礼者的面把礼物打开，以免被对方低看，以为受赠者“重礼不重人”；而西方习俗截然相反，受赠一方一定要当着礼品馈赠者的面把礼物打开，并适当地表示自己的高兴及对礼物的满意，这会让送礼者感觉很开心。

⑥ 开启礼物时，不要乱撕乱扯礼物的包装用品并将其随手乱扔，而是要文明得体，不失小节。

⑦ 不管满意与否，都不可对礼品吹毛求疵，随意品评。

⑧ 收下礼品后，一定要将礼品放置在适当之处以示尊重。

（2）委婉地拒绝　由于种种原因，比如认为送礼者的礼物已经超出了朋友之间正常情谊的范畴，觉得送礼者别有所图、别有心计而不能接受对方赠送的礼品时，要讲明原因，委婉拒绝，尽量避免给对方以难堪。

① 拒收礼品一定要当面当场拒绝，切不可接受后再退还，给对方以“对礼品不满之嫌”。

② 一旦决定拒收，那么态度一定要坚决，切不可拆开包装观看礼品的内容。

③ 即便是不能接受对方赠送的礼品，也要对馈赠者表示感谢，并坦率地讲明不能接受该礼品的理由，使对方理解，又不伤害对方的感情。

④ 如果确实因为某些原因，比如馈赠者放下礼品就快速告辞，致使礼品不能被当场退还，也要采取尽快退还的方式，最好在24小时内将礼品送返送礼者手中，可以选择亲自退还、请人代劳退还以及邮局邮寄退还的方式。

（3）礼尚往来　中国自古就讲究在社会交往中的“来而不往非礼也”，虽然说赠送者送人礼物，不应该存在求其回报的心理，但接收馈赠一方最好还是对礼物的赠送有所回报和表示。在礼尚往来的过程中,要注意以下一些内容。

① 把握好还礼的时间。接受礼物后，还礼的时间不能太快，这样容易使受礼者感到难堪，似乎送礼者“送物”的目的是因为曾经“受物”；此外，虽说友谊、情感的存在在于“天长地久”，但还礼的时间最好也不要与馈赠时间间隔太长。

② 把握好还礼的方式。不能让对方有一种“等价交换”的感觉，要让其理解这是为了彼此双方进一步加深友谊和感情的方式。

③ 在还礼的时候不要在礼品的价格上左右衡量，在礼尚往来中起决定作用的是礼品的价值而非价格，只有价值才能使友谊步步递进。

附　人际交往礼仪实训安排与考核

社交礼仪实训6-1

【实训项目】 为他人做介绍。

【实训目标】 通过该实训项目的训练，使学生了解为他人做介绍的基本知识，掌握介绍时的语言技巧及动作规范，将所学到的礼仪知识运用到日常交际场合，达到熟练应用的程度。

【实训学时】 2学时。

【实训方法】 教师先分别以介绍人和被介绍人的身份进行讲解示范，然后学生按规定程序操作。学生之间进行互相点评，教师指导纠正。

【实训考核】 为他人介绍训练考核内容，见表6-1所示。

社交礼仪实训6-2

【实训项目】 餐桌礼仪。

表6-1　为他人介绍训练考核表

考生单位：　　　　考生姓名：

程　序	操　作　标　准	配　分	得　分
语言	口齿伶俐，发音准确，介绍内容重点突出，主次分明，不零乱，不啰嗦，不冗长	40分	
目光	注视被介绍人，目光和蔼亲切，不盯视，不打量	20分	
手势及站姿	右手掌心向上，拇指向外张开，其余四指并拢，随语言内容在两位被介绍人之间做手势辅助；身体直立，不倾斜，不将身体重心只放在一条腿上	20分	
顺序	先向上级、长辈、地位高者、女士、官方人士、客人等介绍下级、晚辈、地位低者、男士、非官方人士、主人	20分	

总　　分	100分	

【实训目标】 通过该实训项目的训练，使学生了解餐桌入座、餐具使用礼仪的基本知识，掌握餐桌礼仪的要点与基本动作要求，将所学到的礼仪知识运用到日常交际场合，能够在各种场合展现出自己的礼仪风范。

【实训学时】 2学时。

【实训方法】 教师先就餐桌入座、餐具使用礼仪等做讲解示范，然后学生按规定程序操作。学生之间进行互相点评，教师指导纠正。

【实训考核】 餐桌礼仪训练考核内容，见表6-2所示。

表6-2　餐桌礼仪训练考核表

考生单位：　　　　　　　　　　　　　　　　　　　　考生姓名：

程　序	操　作　标　准	配　分	得　分
入座	1．从座椅左侧入座，男士要协助身边女士拉椅，女士在入座时要拢裙。 2．入座后，要调整好身体与餐桌之间的位置，以小臂中部能搭在桌子边缘为最佳距离，不要在就餐后来回拉动座椅。 3．入座后，不要随意摆动餐桌上的餐具或其他物品	40分	
就餐	1．正确使用餐具，在主人动用餐巾后方能打开餐巾，餐巾要铺在膝盖上，不要挂在脖子上。 2．使用餐具过程中，动作幅度不要过大，不要发出大的响动	30分	
餐间谈话	餐间与人谈话时要目光温和亲切地注视对方，不高谈阔论，不大声喧哗，可以用手势做辅助，但幅度不要过大	30分	
总　　分		100分	

社交礼仪实训6-3

【实训项目】 中餐位次礼仪。

【实训目标】 通过该实训项目的训练，使学生了解中餐位次礼仪的基本知识，掌握座次顺序的常识，能够在交际场合中正确选择自己的座次，显示出固有的礼仪风范。

【实训学时】 2学时。

【实训方法】 将学生引导到包房，向学生讲解门、窗等参照物的方位，左、右方向确定的标准，先为学生确定“级别”高低，由学生根据讲解标准取座位入座。

【实训考核】 中餐位次礼仪训练考核内容，见表6-3所示。

表6-3　中餐位次礼仪训练考核表

考生单位：　　　　　　　　　　　　　　　　　　　　考生姓名：

程　序	操　作　标　准	配　分	得　分
引导	1．将宾客引导到包房，一般走在宾客左前方，身体稍侧斜，以手掌做示意。 2．确认门的方位，同时确认以面对门的座位为第一正位	50分	
入座	主人在面对门的位置入座，第一主宾在主人右侧入座，第二主宾在主人左侧入座，以此类推	50分	
总　　分		100分	

社交礼仪实训6-4

【实训项目】 礼品馈赠。

【实训目标】 通过该实训项目的训练，使学生了解礼品馈赠的基本知识，掌握馈赠的口头语言及体态语言，根据中西方礼品馈赠的差异性，具体问题具体分析，使礼品馈赠能够达到最佳效果。

【实训学时】 2学时。

【实训方法】 首先由教师强调中西方礼品馈赠的差异性，并做口头语言与体态语言的演示，然后由学生按规定程序演示。学生之间互相点评，教师指导纠正。

【实训考核】 礼品馈赠训练考核内容，见表6-4所示。

表6-4 礼品馈赠训练考核表

考生单位：　　　　　　考生姓名：

程　序	操　作　标　准	配　分	得　分
口头语言	礼品赠送与接受双方都要语言表达清晰，能恰到好处地表现出赠送礼品的情意与接受礼品的谢意；不吞吐，不啰嗦	40分	
体态语言	赠送一方大方得体，双手赠送，目光亲切，不发生推拉牵扯现象； 接受一方双手接受，将礼品轻轻放到合适位置，并轻点头表示谢意；如送礼者是西方人，要当面将礼品打开，同时要表示出对礼品的赞赏	30分	
礼品介绍	介绍礼品时能用简短语言将礼品的特点或长处表示出来，接受礼品者同时要表现出自己对礼品特点的兴趣	30分	
总　　分		100分	

本章小结

人际交往礼仪是人们在彼此交往中应具备的最基本的礼仪常识，它反映了人们在社会生活中最一般的道德关系，是一个文明人应当具备的最基本的修养。

见面礼仪：握手礼、致意礼、拥抱礼、亲吻礼、鞠躬礼、介绍礼、名片礼。

餐饮礼仪：中餐礼仪、西餐礼仪。

中餐礼仪：用餐的方式、餐具的种类及使用礼仪、点菜技巧和上菜的顺序、座次安排、用餐礼仪。

西餐礼仪：宴会前期准备工作、上菜的顺序、餐具的种类及使用礼仪、座次安排、用餐礼仪。

馈赠礼仪：礼品的选择、礼品的赠送、礼品的接受、赠送礼品的禁忌。

礼品的选择：礼品的种类、礼品的价值、馈赠对象、馈赠目的。

礼品的赠送：礼品的包装、赠送的时机、赠送的方式、解释与说明、注意细节。

礼品的接受：礼貌地接受、委婉地拒绝、礼尚往来。

案例分析

重点内容

见面礼仪的规范　中、西餐具的使用　中、西用餐礼仪　赠送礼品的禁忌

1896年，李鸿章奉命赴俄国参加俄皇尼古拉二世的加冕典礼。在欧洲社交场合中，女士伸右手给男士，男士可以向前略弯腰，拉着女士的手轻轻吻一下，这是一种礼貌，过去和现在都比较流行。李鸿章因不懂这些礼仪，曾闹出了一个笑话。他到俄国后，在彼得堡和莫斯科一带见到这种场面，不免有些慌张失措。所以在加冕礼后，俄皇后向他伸手，李不知所措，就急忙把慈禧太后送的一只宝石戒指放在皇后手里，使俄皇室左右都大感窘迫，

皇后在这种情形下只好将戒指套在自己的手指上，接受戒指后仍再次将手伸出，李于是双腿跪下，并用双手迎接皇后的手，以示尊敬之意。

分析：李鸿章在外事礼仪中违背了什么规则?

基本训练

1．判断题

① 不管什么场合，都可以戴着手套和墨镜与人握手。（ ）

② 拥抱时右臂在上，放在对方左后肩。（ ）

③ 介绍礼的顺序是先向上级、长辈、地位高者、女士、官方人士、客人等介绍下级、晚辈、地位低者、男士、非官方人士、主人。（ ）

④ 在西餐排定用餐位次时，主位一般应请男主人就座，而女主人则须退居第二主位。（ ）

⑤ 宴会开始前或吃到某一段落，会为用餐者准备湿毛巾，可用其擦脸擦汗。（ ）

⑥ 在西方人眼里，餐巾用完后一定要自然放置在餐桌上。（ ）

⑦ 咖啡杯或红茶杯的用法，一般是用右手的拇指和食指握住杯耳端起，然后再慢慢品尝。（ ）

⑧ 桌次礼仪的判断方式是以背对饭厅或礼堂的厅堂为正位，横向以右为大，以左为小；纵向以前为大，以后为小（ ）

⑨ 接受西方人的礼品时，要当着送礼者的面将礼物打开。（ ）

⑩ 礼品的赠送一般不用考虑禁忌问题。（ ）

2．选择题

① 在握手场合中，以下哪种是正确做法（ ）。

A．男士与女士见面时先伸手　B．上级与下级见面时先伸手　C．可以用左手与人相握
D．可以交叉握手　E．握手时可以戴墨镜

② 就餐完毕后，餐巾应当放在（ ）。

A．桌上　B．椅座上　C．食碟上　D．随身带走　E．交给服务员

③ 接到西餐邀请后要尽快给予答复，最迟不要超过（ ）。

A．6小时　B．12小时　C．15小时　D．18小时　E．24小时

④ 西方人一般忌讳数字（ ）。

A．4　B．8　C．13　D．16　E．7

3．简答题

① 西餐刀叉使用的礼仪是什么?

② 递送名片时要注意什么事项?

③ 如何正确使用餐巾?

④ 中餐的座次礼仪都包括哪些内容?

⑤ 如何委婉拒绝礼品?

4．实训题

① 请同学、朋友或家人配合，练习握手礼、拥抱礼和介绍礼。

② 熟悉对中餐餐具和西餐餐具的正确使用。

项目七　涉外礼仪实务

【学习目标】

通过本章的学习，要了解国际交往中接待与迎送涉外宾客的基本礼仪常识；掌握有关迎送、接待、会见、会谈与签字等特殊场合的涉外礼仪规范，并能够在实践中加以正确应用；了解礼宾的次序与国旗悬挂的规范方法和技巧。通过本章的学习，要求学生能够掌握国际交往礼仪的工作规范和基本技巧，并能够在实践工作中正确、灵活地加以应用。

任务一　接待与迎送宾客的礼仪

礼仪是一门综合性较强的行为科学，由于地区和历史的原因，各地区、各民族对礼仪的认识各有差异。在长期的国际往来中，逐步形成了外事礼仪规范，也叫涉外礼仪。涉外礼仪就是人们参与国际交往所要遵守的惯例，是约定俗成的做法。它强调交往中的规范性、对象性、技巧性。随着我国改革开放脚步的加快，人们在生活和工作中外事交往增多。了解涉外礼仪的内容和要求，掌握与外国人交往的技巧则显得尤为重要。

一、迎送宾客礼仪

迎客和送客是外事接待工作的两个重要环节，在整个涉外活动中，占有极其重要的位置。一个精心安排的欢迎仪式，能使来宾一踏上被访国就产生良好的第一印象；一个周到圆满的欢送仪式，会给来宾留下美好而难忘的回忆。因此，热情迎送，善始善终，使来宾高兴而来，满意而归，就显得尤为重要。在国际交往中，对外国来访的客人，常常视迎送接待方的类型、来宾的身份、访问性质和目的以及两国之间的关系等因素，安排相应的迎送活动。

1．迎送的接待准备

在迎宾工作之中，首先要进行的是必要的先期准备，以求整个迎送接待过程有备而行，有备无患。

（1）掌握基本状况　在迎送接待前一定要充分掌握迎宾对象的基本状况。来宾尤其是主宾的个人情况。例如，姓名、性别、年龄、籍贯、民族、单位、职务、职称、学历、学位、专业、专长、偏好、著述、知名度等。必要时，还需要了解其婚姻、健康状况，以及政治倾向与宗教信仰。

（2）制订具体的迎送接待计划　详尽制订迎接来宾的具体计划可以使迎送接待工作避免疏漏，减少波折，更好地、按部就班地顺利进行。根据常规，它至少要包括迎送方式、交通工具、膳宿安排、工作日程、文娱活动、游览、会谈、会见、礼品准备、经费开支以及接待、陪同人员等各项基本内容。

2．迎送仪式

迎送的仪式按照接待方身份地位的不同通常可以分为官方迎送仪式和非官方（民间）迎送仪式。

（1）官方迎送仪式　在外交来往中，特别是在国家元首、政府首脑亲自参与的外交来往中，通常都会由东道主一方出面，为正式到访的国宾举行欢迎、送别仪式。二者一在其始，一在其终，往往被相提并论，称作迎送仪式。由于迎送工作由官方进行，因此，通常官方迎送在迎送对象、迎送规格、迎送仪式等方面根据外事工作的特点和要求都具有较为明显的特殊性。

① 欢迎仪式。所谓非正式的欢迎仪式，一般指的是国宾正式到访时，尤其是当其抵达东道国首都时，东道国一方在迎接对方的具体过程里所特意安排的一系列前期性活动的程序。

根据惯例，迎接正式到访的国宾时，东道主为对方所举行的非正式欢迎仪式通常都包括护航、迎接、会见、陪车、护送等具体程序。

所谓正式的欢迎仪式，则通常指的是东道国在国宾正式到访其首都时，为其所正式举行的热烈、隆重而正规的欢迎活动的具体程序。在正常情况下，正式的欢迎仪式大多安排在固定的场所举行：有的安排在国宾正式抵达的机场、港口或车站，有的则改在另外一些特定的地点。这类特定的地点，主要有王宫、大会堂、国宾馆、总统府、总理府、议会大厦等。

在举行正式欢迎仪式的现场里，循例应在地面上铺设红色地毯，悬挂来访国与东道国两国国旗并安排一定数量的群众欢迎队伍。

有时，东道国往往会邀请各国驻本国的使节出席正式欢迎仪式。在这种情况下，国宾必须抽时间在东道国领导人陪同下与之见面，并相互致意。

② 送别仪式。送别仪式，亦称送行仪式。它指的是国宾结束访问，离开东道国时，由东道国为其所举行的送行活动的具体程序。一般而言，送别仪式的主要内容，大致包括国宴、话别、送行、告别等。在目前的礼宾实践中，它们往往或有省略。

应予说明的是，各国迎送国宾仪式的具体内容虽不尽相同，但其基本程序却大体相似，而且欢迎仪式与送别仪式往往被统筹兼顾、一并安排。

（2）非官方迎送仪式　非官方迎接外宾，不论是个人或是团体，应事先确定接待规格。应按照国际惯例，安排与派遣同外宾或外国团体负责人身份相当的乙方人士，负责迎候外宾的工作，只有与乙方关系极为密切者，才允许破格接待。

迎候人员应准确掌握外宾抵达时间，提前到达机场、码头或车站的站台，以示对来宾的尊重。对外国的国家元首、政府首脑和军方领导人的来访，通常将安排盛大的欢迎仪式。而对一般身份的个人或团体，不必如此。

客人抵达后，应首先同主人相互见面和介绍。一般由礼宾人员或乙方迎候人员中身份最高者，率先将乙方迎候人员按一定顺序一一介绍给客人，然后再由客人中身份最高者，将客人按一定顺序一一介绍给主人，若宾主早已相识，则不必介绍，双方直接行见面礼即可。

如来宾系贵宾，可安排献花仪式，宾主互相介绍后，可进入机场、港口、车站的贵宾接待室，请贵宾稍事休息，也可请来宾直接乘坐事先安排好的交通工具，前往住宿处。若来宾系一般身份，主人可主动帮助客人提取行李，但不要主动要求帮助男宾拿公文包、帮助女宾拿手提包。

在迎接外宾的整个过程中，迎候人员应始终面带微笑，以表示欢迎之意，不要故作矜持，一语不发。

送别外宾亦应考虑周全，大体上要依照迎候的规格来确定送别的规格，主要迎候人应参加送别活动。在外宾临上飞机、轮船或火车之前，送行人员应按一定顺序同外宾一一握手话别。飞机起飞或轮船、火车开动之后，送行人员应向外宾挥手致意。直至飞机、轮船或火车在视野里消失，送行人员方可离去。

二、接待宾客礼仪

在接待外宾过程中除了迎送礼仪，还经常涉及其他一些礼仪程序和不同方式的活动。

1．涉外接待礼仪概述

① 关于邀请的方式。外宾来访，通常要由东道国先发出邀请，这既是礼节，也是一项必要的手续。被邀者在接到邀请函后，应及时给予答复，并据此办理有关的手续。邀请函除表示欢迎之意外，也表明被邀请者的身份、访问的性质以及访问的日期和时间等内容。

② 在外宾抵达以前，应做好充分的准备工作。首先，要搞清楚来访外宾或代表团的基本情况。例如，来访外宾的总人数，是否包括主宾和其他人员的配偶，来访人员的职务、性别、礼宾次序等情况，这些均可请对方事先提供。重要国宾来访，其随访人员中，有正式随行人员（或代表团团员）和工作人员之分，而正式随行人员中有的还是政府的高级官员。

③ 对外宾的饮食爱好、宗教禁忌以及是否有其他特殊的生活习惯等也可事先向对方探询，必要时，还可向对方索要来访者的血型资料。拟订来宾访问日程前，要向对方了解清楚抵离的日期和时间、交通工具和施行路线、对参观访问的具体愿望等。飞机起降的具体时间，可经由民航部门密切掌握。

④ 访问日程一般应由东道国首先提出。日程草案拟订后，可先将主要内容告知对方，以便听取对方意见，并使对方有所准备。根据访问的目的和性质、访问者的愿望、访问者同东道国的哪些人和事有特殊的关系等因素做好日程安排。日程安排的松紧应适当。

⑤ 有些大型代表团来访，为了达到更好的效果，可以安排他们分组活动。有的次要活动，可以安排代表团其他成员参加，以减轻主宾的劳累。接待规格的高低，体现了对来访客人的重视程度和欢迎的热烈程度，来访者对接待规格的高低也往往比较敏感。因此，对来访客人的接待规格要妥善掌握。接待规格的高低可从各方面表现出来。

⑥ 各国对来访外宾，尤其是国宾的安全，都特别重视。有些国家在重要国宾来访时，采取特别的安全警戒措施。这是因为东道国政府有责任保证客人在其境内逗留期间的人身安全。

⑦ 外宾来访期间的生活接待十分重要。住房、坐车、生活起居，要尽量使其舒适、方便、安全，饮食应当可口。

⑧ 对来宾国家的国旗（元首旗）的旗样和制作说明，国歌的乐谱可以通过外交途径向对方索要。此外，还要收集一些来访国的乐曲，供奏席间及晚会表演时用。

⑨ 国宾来访，一般都要送礼给东道国的领导人和工作人员，东道国亦相应赠礼答谢。领导人互赠礼品，可在会见时当面致送，也可通过礼宾工作人员转交；给一般随行人员和工作人员的礼品，则可由礼宾人员转交。送礼要避免千篇一律，重复雷同，因此对每次来访国宾的礼物，应有所记载，以备日后查阅。

⑩ 在我国，外国国家元首来访，我驻该国的大使可以提前或陪同来宾回国，参加接待工作。有时，外国政府首脑来访，亦可作此安排。这不但有利于沟通情况，做好接待工作；而且有利于我驻外大使在访问结束返馆后，在当地开展工作。这也是符合一般国际礼仪的做法，其他国家也有类似做法。

⑪ 国家元首、政府首脑去外地，均由政府派其他高级官员陪同前往。当地的省长、市长应举行欢迎宴会，致欢迎词，来访的主宾或其他主要官员要答词。省长、市长一般应陪同参观访问。政治性会谈一般在首都举行，个别情况下也在外地举行。

⑫ 接待外宾，特别是接待重要国宾，任务重，时间紧，是一项涉及外事、公安、交通、民航、首都和外省市等许多单位和人员的综合工程。国家主要领导人常常亲临参加，亲自主

持，并有广泛的群众参与。因此，各国都有一支精明、干练、经过培训能相互默契配合的接待人员队伍。这也是做好接待工作的一项基本保证。

2．涉外宴请礼仪

（1）涉外宴会的形式　宴会有国宴、正式宴会、便宴之分。其隆重程度、出席规格以及菜肴的品种与质量等均有区别。一般来说，晚上举行的宴会较之白天举行的更为隆重。

国宴中，宴会厅悬挂来访国以及东道国国旗。宾主双方出席国宴者身份较高，程序严谨。参加欢迎宴会的国宾和主要随行人员应按时到达宴会厅，其他随行人员和来访国驻东道国使馆外交人员应提前15分钟到达。东道国领导人在宴会厅门口迎接国宾，并陪同进入宴会厅堂。入场时，军乐团奏欢迎曲。入席后，乐团即奏两国国歌，奏国歌时全体肃立。席间，乐团演奏席间乐。国宴上宾主双方是否致词或祝酒，均事先双方商定。宴会结束后，东道国领导人陪同国宾及主要随从人员至宴会厅门口，挥手告别。离席时，乐团奏乐欢送曲。国宴的程序并非一成不变，变化或调整常有发生。宴会上通常双方不发表正式讲话。

正式宴会不挂国旗，不奏国歌，宾主均按身份排位就座。许多国家正式宴会十分讲究排场，在请柬上注明对客人服饰要求。他们对餐具，酒水、菜肴道数、陈设，以及服务员的装束、仪态都要求很严格。席间一般用两种酒，一种甜酒，一种烈性酒。

便宴即非正式宴会，常见的有午宴、晚宴，有时亦有早上举行的早餐。这类宴会形式简便，可以不排席位，不作正式讲话，菜肴道数亦可酌减。西方人的午宴有时不上汤，不上烈性酒。便宴较随便、亲切，宜用于日常友好往来。

（2）涉外宴请的准备礼仪　宴请的目的是多种多样的，可以是为某一个人，也可为某一事件。

第一，确定邀请的名义和对象，其主要依据是主、客双方的身份，也就是说主客身份应该对等。

第二，确定邀请范围。邀请范围是指请哪些人士，请到哪一级别，请多少人，主人一方请什么人出来作陪。

第三，草拟具体邀请名单。被邀请人的姓名、职务、称呼，以至对方是否有配偶都要准确。双边活动尤其要考虑政治关系，在政治上相互对立的国家是否邀请其人员出席同一活动，要慎重考虑。

第四，确定宴请形式。宴请采取何种形式，在很大程度上取决于当地的习惯做法。一般来说，正式、规格高、人数少的以宴会为宜，人数多则以冷餐会或酒会更为合适，妇女界活动多用茶会。

第五，选择宴请地点。官方正式隆重的活动，一般安排在政府、议会大厦或宾馆内举行，其余则按活动性质、规模形式、大小、主人意愿及实际可能而定。

第六，发送请柬。请柬一般提前一周至两周发出，以便被邀请人及早安排。已经口头约妥的活动，仍应补送请柬。请柬的内容包括活动形式、举行的时间及地点，主人的姓名等内容。请柬行文不用标点符号，所提到的人名、单位名、节日名称都应用全称。

（3）涉外宴请座次安排礼仪　正式宴会一般均排席位，亦可只安排部分客人的席位，其他人只排桌次或自由入座。无论采取哪种做法，都要在入席前通知到每一个出席者，使大家心中有数，现场还要有人引导。大型宴会最好是排席位，以免混乱(席位安排可参考社交礼仪餐饮礼仪)。

（4）涉外宴请礼仪　主人一般在门口迎接客人。官方活动，除男主人外，还有少数其他主要官员陪同主人排列成行迎宾，通常称为迎宾线。有些国家官方隆重场合，客人到达时，有专职人员唱名。主宾到达后，由主人陪同进入休息厅或宴会厅与其他客人见面。如其他客人尚未到齐，由迎宾线上其他官员代表主人在门口迎接。主人陪同主宾进入宴会厅，全体客人就座，宴会开始。如休息厅小，宴会规模大，也可以请主桌以外的客人先入座，贵宾席最后入座。吃完水果，主人与主宾起立，宴会即告结束。主宾告辞，主人送至门口。主宾离去后，原迎宾人员按同顺序排列，与其他客人握别。

3．涉外参观游览

（1）涉外参观游览的含义　涉外参观游览，是指外国客人在访问或旅游期间对一些风景名胜、单位设施等进行实地浏览、观看和欣赏。来访的外国客人以及我国出访人员，为了解出访国家情况，达到出访目的，都应组织一些参观游览活动。

（2）涉外参观游览的程序

① 选定项目。应根据访问目的、性质、客人的意愿、兴趣、特点以及我方当地实际条件来选择、确定参观游览项目。年老体弱者不宜安排长时间步行的项目，心脏病患者不宜登高。一般来说，对身份高的代表团，事前可了解其要求；对一般代表团，可在其到达后，提出方案，共同商定。对方提出的要求，在可能情况下尽量予以满足，如果确有困难，可如实告知，并做适当解释。

② 安排日程。当参观游览项目确定后，应制订详细活动计划和日程，包括参观线路、座谈内容、交通工具等，并及时通知有关接待单位和人员，以便于各方密切配合。

③ 陪同参观。按国际惯例，外宾前往参观时，一般都安排相应身份的人员陪同。如有身份高的主人陪同，宜提前通知对方。接待单位要配备精干人员出面接待，并安排解说介绍人员，切忌前呼后拥。参观现场的在岗人员，不要围观客人。遇客人问话，可有礼貌地回答。

④ 解说介绍。参观游览的重头戏是解说介绍。如参观单位部门，可先全面介绍其概况，找机会宣传改革开放政策和投资环境。有条件的可播放一段有关情况录像，这样既可节省时间，又可事先让客人对情况略有所知，经过实地参观，效果会更好。我方陪同人员、解说员和导游应对有关情况有所准备，介绍情况要实事求是，运用材料、数据要确切，不可一问三不知，也不可含糊其辞。实在回答不了的，可表示自己不清楚，待咨询有关人员后再答复。遇较大团队时，宜用扩音话筒。另外，遇有保密地点的，则不能介绍，若客人提出要求，应予婉拒。

⑤ 乘车、用餐和摄影。在出发之前，要及时检查车况，分析行车路线，预先安排好用餐。路远的还要预先安排好中途休息室，要把出发、集合和用餐的时间地点及时通知客人和全体工作人员。一般地方均允许客人摄影。如有不能摄影处，应事先说明，现场要竖中英文“禁止摄影”标志牌。

4．涉外酬应仪式

在外交场合里，有一些重要仪式往往具有一定的象征性意味。外交人员参加此类仪式，大都属于例行公事，意在交际往来之中增进沟通、发展友谊，争取建立友好互动的双边关系。这类仪式，一般可称之为酬应仪式。当前，最为常见的酬应仪式主要有履新、授勋、开幕、谒陵等。

（1）履新仪式　履新仪式指的是一国新到任的特命全权大使，正式向其驻在国国家元首递交国书的仪式。尽管它在各国的具体操作有所不同，但都讲究正式、庄严、隆重。

（2）授勋仪式　目前，不少国家或国际组织设立了一些勋章、奖章、荣誉称号、奖励基金，并按照特定的标准，将其授予本国或外国的国家领导人、社会活动家、知名人士、外交使节，以表彰他们在某一方面的杰出贡献或卓越功勋。这一做法，礼仪上称作授勋。

一些简单的授勋仪式，亦可借涉外会议、会晤或宴会之机进行。它的主要内容是：首先，请授勋者与被授勋者面对面地相对肃立。其次，由授勋者宣布授勋决定。最后，授勋者为被授勋者佩戴勋章，或是将证书交至对方手中。有时，还会安排双方简短致辞。

（3）开幕仪式　开幕仪式，简称开幕式，它一般是指各类大型会展在其正式宣告开始时所举行的由一系列约定俗成的程序组成的活动。依照惯例，各类国际性大型会展的开幕仪式，通常应由具体负责的主办一方主持。国际性的博览会、展览会、交易会，均应由东道国一方负责主持开幕仪式。开幕仪式应邀约国内外有关人士出席。

在举办大型国际会展时，通常应在会场悬挂各参展国国旗。在开幕仪式上，还应备有签名簿，以供来宾签名或题词之用。外交人员在应邀出席开幕仪式时，一般可以以自己所在国家或国际组织的名义，向主办单位赠送花篮，或者当面进行口头祝贺。

（4）谒陵仪式　国家元首或政府首脑作为国宾正式出访时，往往会被安排拜谒到访国已故领袖、民族英雄或无名烈士的陵墓、纪念碑等。这类活动，一般称之为谒陵。谒陵活动，通常会被视为对到访国杰出历史人物的敬意，对该国历史的尊重，同时也是对该国人民的友好表示。正式的谒陵仪式，大都会包含如下基本程序：一是军乐队奏乐；二是敬献花圈；三是肃立行礼；四是进行参观。

任务二　会见、会谈与签字仪式

在涉外活动中，不论是什么性质，一般均应根据双方身份及来访目的，安排相应领导人和部门负责人会见和会谈。会见与会谈是涉外交往中一种常见的和重要的活动。会见与会谈的目的在于双方通过直接的、面对面的交谈与互动来增进感情、加深了解、交流看法，或通过磋商来解决矛盾，达成共识。其中，谙熟并遵循会见与会谈的一些礼仪要求，对保证这项活动的成功无疑有着重要作用。

一、会见与会谈

1. 会见

（1）会见的内涵　所谓会见，特指为了一定目的而进行的约会、见面。会见，在国际上一般称为“接见”或“拜会”。凡身份高的人士会见身份低的，一般称为“接见”或“召见”；凡身份低的人士会见身份高的，或是客人会见主人，一般称为“拜会”或“拜见”。拜见君主，又称“谒见”、“觐见”，我国一般不作上述区别而统称“会见”。接见和拜会后的回访，称“回拜”。

会见主要是指礼节性礼宾范畴，不同于正式的政治或业务会谈，也不同于就某一问题进行交涉的会谈。但会见可以涉及政治性和业务性的问题，会谈和交涉也包含礼宾,它们之间既有区别又有共性。

（2）会见的分类　会见按照性质分类可以分为礼节性会见、政治性会见、事务性会见，或兼而有之的会见。其中礼节性会见一般是身份低者拜见身份高者，来访者拜见东道主，且会见时间较短，话题较为广泛，拜会的时间不宜太长，除非主人特意挽留，半小时左右即可告辞。外交使节到任后和离任前，应对与本国有外交关系的国家驻当地使节作礼节性拜会。外交团之间对同等级别者的到任礼节性拜访，按惯例均应回拜，身份高者对身份低者可以回拜，也可以不回拜。政治性会见一般涉及双边关系、国际局势等重大问题。事务性会见则涉及一般外交交涉、业务商谈、经贸、科技及文化交流等，事务性会见一般时间较长，谈话的内容也较专门化。

2．会谈

所谓会谈，特指双方或多方就某些重大的政治、经济、文化、军事及其他共同关心的问题交换意见。会谈也可以指洽谈公务和业务谈判。一般说来，会谈的内容较为正式，政治性、专业性较强，既可就某些重大的政治、经济、文化、军事问题及其他共同关心的问题交换意见，也可洽谈公务或就具体业务进行谈判。

3．会见、会谈的准备工作

（1）提出会见、会谈要求　提出会见，东道国和来访者及外交使节的权力是平等的。主客双方都可以在认为合适的时候提出会见的要求。通常提出会谈或会见要求的一方，应该把要求会见、会谈人的姓名、职务以及目的预先告知对方，同时将己方参加会见、会谈的人员名单（包括姓名、性别和职务等较详细的情况）提交对方。如果是被要求会见、会谈的一方，在得到通知后，应尽快申请，在上级部门批示是否可以之后，要尽快通知对方会见的时间、地点、会见人员和注意事项等。

（2）掌握会见、会谈细节　主办会见、会谈的一方应安排会见会谈中的一些具体事项（如接送人员、车辆、场地、旗帜、茶点、座位卡等的安排）。在初步准备妥当之后，还要通知对方有关具体情况。这时不要忘了通知己方参加会见、会谈的其他人员及有关事项。会见、会谈的主办方应将要求会见、会谈人的姓名、职务、会见什么人、与什么人会谈，以及会见、会谈的目的告知对方。同时要主动了解对方具体安排（人员、会见会谈内容、会见会谈目的）。

（3）会见、会谈场所的布置与座位安排　会见与会谈的场地，见图7-1所示。高级领导人之间的会见，通常安排在重要建筑物的宽敞的会客厅（室）内进行，亦有在宾客下榻的宾馆的会客室内进行。会谈桌上常放置两国国旗，现场设置中、外文座位卡，卡片的字体应工整、清晰，以便与会者对号入座。会谈场地正门口，还要安排人员迎送客人。人多时需要安装好扩音设备，调试好，确保会议使用。

会见的座位安排一般有3种。一是相对式。指宾主双方会见时面对面而坐，便于进行交流。一般应以会客室的正门为准。面对正门的一方为上，宾主双方不止一个人，则除主人与主宾之外，双方其他人员均应按照具体

图7-1　相对式

阅读资料7-1

周恩来总理的外交魅力

20世纪60年代，中苏论战开始以后，双方在各自举行的国宴上发表的正式讲话中常有批评对方的言论，曾多次见到苏联和一些东欧国家使节离席以示抗议的情景。当时，中方习惯做法是把讲话安排在上热菜以前。周总理注意到，每当有“离席事件”发生，这些使节离席时几乎是饿着肚子走的，就指示礼宾司，以后讲话放在上第三道热菜之后，“让他们吃饱了再走”。虽然中苏论战早已成为历史，但我们从这一事例中体会到总理在礼宾工作中的细致入微之处。

周总理的外交风度为世人称颂。众所周知，在对外工作中，交际礼节起着润滑和媒介的作用。笔者曾多次有幸在现场为总理介绍会见的外宾，亲眼目睹总理与外宾握手的场面。总理对每一次握手都是那么认真，绝不敷衍了事。无论是对外国领导人还是对身份较低的外宾，总理握手时，总是目光炯炯，注视对方，使人感到他的外交魅力。

有一次，总理发现一位身份相当高的领导同志在送别外宾时，不等飞机滑动就匆匆离开。总理很生气，随即让人把这位领导叫回，当众给予严厉批评。还有一次，总理在机场为非洲某国家元首送行，外宾登机后，突然狂风大作，雷雨交加，专机无法起飞，只好滞留在停机坪上。但总理不顾身边工作人员的劝告，坚持伫立在风雨中频频向外宾挥手致意。透过飞机的舷窗，可以看到对方一再示意请总理回去，但他一直等到专机滑向跑道才返回。

身份的高低，由尊而卑，自右而左依次排列在主人或主宾两侧，见图7-1所示。二是并列式。指宾主双方会见时面对会客室或会见厅的正门并排而坐，可显示双方的平等与亲密。它的具体排列是主人在左，主宾在右。宾主双方的其他人员按照具体身份的高低，依次在主人、主宾的一侧排开。并列式会见的座位安排如图7-2所示。三是自由式。请宾主自由就座。在举行多边会见时，此种方法尤为适用。会见的座位安排有多种形式，有分宾主各坐一方的，有宾主穿插坐在一起的。综合会见、会谈座位的安排形式，通常的规则是：主宾、主人席安排在面对正门位置，主宾座位在主人右侧，其他客人按礼宾顺序在主宾一侧就座，主方陪见人在主人一侧按身份高低就座。翻译、记录员通常安排在主宾和主人的后面，如图7-3所示。

会见座位多采用单人沙发或扶手椅，人数多时则在会见的里圈用沙发，外围用扶手椅或靠背椅。

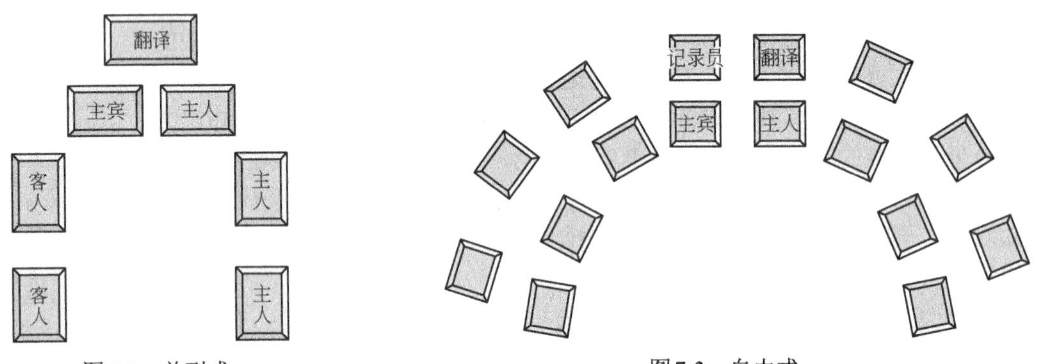

图7-2　并列式　　图7-3　自由式

谈是有关各方为了各自的利益，通过接触与磋商，就某些原则性的问题达成协议或者妥协。会谈分为双边会谈与多边会谈。双边会谈通常用长方形或椭圆形桌子，多边会谈采用圆形或摆成方形。不论什么形式，均以面对正门为上座。双边会谈时，宾主相对而坐，以正门为准，主人占背门一侧，客人面向正门。主谈人居中。我国习惯把翻译安排在主谈人右侧，但有的国家亦让翻译坐在后面，一般应尊重主人的安排。其他人按礼宾顺序左右排列。记录员可安排在后面，如参加会谈人数少，也可安排在会谈桌就座。如会谈长桌一端向正面，则以入门的方向为准，右为客方，左为主方。多边会谈，座位可摆成圆形、方形等。小范围的会谈，也有不用长桌，只设沙发，双方座位按会见座位安排。会谈如用长桌，事先排好座位，现场放置中外文座位卡。各类会谈，都有很高的礼仪要求，目前，我国所采用的谈判的位次的排列方法，主要有三种。其一，是相对式。它主要适用于双边谈判。具体又分为两种情况。一是谈判桌横放，客方面对正门而坐，主方背对正门而坐。二是谈判桌竖放，以进门时面向为准，右侧为上，请客方就座；左侧为下，请主方就座。在谈判时，双方的主谈者应居中而坐，其他人员应遵循右高左低的惯例，依照各自实际身份的高低，自右而左分别就座于主谈者的两侧。按惯例，各方的翻译应就座于主谈者的右侧，并与之相邻，如图7-4所示。其二，是主席式。它主要适用于多边谈判。届时，可在谈判厅内面对正门设置一主席台，其他各方人员均应背对正门，分片就座于主席台的对面。在谈判进行中，各方发言者须依次走上主席台，面对大家，阐述自己的见解。其状况，有如大会发言。其三，是圆桌式。它也适用于多边谈判。在谈判现场仅设置一张圆桌，由各方人员不分座次，自由就座，如图7-5所示。

盛满易为灾，谦冲恒受福。

——张廷玉

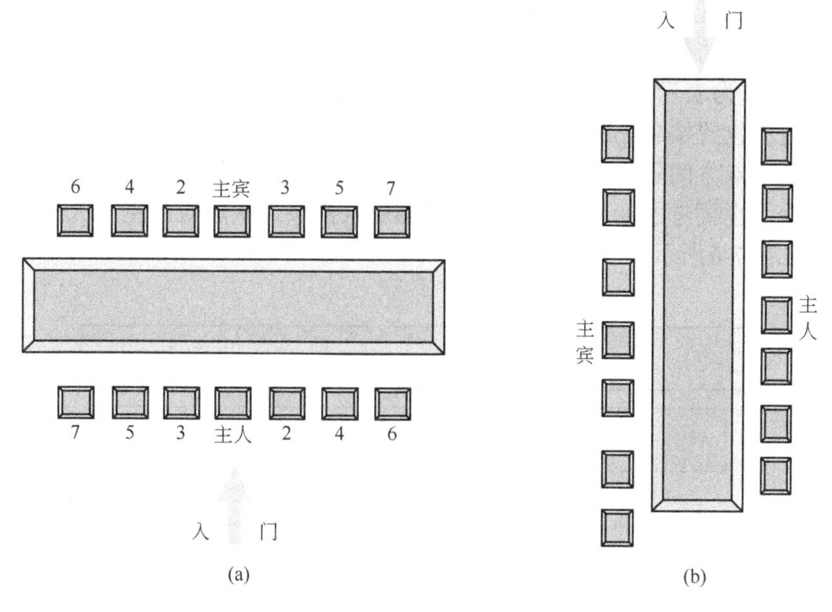

图7-4　相对式

图7-5　圆桌式

（4）会见、会谈的其他准备　会见与会谈如会见人数较多，会见场地也较大，此时最好安装扩音器，另外也可视情况安排翻译设备，如需要同声传译则应尽早确定同声传译人员并对会见、会谈可能涉及的专业术语做准备。如会见与会谈须有合影，则要事先排好合影图，以免合影时发生混乱，如人数多则还应准备架子。会见与会谈还应根据不同的季节以及来访客人的习惯，准备不同的饮品。我国国内一般只备茶水，夏天加冷饮，有时也加矿泉水，但是一般不加含酒精的饮料，会谈如时间过长，可适当上咖啡或红茶。

4．会见、会谈的程序

① 会见双方都应遵时赴约，尤其作为主方人员应提前到达会见、会谈地点以迎候客人。迎候时，主人可以站在会见、会谈的大楼正门，也可以在会客厅门口等候。当客人到达时，应主动上前行礼表示欢迎，并引导客人入座。

② 会面介绍，宾主握手。介绍时，应先将主人向客人介绍，随后将客人向主人介绍。

如客人是贵宾（国家元首），或大家都熟悉的知名人物，就只将主人向客人介绍。介绍主人时要把姓名、职务说清楚。介绍到具体人时，应有礼貌地以手示意。

③ 合影留念。为表示友好，会见应准备合影项目。合影可安排在会见之前或是会见结束之后，摄影时的位置按事先准备好的合影图，遵循礼宾顺序排列，一般主人居中，以主人的右手为上，主客双方间隔排列。人数较多时，可分排排列，第一排为主要的主宾人员，既要考虑人员身份，也要考虑场地大小，即能否都摄入镜头，两边应由主方人站立。合影时摄影位置的安排如图7-6所示。

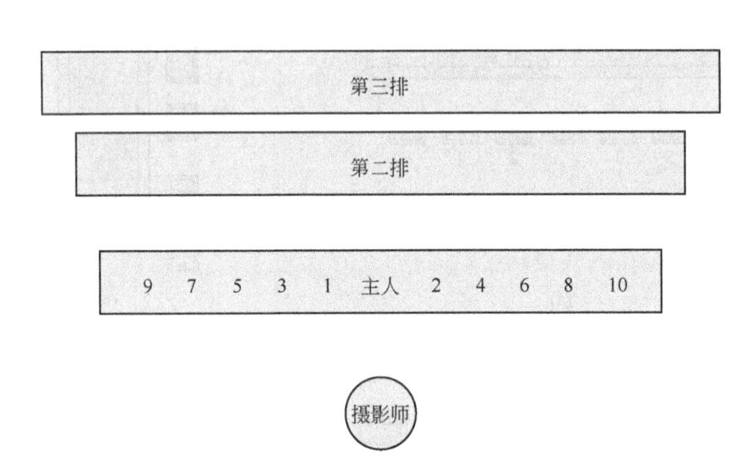

图7-6 摄影位置

④ 入座、会见、会谈。组织领导人之间的会见、会谈，除陪同人员、翻译、记录员外，其他工作人员安排就绪之后应退出会场，谈话过程中旁人不要随意进出会场。

⑤ 记者采访。如允许记者在会见、会谈前采访，则应在会见、会谈开始前几分钟进行，会见、会谈即将开始时离开。

⑥ 会见、会谈结束，主人送客人至车前或门口握手告别，目送客人离去后再退回室内。

二、签字仪式

1. 签字仪式概述

签字仪式，通常是指订立合同、协议的各方在合同、协议正式签署时所举行的仪式。举行签字仪式，不仅是对谈判成果的一种公开化、固定化，而且也是有关各方对自己履行合同、协议所做出的一种正式承诺。双方签字人的身份应大体相当。

2. 出席签字仪式的人员的确定

签字仪式中的签字人一般由缔约双方根据文件的性质和重要性协商确定。可由国家领导人出面，也可由政府有关部门负责人出面，但双方签字人的身份应大致相当。按惯例，参加签字仪式的，应是双方参加会谈的全体人员。如一方要求让某些未参加会谈的人员出席，另一方应予以同意，但双方人数应大体相等。不少国家为了对签字的协议表示重视，往往特意安排更高或更多的领导人出席签字仪式。

3. 签字仪式的位次排列

从礼仪上来讲，举行签字仪式时，在力所能及的条件下，一定要郑重其事，认认真真。其中最为引人注目者，当属举行签字仪式时座次的排列方式问题。一般而言，举行签字仪式时，座次排列的具体方式共有三种基本形式，它们分别适用于不同的具体情况。

（1）并列式　并列式排座，是举行双边签字仪式时最常见的形式。它的基本做法是：签字桌在室内面门横放。双方出席仪式的全体人员在签字桌之后并排排列，双方签字人员居中面门而坐，客方居右，主方居左。

（2）相对式　相对式签字仪式的排座，与并列式签字仪式的排座基本相同。二者之间的主要差别，只是相对式排座将双边参加签字仪式的随员席移至签字人的对面。

（3）主席式　主席式排座，主要适用于多边签字仪式。其操作特点是签字桌仍须在室内横放，签字席设在桌后面对正门，但只设一个，并且不固定其就座者。举行仪式时，所有各方人员，包括签字人在内，皆应背对正门、面向签字席就座。签字时，由文本保存国代表先签字，然后由各国代表，按礼宾次序轮流在文本上签字，然后即应退回原处就座。

4．签字仪式的准备工作

举行签字仪式之前，要准备好文本，同时还要准备好签字时用的国旗、文具等物品，确定助签人员，事先与对方就有关细节问题进行洽谈。

签字的现场布置，各国不尽相同。有的国家安排的仪式设置两张方桌为签字桌，双方签字人员各坐一桌，双方的小国旗分别悬挂在各自的签字桌上，参加仪式的人员坐在签字桌的对面。有的国家安排一张长方桌为签字桌，但双方参加仪式的人员坐在签字桌前方两旁，双方国旗挂在签字桌的后面。

我国举行的签字仪式，一般在签字厅内设置长方桌一张，桌面覆以深绿色的台呢，为签字桌。桌后放两把椅子，作为双方签字人的座位，主左客右。座位前摆放双方各自保存的文本，文本上端分别放置签字文具。桌子中间摆一旗架，悬挂双方国旗。双方参加仪式的其他人员，按身份顺序排列于各自签字人员的座位之后。双方助签员分别站在各自签字人员的外侧。有的国家在签字厅内设置两张方桌为签字桌，双方签字人各坐一桌。双方的小国旗分别摆放在各自的签字桌上。参加仪式的人员坐在签字桌的对面；也有的安排一张长方桌为签字桌，签字人分坐左右，国旗分别悬挂在签字人的身后，参加签字仪式的人员分坐签字桌前方两旁。我国签字仪式位置安排如图7-7所示。

5．签字仪式的程序

在具体操作签字仪式时，可以依据下述基本程序进行运作。

① 宣布开始。此时，有关各方人员应先后步入签字厅，在各自既定的位置上正式就位。其中，签字人员首先入座，其他人员按宾主身份、礼宾次序顺序就位。双方的助签人员分别

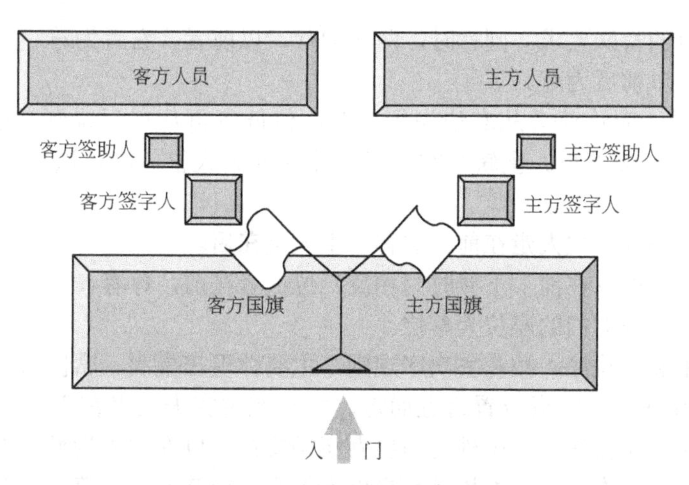

图7-7　我国签字仪式位置

站立在本方签字人的外侧。

② 签署文件。通常的做法，签字人是首先签署应由己方所保存的文本，助签人协助翻揭文本、指明签字处、用吸水纸按压签字部位。签字人在本国保存的文本上签字后，由助签人员传递文本，然后再签署应由他方所保存的文本。依照礼仪规范，每一位签字人在己方所保留的文本上签字时，应当名列首位。因此，每一位签字人均须首先签署将由己方所保存的文本，然后再交由他方签字人签署。此种做法，通常称为“轮换制”。它的含义是在文本签名的具体排列顺序上，应轮流使有关各方均有机会居于首位一次，以示各方完全平等。

③ 交换文本。文本签毕后，双方签字人交换文本，各方签字人此时应热烈握手，互致祝贺，并互换方才用过的签字笔，以示纪念。全场人员应热烈鼓掌，以表示祝贺之意。

④ 饮酒庆贺。有关各方人员一般应在交换文本后当场饮上一杯香槟酒，并与其他方面的人士一一干杯。这是国际上通行的增加签字仪式喜庆色彩的一种常规性做法。另外，也可合影留念。

任务三　礼宾次序和国旗的悬挂

一、礼宾次序

1. 礼宾次序的含义

礼宾次序，又称礼宾序列，它所指的是在国际交往中同一时间或同一地点接待来自不同国家、不同地区、不同团体、不同单位、不同部门、不同身份的多方来宾时，接待方应依照约定俗成的方式、规则和惯例，对其尊卑、先后的顺序或位次所进行的具体排列。礼宾次序既体现东道主对各国宾客所给予的礼遇，又表明各国主权平等的关系。礼宾次序安排不当或不符合国际惯例，会引起不必要的争执与交涉，甚至影响国家关系。

2. 礼宾次序排列的一般要求

（1）社交场合的一般要求　在一般社交场合，约定俗成的做法是：凡涉及位次顺序时，国际上都讲究右贵左贱。即一般以右为大、为长、为尊；以左为小、为次、为偏。行走时，应请外宾走在内侧即右侧，而我方人士则走在外侧即左侧；进餐时，主人应请客人坐在自己的右边。

（2）不同场合的特殊要求　同行时，两人同行，以前者、右者为尊；三人行，并行以中者为尊，前后行，以前者为尊。

进门、上车时，应让尊者从右边先行上车，位低者再从车后绕到左边上车。下车时，低位者应让尊者由右边下车。坐轿车时，以后排中间为大位，右边次之，左边又次之，前排最小。

迎宾引路时，迎宾，主人走在前；送客，主人走在后。

上楼时，尊者、妇女在前；下楼时则相反，位低者在前，尊者、妇女在后。

在室内，以朝南或对门的座位为尊位。

重大宴会上的礼宾次序，按礼宾次序规则，主要体现在桌次、席位的安排上。国际上的一般习惯，桌次高低以离主桌位置远近而定，主宾或主宾夫人坐在主人右侧。我国习惯按客人职务、社会地位来排次序；国外习惯男女穿插安排，以女主人为准，主宾在女主人右上方，主宾夫人在男主人右上方。如果是两桌以上的宴会，其他各桌第一主人的位置可以跟主桌主人的位置同向，亦可面对主桌的位置为主位。

3．影响礼宾排列的相关因素

（1）政治因素　在多边活动中，礼宾次序的排列需要尽可能考虑客人之间的政治关系。若双方政见分歧大，两国关系紧张，就要尽量避免安排在一起。

（2）身份、语言、专业的因素　席位安排主要依据礼宾次序来排，在排席位前，要将经落实能出席的主、宾双方名单分别按礼宾次序开列出来，并考虑语言习惯、专业对口等因素，以便于在宴席上交谈与沟通。

4．礼宾次序的排列

（1）按身份与职务的高低排列　这是礼宾次序排列的主要根据。一般的官方活动，经常是按身份与职务的高低安排礼宾次序。代表团观礼或召开理事会、委员会等，均按出席代表团团长的身份高低排列。

（2）按字母顺序排列　多边活动中的礼宾次序有时按参加国家英文名称的第一个字母顺序排列，也有按其他语种的字母顺序排列的。在国际会议上，公布与会者名单，悬挂与会国国旗，座位安排等均按各国国名的英文拼写字母的顺序排列。联合国大会的席次虽然也按字母顺序排列，但为了避免一些国家总是占据前排席位，因此每年抽签一次，决定本年度大会席位以哪一个字母打头，以便让各国都有机会排在前列。在国际体育比赛中，体育代表队名称的排列，开幕式出场的顺序一般也按国名字母顺序排列，东道国通常排在最后。

（3）按通知代表团组成的日期先后排列　这是在多边活动中经常采用的办法之一。对同等身份代表团次序的排列可采用下列方法：

① 按派遣国通知代表团组成的日期排列；

② 按代表团抵达活动地点的时间先后排列；

③ 按派遣国决定应邀派遣代表团参加该活动的答复时间先后排列；

④ 对同级和同时收到通知的代表团则按英文字母顺序排列。

在实际工作中，礼宾次序的排列常常是几种方法交叉使用，并考虑其他的因素。

二、国旗的悬挂

国旗是国家的一种标志，是国家主权的象征。外交场合悬挂国旗既是一种外交特权，也是一种外事礼遇。庆祝本国或驻在国重大节日时悬挂国旗，表示对本国的热爱和对驻在国的尊重。

1．涉外国旗悬挂的常见情况

① 当一个国家的元首、政府首脑或其他领导人出访他国时，东道国为了表示礼遇，要在来访贵宾的住所升挂来访国国旗，在其乘坐的交通工具上悬挂两国国旗。

② 外国的国家元首、政府首脑、副首脑等以其公职身份正式来访之际所举行的重要活动中可在交通工具、下榻地以及谈判地点等地升挂本国国旗。

③ 在国际条约和重要协定的签字仪式、国际会议的会场以及与会各国政府代表团团长的住地和坐车上，升挂与会国国旗。

④ 在举行国际体育比赛、展览会、博览会、经贸洽谈会以及其他经济、技术、文化等重大国际活动时，根据东道国或主办单位的规定和习惯做法，升挂参加国国旗。

⑤ 在国际经济合作的重大项目奠基、开工、落成、开业以及其他重大庆典活动时，升挂项目所在国和有关国家的国旗。

⑥ 民间团体所举行的双边和多边交往中的重大庆祝活动时，升挂参加国国旗。

⑦ 遇有本国或驻在国的国家元首、政府首脑等国家主要领导人逝世以及本国或驻在国因自然灾害造成重大人身伤亡时，降半旗致哀。

2．在我国升挂外国国旗的限制

① 在我国升挂的外国国旗，必须规格标准，图案正确，色彩鲜艳，完好无损，为正确而合法的外国国旗。

② 除外国驻华的使领馆和其他外交代表机构之外，在我国境内凡升挂外国国旗时，一律应同时升挂中国国旗。

③ 在中国境内，凡同时升挂多国国旗时，必须同时升挂中国国旗。

④ 外国公民在中国境内平日不得在室外和公共场所升挂本国籍国旗。唯有其国籍国庆日可以例外，但届时必须同时升挂中国国旗。

⑤ 在中国境内，中国国旗与多国国旗并列升挂时，中国国旗应处于荣誉地位。外国驻华机构、外商投资企业、外国公民在同时升挂中国国旗和外国国旗时，必须将中国国旗置于上首或中心位置。外商投资企业同时升挂中国国旗和企业旗时，必须把中国国旗置于中心、较高或者突出的位置。

⑥ 中国国旗与外国国旗并挂时，各国国旗均应按本国规定的比例制作，尽量做到其面积大体相等。

⑦ 多国国旗并列升挂时，旗杆高度应该统一。在同一旗杆上，不能升挂两国的国旗。

此外，在一般情况下，只有与我国正式建立外交关系的国家的国旗，方能在我国境内的室外或公共场所按规定升挂。若有特殊原因需要升挂未建交国国旗，须事先经过省、市、自治区人民政府外事办公室批准。在任何时候、任何地点，均不得升挂“中华民国”的旗帜。

3．涉外国旗升挂的排序

由于在上述特殊情况下，我国境内有可能升挂外国国旗。因此，客观上便出现了中外国旗的排序问题。在我国具体处理这一问题时，要遵守有关的国际惯例与我国外交部的明文规定。

中国国旗与外国国旗并列时的排序，主要分为双边排列与多边排列这两种具体情况。

（1）双边排列　我国规定在中国境内举行双边活动需要悬挂中外国旗时，凡中方所主办的活动，外国国旗应置于上首；凡外方主办的活动，则中方国旗应置于上首。以下，以中方主办活动为例，说明3种常用的排列方式。

一是并列升挂，中外两国国旗不论是在地上升挂，还是在墙上悬挂，按国际惯例，皆应以国旗自身面向为准，以右侧为上，左侧为下。通常，右侧挂客方国旗，左侧挂本国国旗，如图7-8所示。汽车上挂国旗，则以汽车行进方向为准，驾驶员左手为主方，右手为客方。

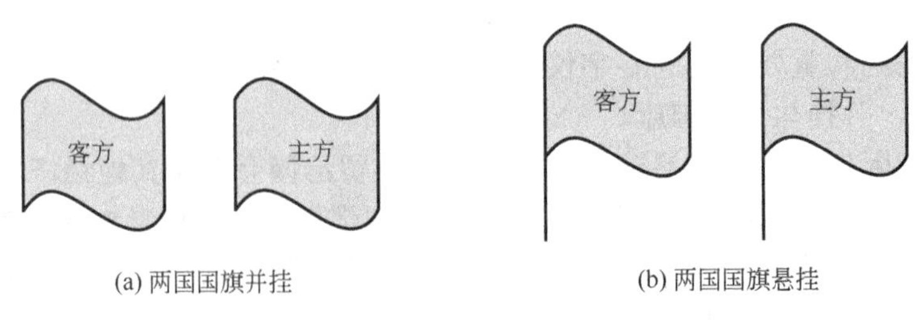

(a) 两国国旗并挂　　(b) 两国国旗悬挂

图7-8　并列升挂

二是交叉升挂。在正式场合，两国国旗既可以交叉摆放于桌面上，又可以悬空交叉升挂。此时，仍应以国旗自身面向为准，以右侧为上位，两国国旗的交叉升挂见图7-9所示。

三是竖式悬挂。有时，中外两国国旗还可以进行竖式悬挂，也应以国旗自身面向为准，以右侧为上位。竖挂中外两国国旗又有两种具体方式，即或二者皆以正面朝外，或以客方国旗反面朝外而以主方国旗正面朝外，如图7-10所示。

应当指出某些国家的国旗因图案、文字等原因，既不能竖挂，也不能反挂。有的国家则规定，其国旗若竖挂需另外制旗。

（2）多边排列　当中国国旗在中国境内与其他两个或两个以上国家的国旗并列升挂时，按规定应使我国国旗处于以下荣誉位置：一是一列并排时，以旗面面向为准，中国国旗应处于最右方，如图7-11所示。二是单行排列时，中国国旗应处于最前面，如图7-12所示。三是弧形或从中间往两旁排列时，中国国旗应处于中心，如图7-13所示。四是圆形排列时，中国国旗应处于主席台(或主入口)对面的中心位置，如图7-14所示。

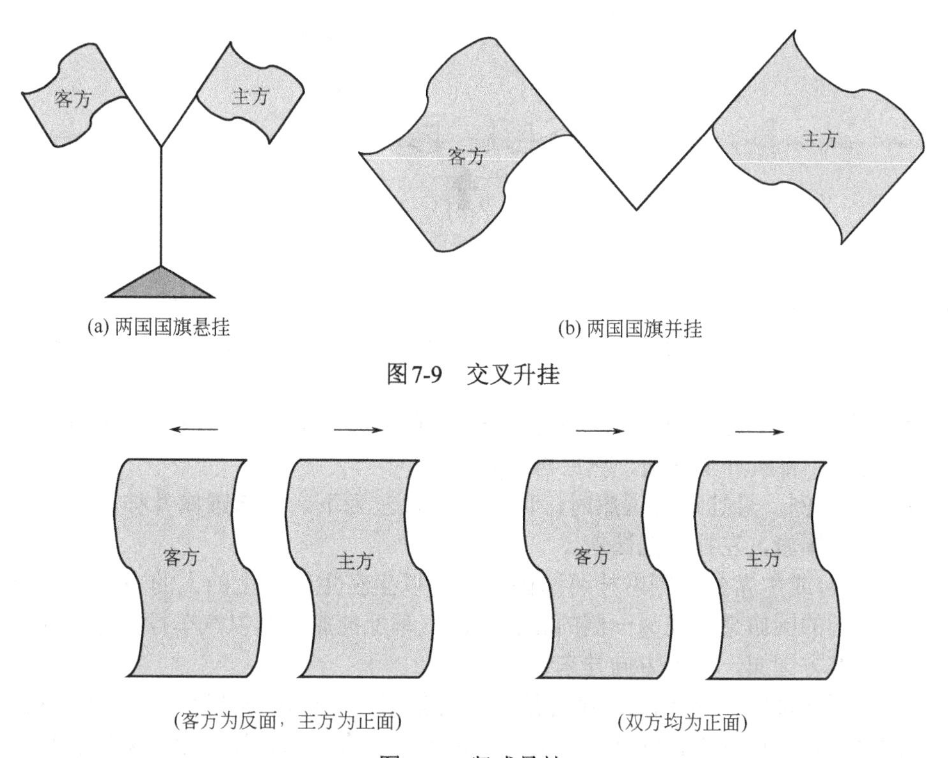

图7-9　交叉升挂

图7-10　竖式悬挂

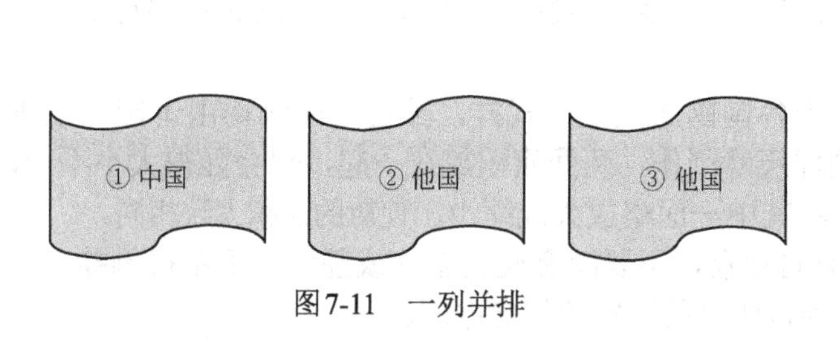

图7-11　一列并排

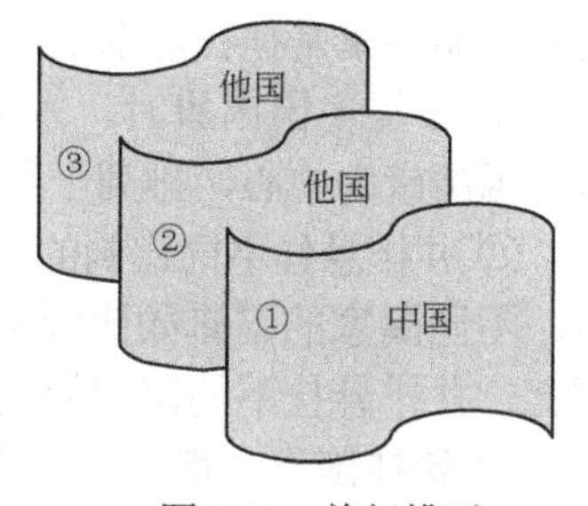

图7-12　单行排列

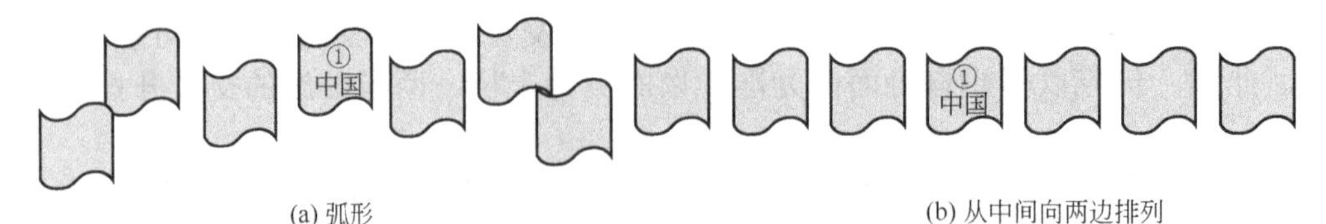

图7-13　弧形和从中间向两边排列

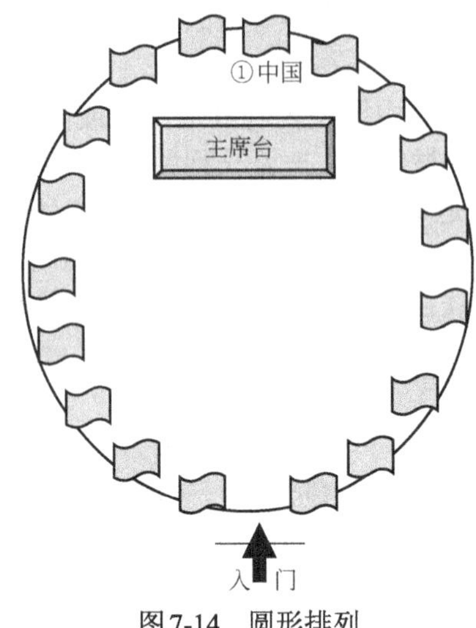

图7-14　圆形排列

4．国旗悬挂中的注意事项

① 在建筑物上或室外悬挂国旗时，一般应早晨8时升旗，日落降旗。升旗时，国旗要升至杆顶。

② 遇需悬旗致哀，通常降半旗。先将旗升至杆顶，再下降至离杆顶相当于杆长三分之一的地方。降旗时，先将旗升至杆顶，然后再下降。

③ 按国际惯例，悬挂双方国旗时，以右为上，左为下。两国国旗并挂，以旗本身面向为准，右挂客方国旗，左挂本国国旗。

④ 在检阅台或主席台两侧悬挂两国国旗时，以坐在主席台上的人的右侧旗杆悬挂客方的国旗，东道国的国旗悬挂在另一侧的旗杆上。汽车上挂旗，则以汽车行进方向为准，驾驶员右手方向挂客方国旗，左手方向挂东道国国旗。

⑤ 所谓主人和客人，不以活动举行所在国为依据，而以举办活动的主人为依据。例如，外国代表团来访，东道国举行的欢迎宴会，东道国为主人；而答谢宴会，来访者是主人。

⑥ 国旗不能倒挂。正式场合悬挂国旗宜以正面（即旗套在旗的右方）面向观众，不用反面，如果旗是挂在墙壁上，避免交叉挂法和竖挂。

⑦ 悬挂多国国旗时，东道国的国旗应置于显著的位置，其他国家的国旗按字母次序以东道国国旗为中心，排列于左右两侧。

⑧ 并排悬挂不同比例的国旗，由于各国国旗图案，式样，颜色，比例均由本国宪法规定，不同国家的国旗如比例不同，同样尺寸制作，两面旗帜放在一起，也会显得大小不一，因此，并排悬挂不同比例的国旗，应将其中一面略放大或缩小，使旗的面积大致相同。

⑨ 悬挂国旗一般应以旗的下面面向观众，不要随意交叉悬挂或竖挂，更不得倒挂。如有必要竖挂或使用国旗的反面时，必须按照有关国家的规定办理。

⑩ 根据《国务院关于在香港特别行政区同时升挂使用国旗区旗的规定》，凡国旗和区旗同时升挂和使用时，应将国旗置于中心、较高或者突出的位置；凡国旗和区旗同时或者并列升挂、使用时，国旗应当大于区旗，国旗在右，区旗在左；列队举持国旗和区旗行进时，国旗应当在区旗之前。

附　涉外礼仪实训安排与考核

涉外礼仪实训 7-1

【实训项目】 涉外迎送礼仪。

【实训目标】 通过对涉外礼仪中迎宾和送别礼仪训练，使学生掌握迎送礼仪的基本知识并在模拟实践中灵活应用。

【实训学时】 4学时。

【实训方法】 情景模拟——机场迎接、送别A国到访使团。按照涉外礼仪中迎接、接待和送别礼仪的程序与要求，布置“机场”，进行迎接、送别活动；选出几位同学分别扮演中方人员、A国人员、服务人员等相关人员。

【实训考核】 以组为单位，对每组的模拟操作进行考核、评分（而不是对单个人考核评分）。迎送礼仪训练考核内容，见表7-1所示。

表7-1　迎送礼仪训练考核表

考生单位：　　　　考生姓名：

服务流程	操作标准	配分	得分
接站服务	1. 掌握客人的抵达时间。 2. 注意接站礼仪：对远道而来的客人，安全调度人员应于24小时前提供迎接、送别车辆调度服务，并且提前15分钟到达机场、车站或码头。迎送身份高的来宾，事先应在机场、车站、码头等地安排贵宾休息室，并根据来宾所在国的口味，准备饮料。 3. 服饰规范：服务人员应熟悉各国人员对颜色的喜好，根据来宾的国籍对颜色的喜好和惯常能够接受的服饰习惯考虑着装。 4. 来宾离开乘车，应为来宾开车门，服务人员应将右手放在车门顶端，礼宾顺序同样为先主宾后随员，先女宾后男宾	10分 10分 5分 10分	
到站服务	1. 欢迎与问候：客人车辆到达停稳后5秒钟内提供开门、引导、行李规范服务。来宾抵达下榻酒店，服务人员应笑脸相迎，同时，对客人进行热情的问候，问候的顺序为先主宾后随员、先女宾后男宾的礼宾顺序。客人未全部进入下榻酒店或车辆未全部离开时队伍不可以离开。 2. 发放分房卡：来宾抵达后，应尽快发放分房卡，引导来宾前往其下榻房间。其间，应为来宾打开电梯门，并用手势请来宾进入。 3. 下榻期间为客人提供周到、细致的服务	15分 10分 10分	
送客服务	1. 送客的规格：送客的规格应与迎宾规格大体相当。礼宾顺序：迎宾时迎客人员在前引导，来宾随后；送客时则宾客在前，送客人员在后。 2. 给客人办理离店手续每人不能超过3分钟，每团不能超过10分钟。 3. 来宾的行李应提前准备好。 4. 送别时应主动征求来宾的意见和建议。 5. 送走宾客应道别并目送宾客车辆离开，车开时应挥手，并等待车辆走远后才能离开	10分 5分 5分 5分 5分	
总　分		100分	

会见、会谈与签字仪式礼仪实训安排与考核

涉外礼仪实训7-2

【实训项目】会见礼仪。

【实训目标】通过对会见礼仪的训练，使学生掌握会见礼仪的基本知识并在模拟实践中灵活应用。

【实训学时】4学时。

【实训方法】情景模拟——商务部部长接见A国代表团。按照会见的一般程序与要求，布置“会场”，进行会见活动；选出几位同学分别扮演中方人员、A国人员、服务人员等相关人员。

【实训考核】以组为单位，对每组的模拟操作进行考核、评分（而不是对单个人考核评分）。会见礼仪训练考核内容，见表7-2所示。

表7-2　会见礼仪训练考核表

考生单位：　　　　　　　　　　　　　　　　　　　　　考生姓名：

服务流程	操作标准	配分	得分
准备工作	1.会见厅内的光线和温度应根据实际情况和主要宾客的要求而定。一般夏季在24～25℃，冬季在20～22℃为宜。 2.当宾客到达时，服务人员要利用主人到门口迎接的间隙，迅速整理好茶几上的物品和沙发上的花垫。然后，用茶杯上茶，注意杯把一律朝客人的右手一侧	10分 10分	
递送毛巾	1.宾主入座后，一般由两名服务人员从主要外宾和主人处开始递送毛巾。如果是一名服务人员递毛巾，则要先从外宾处开始递送，然后再给主人。 2.两名服务人员同时递送毛巾时，则负责递送给外宾的服务员的动作要先于另一名服务人员。宾客用完毛巾，要注意及时收回，以保持台面的整洁	15分 10分	
提供冷饮	1.冷饮应在上完毛巾后提供。 2.上冷饮的礼宾顺序与上毛巾相同。 3.上冷饮时，托盘中的冷饮品种要齐全，摆放要整齐	5分 10分 5分	
会间续水	会见期间的续水一般30分钟一次。续水用较小的暖瓶，并应带一块小毛巾。续水的礼宾顺序与上毛巾相同	15分	
收尾工作	1.会见结束后，要及时把厅室门打开，并对活动现场进行检查。 2.在主人送走宾客后返回时，应及时给主要首长递送热毛巾，并送主要首长和年老及行动不便的领导首先上车	10分 10分	
总分		100分	

涉外礼仪实训7-3

【实训项目】会谈礼仪。

【实训目标】通过对会谈礼仪的训练，使学生掌握会谈礼仪的基本知识并在模拟实践中灵活应用。

【实训学时】4学时。

【实训方法】情景模拟——中方A企业代表团与B国某企业代表团会谈。按照会谈礼仪的程序与要求，布置“会场”，进行会谈活动；选出几位同学分别扮演中方人员、B国人员、服务人员等相关人员。

【实训考核】以组为单位，对每组的模拟操作进行考核、评分（而不是对单个人考核评分）。会谈礼仪训练考核内容，见表7-3所示。

表7-3　会谈礼仪训练考核表

考生单位：　　　　　　　　　　　　　　　　　　　　　　　　　　　　　　考生姓名：

服务流程	操 作 标 准	配　分	得　分
准备工作	1．当主办人提前到达活动现场的时候，服务人员要迎至厅内周围的沙发上就座，用茶杯上茶。 2．当主办人到门口迎接外宾的时候，服务人员应将茶杯端上，放在每人的茶杯垫盘上	10分 10分	
会谈间服务	1．宾主来到会谈桌前的时候，服务人员要上前拉椅让座。 2．当记者采访和摄影完毕后，服务人员分别从两边为宾主双方递上毛巾，宾主用完后，应立即将毛巾收回。 3．会谈中间如果上牛奶、咖啡、干果等，应先把牙签、小毛巾（叠成长方形，每盘两块）、奶罐垫盘、咖啡杯用垫盘端上桌。然后把已装好的糖罐、奶罐（加勺）、咖啡（加勺）、干果盘依次上桌。 4．会谈活动一般时间较长，可视宾客的具体情况及时续水、续换铅笔等。 5．会谈中间休息，服务员应及时整理好座椅、桌面用品等。在整理时，要特别注意不要弄乱和翻阅桌上的文件、本册等	10分 20分 15分 10分 15分	
收尾工作	会谈结束时，要照顾宾客退席，然后按照善后工作的程序做好收尾工作	10分	
总　　分		100分	

涉外礼仪实训7-4

【实训项目】 签字礼仪。

【实训目标】 通过对签字礼仪的训练，使学生掌握签字礼仪的基本知识并在模拟实践中灵活应用。

【实训学时】 4学时。

【实训方法】 情景模拟——中方与C国就双边边界问题达成协议举行签字仪式。按照签字仪式的礼仪程序与要求，分别进行迎送活动；选出几位同学分别扮演中方人员、C国代表团人员。

【实训考核】 以组为单位，对每组的模拟操作进行考核、评分（而不是对单个人考核评分）。签字礼仪训练考核内容，见表7-4所示。

表7-4　签字礼仪训练考核表

考生单位：　　　　　　　　　　　　　　　　　　　　　　　　　　　　　　考生姓名：

服务流程	操 作 标 准	配　分	得　分
签字前工作	1．宾主双方到达签字大厅时，服务人员要主动上前为签字人员拉椅让座。这时双方代表分别站在各自签字代表的身后。 2．开始签字时，前台服务人员站在签字桌的两头等候，准备签字后撤椅子。 3．涉外签字一般包括双方保留的两份文本，当签字人在一份文本上签署完毕后，由双方助签人员交换文本，签完第二份文本后，双方签字代表站立，正式交换文件。 4．相互握手时由两名服务人员上前迅速将签字椅撤出	15分 10分 15分 10分	
签字后工作	1．签字结束的同时，后台服务人员应迅速将香槟酒启开，倒入香槟酒杯（约六七分满），将酒端至双方签字人面前，请其端取。 2．从桌后站立者的中间开始，向两边依次分让香槟。 3．宾主举杯庆祝并干杯后，服务人员要迅速上前用托盘接受酒杯，照顾签字代表退席。 4．会谈结束时，要照顾宾客退席，然后按照善后工作的程序做好收尾工作	15分 10分 15分 10分	
总　　分		100分	

本章小结

在国际交际中，礼宾是一项很重要的工作，许多外事活动，往往是通过各种交际礼宾活动进行的。因此，本章介绍了涉外礼宾活动的主要几方面内容，包括：官方与非官方的涉外迎送活动的基本程序与注意要点；涉外接待所涉及的宴请、参观游览、酬应仪式等方面活动的程序与要求；会见、会谈的内涵、分类、准备工作与主要程序；签字仪式的内涵、人员、位次、准备与程序；国际通行的礼宾次序；国旗在涉外交往中的悬挂。

重点内容

涉外迎送活动的基本程序；会见、会谈的主要程序；签字仪式的位次、准备与程序；国际通行的礼宾次序；国旗在涉外交往中的悬挂

案例分析

朝鲜停战协定签字仪式

1953年7月27日，朝鲜停战协定的签字仪式在朝鲜的板门店隆重举行。签字的全过程仅有10分钟，和一共开了575次大小会议的马拉松式的谈判相比，它的确只是短暂的片刻，但却吸引了世界各国人民的目光。

9时许，记者陆续来到。9时45分，传来了直升机的轰鸣声，这是美方代表到来的信号，机头上飘着一面黄旗。这面黄旗不免使人忆起三年前美方车队打着大白旗到我方占领区开城与会的情况。那时，记者描述美国人前来"投降"，美方大为不悦。可能由于多疑，美国人还发现他们的座椅比朝、中代表的椅子矮一点。之后，双方协议前来开会的人员臂上各缠一根黄布条，汽车和直升机各打一面黄旗，作为和谈代表团的标志。

9时50分，双方的观礼代表和工作人员开始就座。志愿军的观礼代表来自志愿军司令部和前线各军，共约30人。签字大厅成"品"字形，东西长，北面凸出部分小。大厅东西两头各开一门，供双方代表团各自进出之用，免得混杂不便。双方人员分东西两边，相向而坐。谈判代表的席位居前排，其他观礼人员居后。凸出的部分是记者席，正好面对签字桌。过去谈判时，一张长桌当分界线，把双方隔开，今天则不然，双方中间是一块空旷的场地。南端面北设小方桌一张，放着18本待签字的停战协定文本，小桌东西两侧又各放一张长方桌，上面分别置有联合国旗帜和朝鲜国旗，是双方代表签字的座位。大厅可容纳300余人，其中大部分是来自世界各国的记者。为何协定文本竟有18本之多？这是因为文本共两种：停战协定和临时补充协议，而每种文本各备三套：一套自行保存，一套与对方交换，一套存双方组成的军事停战委员会，而且每套都以朝、中、英三种文字写成，三种文字同等有效。这样，就共有18本。我方准备的9本文本为深棕色皮帧，对方则为蓝色，也就是联合国旗帜的颜色。

10时整，激动人心的时刻终于到来。朝鲜人民军和中国人民志愿军的首席代表朝鲜的南日大将，联合国军首席代表哈利逊中将步入大厅。我方人员正襟危坐，对方人员则是千姿百态，有歪着坐的，有跷起二郎腿的，有伸直了脖子的。代表就座后，便在双方参谋的协助下，先在本方准备的9个文本上签字，然后进行交换，在对方的文本上签字。这一过程共历时10分钟。记者席上一片按快门声和镁光灯的闪烁。谁都不愿错失这一历史性时刻。大功告成之后，两人几乎同时站了起来，然后离座扬长而去。没有寒暄，没有握手，没有讲话，甚至没有看对方一眼。敌意之深，可想而知。

当上午10时停战协定在板门店签字时，所有在场的谈判、观礼人员和记者都可以清晰地听到远处传来的隆隆炮声。为什么一面签字，一面又打炮？这是因为根据停战协定，正式停火须在协定生效后12小时实行。于是，双方充分利用停火前的间歇进行了激烈的炮战，为了出最后一口气，也好像是为了给战争送别。

停战之后，国内有些人士访朝时参观了板门店。他们到了签字大厅，看到谈判桌上只有联合国的旗帜和朝鲜国旗，而没有五星红旗，心中便纳闷。其实，这是历史事实。最早的停战谈判始于开城市内的来凤庄。第一天，美国人就带了一面联合国旗帜，立在桌上。当时，我们没有思想准备，显得有些被动。下午，开城地方当局就准备了一面朝鲜国旗插在桌上。从此，两旗并立就成了惯例。朝鲜和以美国为首的联合国军对等谈判，符合我方利益，不用五星红旗也切合实际。因为志愿军并不代表国家参战。事实上，不论是在战场上还是会场上，任何时候

都没有正式出现过中国的国旗。

分析：朝鲜停战协定签订中的礼仪规程。

基本训练

1．判断题

① 在迎送接待前一定要充分掌握迎宾对象的基本状况，来宾尤其是主宾的姓名、性别、年龄、单位、职务等个人情况，但注意由于保护隐私的关系，不宜了解其婚姻、健康状况。（　）

② 非官方迎接外宾，如果是团体应事先确定接待规格，单是个人则不必。（　）

③ 对来宾国家的国旗（元首旗）的旗样和制作说明，国歌的乐谱可以通过外交途径向对方索要。（　）

④ 一定要精心选择迎接来宾的迎宾人员，数量上要多多益善，身份上要大致相仿，职责上要划分明确。（　）

⑤ 宴请中的国际惯例是桌次高低以离主桌位置远近而定，基本原则是左高右低、内尊外低，桌数较多时，要摆桌次排。（　）

⑥ 正式宴会中，宴会厅悬挂来访国以及东道国国旗。（　）

⑦ 访问日程一般应由来访国首先提出。（　）

⑧ 会见按照性质分类可以分为礼节性会见、政治性会见、事务性会见，或兼而有之的会见。（　）

⑨ 会见的座位安排的相对式，一般应以会客室的正门为准，背对正门的一方为上，应请来宾就座。（　）

⑩ 签字仪式中，签字人是首先签署应由对方所保存的文本。（　）

2．选择题

① 外交使节到任后和离任前，对与本国有外交关系的国家驻当地使节作（　）拜会。

A．礼节性　　B．政治性　　C．事务性

② 迎接外宾时，官方活动中，除男主人外，还有少数其他主要官员陪同主人排列成行迎宾，通常称为。（　）

A．欢迎队伍　　B．迎宾线　　C．随同线

③ 涉外谈判中，我国习惯把翻译安排在主谈人（　）。

A．后面　　B．左侧　　C．右侧

④ 在国际体育比赛中，体育代表队名称的排列，开幕式出场的顺序一般按国名字母顺序排列，东道国通常排在（　）。

A．第一位　　B．最后　　C．中间　　D．其正常顺序

3．简答题

① 简述官方欢迎仪式的主要程序。

② 简述涉外参观游览的程序。

③ 会见、会谈的准备工作包括哪些内容？

④ 签字仪式的基本程序是什么？

⑤ 简述涉外国旗悬挂的排列。

4．实训题

根据所学的相关知识模拟一次接待某国部长级经贸使团活动：入境欢迎、受到我国领导人接见、与我国经贸部门会谈、对北京进行参观游览，国宴送别宴请，欢送出境等一系列礼宾活动。

项目八　宗教礼仪

【学习目标】

通过本章的学习，了解宗教的起源、本质、节日，理解宗教的典籍、教义教规，掌握宗教的礼仪与禁忌。贯彻党的宗教政策，尊重宗教信仰自由，以利于在今后的工作中为服务对象提供更好的服务，促进对外友好交往，促进各民族团结。

宗教礼仪是宗教活动的重要内容，在日常交往活动中，应注意了解和尊重有宗教信仰的人，并在他们的宗教礼仪和习俗的框架内进行交往和沟通。具体应做到：第一，了解和尊重教徒的宗教信仰及其宗教礼仪。第二，不干涉正常的宗教活动，比如正常的诵经、布道、弥撒、封斋、庆祝宗教传统节日。第三，对有宗教信仰的服务对象最好尽量回避议论宗教信仰问题，更不要妄加评点。

在我国，信仰各种宗教的群众有一亿多人。这些信徒所属的宗教也是种类繁多、门派各异。既有根植于华夏母体中土生土长起来的宗教——道教，也有许多外域文化传播带来的宗教——佛教、伊斯兰教、基督教等。下面分别从习俗、礼仪及节日等方面加以介绍。

任务一　基督教礼仪

一、基督教的起源

基督教产生于公元1世纪上半叶罗马帝国统治下的巴勒斯坦，“基督”一词是古希腊语的译音，意为“救世主”。传说基督教的创始人是耶稣，他作为救世主，许诺穷人死后升入天堂，而富人要进入天堂比骆驼穿过针眼还难。由于这种思想迎合了广大社会下层人民的苦闷心情，也拨动了广大劳苦人民绝望和失落的心弦，基督教逐渐传播开来，并拥有相当规模的虔诚信徒，引起罗马统治者的不安，在提庇留皇帝时代，罗马派驻犹太的总督，将耶稣钉死在十字架上，但是第三天耶稣从坟墓中复活过来，并升了天，他将来还要对所有的死人、活人施行末日审判。后来，基督教徒把这些传说和耶稣的言行记录下来，编写了《新约圣经》。

二、基督教的派别

基督教产生不久，就逐渐分化成了东、西两大教会。东部教会以希腊文化为基础，神秘主义色彩浓重；西部教会以拉丁文化为基础，注重律法。在神学教义方面，东部教会主张“圣灵由圣父流出”；西部教会主张“圣灵由圣父和圣子流出”。东部教堂装饰多用圣像且非常华丽，西部教堂装饰比较简单等。正是这些分歧，在很大程度上导致了基督教的分裂，从而形成了基督教的三大教派，即天主教、东正教和基督新教。

（1）天主教　也称为罗马公教，它除了信仰天主和基督外，还尊奉玛利亚为圣母。最高宗教领袖称为罗马教皇，终身任职。教皇任命红衣主教担任罗马教廷和各国教会的重要职务，并有选举和被选举为教皇的权利。再下一级的神职人员是主教、副主教、神父、修士和修女等。

（2）东正教　东正教自称“正教”，意为正统教会。它信奉上帝、基督和圣母，但不承认罗马教皇有高出其他主教的地位和权利，并允许主教以外的教士婚娶。东正教的神职按教会行政职务高低分为：牧首、都主教、大主教、主教、修士大司祭、修士司祭、修士大辅祭等。

（3）基督新教　基督新教在我国称为新教，宗教界译为基督教，民间称为耶稣教。基督新教不承认罗马教皇的权威，不尊圣母玛利亚为神，对基督教义、仪式、教会管理方式做了一些改革，允许教士婚娶。基督新教的教职为牧师，另有实习牧师、传道士等神职人员。同时各教派之间又有不同的职位和称谓，如卫理公会有主教；达尔文教派有长老；圣公会的教职有坎特伯雷大主教、大主教、主教、会长（牧师）、会吏（实习牧师）。

三、基督教的教义和教规

1．基督教的教义

基督教中，不论天主教、东正教、还是基督新教，虽然教义上有所差异，但基本教义是相同的。其基本教义和信条包括：信仰上帝，信始祖原罪，信基督救赎，信灵魂不灭、末日审判等。

（1）信仰上帝　上帝是基督教所崇拜的至高神。基督教认为，上帝是世界万物的创造主，并且主宰和管理着世界，上帝具有世界上一切最完美的属性，是不受时间控制的、无所不在的天主真神，是真善美的最高体现者，是人类的赏赐者。人们必须无条件地敬奉和顺从上帝，否则就要受到上帝惩罚。而“上帝论”中最大的奥妙就是“三位一体”上帝观。所谓“三位一体”是指上帝有三个位格：圣父、圣子、圣灵，它们都属于同一个实体的上帝。

（2）信始祖原罪　这是基督教伦理道德观念的重要基础，基督教宣称，上帝创造了人类的始祖亚当和夏娃，并将他们安置在伊甸园过着无忧无虑的生活。但亚当和夏娃因偷食伊甸园中的禁果，犯下了罪，并无法摆脱地传给了子孙后代，人生来就有这种“原罪”，世上一切罪恶和苦难都根源于此。此外还有违背上帝意志而犯的种种“本罪”。这种原罪，人类不能拯救自我，只有通过忏悔来进行赎罪。

（3）信基督救赎　因人类有原罪和本罪而无法拯救自我，要靠上帝派遣其圣子基督降世人世间。基督为赎世人之罪，甘愿自己受难，被钉死在十字架上，用自己的血洗刷世人的罪过，从而拯救了全人类。所以世人若想赎罪，拯救自己的灵魂，就得信仰上帝，祈求基督保佑。

（4）信灵魂不灭、末日审判　基督教认为人的生命是有限的，但人的灵魂会因信仰而重生，并可得上帝的拯救而获永生。可是，终究有一天，所有的世人都逃脱不了上帝的审判（即末日审判），信奉上帝而灵魂得救者将上天堂享受永福。所谓天堂，基督教认为天堂是上帝和真正信奉与追随耶稣的人居住处。不信仰上帝，不思悔改的罪人死后，其灵魂受惩罚下地狱遭受永刑。所谓地狱，是恶鬼和受罚之灵所在之处。天主教和东正教还设有炼狱，那些既不能升天，又不应下地狱的，暂居炼狱，涤罪净化，炼净灵魂，等罪恶赎完，再升入天堂。

2．基督教的教规

基督教的基本教规是“摩西十诫”，也称“上帝十诫”或“十条诫命”。具体内容是：相信上帝是唯一的神，不可相信有别的神；不可雕刻和敬拜任何偶像；不可妄称耶和华上帝的名；当信守安息日为圣日并虔诚纪念；当孝敬父母和长辈；不可奸淫；不可偷盗；不可杀人；不可作假证陷害人；不可贪恋别人的房屋，以及别人的妻子和财物。

基督教的主张，概括起来就是“博爱”，所谓博爱即指爱上帝和爱人如己。

四、基督教的典籍和标记

1．基督教的典籍

基督教的主要经典是《圣经》。基督教认为，书中记述的就是上帝的启示，是基督信徒活动的依据、行为的规范。所以，译成汉语时，取其“神圣的经典”之意，名为《圣经》。《圣经》是基督教宗教信仰的最高权威，是其教义、神学、教规、信条、礼仪等的依据。《圣经》共66卷，由《旧约全书》和《新约全书》两大部分组成。在耶稣降生之前成典的39卷称为《旧约全书》；而在耶稣降生之后成典的27卷为《新约全书》。所谓“约”是指上帝与人之间的“盟约”。

2．基督教的标记

基督教的标记为十字架。基督教认为，耶稣为替世人赎罪被钉在“十字架”上而死，世人因此获得了拯救，故尊称“十字架”为信仰的标志，并定为基督教的标记。“十字架”的样式很多，一般来讲，拉丁教会的十字架多成纵长方形（天主教通用），希腊教会的十字架多为正方形（东正教通用）。在基督教中，十字架已不再是痛苦和耻辱的象征，转为上帝和人重新和好的福音的象征。

五、基督教的礼仪

1．基督教的称谓

东正教的最高首领称牧首；重要城市的主教称都主教；地位低于都主教的称大主教；教堂负责人称主教或神父；离家进修会的男教徒称修士、女教徒成为修女。凡是司祭、辅祭前有“修士”(修女)称号并发誓“绝色”(不娶不嫁)的神职人员，都不能结婚，也只有这类神职人员才有资格升主教；反言之，无“修士”称号的神职人员，允许结婚，但不能晋升主教。

天主教最高首领称教皇或教宗；最高级主教称枢机主教(俗称红衣主教)；管理一个教省的负责人称大主教；管理一个教区的负责人称主教；管理一个堂区的负责人称神父(司铎)；修士、修女的称呼同东正教称呼。与东正教相比，天主教规定更为严格，凡担任神职者，都要进修道院训练，并发誓“绝色”。

基督新教称教区负责人为主教；教堂负责人为牧师。修士、修女的称呼同东正教称呼。

普通信徒称为平信徒。平信徒之间，习惯于称“教友”。新教的教徒，称兄弟姐妹，意为大家同是上帝的儿女；还可称同道，意为共同信奉耶稣所传的道。

2．基督教的基本礼仪

圣礼又称圣事，基督教认为圣礼是圣灵借以净化人的灵魂的礼仪。基督教的礼仪因教派不同而有所不同，一般而言包括以下几项仪式：洗礼、坚振、忏悔、圣餐、终傅、祷告和婚配。基督新教只承认洗礼和圣餐。

（1）洗礼　洗礼也称圣洗或“施洗”，不仅是正式入教的仪式，也是悔改与信心的表示，是将自己奉献、交托给耶稣基督的决定性一步，只有受过洗，就意味着教徒的所有罪获得了赦免。

洗礼的方式有两种，点水礼和浸水礼。天主教多施点水礼，由主礼者（牧师或神父）将一小杯水蘸洒在受洗礼者额头上，或用手蘸水在受礼者额头上划十字；施浸水礼时，由主礼者口诵“我奉圣父、圣子和圣灵的名义给你施洗”，然后引领受洗者全身浸入水中片刻。用水来清洗自己，作为一种仪式在各种文化中都存在。基督教最重要的仪式就是洗礼，它的含义十分复杂，人经受了洗礼就获得了重生，洗去了“原罪”和“本罪”，并能接受上帝的恩宠和保护，以后有权领受其他圣事。天主教大多施点水礼，东正教通常施浸水礼。

（2）坚振　也称“坚信礼”，属入门圣事。施礼时，主礼人在受礼人头上伸开双手，作为圣神赐予恩宠的标记，并祈求圣神降临。然后以拇指蘸圣油，在受礼人头上划十字，宣告“以三位一体神的名义、十字圣号标志，用拯救的圣膏油坚振”等。坚振的意义在于使受领者领受圣神，加强其所受恩宠，坚定信仰，标志他成为基督的精兵。施行者一般为主教（或由其委派的神父）。

（3）忏悔　忏悔圣事是天主教、东正教为赦免人在受洗后所犯罪过而举行的圣事，也称为“办神工”，中国的天主教称之为“告解”。举行告解时，由教徒向神父告明对“上帝”所犯罪行和过错，以示悔改。神父对教徒所告各种罪，应严守秘密。告解可以应个人要求而举行。

（4）圣餐　圣餐也称为圣体，是基督教共同遵守的圣事，是基督教的重大圣礼之一，教会一月一次，一般安排在主日礼拜讲道结束后进行。“圣餐礼”的含义是为了纪念耶稣被钉在十字架，实现对世人灵魂的救赎。据《新约圣经》记载，耶稣与十二门徒进最后晚餐时，拿起饼和酒向诸门徒祝福并分给他们，说道：“这饼是我的身体，这酒是我的血，我的身体和血是为众人免罪而舍弃和流出来的。”他同时指出要后世信奉基督教的人也这样做。

（5）终傅　终傅也称为傅油圣事，属于康复圣事一类。终傅是指基督教徒临终时由神职人员敷擦“圣油”，以此帮助受敷者缓解病痛，赦免一生的罪过的仪式。施礼时，要念一段祈祷经文，认为这样可帮其心安理得地去见上帝。在人的一生中，或在同一次患病期间，终傅可以领受不止一次。

（6）祷告　祷告也称为祈祷，是信徒在心灵上与上帝直接对话的一种方式，是基督教徒向上帝表示祈求、赞美、感谢和认罪仪式。祈祷时信徒双手指交叉合拢并置于胸前，闭上双目，排除杂念，不受时间、环境等限制。祈祷完毕须口呼“阿门”，意为“真诚”，表达“唯愿如此，允许获所求”。

（7）婚配　婚配圣事即婚姻圣事，属于服务共融圣事一类。其指教徒在教堂内由主教或神父主礼，以教会规定之礼宣称正式结为夫妻。一般只为已受洗者施行。

六、基督教的禁忌

（1）离婚禁忌　基督教对婚姻十分重视，天主教明确规定不允许离婚。基督教传统认为，离婚的前提是一方犯淫乱的罪。圣经中提到离婚的另一个可被允许的情形是，为信仰不同之故，一方自愿离去。

（2）忌食动物血液　不吃动物血液及其用血液制作的食品，可以说是基督教信徒生活中一个比较明显的禁忌。勒死的牲畜也在基督教禁食食物之列，这与禁食动物血的禁忌是一脉相承的。

（3）忌占卜　看相、算命、占卜和占星术等也为基督徒所禁止，因为这些迷信除了相信一种上帝之外的干预人生的神秘力量外，还有一种宿命论倾向。

（4）忌烟酒　《圣经》中并未提到烟的直接禁忌（吸烟是近现代才有的行为），但却有不少有关酒的教导。从总体的教导上看，《圣经》的旧约部分将饮酒作为禁忌来讲，而新约部分相对而言较为灵活，少见直接的禁绝，而留给人们自己做出选择。

阅读资料8-1

情人节与感恩节

情人节又名“圣瓦伦丁节”，起源于古罗马，时间在每年的2月14日，现已成为各国青年人喜爱的节日。关于“圣瓦伦丁节”名称的来源，说法不一。一种说法是为了纪念一位叫瓦伦丁的基督教殉难者。他因带头反抗罗马统治者对基督教徒的迫害，被捕入狱，并在公元270年2月14日被处死。行刑前，瓦伦丁给监狱长的女儿写了一封信，表明了自己光明磊落的心迹和对她的一片情意。自此以后，基督教徒便把2月14日定为“情人节”。另有说法是为了纪念另一同名的教徒，他因违背君王的意志，秘密为青年男女举行婚礼而遭监禁至死，死后成了情人们的“守护神”。还有一说法，则上溯到古罗马的“牧神节”，为纪念牧神卢珀库的功绩，每年2月14日，人们总要举行游戏和舞会，而每个男青年则可在游戏中的一种“答筒”里抽出写有某个姑娘的签片，被抽的姑娘将成为他的情人，于是这天就成了情人节。

感恩节是北美所独有的节日。具体时间是每年11月的第四个星期四。关于感恩节的来历，有这样一个故事：公元1620年，英国的一批清教徒从英国乘“五月花号”木船，漂洋过海，于11月21日到达马萨诸塞东南方的普利茅斯并登陆定居。开始时，他们缺衣少食，饥寒交迫，同时，不少人由于长途漂泊，身患疾病，生命危在旦夕。多亏当地的印第安人慷慨相助，他们才得以生存下来。印第安人送来食物、工具、草药，并教他们盖房子、种玉米。第二年秋天，清教徒喜获丰收，在11月下旬的一天，他们准备了丰盛的欧洲式饭菜和啤酒，热情的印第安人又送来了火鸡，大家一起聚餐庆祝，感谢上帝的恩赐。此后，就把这一天命名为“感恩节”并逐渐推广到北美各地。今天的感恩节已成为家人团圆、朋友相聚的民众性节日了。

（5）数字禁忌　基督教国家忌讳“13”和星期五。《圣经》中记载，耶稣被犹大出卖的那天是星期五。耶稣被钉在十字架上是13号、星期五。所以，在基督教国家看来，“13”和“星期五”是一个不吉利的数字。人们忌讳“13”和“星期五”，两者重逢更是令人胆战心惊。

（6）方位禁忌　基督教徒不愿从楼梯或梯子下经过。他们认为，三角形是圣父、圣子、圣灵三位一体的象征。梯子与墙壁地面构成三角形，从其下经过，亵渎圣境。

（7）教堂内禁忌　凡进入教堂的人，要脱帽，举止都应端庄严肃；对衣冠不整或穿拖鞋、短裤入教堂者是绝对禁止的。同时也禁止在教堂内来回乱串、大声喧哗、交头接耳、东张西望、打打闹闹、争抢座位等，更不允许在教堂内吃东西、抽烟。

七、基督教的主要节日

（1）圣诞节　圣诞节是纪念耶稣诞辰的节日。大多数教会定于每年的12月25日为圣诞节，这是全世界基督教徒最隆重的节日，也是欧美各民族一年中最重要的节日。

（2）复活节　复活节是基督教各教派共同遵守的第二大圣节，是基督教纪念耶稣复活的一个宗教节日。公元325年，基督教会规定每年春分月圆后的第一个星期天为复活节，一般在每年3月21日至4月25日。

（3）圣灵降临节　据《新约圣经》记载，耶稣“复活”后第40天“升天”，第50日差遣“圣灵”降临，门徒领受圣灵后开始传教。据此，基督教会规定：每年复活节后第50天为圣灵降临节，又称五旬节。

任务二　佛教礼仪

一、佛教的起源

佛教产生于公元前6世纪至前5世纪的古印度。佛教的创始人释迦牟尼生于今尼泊尔境内的迦毗罗卫国，是释迦族的一个王子。他在青少年时即感到人世变幻无常，深思解脱人生苦难之道。29岁那年剃掉自己的头发开始修行。据传他曾在一棵菩提树下面向东方盘膝而坐，苦思冥想如何解脱人类痛苦的答案，并决心不悟出道理就宁死不起来，传说这次苦思冥想长达七天七夜。在他35岁那年的12月8日早晨，当启明星从东方升起时他突然悟出了这个道理，也就是“觉悟”。得道成佛后，他便在印度恒河流域中部地区向大众宣传自己领悟的真理，拥有越来越多的信徒，从而组织教团，形成佛教。他80岁时在拘尸那迦逝世。他的遗体火化后结成若干颗粒，佛教徒称之为“舍利”，意思为尸体或身骨。

佛教原来只流行于中印度恒河流域一带。佛教向亚洲各地传播，大致可分为两条路线：向南最先传入斯里兰卡，又由斯里兰卡传入缅甸、泰国、柬埔寨、老挝等国；北面经帕米尔高原传入中国，再由中国传入朝鲜、日本、越南等国。

二、佛教的派别

隋唐时期，佛教在我国进入了鼎盛时期，派系纷呈，主要有天台宗、法相宗、华严宗、禅宗、净土宗、律宗等，逐渐形成了山西五台山、四川峨眉山、浙江普陀山和安徽九华山四大佛教圣地。元明以后，佛教在我国西藏地区衍变为喇嘛教（藏传佛教），其佛经属于藏语体系。

三、佛教的教义和教规

1. 佛教的基本教义

佛教认为“一切众生，皆有佛性，有佛性者皆可成佛”，即任何人只要苦心修行，都有成佛的机会。佛教的基本教义可归结为一个“苦”字，即人生无常，事事皆苦，若想灭苦，到达幸福的极乐世界，必须自我净化，修身养性。

佛教的基本教义主要概括为“四谛”、“八正道”、“十二因缘”、“三法印”、“因果报应”、“生死轮回”和“三世说”（前世、今世、来世）等，亦被称为释迦牟尼的根本教法。

（1）四谛　四谛就是苦谛、集谛、灭谛、道谛。苦谛，即要人们把现世看成是痛苦的，人生充满着苦；集谛，即要人们把苦恼产生的原因，看成是起源于人本能的欲望（色、声、香、味、触五欲）；灭谛，即要人们相信苦恼的根源——“五欲”是可以完全消除的，因此每个人都可以得到“解脱”而成佛；道谛，即要人们相信有一条可以使人解脱的途径。

（2）“八正道”　正见（具有四谛佛理的正确见解）、正思维（接受四谛之义的正确思维）、正语（不作一切非佛理之语）、正业（住于清静之身业）、正命（符合佛法戒律正当合法之语）、正精进（修涅槃之道法）、正念（铭记四谛之理离尽邪非）、正定（坚定四谛之信念收心于一）。

（3）十二因缘　“十二因缘”即造成人生痛苦的十二个彼此联系、互为条件、互为因果的环节：无明、行、识、名色、六处、触、受、爱、取、有、生、老死。这十二因缘此有则彼有，此无则彼无，如此流转不息，构成三世两重因果。

（4）三法印　“三法印”是佛教教义最集中的体现和概括，即“诸法无我”、“诸行无常”和“涅槃寂静”。

佛教的教义对中国古代传统文化的发展有较深刻的影响。它和儒家的“入世”思想及道家的“出世”思想相融合，形成了求“解脱”的释家思想，即从苦的此岸世界到乐的彼岸世界的文化心理。

2．佛教的基本教规

佛教法规是佛教寺院约束僧众言行的法制，并要求依照法规制度行事。要成为一名真正的佛教徒，必须接受下列条件：第一，严格接受三皈依戒（表示皈依佛、法、僧）和具足戒。第二，遵守五戒（不杀生、不偷盗、不邪淫、不妄语、不饮酒）、八戒、十戒等。第三，实行素食制度。从梁武帝开始，汉僧禁吃肉食，要吃长斋，即正月、五月、九月三月内的初一至十五日中午不食等。第四，僧众必须随时穿着僧服，即佛教的三衣制度（即大衣、上衣和内衣），具体依据宗教活动要求而定，如做功课、礼诵、听讲和布道穿上衣。

四、佛教的典籍和标记

1．佛教的典籍

佛教在其长期发展过程中，产生了大量的文献，这些文献统称为一切经、大藏经、三藏等。它分为经（释迦牟尼所说的教义）、律（为僧侣和教徒所制定的行为规则）、论（对教理的阐述、论说）三类。大藏经有巴利语、汉语、藏语、蒙语、满语、西夏语、日语等体系，另外还有梵语等其他体系。

2．佛教的标记

佛教的标记，一个是表示吉祥万德的“卍”字符，表示“吉祥福德”之意，象征佛的智慧与慈悲无限；另一个是法轮，法轮是佛教的象征之一，象征佛教的徽章或佛徽。佛教的旗帜或佛像的胸间以此作标记。佛之法轮，即轮辗转时，摧破众生烦恼。

五、佛教的礼仪

佛教在长期发展过程中形成了许多独特的仪式、习俗、法会和节日。与信奉佛教的信徒交往，应该尊重他们的宗教习俗，不能将日常生活的礼仪和习俗强加给佛教信徒，更不能将其他宗教的仪式和习俗错误的应用到与佛教信徒的交往中。

1．佛教的称谓

（1）一般教徒的称谓　在佛教寺院中，以不同方式修行的教徒，有“四众弟子”或“出家四众”等名称。所谓出家，是指舍弃正常生活到寺院修行，但也有在家学佛的人。为了求得解脱，凡出家者必须遵循教规，举行剃发仪式，称为“剃度”。

比丘：出家受具足戒的男居士，简称“僧”，俗称“和尚”。

比丘尼：出家受具足戒的女居士，简称“尼”，俗称“尼姑”。

优婆塞：在家学佛的男居士。

优婆夷：在家学佛的女居士。

比丘、比丘尼、优婆塞、优婆夷合称为“四众弟子”。

沙弥：未受具足戒的出家男童。

沙弥尼：未受具足戒的出家女童。

比丘、比丘尼、沙弥、沙弥尼合称为“出家四众”。若再加上式叉摩那（学法、受戒尼）则为“出家五众”。

（2）与在佛寺中职务相称的称谓

方丈：在佛教寺中全面负责的人，称“方丈”或“住持”。

监院：在佛教寺院中主要负责内部事务的称“监院”。监院分正、副职。

不出家而遵守一定戒律的佛教信徒称“居士”，亦可尊称为“檀越”、“施主”。

2．佛教的基本礼仪

（1）四威仪　“四威仪”是指僧、尼的行、站、坐、卧，应该保持的威仪德相。不容举止轻浮，所谓“行如风，站如松，坐如钟，卧如弓”就是僧、尼应尽力做到的。

（2）受戒　这是接受佛教戒律的仪式。戒法有三皈五戒、十戒和具足戒。受戒后出家的僧、尼必须严格遵守佛教的各种清规戒律，如饮食禁忌方面的不沾荤腥等。

（3）合十礼　“合十”亦称“合掌”。两手当胸，十指相合，专注一心。一般教徒见面时多以“合十”为礼以示敬意。如参拜佛祖或拜见高僧时要行跪合十礼，即大礼。行礼时，右腿跪地，双手合掌于两眉中间。

（4）顶礼　顶礼为佛教最高礼节，是向佛、菩萨或上座所行礼节。行顶礼时双膝跪下，两肘和头着地，而后用头顶尊者之足，故称“顶礼”。出家的教徒对佛像必须行顶礼。头面接足，表示恭敬真诚，即俗语“五体投地”。

（5）南无　南无念“那摩”，是佛教信徒一心归顺于佛的致敬语。常用来加在佛、菩萨名或经典题名之前以表示对佛、法的尊敬和虔诚。“南无”意思是“把一切献给××”或“向××表示敬意”。如称南无阿弥陀佛，则表示对阿弥陀佛的致敬和归顺。

（6）朝山　指佛教徒到名山大寺进香拜佛。小乘佛教徒进入寺庙时须脱鞋，进殿只朝拜释迦牟尼像；大乘佛教徒进入寺庙可以不脱鞋，进殿除朝拜佛祖外，还要朝拜弥勒佛等佛像。

3．与佛教徒交往礼仪

佛教寺院在中国较为普遍，百姓因上香还愿或旅游观光等原因，与佛教徒接触时应注意宗教政策和佛教习俗，与僧、尼友好交往。

（1）进入寺庙　所带包袋、衣帽及手杖等物，忌随意置于佛座上面。尊重寺规，不可嬉笑打闹，不可对佛像评头品足，宜肃静谨慎，衣冠洁整。若遇有人在拜佛像，不可在其前面穿过行走；拍照应先征得僧、尼的同意；不经允许，不可进入僧、尼的寮房。遇做道场，应遵守现场秩序，不得扰搅。

（2）与佛教徒见面　可称呼其法师、师父，不宜直接询问僧、尼的姓名，因入寺后大多都由受戒师赐予了法号。一般行合十礼，态度要恭敬，但也不可强拜顶礼。佛教不适于握手，故不要主动伸手与僧、尼握手，造成双方的尴尬。

（3）寺院中的物品　佛教称其为法器，如钟、鼓、鱼磐等，不可好奇地去随意敲打，锡杖、衣钵、旗幅等物也不可自主挪动。

六、佛教的禁忌

佛教教规极为繁杂、严格，佛陀临逝世时教导弟子们，在他去世以后要以戒为师。佛教的戒（禁忌）有两个方面：一方面是针对僧人的，另一方面是针对在家修行者的。

（1）五戒　这是佛教传统禁忌，就是杀生戒、偷盗戒、邪淫戒、妄语戒、饮酒戒。

（2）饮食禁忌　佛教规定出家人饮食方面的禁忌很多，其中素食是最基本、最重要的一条。素食的概念包括不吃“荤”和“腥”。“荤”是指有恶臭和异味的蔬菜，如大蒜、大葱、韭菜等；所谓“腥”是指肉食，即是各种动物的肉，甚至鱼和蛋。

（3）忌烟酒　佛教还要求僧人不饮酒、不吸烟。

（4）结婚禁忌　佛教认为出家僧众担负着住持佛法、续佛慧命的重大责任和终身事业，因此必须独身出家才能成就，

（5）忌蓄私财　积蓄私财是违背出家本意的。

（6）享乐禁忌　要求僧、尼不看、听歌舞，不坐卧高级豪华床位，不接受金银等财宝，不做买卖等。

（7）交往禁忌　同比丘尼交往要注意，男性公民不能进尼众的寮房，同比丘尼说话时要有其他人在场，不要主动与比丘尼握手，到比丘尼寺院参观、拜佛，应衣冠整齐等。女士们到男众寺院也要注意，不要随意到僧人住宿的地方去。

（8）对在家修行的居士，佛教只要求在每月一定的日子里实行一种克制的生活，即不涂香装饰，不观听歌舞剧。持斋的日子一般是阴历朔日、初八、十四、望日、二十三、二十九日。

七、佛教的主要节日

佛教的节日名目繁多，同一节日在不同国家和地区名称也有不同。在我国，许多佛教节日随历史流传，已衍变为民间的习俗和欢庆的日子。下面主要介绍佛诞节、佛成道节和佛涅槃节。

（1）佛诞节　顾名思义，佛诞节是佛教纪念释迦牟尼诞生的重要节日，又叫“浴佛节”，在东南亚一些国家和我国傣族地区叫“泼水节”，在日本称为花节。佛诞节的日期，各国和地区互有不同，宋代以来我国大多数地区均以农历四月初八为佛诞节。明治维新后，日本改成公历4月8日为佛诞节。我国藏族和傣族地区以及东南亚佛教国家，以农历四月十五日为佛诞节。

（2）佛成道节　佛成道节，是佛教纪念释迦牟尼得道成佛的节日，在我国民间又称“腊八节”。佛教传说，佛陀29岁离开王宫，先修苦行6年未能得道，被饿成皮包骨，濒临死亡时，遇见一牧女，牧女送他以乳糜。吃后他端坐在菩提树下，沉思7天，于12月8日悟得正觉，创立了佛教。因此，每年的农历十二月初八，寺院僧众都要集中于大殿，焚香诵经、梵呗礼佛、讲道说法、熬粥供佛。

（3）佛涅槃节　佛涅槃节是佛教纪念释迦牟尼逝世的节日，相传佛陀释迦牟尼于80岁

时死于拘尸那迦，佛教称之为涅槃。中国、日本、朝鲜等国的大乘佛教一般认定为农历二月十五日，日本近年改用公历，也就定公历2月15日为涅槃节，而藏传佛教则认为是农历四月十五日，并认为释迦牟尼“投胎母腹”、“悟真得道”、“ 涅槃升天”都在这同一天，所以放在一起纪念。

任务三　伊斯兰教礼仪

一、伊斯兰教的起源

公元610年阿拉伯半岛上，穆罕默德为实现各部落的和平统一，于40岁那年宣称受真主“安拉”的启示，在麦加创立了伊斯兰教。“伊斯兰”一词，是阿拉伯语的音译，意为“和平”。对信仰伊斯兰教的人，一般称为“穆斯林”，意为“虔诚者”。

公元7世纪中叶（唐朝初年），伊斯兰教沿着海、陆两条路线，即海上“香料之路”和西北“丝绸之路”传入中国。在我国又称清真教。1953年，我国成立了伊斯兰教协会。

二、伊斯兰教的派别

在伊斯兰教历史发展的整个过程中，教派与教派的斗争始终存在，主要分为逊尼派和什叶派。

（1）逊尼派　逊尼派又称为正统派。“逊尼”原意为“行为”、“道路”，逊尼派是伊斯兰教中人数最多的一派。中国的穆斯林大部分属于此派。

（2）什叶派　什叶派是与逊尼派、哈瓦利吉派、穆尔吉埃派并称为早期伊斯兰教的四大政治派别。什叶派以拥护穆罕默德的堂弟阿里及其后裔担任穆斯林的首领伊玛目为其主要特征。“什叶”意为追随者。什叶派在伊朗、也门等国居统治地位，在巴基斯坦、印度等国也有一定影响

三、伊斯兰教的教义

伊斯兰教的宗教义务指教徒必守五项基本功课，即念功、礼功、斋功、课功和朝功，善行指教徒在宗教上必须遵从的道德规范。伊斯兰教教义中的五大基本信条如下。

（1）信安拉　要相信除安拉之外别无神灵，安拉是创造和主宰宇宙万物唯一的神，具有独一无二、永生永存、无所不知、无所不在、创造一切、主宰所有人命运的无上权威。信安拉是伊斯兰教信仰的核心。

（2）信先知　伊斯兰教把受安拉启示并向世人宣传教义的人称为先知。《古兰经》中曾提到了许多位先知，其中有阿丹、努海、易卜拉欣、穆萨、尔撒。先知中最后一位是穆罕默德，他也是最伟大的先知，是至圣的使者，是安拉“封印”的使者，负有传布“安拉之道”的重大使命，信安拉的人应服从他的使者。

（3）信天使　安拉创造了万物。天使受安拉的差遣管理天国和地狱，并向人间传达安拉的旨意，记录人间的功过。

（4）信经典　认为《古兰经》是安拉降示人间的一部天经，是伊斯兰教的根本经典，也是社会立法、道德规范、思想学说的基础。教徒必须信仰和尊奉，不得诋毁和篡改。

（5）信末日审判和死后复活　认为在今世和后世之间有一个世界末日，在世界末日来临之际，真主将作“末日审判”。届时，所有的死人都要复活接受审判，罪人将下地狱，而义人将升入天堂。

四、伊斯兰教的典籍和标记

1．伊斯兰教的典籍

伊斯兰教的基本经典是《古兰经》。《古兰经》，意为“诵读”，中国旧称“天经”。穆斯林信仰《古兰经》是真主的语言，是真主授给穆罕默德的启示。

2．伊斯兰教的标记

新月是伊斯兰教的标志，它只是宗教的标志，不是穆斯林的崇拜物。伊斯兰教的斋月，就是从见到新月的第一天开始封斋、到再见到新月开斋为止的一个月时间。在穆罕默德看来，新月代表一种新生力量，从新月到月圆，标志着伊斯兰教摧枯拉朽、战胜黑暗、圆满功行，光明世界。

五、伊斯兰教的礼仪

1．伊斯兰教的称谓

伊斯兰教注重称谓，反对在名中使用吉利的词语，如“发财”、“得胜”、“高贵”等，喜欢用“天仆”、“天悯”等词语。宗教领袖、教长、清真寺的主持人、什叶派的政教领导人，尊称为伊玛目；主持清真寺教务者尊称为阿訇；教坊首领，尊称为教长阿訇；经文大师尊称为开学阿訇；伊斯兰学者尊称为毛拉。

2．伊斯兰教的基本礼仪

伊斯兰的主要宗教活动是“五功”，各自有不同的礼仪要求。

（1）念功　即念诵“万物非主，唯有真主；穆罕默德是主的使者”这句宗教口号，用阿拉伯语念诵时，富有音乐旋律感。在我国，这句口号被称为“清真言”。念诵清真言，意在表示自己的信仰，是向真主作证。

（2）礼功　即做礼拜，是对安拉的感恩、赞美、恳求。穆斯林每天要做五时礼拜：天亮时辰拜，中午晌拜，下午太阳偏西时晡拜，黄昏时昏拜，入夜宵拜。礼拜场所不定，方向朝麦加克尔白。礼拜的仪式是匍匐在地，念词统一规定。穆斯林做礼拜前要先行净礼。做礼拜的意义在于陶冶性情，不忘冥冥之中真主对自己行为的监察，悔过自新，养成服从宗教领袖的习惯。

（3）斋功　即斋戒。伊斯兰教规定，在伊斯兰教历九月全月，每天从日出前一个半小时到当天太阳落山，禁止饮食等任何非礼行为。直到该月最后一天，看到新月时，斋月即告结束。斋功除了行为上的斋戒，还要在心灵上杜绝一切邪念，净化心灵。斋功的意义在于培养穆斯林对真主的敬畏心理、坚韧作风以及戒除坏习惯的能力。

（4）课功　也叫天课，即缴纳宗教税。这种税收是以安拉的名义征收的，用于济贫。穆斯林除正常开支外，如果资财达到一定数目，就应按一定的税率交付天课。天课的目的在于培养乐善好施的品德，克服吝啬的劣根性。

（5）入教　伊斯兰教没有特定的入教仪式，当一个人发自内心信仰真主的时候，就已经是一个穆斯林了。

3．伊斯兰教的其他常见礼仪

我国信仰伊斯兰教的兄弟民族有许多，人数约在1700万左右。其中特别是回族同胞遍布全国，就生活在我们之中。因此，与穆斯林友好相处，礼尚往来，成为社会交往的重要内容。

（1）入寺　进入清真寺要注意衣冠整洁，不袒胸露臂；不穿短裤或短裙；要保持寺内庄严清静，不得大声喧哗，更不准唱歌跳舞；不经阿訇的同意，非穆斯林不准进入礼拜大殿，殿内一般不准拍照；不得抽烟、口出秽语。

（2）交友　要尊重穆斯林的生活习惯和宗教心理，谈语避免使用伊斯兰教禁忌的词汇，不涉及穆斯林反感的事件，不主动评点不同教派的观点。不可主动与主妇或年轻女子握手，也不可对其凝视。

（3）接待　招待穆斯林客人，最好去清真饭店，一般不要在自己家中设宴款待。如在家中，则要注意他们从来不用非清真茶具来饮茶，最好用罐装饮料招待。席宴上应特别注意，菜肴及其餐具中不可有穆斯林忌讳的食品或图案。

（4）祝节　遇到穆斯林的传统节日应该以适当的方式对他们表示祝贺。如伊斯兰教开斋节、古尔邦节、圣纪节等，作为好友应主动有所表示。

（5）行礼　见到尊长，应直立敬礼。同辈相见，行握手礼。十分亲密的友人，行拥抱吻礼。见面互相敬礼的同时，还互相用祝词祝贺对方。

（6）入室　上门拜访，一定要征得主人同意，方可入门。包括子女要进入长辈卧室，也必须先征得长辈同意。

六、伊斯兰教的禁忌

伊斯兰教的禁忌较多，有必要详细了解。

（1）伊斯兰教徒禁食猪肉　这一习俗源于古阿拉伯半岛闪米特人的风俗，后来被犹太人继承，最后被穆罕默德写进《古兰经》，成为所有穆斯林的信条。

（2）伊斯兰教徒禁酒　在宴会宾客时，均以茶代酒。认为人会酒后乱性，所以不能把酒作为礼物送给穆斯林。忌非穆斯林借用自己的炊、餐器具，忌他人在自己家中吸烟、饮酒。

（3）婚姻禁忌　订婚忌无“麦合尔”（即聘金）。伊斯兰教典规定：缔结婚姻的男方向女方交纳钱财，数量无规定，量力而行，多者不限。聘金交纳女方后，即成为女方个人财产，即使离婚亦不得收回。结婚须择吉日。忌把妇女无生育能力作为离婚或抛弃之理由。

（4）送礼禁忌　由于禁偶像崇拜，因此不能将雕像类的艺术品作为礼物送给穆斯林，也不要送洋娃娃给他们的孩子，或送礼物给主人的妻子，这都是伊斯兰教规不允许的。穆斯林不可在家里摆设人形装饰品

（5）饮食禁忌　伊斯兰教对饮食有严格的规定。不食猪和不反刍的猫、狗、马、驴、骡、鸟类，以及没有鳞的水生动物等；不食自死的动物、非穆斯林宰杀的动物和动物的血。穆斯林杀牲要念经祈祷，采用断喉见血的方式，不用绳勒棒打、破腹等屠宰法。不食生葱、生蒜等异味的东西。

（6）着装禁忌　伊斯兰教认为，男子从肚脐到膝盖，妇女从头到脚都是羞体。在公开场合，男性穆斯林必须穿着不露羞体的衣服，女性必须戴面纱和盖头。

（7）忌用左手待客　敬茶、端饭、握手均用右手，用左手被视为不礼貌。

七、伊斯兰教的主要节日

伊斯兰教的节日很多，均以教历日期为准。伊斯兰教历在我国旧称回历，它以月亮圆缺一次为一个月，所以有些地方根据自己情况，以见月为准，不信守固定日期来纪念自己的节日。

（1）开斋节　开斋节（我国新疆地区称“肉孜节”）是穆斯林最热闹喜庆的日子，每到教历10月1日这一天，穆斯林们在封斋一个月后身着盛装，到清真寺或广场会礼，在阿訇的带领下，集体做礼拜，庆祝穆斯林斋功顺利完成。会礼后，家家都准备有丰盛的节日佳肴，宴请宾朋，增进彼此间的友爱和团结。庆祝活动一般可持续3～5天。

（2）宰牲节　宰牲节在教历的12月10日，又称古尔邦节（古尔邦意为献牲）、忠孝节，是在朝觐麦加的最后一天举行的庆祝活动。

（3）圣纪节　圣纪节是纪念伊斯兰教的复兴者，也是最后一位使者——穆罕默德诞辰的节日。每年教历3月12日正式定为圣纪日。

（4）阿术拉节　伊斯兰教历1月10日为阿术拉节，是安拉创造人、天国乐园、火狱的日子，也是阿里之子侯赛因殉难日。穆斯林在该日自愿斋戒。什叶派则举行哀悼仪式和游行等。

（5）盖德尔夜　伊斯兰教历9月27日夜为盖德尔夜，是安拉颁降《古兰经》之夜。穆斯林夜晚去清真寺做礼拜、育经，有的整夜不眠。

任务四　道教礼仪

中国道教是我国所固有的一种宗教，它是中华宗教里突出的代表，也是我国唯一土生土长的宗教。在中国的封建社会，道教与佛教并称为两大宗教，融合了儒家和佛教的某些理论和教规、仪式，成为在理论上、组织形式上、教义教规等方面都非常完备的、具有世界影响的一大宗教。

一、道教的起源

道教在中国流传已有2000余年的历史，它源于中国古代民间原始宗教文化，道教具有“独特的宗教神秘主义”色彩。道教深植于中华文化的母体之中，其内容十分复杂，包罗了“鬼神崇拜”、“自然崇拜”、“神仙与方士”、“方术与巫术”和“黄老之说”等思想。道教具有鲜明的中华民族特色，素有“国教”之称。

道教于东汉晚期形成。相传是张道陵所创立，奉先秦老聃（老子）为教祖，尊称为“太上老君”。东汉顺帝永和六年（公元141年），江苏丰县人张陵在西蜀鹤鸣山中宣称太上老君授道法，入道者须出五斗米，号“五斗米道”，因此他被后世教徒尊为教主，又被敬称为张道陵。“道教”一词出现得晚些，最早见于东汉末年的《老子想尔注》。这以后数百年间道教的教义、教规、礼仪形式等逐渐成熟、成型。

二、道教的派别

道教在发展过程中，随改朝换代社会变迁，几经整合，曾衍生出许多教派，如五斗米道、天平道、南北天师道、上清派、神霄派、清微派等。据历史记载，道教分宗立派使于宋元时期，在这期间，在历代众多教派中，形成了正一道、全真道、真大道、太一道和净明道五大宗派，并流行一时，产生了一定影响。在明代以后，前述各教派纷纷走向衰退，各家宗派经过分化、瓦解、改造、整合，最后依据他们的共同点，即共同尊奉的祖师，共同信奉的经典，共同遵守的戒律，共同遵守信仰的道术和共有的祖庭，其下分为“正一道”和“全真道”两派，维系至今。

三、道教的教义和道规

1．道教的教义

（1）“道”和“德”是道教的基本教理　“道”即为道教的最高教理，一切道经都宣称以“道”为根本信仰。道教宣扬，“道”是万物之母，是宇宙万物的核心和主宰。“德”是道的显现，是道的行为。道教将“道德”对立与统一融为一体。对于道教而言，“道德”意味着道教尊奉的是“最高的天神”。

（2）道教追求“长生不老，肉身成仙” “生道合一”是道教的基本教义。道教看重个体生命的价值，它主张以生为乐，生者生命，生存也。道教特别重视、爱惜生命的长久存在。它将宇宙设为三层空间，“上有仙界，中间人间，下有地狱”，并宣称，凡人经过修道等途径，可以跨越死亡界限，肉身不死，直接升到神仙世界。历代君王都寻求长生不老的仙丹妙药，虽然没有实现愿望，但却使道教总结出了一整套健身长寿的养生术、养形方术和养神方法。而道教炼丹药的目的乃是追求“长生不老，肉体成仙”。

2．道教的道规

道规即道教要求道教徒遵守的规则。道教的主要道规是：“三皈五戒”。三皈即皈道、皈经、皈师。其作用是：皈依道，常侍天尊，永脱轮回；皈依经，生生世世，得闻正法；皈依师，学以上乘，不入邪念。五戒是：一不杀生，二不偷盗，三不邪淫，四不妄语，五不酒肉。此外，还有“八戒”、“十戒”、“老君二十七戒”等。凡出家道士都要受戒，遵守道规。

四、道教的典籍和标记

1．道教的典籍

《道藏》是道教经籍的总集。《道藏》包含有《道德真经》注释50余种，从哲学理论、阴阳变化、内丹外丹、修身治国等方面阐述道教教义。《道德真经》即《老子五千文》的简称，被道教奉为主要的经典。从唐玄宗时代汇编第一部《道藏》到明代《万历续道藏》止，所收道经有数千卷。道教经书十分复杂，而且数量庞大，内容十分丰富。《道德真经》是道教徒的必修功课。

2．道教的标记

道教以“八卦太极图”为标记，它具有“镇妖降魔”的功能。“八卦”又名《经卦》。八卦是我们祖先发明的，它起源于原始宗教。道教认为“道”是万物之母，是宇宙万物的核心。宇宙空间无限广阔（大到极点），故称之为太极。八卦象征道教基本理论的核心，并以此作为道教的标记。

五、道教的礼仪

1．道教的称谓

① 监院。道观的负责人，管理丛林的首领，又称住持或当家，负责道观全部事务，主管财务经济，由道众公选，一般任期3年。

② 都管。监院助手，协助监院管理大小事务，协助其查账目，应酬宾客。

③ 高功。有学问的道士，诸经师的首领，主持大小道场，迎驾一切朝事者。

④ 道士。是道教的职业者，奉守道教经典规诫并熟悉各种斋醮祭祷仪式的人。

⑤ 道姑。道教女教徒称为道姑，也可称女冠。

⑥ 道童。道士中未成年的徒弟或仙童。

⑦ 居士。非专职的教徒，也可称门徒或弟子。

如果了解道士的姓氏，可在称呼前冠以其姓。与道士谈话要谦和，不要论辩教义方面的内容，也不要随便打听道士的年龄、身世和家庭情况。

2．见面礼节

道士不论在与同道或与外客的接触中，习惯于双方擎拳胸前，以拱手

阅读资料 8-2

何为“神仙”

道教尊奉的神仙谱系非常复杂，而且是一个庞大系统，其中包括尊神、神仙、俗神、真人等，通称神仙。道教对“神仙”的认识有独特的见解，简而言之，能神通变化者，称为“神仙”。道教认为，“神”和“仙”都属于宗教信仰，但二者内涵不尽相同。“神”是先天就有的，即“天地未分之时就存在的真圣”，它有执掌一方的权力；“仙”是后天的，即世间凡人修炼得道而成。我国道教的神仙思想、神仙观念、神仙行迹以及神仙影响极为深远、普遍。道教在我国各地名山大川中，都有无数离奇瑰丽的神仙传说，从而为名山大川增添了奇幻色彩和迷人魅力。

作揖为礼，向对方问好致敬，这是道教传统的礼仪。后辈道徒遇到前辈道长，一般可行跪拜礼、半跪礼或鞠躬礼。非宗教人员遇到道士，过去行拱手礼，现在也可以随俗，用握手问好。

3．道教活动

道士在道观内的饮食、起居和作息，均须按各道观内的清规执行。道士上殿，必须穿戴整洁；参加道场的信众，均要斋戒沐浴，诚心恳祷，服装整洁，随同跪拜。

六、道教的禁忌

道教禁忌可分为四种层次：戒律、斋戒、清规、一般禁忌。

（1）戒律　道教的戒律具有很多种类，律条有简有繁、有松有紧，少者五戒、八戒，多者一千二百戒，主要是戒杀生、戒偷盗、戒奸淫、戒说谎、戒打骂、戒烟酒等。此外还有“元始天尊二十七戒”，“女真九戒”等。

（2）斋戒　于祭祀之前，沐浴更衣，不饮酒，不吃荤，以示诚敬，称为“斋戒”。斋戒的斋法有3种，一是设供斋，二是节食斋，三是心斋，各斋法都有许多规定和具体日期限定。

（3）清规　清规是道教对违反戒律的道士的惩处条例。戒律为事前防范，清规为事后惩治。一般由各道观自己订立，轻则被罚跪、杖责、逐出师门，重则火化处死。

（4）一般禁忌　道教经书上禁忌条文甚多，其中有医药卫生常识，也有民间相传的迷信，主要为教徒在日常生活和在祭祀仪式上的一系列规范禁戒。

当然，由于道教是在汉族民间信仰基础这块沃土上产生和发展起来的，因而两者不可避免地有共通之处，在禁忌上也有许多共同之处。许多禁忌不仅为教徒所尊奉，也为民间所信仰，这是道教在民间广泛流传的一种表现。

七、道教的主要节日

道教崇尚多神，因为神仙群体庞大，使修炼的道士们和百姓，都无法记住记全，更无法接二连三地为诸神庆典祝节，所以道教几乎没有专门的节日，多以相关的道教神仙纪念日方式为吉庆，并流传至今。中国道教的节日以农历为准。

① 正月初一日，玉清元始（天宝君）天尊圣诞日。

② 正月初九日，昊天金阙至尊玉皇大帝圣诞日。

③ 二月初一日，勾陈上宫南极天皇大帝圣诞日。

④ 二月初二日，承天效法厚德光大后土皇地抵圣诞日。

⑤ 二月十五日，太清道德（神宝君）天尊圣诞日。

⑥ 二月十六日，真武大帝诞生日。

⑦ 三月初七日，何仙姑诞生日、蓝采和诞生日。

⑧ 三月二十三日，天后（妈祖）诞生日。

⑨ 四月十四日，吕洞宾诞生日。

⑩ 四月十八日，中天紫微北极太皇大帝圣诞日。

⑪ 五月夏至日，上清灵宝（灵宝君）天尊圣诞日。

⑫ 六月十五日，王灵官诞生日。

⑬ 七月初十日，李铁拐诞生日。

⑭ 八月初十日，曹国舅诞生日。

⑮ 十月初九日，韩湘子诞生日。

⑯ 十月初十日，张果老诞生日。

本章小结

基督教礼仪：基督教的起源、基督教的派别、基督教的教义和教规、基督教的典籍和标记、基督教的礼仪、基督教的禁忌、基督教的主要节日。

基督教的派别：天主教、东正教、基督新教。

基督教的教义：信仰上帝，信始祖原罪，信基督救赎，信灵魂不灭、末日审判。

基督教的基本礼仪：洗礼、坚振、忏悔、圣餐、终傅、祷告、婚配。

基督教的禁忌：离婚禁忌、忌食动物血液、忌占卜、忌烟酒、数字禁忌、方位禁忌、教堂内禁忌。

基督教的主要节日：圣诞节、复活节、圣灵降临节、受难节。

佛教礼仪：佛教的起源、佛教的派别、佛教的教义和教规、佛教的典籍和标记、佛教的礼仪、佛教的禁忌、佛教的主要节日。

佛教的基本教义：四谛、八正道、十二因缘、三法印、因果报应、生死轮回和三世说。

佛教的基本礼仪：四威仪、受戒、合十礼、顶礼、南无、绕佛、朝山、入寺须知。

佛教的禁忌：五戒、饮食禁忌、忌烟酒、结婚禁忌、忌蓄私财、享乐禁忌、交往禁忌。

佛教的主要节日：佛诞节、佛成道节、佛涅槃节。

伊斯兰教礼仪：伊斯兰教的起源、伊斯兰教的派别、伊斯兰教的教义、伊斯兰教的典籍和标记、伊斯兰教的礼仪、伊斯兰教的禁忌、伊斯兰教的主要节日。

伊斯兰教的基本教义：信安拉、信先知、信天使、信经典、信末日审判和死后复活。

伊斯兰教的禁忌：教徒禁食猪肉等、教徒禁酒、婚姻禁忌、送礼禁忌、饮食禁忌、着装禁忌。

伊斯兰教的主要节日：开斋节、宰牲节、圣纪节、阿术拉节、盖德尔夜。

道教礼仪：道教的起源、道教的派别、道教的教义和道规、道教的典籍和标记、道教的礼仪、道教的禁忌、道教的主要节日。

道教的礼仪：道教的称谓、见面礼节、道教活动。

道教的禁忌：戒律、斋戒、清规、一般禁忌。

道教的主要节日：玉皇大帝圣诞日、天后（妈祖）诞生日、吕洞宾诞生日等。

重点内容

宗教的起源　典籍与标志　宗教的教义和教规　宗教的基本礼仪与禁忌　宗教的主要节日

案例分析

国内某家专门接待外国游客的旅行社，有一次准备在接待来华的印度游客时送每人一份小礼物。于是，该旅行社订购了一批当地特产的鱼罐头和香烟，十分漂亮，而且做了精美的包装，料想会受到客人的喜欢。

旅游接待人员带着礼品，到机场迎接来自印度的游客。欢迎辞致地热情、得体。在车上他代表旅行社赠送给每位游客一份礼品，作为纪念。

没想到，看到礼物后，车上一片哗然，议论纷纷，游客显出很不高兴的样子。特别是一位夫人，大声叫喊，表现极为气愤。旅游接待人员心慌了，好心好意送人家礼物，不但得不到感谢，还出现这般景象。中国人总以为送礼人不怪，这些外国人为什么怪起来了呢?

分析：根据所学宗教知识对此案例进行分析。

如果道德败坏了，趣味也必然会堕落。

——狄德罗

基本训练

1．判断题

① 我国的宗教政策是尊重宗教信仰自由，依法管理宗教事务。（ ）

② 与佛教徒见面，一般行合十礼，态度要恭敬，但也不可强拜顶礼。佛教不适于握手礼。（ ）

③ 道教的主要道规是："老君二十七戒"。（ ）

④ 佛教徒进入寺庙时，不宜中央直行，进退时应依顺右行。（ ）

⑤ 耶城是基督教圣地；十字架是基督教的标志。（ ）

⑥ 监振礼是基督教的入教仪式，只有受过这个仪式，才能成为正式的基督徒。（ ）

⑦ 基督教徒不愿从楼梯或梯子下经过。他们认为，三角形是圣父、圣子、圣灵三位一体的象征。梯子与墙壁地面构成三角形，从其下经过，亵渎圣境。（ ）

⑧ 伊斯兰教注重称谓，喜欢在名中使用吉利的词语，如"发财"、"得胜"、"高贵"等，反对用"夭仆"、"天悯"等词语。（ ）

⑨ 伊斯兰教徒可以食用所有的鱼类。（ ）

⑩ 圣纪节是纪念耶稣的复活日。（ ）

2．选择题

① 属于中国固有的宗教是（ ）。

A. 佛教　　B. 道教　　C. 伊斯兰教　　D. 基督教

② 道教的两大派别是（ ）。

A. 全真道　　B. 神霄派　　C. 正一道　　D. 清微派

③ 道教禁忌可分为以下几个层次（ ）。

A. 戒律　　B. 斋戒　　C. 清规　　D. 一般禁忌

④ 基督教包含了几大派别（ ）。

A. 天主教　　B. 新教　　C. 东正教　　D. 耶稣教

⑤ 伊斯兰教要求教徒必守几项基本功课（ ）。

A. 念功　　B. 礼功　　C. 斋功　　D. 课功　　E. 朝功

3．简答题

① 总结基督教、伊斯兰教、佛教、道教的典籍和标志。

② 简述基督教的基本礼仪。

③ 道教的禁忌有哪些？

④ 伊斯兰教的禁忌有哪些？

⑤ 简要说明佛教的主要节日。

项目九　我国部分少数民族和港澳台地区的习俗礼仪

【学习目标】

主要使学生了解我国少数民族和港澳台地区在长期的历史发展中，在节日、宗教风俗、礼貌礼节等方面形成的不同习俗和文化特点；掌握我国少数民族和港澳台地区的礼仪习俗。

任务一　我国北方地区少数民族的习俗礼仪

一、满族

满族主要分布在中国的东北三省，以辽宁省最多。2010年人口普查时，人口约为1041.0585万人。满族语言为满语，文字为满文。满族先世笃信萨满教，有的还信仰佛教。

1. 民俗

（1）住房　满族传统住房一般为西、中、东三间，大门朝南开，西间称西上屋，中间称堂屋，东间称东下屋。西上屋设南、西、北三面炕，西炕为贵，南炕为大，北炕为小，来客住西炕，长辈多住南炕，晚辈住北炕。

（2）服饰　满族服饰与其能征善战的骑射生活有着密切关系，最大的特点是束装紧袖，平时穿的服装为长袍马褂、白袜、青鞋。此外还有坎肩、兜肚、帽子，并喜戴荷包（见彩图5所示）。

（3）饮食习俗　满族的主食多为面食，主要是蒸煮食品，用面粉制成各种饽饽。其中用黏米面做成的豆面卷子，俗称“驴打滚”和特色小食品“萨其玛”最负盛名。

（4）主要节日　满族的传统节日主要有春节、元宵节、“二月二”、端午节和中秋节。具有特色的满族节日有“颁金节”和“走百病”。

2. 礼仪与禁忌

（1）礼仪

① 见面礼仪。平时街上见面，男女老幼请安问好各有不同。满族人孝敬长辈，注重礼节。见到长者，男子皆施问安礼（即请小安，）或施打千礼（即请大安），待长辈回话，方能动身。女子则施蹲安礼（即侧身向右侧半躬身，双手扶膝微微下蹲）。平辈相见也要施礼问候。亲友相见，除握手互敬问候外，有的还行抱腰接面礼。

② 问安礼。满族人以前施问安礼一般每隔三五天都要向本族长辈问安。而沿用至今，只有晚辈离家较久归来时，才向本族中长者问安，施叩头问安。

阅读资料9-1

满族旗袍与马褂

旗袍，满语称“衣介”。分为单、夹、皮、棉四种，这种“衣皆连裳”（古代上为衣，下为裳）与汉族的上衣下裳的两截衣裳有明显区别。它是满族男人喜着的服饰，也叫大衫、长袍。满族男子穿的旗袍，其样式和结构都比较简单，原为满族骑射时穿用的圆领（无领后习惯加一假领）、大襟、窄袖、四面开衩、左衽、带扣绊、束带，适于骑马射猎。满族妇女穿的旗袍，样式美观大方，讲究装饰，领口、袖头、衣襟都绣有不同颜色的花边，有的多至十几道，穿起来匀称苗条，婀娜多姿。

马褂，是满族男子骑马时常穿的一种褂子。为了骑马方便，在长袍的外边套一种身长至脐，四面开衩的短褂，以御风寒。现在许多满族人所穿的对襟小棉袄，就是从马褂演变过来的。

③ 拜年礼。在正月初一早饭后开始。行拜年礼与辞岁礼不同，一般要求有选择地到本家长辈家施叩拜大礼。

④ 待客之礼。敬客、重客是满族传统的礼仪。人们远出不带干粮，路上遇到人家，可直入其室，吃住自由。即使是贫寒之家，也要设法拿最好的食物让客人享用。如天晚留宿，主人要请客人睡西炕，还要精心照看客人的马匹。

（2）禁忌　满族卧室布局特点是环室三面筑火炕,因为西炕壁上供奉祖宗,故而忌坐西炕,更不许将狗皮帽子或鞭子放在这里。满族不许从锅灶、火塘的三脚架上越过，不能用脚蹬踏或者随便坐在锅灶上或火塘边；不准在锅灶口或塘上烤脚、袜子、鞋靴；禁止将吃剩下的食物、骨头、鱼刺等扔进锅灶或火塘里。

满族禁杀狗、吃狗肉、服狗皮，不准打喜鹊和乌鸦。满族家中祭祀时，不许怀孕者、衣狗皮者、疯癫者、僧丐、衣孝者入祭。满族院内的索罗杆不得污秽,不许在神杆下拴马和喂家禽。

二、朝鲜族

朝鲜族主要聚居在吉林延边朝鲜族自治州、长白朝鲜族自治县，其余分布在吉林其他地区及黑龙江、辽宁、内蒙古等省区。2010年人口普查时，人口约为183万人。朝鲜族有自己的语言朝鲜语，文字为朝鲜族的方块文字。朝鲜族早期宗教流行图腾崇拜和始祖崇拜，此外还有信奉道教、基督教、佛教等宗教的。

1. 民俗

（1）住房　朝鲜族村落多半坐落在依山的平地上，主要是木构架承重。屋顶四面斜坡，屋里用木板隔成单间，各屋之间有门道相通。屋内设平地炕，炕底有火道，即使是严冬，室内也温暖如春（见彩图6所示）。

（2）服饰　朝鲜族服饰有日常服、礼仪服（婚、丧、祭礼）、特殊服（舞蹈、农乐）等服饰之分。其服饰特点是：男装衣短，裤长肥大，加穿坎肩，也有外着道袍或朝鲜长袍者；女装多为短衣长裙。

（3）饮食习俗　朝鲜族地区是我国北方著名的水稻之乡，喜欢食米饭，片糕、散状糕、发糕、打糕、冷面等也是朝鲜族的日常主食。朝鲜族日常菜肴常见的是“八珍菜”和“酱木儿”（大酱菜汤）等。

（4）主要节日　朝鲜族有春节、清明节、端午节、中秋节等节日。此外还有3个家庭节日，即：婴儿诞生一周年，“回甲节”(60大寿)，“回婚节”(结婚60周年纪念日)。

2. 礼节与禁忌

（1）礼仪

① 寿诞礼仪。父母诞辰60周年这一天，女子们还要为老人举办“花甲宴”(也叫花甲礼)。这是为老人过花甲即60大寿举行的仪式，一般要摆上最丰盛的美味佳肴，要请村里的老人及亲友们来陪。席上，要毕恭毕敬地向老人频频敬酒，祝老人长寿。

② 餐桌礼仪。餐桌上，匙箸、饭汤的摆法都有固定的位置。如匙箸应摆在用餐者的右侧，饭摆在桌面的左侧，汤碗摆在右侧，带汤的菜肴摆在近处，不带汤的菜肴摆在其次的位置上，调味品摆在中心等。

③ 婚姻礼仪。朝鲜族习惯上称娶亲为“入丈家”，丈家即丈人之家。一般来说，在结婚活动中，女方的花销也较男方为多。结婚的第一阶段仍在女方

阅读资料9-2

朝鲜族舞蹈

朝鲜族同胞都能歌善舞。朝鲜族舞蹈动作多为即兴性的，其特点是幅度大，表演者的内在情绪与动作和谐一致，长于表现潇洒、欢快的情绪。著名的朝鲜族民间舞蹈有农乐舞、长鼓舞、扇舞、顶水舞等。

农乐舞：朝鲜族表现农耕生活内容历史最长的舞蹈，它源于古代的祭祀和狩猎活动，后发展成为农事劳动中的自娱性舞蹈形式。（见彩图7所示）

长鼓舞：朝鲜族民间舞蹈。流传于朝鲜族，历史悠久，在敦煌北魏（公元386～534年）壁画中，已有类似长鼓的击鼓舞乐图。长鼓舞源于农乐舞中的个人表演，最早以男性独舞为主。

家里举行，称“新郎婚礼”。第二阶段在男方家里举行，叫“新娘婚礼”。

（2）禁忌　严禁同宗、表亲通婚。不喜食羊、鸭、鹅及油腻食物，喜食狗肉，尤喜狗肉汤，但婚礼、葬礼中禁止杀狗、食狗肉。朝鲜族人非常尊重老人，晚辈不能在长辈面前喝酒、吸烟；吸烟时，年轻人不得向老人借火，更不能接火，否则便被认为是一种不敬的行为；与长者同路时，年轻者必须走在长者后面，若有急事非超前不可，须向长者恭敬地说明理由；途中遇有长者迎面走来，年轻人应恭敬地站立路旁问安并让路；晚辈对长辈说话必须用敬语，平辈之间初次相见也用敬语。忌讳他人称其“鲜族”。

三、蒙古族

蒙古族现主要分布在内蒙古自治区，其余分布在新疆、青海、甘肃、辽宁、吉林、黑龙江等省区。2010年人口普查时，人口约为598.1万人。蒙古族有自己的语言蒙古语。蒙古族早期信仰萨满教，元代以后普遍信仰喇嘛教（藏传佛教）。

1. 民俗

（1）住房　“蒙古包”是蒙古族主要住房形式。蒙古语称为“格尔斯”。古时候称蒙古包为“穹庐”、“毡帐”或“毡房”等。蒙古包为圆形，有大有小，大者，可容纳20多人休息；小者，也能容纳十几个人（见彩图8所示）。

（2）服饰　首饰、长袍、腰带和靴子是蒙古族服饰的4个主要部分，妇女头上的装饰多用玛瑙、珍珠、金银制成。男子穿长袍和围腰，妇女衣袖上绣有花边图案，上衣高领。妇女喜欢穿三件，第一件为贴身衣；第二件为外衣；第三件为无领对襟坎肩。

（3）饮食　蒙古族日食三餐。常见有粮食、奶食（白食）、肉食（红食）。蒙古族除食用最常见的牛奶外，还食用羊奶、马奶、鹿奶和骆驼奶，蒙古族的肉类主要是牛肉、绵羊肉，其次为山羊肉、骆驼肉和少量的马肉。待客用全羊宴、嫩皮整羊宴、煺毛整羊宴等。

（4）主要节日　传统节日有“白节”、祭敖包、那达慕、打鬃节等。

2. 礼仪与禁忌

（1）礼仪

①见面礼仪。见面要互致问候，即便是陌生人也要问好；平辈、熟人相见，一般问“赛拜努”（你好），若是遇见长者或初次见面的人，则要问“他赛拜努”（您好）。献哈达也是蒙古族的一项高贵见面礼节。献哈达时，献者躬身双手托着递给对方，受者亦应躬身双手接过或躬身让献者将哈达挂在脖子上，并表示谢意。

②待客礼仪。款待行路人（不论认识与否），是蒙古族的传统美德，但到蒙古族人家里做客必须敬重主人。进入蒙古包后，要盘腿围着炉灶坐在地毡上，但炉西面是主人的居处，主人不上坐时不得随便坐。主人敬上的奶茶，客人通常是要喝的，不喝有失礼貌；主人请吃奶制品，客人不要拒绝，否则会伤主人的心。如不便多吃，吃一点也可以。

③婚姻礼仪。蒙古族人一般在金秋八月开始谈婚论嫁。小伙子的父母委托信赖的说亲人，择个好日子带上儿子去看中的姑娘家说亲。姑娘及父母如果看上了小伙子就收下献上的哈达和一盘饼食，这事就此定了下来。冬天举办婚礼，经双方选定日子后，新郎家于傍晚时分到姑娘家接亲，至此婚礼已经开始。在新婚宴席上，新郎新娘得向父母、主婚人、亲戚们一一行磕头礼并敬酒。众人也会兴奋地唱起敬酒歌、跳起舞。

（2）禁忌　蒙古族崇拜火神和灶神，进入蒙古包后，禁忌在火炉上烤脚，更不许在火炉旁烤湿靴子和鞋子，不能用刀子挑火、将刀子插入火中，或用刀子从锅中取肉。蒙古族认为水是纯洁的神灵。忌讳在河流中洗手或沐浴,更不许洗女人的脏衣物,或者将不干净的东西投入河中。

牧民家有重病或病危的人时,一般在蒙古包左侧挂一根绳子,并将绳子的一端埋在东侧,说明家里有重患者,不待客。蒙古族妇女生孩子不让外人进产房。蒙古族忌讳生人用手摸小孩的头部。旧观念认为生人的手不清洁,如果摸孩子的头,会对孩子的健康发育不利。

四、回族

回族是回回民族的简称。主要聚居于宁夏回族自治区，在甘肃、新疆、青海、河北以及河南、云南、山东也有不少聚居区。2010年人口普查时，人口约为1058万人，是中国少数民族中人口较多的民族之一。回族通用汉语，也学阿拉伯语和波斯语，多信奉伊斯兰教。

1. 民俗

(1) 住房　回民的住房一般以中国传统古典四合院建筑为模式，正心是二层木结构框架式的阁楼，楼前为木结构"勾连搭式"卷棚，所有外露的木构件都有精细的雕刻。这种住宅要求门窗大、房屋开间大、采光好、所有的雕梁画栋雕刻以花卉图案。

(2) 服饰　回族服饰与汉族基本相同，所不同者主要体现在头饰上，回族男子多戴白色或黑色、棕色的无檐小圆帽。妇女多戴盖头，特别是在西北地区：少女及新婚妇女戴绿色的，中年妇女戴黑、青色的,老年妇女戴白色的。

(3) 饮食　面食是回族人民的传统主食，拉面、馓子、饸饹、长面、麻食、馄饨、油茶、馄馍等，回族人喜爱吃甜食，如"它似蜜"、炸羊尾、糖醋里脊等。米面中的甜食就更多了，如凉糕、切糕、八宝甜盘子、甜麻花等。在食用的肉类以牛、羊、鸡、鸭、鱼等肉为主。

(4) 主要节日　回族有三大节日，即开斋节、古尔邦节、圣纪节。这些节日和纪念日都是以伊斯兰教历计算的。

2. 礼仪与禁忌

(1) 礼仪

① 见面礼仪。回族群众见面时，相互道"萨拉姆"，系阿拉伯音译，原为和平、平安、安宁之意。祝安词也是见面打招呼的一种，一般都是致者先说"安萨拉姆阿来库木"，意为求主赐你们平安，而回答者则说"吾阿来库萨拉姆"，意为求真主也赐你平安。这一礼俗文化，源于阿拉伯。

② 待客礼仪。回族是一个非常好客而热情的民族，有着"持家从俭，待客要丰"的优良传统。当家里来了客人，主人立即起身相迎让座，献上香茶。当男主人与客人愉快交谈时，女主人则到厨房准备丰盛饭菜款待客人。就餐前，要先洗手。入席，谦让年长者入座上席。上饭菜之前，主人首先要上盖碗茶。客人要起立，双手接茶盅。

③ 抓周礼。抓周礼也叫岁礼，回族俗称抓岁。举行抓岁礼时，主人要放一个大红桌子，桌子上喜欢摆上钢笔、毛笔、笔记本、《古兰经》和用纸制作的小飞机、小轮船、刀、剑及其他玩具等，由母亲或父亲把小孩抱到桌子前，让小孩任意抓。回族人认为抓到的物品将预示着以后孩子所从事的职业。在举行抓周礼时来宾和全家老小围着孩子一起观看，希望孩子能抓到一个比较理想的东西。

(2) 禁忌　回族人忌食猪肉、狗肉、马肉、驴肉和骡肉，不吃没有念诵真主之名而宰杀的和自死的畜禽肉，不吃动物的血等。忌讳别人在自己家里吸烟、喝酒；禁用食物开玩笑，也不能用禁食的东西作比喻，如不得形容辣椒的颜色像血一样红。凡供人饮用的水井、泉眼，一律不许牲畜饮水，也不许任何人在附近洗脸或洗衣服。取水前一定要洗手，盛水容器中的剩水不能倒回井里。多数回族群众不抽烟，不饮酒。就餐时，长辈要坐正席，晚辈不能同长辈同坐在炕上，须坐在炕沿或地上的凳子上。

五、维吾尔族

新疆的维吾尔族主要分布在天山以南的和田、喀什、阿克苏三个地区。2010年统计，人口约为1066万人。维吾尔族通用语言为维吾尔语，文字为以阿拉伯字母为基础的维吾尔文，多信奉伊斯兰教。

1. 民俗

（1）住房　维吾尔族住房与中国传统住房相似，一般为土木结构的平房，经济条件好的住房讲究，设有廊房，并雕花纹或绘图案。

（2）服饰　过去维吾尔族男子穿“袷袢”，女子穿艾德莱斯绸连衣裙，头戴小花帽。花帽，是维吾尔族服饰的组成部分，也是维吾尔族美的标志之一。男子穿的“袷袢”长袍，右衽斜领，无纽扣，用长方丝巾或布巾扎束腰间；农村妇女多在宽袖连衣裙外面套对襟背心；城市妇女现在已多穿西装上衣和裙子。

（3）饮食　维吾尔族人的主食是馕（一种圆形烤饼，见彩图9所示）、包子、面条和玉米粥等。副食是牛羊肉、鸡肉和蔬菜。他们做炒菜要加肉，基本上不吃单纯的蔬菜。此外，维吾尔族人爱吃用羊肉、精油、葡萄干、胡萝卜、葱和大米做的手抓饭，维吾尔族人有喝奶茶的习惯，也爱喝葡萄酒。

（4）主要节日　维吾尔族的主要节日也和其宗教信仰有关，主要有肉孜节和古尔邦节，同时还有其传统节日，如初雪节。

2. 礼仪与禁忌

（1）礼仪

① 见面礼仪。维吾尔族见面时必道“萨拉姆”。其中一人用右手掌扶胸，身体微躬，两眼目视对方，问道：“萨拉姆里空(愿真主赐福于你)。”对方也用同样动作回答“外艾来里萨拉姆(愿真主也赐福于你)。”然后双方握手，再行寒暄。

② 婚姻礼仪。男女青年结婚时，由阿訇或伊玛目（均为宗教职业者）诵经，将两块干馕沾上盐水，让新郎、新娘当场吃下，表示从此就像馕和盐水一样，同甘共苦，白头到老。婚宴要在地毯上铺上洁白的饭单，最先摆上馕、喜糖、葡萄干、枣、糕点、油炸馓子等，然后再上手抓羊肉、抓饭。

③ 待客礼仪。维吾尔族待客和做客都有讲究。如果来客人，要请客人坐在上席，摆上馕、各种糕点、冰糖等，夏天还要摆上一些瓜果，先给客人倒茶水或奶茶。在吃饭期间，如果用抓饭待客，饭前要提一壶水，请客人洗手。吃完饭后，由长者领作“都瓦”，在此期间客人不能东张西望或起身离开，要等待主人收拾完餐具，客人才能离席。

（2）禁忌　维吾尔族信奉伊斯兰教，禁食猪肉、动物血和已死的畜禽。实行土葬而不火葬。在清真寺和麻扎 (墓地)附近禁止喧哗。吃饭时不能随便拨弄盘中食；不能随便到锅灶前面；不能剩饭；不慎落地的饭屑，要拾起放在餐布上，不能将拾起的饭粒再放进共用的盘中。吃饭或与人交谈时，禁忌擤鼻涕、吐痰等不文明的习惯。

在衣着方面，忌短小，上衣一般要过膝，裤腿达脚面。最忌户外着短裤。屋内就座时要跪坐，禁忌双腿直伸，脚底朝人。接受物品或请茶要用双手，忌用单手。

任务二　我国南方地区少数民族的习俗礼仪

一、藏族

藏族，主要分布在西藏自治区以及青海、甘肃、四川、云南等临近省份，2010年人口普查，人口约为628.2万人。藏族通用语言为藏语，文字为藏文。藏族大多信仰藏传佛教（喇嘛教）。

1. 民俗

（1）住房　藏族最具代表性的民居是碉房。碉房多为石木结构，一般分两层，底层为牧畜圈和贮藏室，层高较低；二层为居住层，大间作堂屋、卧室、厨房，小间为储藏室或楼梯间。因外观很像碉堡，故称为碉房。

（2）服饰　藏族的服饰特点是长袖、宽腰、大襟。妇女冬穿长袖长袍，夏着无袖长袍，内穿各种颜色与花纹的衬衣，腰前系一块彩色花纹的围裙，围裙又称之为“帮典”，是藏族特有的装束，是已婚妇女必备的装饰品。藏袍是藏族的主要服装，藏袍较长，一般都比身高还长，穿时要把下部上提，扎上腰带。

（3）饮食　藏族以糌粑为主食，即把青稞炒熟磨成细粉。特别是在牧区，除糌粑外，很少食用其他粮食制品。食用糌粑时，要拌上浓茶或奶茶、酥油、奶渣、糖等一起食用；藏族过去很少食用蔬菜，副食以牛羊肉为主，猪肉次之。

（4）主要节日　藏族主要节日有“雪顿节”、“望果节”、“转山会”、“采花节”。

2. 礼仪与禁忌

（1）礼仪

① 见面礼仪。藏民在见面打招呼的时候，点头吐舌头表示亲切问候，受礼者应微笑点头为礼。藏民见到长者、平辈有不同的鞠躬致礼方式。见到长者或尊敬的人，要脱帽弯腰，帽子拿在手上，接近于地面；见到平辈，头稍稍低下即可，帽子可以拿到胸前。

② 待客礼仪。献哈达是藏族待客规格最高的一种礼仪，表示对客人热烈的欢迎和诚挚的敬意。哈达是藏语，即“纱巾”或“绸巾”之意，它以白色为主。藏族在迎接客人时除用手蘸酒弹三下外，还要在五谷斗里抓一点青稞，向空中抛撒三次。酒席上，主人端起酒杯先饮一口，然后一饮而尽，主人饮完头杯酒后，大家才能自由饮用。

③ 丧葬礼仪。藏族有5种葬法：塔葬、火葬、水葬、土葬、天葬，最隆重的是塔葬，是对活佛采取的丧葬方式。一些领主死后，享受火葬。小孩死后，或因其他疾病死亡的人，则把尸体丢进河里喂鱼，这叫水葬。生前做过坏事的人，即用土葬。天葬是一般人采取的葬俗，是人们寄托升上“天堂”的幻想。

④ 宗教礼节。藏族的僧人见到自己的老师要行叩拜礼,如觐见堪布或活佛时,要行三叩头礼。在古代宗教节日时，达赖、班禅给朝拜者摩顶也有分寸：对大官员行碰头礼和用双手摩顶；对中等官员用一只手摩顶；对一般平民则用一条丝穗子在其头上拂一拂以表赐福。

（2）禁忌　在藏族人家做客时，进入藏胞的帐房后，男的坐左边，女的坐右边，不得混杂而坐。就座时要盘腿端坐，不能双腿伸直，脚底朝人，不能东张西望。接受礼品，要双手去接。赠送礼品，要躬腰双手高举过头。敬茶，酒，烟时，要双手奉上，手指不能放进碗口。吃饭时要食不满口，咬不出声，喝不出响。忌在别人后背吐唾沫，拍手掌、用手触摸头顶。行路遇到寺院，玛尼堆、佛塔等宗教设施，必须从左往右绕行，信仰原始本教的则从右边绕行，不得跨越法器，火盆。经筒，经轮不得逆转。

二、傣族

傣族主要聚居在云南省西双版纳傣族自治州、德宏傣族景颇族自治州和耿马、孟连、景谷、新平、金平、元江、双江等地，现有人口126.1万人。傣族通用语言为傣语，文字为西双版纳和德宏两种文字。居住在德宏地区的傣族普遍信仰小乘佛教。

1. 民俗

（1）住房　傣族村落都在平坝近水之处，以寨聚居，大的寨子集居二三百家人，小的村落只有十多家人。房子都是单幢，四周有空地，各人家自成院落，多土墙平房，每一家屋内亦间隔为三间，分卧室、客堂，同时也有竹楼木架，上面住人，下栖牲畜，式样皆近似一大帐篷。

（2）服饰　傣族男子的服饰，一般常穿无领对襟或大襟小袖短衫，下着长管裤，以白布、水红布或蓝布包头。傣族妇女上着各色紧身内衣，外罩紧身无领窄袖短衫，下穿彩色筒裙，长及脚面，并用精美的银质腰带束裙。

（3）饮食　以大米和糯米为主食。德宏的傣族主食粳米，西双版纳的傣族则主食糯米。日常肉食有猪、牛、鸡、鸭，不食或少食羊肉，居住在内地的傣族喜食狗肉，善作烤鸡、烧鸡，极喜鱼、虾、蟹、螺蛳、青苔等水产品。

（4）主要节日　傣族的重大节日是傣历新年——泼水节、关门节和开门节。

2. 礼仪与禁忌

（1）礼仪

① 见面礼仪。傣族人见面一般实行合十礼，双手合十，身体微微前倾。但在现在的会客或是商谈业务时也实行握手礼。

② 待客礼仪。外地人到了傣家，主人会主动打招呼，端茶倒水，款待饭菜。妇女从客人面前走过，要拢裙躬腰轻走；客人在楼下，不从客人所在位置的楼上走过。每户人家都备有几套干净被褥，供待客之用。同时客人会受到主人“泼水”和“拴线”的礼遇：客人到来之时，门口有傣家年轻者用银钵端着浸有花瓣的水，用树枝叶轻轻泼洒到客人身上。走上竹楼入座后，老者会给客人手腕上拴线，以祝客人吉祥如意，平安幸福。

③ 婚姻礼仪。“赶摆黄焖鸡”是西双版纳男女青年以食传言的求恋方式，即姑娘把黄焖鸡拿到市场上出售，如果买者恰恰是姑娘的意中人，姑娘就会主动拿出凳子，让其坐在自己身旁，通过交谈，如双方情投意合，两人就端着鸡，拎着凳子到树林里互吐衷情；如买者不是姑娘的意中人，姑娘就会加倍要价。

④ 丧葬礼仪。在傣族村寨，凡是人死了，要根据死者的不同年龄、不同身份和不同死因而采取不同的丧葬仪式。丧葬方式有火葬、土葬、水葬和天葬四种。寺庙里的佛爷、领主、僧侣和德高望重的人死后，多用火葬。土葬是西双版纳傣家人的主要丧葬方式。过去在临江河居住的西双版纳人，曾有水葬习俗。天葬是应极少数人生前的嘱咐，采取天葬仪式，以求灵魂升入天堂。

（2）禁忌　傣族寨子在祭祀寨神时，外人不能进寨。进佛寺必须脱鞋；看见佛爷必须跪拜；走路时不能踩着佛爷、僧人的影子，不能摸他们肩膀以上的部分；在佛寺询问物件，只能嘴说，不能手指；妇女在经期或刚生过小孩不能进佛寺。到傣家的竹楼上，进门要脱鞋，不能坐火塘上方及跨过火塘，

阅读资料 9-3

傣族的孔雀舞

在傣家人心目中，孔雀是吉祥、幸福、美丽、善良的象征，因而孔雀舞也就成了傣族人民最喜爱的民间舞蹈。民间的孔雀舞一般需1～3人，无论是舞台、草坪、山坡、竹楼上，都可以跳。它的程式一般是：孔雀山巢—探视四周—在草坪上翩翩起舞—寻找泉水、食物—在泉水边梳理、照镜子、饮水，最后潇洒地抖去水珠，开屏与万物比美。它的表现特点是膝部柔韧的起伏，手臂、手腕、手指柔软刚韧的运用，以身体各部分组成优雅的三道弯造型。表现出孔雀的美丽、善良、婀娜多姿和傣家人的美好心灵。（见彩图10所示）

更不能移动支锅的三角架。不能坐门槛。傣家竹楼室内一般有3～4根柱子，中间靠近火塘的那根柱子是傣家的“顶天柱”，不得靠或挂东西。

三、白族

白族主要分布在云南省大理白族自治州，丽江、碧江、保山、南华、元江、昆明、安宁，贵州毕节、四川凉山、湖南桑植等地亦有分布。2010年人口普查时，人口约为193.3万人。白族使用白语。白族崇拜相当于村社神的本主，信仰佛教。

1. 民俗

（1）住房　白族住屋形式，坝区多为“长三间”，衬以厨房、畜厩和有场院的茅草房。或“一正两耳”、“三方一照壁”、“四合五天井”的瓦房，卧室、厨房、畜厩俱各分开。山区多为上楼下厩的草房（见彩图11所示）。

（2）服饰　男子头缠白色或蓝色的包头，身着白色对襟衣和黑领褂，下穿白色长裤，肩挂绣着美丽图案的挂包。大理一带妇女多穿白色上衣，外套黑色或紫色丝绒领褂，下着蓝色宽裤，腰系缀有绣花飘带的短围腰，足穿绣花的“百节鞋”，臂环扭丝银镯，指带珐琅银戒指，耳坠银饰，上衣右衽佩着银质的“三须”、“五须”；已婚者挽髻，未婚者垂辫于后或盘辫于头，都缠以绣花、印花或彩色毛巾的包头。

（3）饮食　白族人食稻米、小麦，山区的则以玉米为主。白族人民喜吃酸、冷、辣等口味，善于腌制火腿、弓鱼、猪肝酢等菜肴，又喜吃一种别具风味的“生肉”或“生皮”，即将猪肉烤成半生半熟，切成肉丝，佐以姜、蒜、醋等拌而食之。白族人民还喜喝烤茶。

（4）主要节日　白族的主要节日有“三月街”又名“观音节”、火把节、“绕三灵”、“耍海会”等节日活动。

2. 礼仪与禁忌

（1）礼仪

①待客礼仪。白族人性格外向、好客、尊老爱幼，在对人的称谓前喜欢加个“阿”字表示亲切和尊敬。白族访友或探病时一般不选择在上午，到农村遇到主人家有人分娩或有重病人时，进屋时应谨慎。白族喜欢敬茶待客，同样有“酒满敬人，茶满欺人”之说。在喝酒方面，通常是各自随意。

②餐饮礼仪。进席时，边吃边聊；筷子该摆在碗上，这表示我不会拘束而自夹饭菜；若筷子摆在碗的右边，表示对主人家的饭菜很满意，但有点不好自己盛饭夹菜，烦请主人家给我添加饭菜；另外，若筷子摆在碗的左边，则表示酒足饭饱。

③婚姻礼仪。当白族青年男子向姑娘求恋时，姑娘如同意，要向男方送粑粑；婚礼时新娘要下厨房制作“鱼羹”；婚后第一个中秋节新娘要做大面糕，并以此表现新娘的烹调技艺。婚礼期间讲究先上茶点，后摆四四如意（即四碟、四盘、四盆、四碗）席。背婚是云南大理白族自治州洱源县白族地区普遍流行的一种婚俗。当迎亲队伍每逢十字路口、三岔道或人员集结的地方，陪宾们便停下来，把嫁妆码成两大摞，让新郎背着新娘围着嫁妆绕“8”字。

④丧葬礼仪。白族葬礼，重视“接气”，举行送魂归祖地仪式。家里有人去世时，首先向亲邻报丧，并由孝子净尸，停放尸体并杀猪祭灵。入棺仪式要请村中老人主持。木匠师傅点血开棺，主持人以言

阅读资料9-4

白族三道茶

白族三道茶，白族称它为“绍道兆”。这是一种宾主抒发感情，祝愿美好，并富于戏剧色彩的饮茶方式。喝三道茶，当初只是白族用来作为求学、学艺、经商、婚嫁时，长辈对晚辈的一种祝愿。如今，应用范围已日益扩大，成了白族人民喜庆迎宾时的饮茶习俗。

“三道茶”同时又有一苦二甜三回味之说，是表达白族人们对过去生活的回忆和美好生活的向往。同时也是时刻提醒人们珍惜眼前生活的来之不易。

语安魂，之后设灵堂，亲友前来祭拜，夜晚以歌舞送灵。丧葬形式为土葬。

（2）禁忌　白族人家的火塘是个神圣的地方，忌讳向火塘内吐口水，禁止从火塘上跨过。白族人家的门槛忌讳坐人。男人所用的工具，忌妇女从上面跨过。纳西白族禁止在河里洗尿布、禁止向河里扔废物或倒垃圾,禁止向河里吐口水,禁止堵塞水源。忌在水塘边砍树。忌在长辈面前说丑话、脏话,忌外人闯入产妇房间,忌孕妇进入新房。访友或探望病人，不要在上午，以下午和晚间为宜。年节或正月初一这天，不能到别家串门。斟茶只能斟半杯，喝完再续，斟满杯茶端给客人，被视为不礼貌。

四、苗族

苗族主要分布在贵州、湖南、云南、湖北、海南、广西等省（区），2010年人口普查时，人口约为942.6万人。苗族有自己的语言苗语。苗族的主要信仰有自然崇拜、图腾崇拜、祖先崇拜等原始宗教形式，也有一些人信仰基督教、天主教。

1. 民俗

（1）住房　苗族一般在依山傍水处建寨，聚族而居。住房一般为木结构干栏式的平房或楼房。平房大部分分为三间，中为堂屋，供接待客人和吃饭之用，两边分别是卧室和厨房。

（2）服饰　苗族男装为对襟大褂和右衽长衫两大类，下穿长裤，束大腰带，头裹青色长巾，冬天腿上多缠裹腿。女装为右衽大衫或胸前交叉式两大类，下着宽腿长裤。多将银饰钉在衣服上，称为“银衣”，头戴如牛角的银质头饰（见彩图12所示）。

（3）饮食　苗族以大米为主食，玉米、红薯、小麦为辅；也有以玉米、荞麦和土豆为主食的。喜食酸辣味、嗜酒，苗族普遍喜食糯食。苗族喜吃狗肉，有“苗族的狗，彝族的酒”之说。苗族以辣椒为主要调味品，有的地区甚至有“无辣不成菜”之说。

（4）主要节日　苗族的传统节日有“苗年”、“四月八”、龙舟节、吃新节、赶秋节等节日。

2. 礼仪与禁忌

（1）礼仪

①见面礼仪。凡是晚辈见了长辈，不管是男是女，是熟识还是初次相见，都必须说话诚恳，行为恭敬，笑脸相迎，并要用一定的尊敬词语相称。若是晚辈正在行走，见了老人或长辈，必须立定；若是晚辈正在坐着，长辈来了，应该立即起立让座。眼睛要平视，双手要放下。如遇到自己不相识的长辈，对方年龄比自己大一二十岁的，男的称呼为“得讷”，女的称呼为“得目”。称呼完毕后，晚辈才能坐下或相辞而去。凡是平辈相见，必须点头招呼。

②待客礼仪。家里来了贵客 ，苗族必杀鸡以酒招待。男性客人一定要接受苗家的敬酒，若实在不会喝酒，应该非常有礼貌地加以说明，否则被视为无礼。在苗族人家做客，切记不能去夹鸡头、鸡肝、鸡杂、鸡腿吃。按苗族传统的礼节，鸡头是要敬给老人的，鸡肝、鸡杂要敬老年妇女，鸡腿则是留给小孩的。当主人把客人送到门口或寨外，叮嘱客人下次再来时，客人应说“要来的”，而不能说“不来了”，否则也被认为不懂礼貌。

③婚姻礼仪。在青年男女婚恋过程中必不可少的食品是糯米饭。湖南城步的苗族把画有鸳鸯的糯米粑作为信物互相馈赠；举行婚礼时，新娘新郎要喝交杯酒，主婚人还要请新郎、新娘吃画有龙凤和胖娃娃图案的糯米粑。

（2）禁忌　苗族不能坐苗家祖先神位的地方，火炕上三角架不能用脚踩；不许在家或夜间吹口哨；不能拍了灰吃火烤的糍粑；嬉闹时不许用带捆苗家人；遇门上悬挂草帽、树枝或婚丧祭日，不要进屋；路遇新婚夫妇，不要从中间穿过等。产妇生育，忌外人入室。不慎误入者，出门时须洗脚，并喝下一碗冷水，以防将产妇的奶水“踩干”。

苗族地区，在山上饮生水忌直接饮用，须先打草标，以示杀死病鬼。忌孩子在家中乱耍小弓箭，恐射中祖先。忌跨小孩头顶，否则孩子长不高。禁忌妇女与长辈同坐一条长凳。

五、壮族

壮族主要分布在广西、云南、广东、湖南、贵州、四川等省区，以广西最多。2010年人口普查时，人口约为1692.6万人，是少数民族中人口最多的民族。壮族有自己的语言，简称壮语，属汉藏语系壮侗语族壮傣语支。壮族普遍崇拜祖先，各家都有神龛，敬奉祖先。不少地区有巫公、巫婆进行占卦等。同时壮族相信万物都有灵。

1. 民俗

（1）住房　壮族主要居住在坝区和城镇附近，其房屋多为砖木结构，外墙粉刷白灰，屋檐绘有装饰图案。居住在边远山区的壮族，其村落房舍则多数是土木结构的瓦房或草房，建筑式样一般有半干栏式和全地居式两种。

（2）服饰　壮族男子多穿对襟上衣，纽扣以布结之。胸前缝一小兜，与腹部的两个大兜相配，下摆往里折成宽边；裤子短而宽大，有的缠绑腿；扎绣花纹的头巾。蓝黑颜色是壮族妇女的共同爱好，喜穿长裙短衣，头包青色绣花帕，腰系精致围腰。

（3）饮食　大米、玉米是壮族主食。日常蔬菜有青菜、瓜苗、瓜叶、京白菜（大白菜）、小白菜等，以水煮最为常见，也有腌菜的习惯。壮族喜食猪、牛、羊、鸡、鸭、鹅等，有些地区还酷爱吃狗肉。同时壮族自家还酿制米酒、红薯酒和木薯酒，度数都不太高，其中米酒是过节和待客的主要饮料。

（4）主要节日　壮族的传统节日主要有陇端节、陀螺节、吃立节、娅拜节等节日。

2. 礼仪与禁忌

（1）礼仪

① 见面礼仪。壮族见面实行握手礼仪，对熟识的人点头示意即可。如在路上遇到老人要主动打招呼、让路，在老人面前不跷二郎腿，不说污言秽语，不从老人面前跨来跨去。路遇老人，男的要称“公公”，女的则称“奶奶”或“老太太”；遇客人或负重者，要主动让路，若与负重的长者同行，要主动帮助并送到分手处。

② 待客礼仪。壮族是个好客的民族，过去到壮族村寨任何一家做客的客人同寨人都会轮流请其吃饭，有时一餐饭吃五六家。招待客人的餐桌上务必备酒，方显隆重。敬酒的习俗为“喝交杯”，其实并不用杯，而是用白瓷汤匙。

③ 婚姻礼仪。壮族的婚俗主要有以下几个内容：“炮火”入洞房、背字、新娘过河、勒惹和卜基、踩高跷进村、社公祭等。在广西宜山和环江县交界的一些地方，壮族青年结婚，至今流行“背字”习俗。“背字”是壮话译音，实际上背的不是“字”，而是一条长一丈四尺、宽一尺多的宽带，由女方母亲用自织自染或买来的深黑色（以此色为最优）土布缝制而成。

④ 丧葬礼仪。壮族的丧事礼仪，其秩序大致是：报丧、洗礼、入殓、停丧、出殡。出殡后，丧家在屋的一角安桌设死者灵位，朝夕供奉饭菜，过节点灯烧香。满三年孝男孝女才脱孝服。在死者的葬式上，壮族曾经有过各种葬式，如岩洞葬、悬棺葬、屈肢蹲式葬、水

阅读资料 9-5

壮族名字的由来

壮族为岭南有着悠久历史的土著民族。几万年以前，壮族的先民就生活在中国的南方。春秋战国时是百越的一支。宋朝以后又以“僮”、“土”等名称见于史册。

各地壮族人有20多种不同的自称，新中国成立后统一为“僮”（壮族的自称和他称较多，仅云南就有40多种，主要有“侬人”、“沙人”、“土僚”等）。

1964年遵照周恩来总理的倡议，经国务院批准，把“僮”改为“壮”，更加体现了壮族人民的精神风貌。1958年3月15日，建立了广西壮族自治区（其实云南壮族和广西壮族同源），壮族人民当家做主的权利得以实现。壮族人民主要从事农业生产，以种植水稻、玉米为主。壮族信仰多神，崇拜祖先，唐宋以后，佛教、道教先后传入壮族地区。近代，基督教、天主教也传入壮族地区，但影响不大。

葬、火葬、拾骨葬等。而民间普遍流行的是拾骨葬。

（2）禁忌　壮族忌吃牛肉和蛙肉。忌讳农历正月初一这天杀牲；妇女生孩子的头三天（有的是头七天）忌讳外人入内；忌讳生孩子尚未满月的妇女到家里串门。登上壮族人家的竹楼，一般都要脱鞋。壮族忌讳戴着斗笠和扛着锄头或其他农具的人进入自己家中，所以到了壮家门外要放下农具，脱掉斗笠、帽子。

壮族青年结婚，忌讳怀孕妇女参加，怀孕妇女尤其不能看新娘。家有产妇，要在门上悬挂柚子枝条或插一把刀，以示禁忌。不慎闯入产妇家者，必须给婴儿取一个名字，送婴儿一套衣服、一只鸡或相应的礼物，做孩子的干爹、干妈。

六、土家族

土家族主要分布在湖南省西北部（湘西土家族苗族自治州）、湖北省的恩施土家族苗族自治州、秀山、酉阳、黔江等县，与汉、苗等族杂居。2010年人口普查时，人口约为835.3万人。土家族有自己的语言土家语。有的地方信道教，崇拜白虎，土家族自称是“白虎之后”。

1. 民俗

（1）住房　土家族爱群居，爱住吊脚木楼。建房都是一村村、一寨寨的，很少单家独户。土家族的房屋依山而建，成虎坐形，房屋盖瓦，俗称吊脚楼。

（2）服饰　土家族男子穿琵琶襟上衣，缠青丝头帕。妇女着左襟大褂，滚两三道花边，衣袖比较宽大，下着镶边筒裤或八幅罗裙，喜欢佩戴各种金、银、玉质饰物。

（3）饮食　土家族多吃玉米、稻米，爱喝酒，喜爱吃辣椒、花椒、山胡椒，习惯做腊肉、甜酒、团馓和糍粑等。土家族尤其喜酸辣，主要食品有：糯米酸辣子、苞谷酸辣子、酸扎鱼、酸扎肉和酸泡辣子等。

（4）主要节日　土家族的传统节日有“四月八”、“六月六”、社巴节和“土家年”为主要节日。

2. 礼仪与禁忌

（1）礼仪

①待客礼仪。土家族同胞以好客闻名。客人光临，主人立即用托盘端来三杯互助大曲(用青稞酿制的名酒)。客人按照土族的传统风俗，用中指蘸酒敬天酹地。饮酒之后，主人请来客人上炕入席，并请几位邻居陪客。筵席桌上先摆上馓子、花卷、油果、“孔果”等点心。吃过点心，丰盛的菜肴如蒸鸡、烧肉、羊肠、羊肚摆满了桌子，请客人边吃边饮酒。

②婚姻礼仪。男女多经对歌相爱结婚，有“哭嫁”习俗。女子在出嫁前7～20天开始哭，哭嫁歌有“女哭娘”、“姐哭妹”、“骂媒人”等。开始是轻歌唱，越接近嫁期越悲伤。直到哭的口干舌燥，两眼红肿，把是否善于哭嫁作为衡量女子才德的标准。

③丧葬礼仪。土家族实行土葬。葬礼由土老司主持操办，土老司祭祀亡人时，将天窗口的纺车倒纺三下，念经送亡人过天桥上天庭。然后假扮亡人，围绕“哈哈台”转圈出门，死者子女跟随土老司哭丧，土老司唱丧歌，吹牛角，顿时火炮连天，哭唱哀鸣，极为悲痛，历时几天几夜。然后将装好遗体的棺木抬上山埋葬。

（2）禁忌　禁食狗肉；忌随意移动火炕上的三角架；忌用脚踩踏锅灶或坐在灶上以及将衣裤、鞋袜和其他脏物放在灶上；客人不能与少妇坐在一起，但可以与姑娘坐在一条长凳上；忌在家里吹口哨和随意敲锣打鼓。

任务三　港澳台地区的习俗礼仪

一、香港特别行政区

香港位于珠江口外，原属广东省新安县，含香港岛、九龙半岛及新界三部分。面积约为1092平方公里。有人口为723多万，绝大多数为华人，主要说广州话(粤语)，但英语也很流行。主要宗教信仰为佛教、道教、天主教、基督教、印度教。

1. 民俗

（1）饮食　人们以大米为主食，也喜欢吃面食。爱吃鱼、虾、蟹等海鲜以及鸭、鸡、蛋类、猪肉、牛肉等，喜爱茭白、油菜、西红柿等新鲜蔬菜，调料爱用胡椒、花椒、姜、葱、糖、味精等。偏爱煎、烧、烩、炸等烹调方法制作的菜肴。注重讲究菜肴鲜、嫩、爽、滑，注重菜肴营养成分。一般口味喜清淡，偏爱甜味。

（2）主要节日　香港的节日是将中西方节日结合，主要有元旦 、农历新年、元宵节、清明节、天后诞辰、复活节、香港特别行政区成立纪念日、鲁班先师诞、乞巧节、孔子诞辰、圣诞节等节日。

2. 礼仪与禁忌

（1）礼仪

① 见面礼仪。人们在社交场合与客人相见时，一般是以握手为礼。亲朋好友相见时，也有用拥抱礼和贴面颊式的亲吻礼。他们向客人表达谢意时，往往用叩指礼（即把手指弯曲，以几个指尖在桌面上轻轻叩打，以表示感谢）。

②生活礼仪。人们特别喜欢数字“3”，原因是读“3”与“升”是谐音，“升”意味着“高升”。“8”和“6”在香港也很时髦。在粤语中“8”是“发”的谐音，“发”意味着“发财”。“6”与“禄”同音，也有“六六顺”之意。过节时，常相互祝愿“恭喜发财”。

③ 社交礼仪。不要去打听香港人的家庭地址、工资收入、年龄状况等情况，因为香港人认为个人的私事不需要他人过问。

（2）禁忌　香港的中老年妇女忌称“伯母”，因为“伯母”与“百无”谐音。夫妻双方向他人介绍自己的配偶时,要说“这是我先生”或“这是我太太”，勿称“爱人”。在香港，“爱人”有“第三者”的意思。香港人过年过节从不说“新年快乐”、“节日快乐”，写信也不用“祝您快乐”，因为“快乐”与“快落”谐音，而说“恭喜发财”、“新年发财”、“万事如意”。会见亲朋好友忌伸“香蕉手”，香港民间对空手上门的客人称为“香蕉手”，意为两手空空，让人看不起。香港忌讳“4”字，因为“4”与“死”谐音，所以一般不说不吉利的“4”。

> **阅读资料9-6**
>
> **香港的由来**
>
> 香港，顾名思义，就是芳香的海港。关于这一美丽名称的由来，历来有不同的说法。但一般认为最可靠的说法，则是这里过去曾是运香、贩香的港口，故而得名香港。在明朝时，香港及广东东莞、宝安、深圳一带盛产莞香，此莞香香味奇特，颇受人们的喜爱，故而远销江浙，饮誉全国。所以人们将这个港口称为香港，意为贩香运香之港，将港口旁边的村庄，称为香港村。

二、澳门特别行政区

澳门位于广东省珠江口西侧，澳门地区由澳门半岛、凼仔岛和路环岛组成，面积23.5平方公里，人口约61.4万人。澳门官方语言是中文和葡萄牙文，英语也广为使用。澳门的宗教历史悠久，有天主教、基督教、佛教、道教、伊斯兰教、巴哈伊教等。

1. 民俗

（1）饮食　澳门的饮食主要以粤菜为主，此外还有川菜、京菜、沪菜等，澳门的葡萄牙菜系是澳门一大特色。澳门的葡国菜又分正宗葡国菜和澳门葡国菜两种。著名的葡式葡国菜有青菜汤、马介休、闻名的红豆猪手也是澳门的特色之一。澳门老一辈人和商人早餐以饮早茶为主。午、晚餐以米饭为主。

（2）主要节日　澳门的节日、假日多种多样，具着中西合璧、华洋杂处、中西文化交汇的特点，大体上可分为政治、宗教、节令、习俗几类。主要有春节、元宵节、清明节、圣诞节等节日。

2. 礼仪与禁忌

（1）礼仪

①见面礼仪。澳门在社交场合与客人见面时，一般都以握手为礼。由于受欧洲人的影响，亲朋好友相见时，常以热情拥抱并相互拍肩膀为礼。

②社交礼仪。澳门同胞热情开朗，爽快诚挚而著称。他们在社交活动中，说话干脆，喜欢直言，不愿意拐弯抹角，善于结交朋友，喜欢相聚畅叙抒怀。平时他们迎宾待客总乐于一道上市场、上茶肆或酒楼。

（2）禁忌　西方礼仪与广东地方民俗都对澳门有很大的影响。无特殊禁忌。

三、台湾地区

台湾地区包括台湾本岛及兰屿、绿岛等岛屿，其中台湾本岛面积为3.58万平方公里。截止到2015年3月底，台湾地区人口约为2344.92万多人。台湾地区使用传统的正体中文（即“繁体中文”）。大多数台湾同胞有宗教信仰，主要的宗教包括了佛教、道教、基督教（含罗马天主教）。

1. 民俗

（1）饮食　台湾饮食文化以福建闽南饮食文化为主，但又结合了大陆各地的饮食文化特点。主食一般以米为主食，也很喜欢各种面食品种。副食爱吃鱼类、海产品、鸡、鸭及各种野味品；蔬菜爱吃油菜、黄瓜、西红柿等；调味品喜用胡椒、花椒、丁香等。注重讲究菜肴的丰盛吉祥，注重菜肴的鲜、嫩、滑、爽。口味一般喜清淡，爱微甜味道。

（2）主要节日　台湾节日活动主要可分为中华传统节庆、地方民俗庆典与原居民祭典等三大类。其中春节、端午节及中秋节为三大主要传统节日；而台湾各地由宗教活动或习俗所传承的民俗庆典，如东港王船祭、大甲妈祖绕境、台南盐水蜂炮等也极富地方信仰及文化特色；居于山林海滨的台湾原住民，为祈求农作和渔猎丰收，也经常举办各项祭典活动，如丰年祭、祖灵祭、狩猎祭等。

2. 礼仪与禁忌

（1）礼仪

①见面礼仪。台湾同胞在社交场合与客人见面时，一般都以握手为礼。亲朋好友间的相见时，习惯以拥抱为礼，或吻面颊的亲吻礼。台湾的高山族雅美人在迎客时，一般惯施吻鼻礼(即用自己的鼻子轻轻地擦吻来宾的鼻尖)，以示最崇高的敬意。信奉佛教的人社交礼节为双手合十礼。

②社交礼仪。台湾同胞的祖籍大多为福建广东省，其礼仪习俗基本和福建、广东相似；开朗大方非常谦虚，待人诚恳忠厚。他们很注重文明的，人们都很讲究社交礼貌，无论见面、会友、交际、拜访，在举止言行方面，他们特别注意尊重他人。高山族同胞，素以敬老互助而闻名于世。

③祭祀礼仪。台湾地区的祭祖活动通常有小型、大型之别。小型的是家祭，大型的多以族房（家族）为单位进行恭祭，多选择在清明或中秋前后奉行。祭典仪式开始，炉主首先洗手，继由左右礼生唱号引导上香，行三献礼，举杯洒酒于圆桌下的茅盆，以示祖先降临之

意；然后礼生读祭文，炉主读嘏词，祈求祖先赐福子孙；最后供拜酒菜，焚烧嘏词、金银纸、马蹄银。祭毕，续于庙中开宗亲大会，商讨族中一年大事。会后，全体族人开宴欢叙，俗称“食祖”。

（2）禁忌　台湾地区禁忌与大陆有很多相同，但也有一些特殊禁忌。禁用毛巾、扇子、刀剪、粽子、钟、甜果、雨伞、鸭子赠人。忌讳数字“4”，认为与“死”字有关。

附　中国少数民族习俗礼仪实训安排与考核

少数民族习俗礼仪实训 9-1

【实训项目】 中国少数民族民俗礼仪。

【实训目标】 通过对中国少数民族民俗礼仪实训，使学生学会少数民族的民俗和礼仪的基本知识，掌握、利用所学内容，很好地接待与服务少数民族客人，并能达到熟练应用。

【实训学时】 2学时。

【实训方法】

①通过多篇服饰、住房等图片，使学生区分出是哪一个少数民族的。

②把学生每两个人分成一组，互相扮演不同的少数民族，练习与不同少数民族打招呼的方式。

③让学生为教师指定的少数民族配餐，考核学生对少数民族饮食习俗的熟知程度。

【实训准备】 少数民族图片、桌子（作为酒店服务台）、饭店菜单。

【实训考核】 我国少数民族习俗礼仪训练考核内容，见表9-1所示。

表9-1　我国少数民族习俗礼仪训练考核表

考生单位：　　　　　　　　　　　　　　　　考生姓名：

程　序	操　作　标　准	配　分	得　分
区分少数民族	区分少数民族的住房 区分少数民族的服饰 区分少数民族的饮食	2分 8分 10分	
见面礼仪	见面问候的问候语 见面问候时的手势	8分 10分	
餐饮礼仪	为少数民族客人点餐 少数民族餐具的摆放 用餐时为少数民族客人服务的礼仪	6分 6分 10分	
待客礼仪	接待少数民族客人时的待客礼仪 接待少数民族客人的注意事项	10分 10分	
商务礼仪	进行业务谈判时的礼仪规范	20分	
总　分		100分	

中国港澳台地区服务礼仪实训 9-2

【实训项目】 中国港澳台地区服务礼仪

【实训目标】 通过对中国港澳台地区民俗礼仪实训，使学生学会港澳台地区民俗礼仪的基本知识，掌握、利用所学内容，很好地接待与服务港澳台地区客人，并能达到熟练应用。

【实训学时】 2学时。

【实训方法】

①为港澳台地区的客人办理旅游和入住酒店的手续，明确手续之间的差异性。

②由一位学生扮演服务者，其他学生扮演港澳台地区的客人，练习不同岗位如前厅、客房、大堂经理、商务中心的服务人员对不同地区客人应如何服务。

③让学生为来的客人准备礼物，考查学生对客人习俗的了解程度。

④把学生分成两组，分别扮演港澳台地区客人和服务者，适当时期进行角色互换，设定酒店为场景为客人进行接待服务和分配房间。

【实训准备】 办理各种手续的票据、桌子（作为酒店服务台）、饭店房间安排牌。

【实训考核】 中国港澳台地区服务礼仪训练考核内容，见表9-2所示。

表9-2 中国港澳台地区服务礼仪训练考核表

考生单位：　　　　　　　　　　　　考生姓名：

程　序	操　作　标　准	配　分	得　分
手续的办理	办理入住酒店的手续 办理旅游的手续 办理去其他国家的手续	2分 8分 10分	
见面礼仪	见面问候的问候语 见面问候时的手势	8分 10分	
餐饮礼仪	为港澳台地区客人点餐的服务 各少数民族的特殊饮食习俗 用餐时服务礼仪及注意事项	6分 6分 10分	
待客礼仪	接待港澳台客人时的待客礼仪 为港澳台游客准备礼物的注意事项	10分 10分	
商务礼仪	各岗位对港澳台服务的礼仪的注意事项	20分	
总　分		100分	

本章小结

我国北方地区少数民族主要是聚居于我国北方的满族、朝鲜族、蒙古族、回族、维吾尔族等民族。各民族的分布地区、主要习俗、礼仪与禁忌等内容。

我国南方地区少数民族主要是聚居于我国南方的藏族、傣族、白族、苗族、壮族、土家族等民族。各民族的分布地区、主要习俗、礼仪与禁忌等内容。

港澳台地区主要是指我国的香港特别行政区、澳门特别行政区、台湾地区。它们的主要习俗、礼仪与禁忌等内容。

重点内容

各民族的分布地区　民族的饮食　民族节日　民族的礼仪与禁忌　港澳台地区的礼仪与禁忌

案例分析一

一个香港旅游团来到哈尔滨旅游观光，正好赶上了我国的传统佳节元旦，导游员小李接团的时候，上车就预祝了客人“节日快乐”，但是客人非但没有对导游小李表示感谢，而是满脸愤怒，向其全程陪同提出要换掉导游。

分析：请根据所学分析，导游员小李犯了什么错误，为什么要把他换掉?

土扶可城墙，积德为厚地。
——李白

案例分析二

几位大学生来到一家回民餐馆吃饭，在点餐的时候，点了锅包肉，老板说没有，其中一位大学生说道："连这都没有，那你们能有什么，我今天比较想吃猪肉，看看能不能去别家串一盘来。"老板听后非常生气，将几位大学生请出了餐馆，并说了一句："就这素质还大学生？"

分析：运用所学知识分析大学生的错误何在？作为当代的大学生了解和掌握少数民族的礼仪和习俗有何重要性？

基本训练

1. 判断题

①满族主要分布在中国的东三省，以辽宁省最多。（ ）

②"蒙古包"是满族对蒙古族牧民住房的称呼。"包"，满语是"家"、"屋"的意思。（ ）

③维吾尔族见面要互致问候，即便是陌生人也要问好；平辈、熟人相见，一般问："赛拜努"（你好）。（ ）

④回族服饰与汉族基本相同，所不同者主要体现在头饰上，回族男子多戴白色或黑色、棕色的无檐小圆帽。（ ）

⑤白族主要节日有"雪顿节"、"望果节"、"转山会"、"采花节"。（ ）

⑥"8"字在香港特别行政区很吃香，原因是香港人读"8"与"升"是谐音，"升"意味着"高升"。( )

⑦藏族最具代表性的民居是碉房。（ ）

⑧有"哭嫁习惯"的是纳西族的喜丧习俗。（ ）

⑨苗族多将银饰钉在衣服上，称为"银衣"，头戴如牛角的银质头饰，高达尺余。（ ）

⑩"三月街"又名"观音节"，是壮族盛大的节日和佳期。（ ）

2. 选择题

①开门节是（ ）的节日。

A. 藏族　　B. 回族　　C. 维吾尔族　　D. 傣族

②（ ）是回族的共同节日。

A. 古尔邦节　　B. 圣纪节　　C. 开斋节　　D. 牛魂节

③（ ）是傣族的传统新年。

A. 火把节　　B. 泼水节　　C. 开斋节　　D. 圣纪节

④（ ）有"白衣民族"之称，喜爱穿白色素服。

A. 白族　　B. 朝鲜族　　C. 黎族　　D. 苗族

⑤朝鲜族人主要服饰为（ ）。

A. 日常服　　B. 礼仪服　　C. 特殊服　　D. 居家服

⑥哈达是（ ）语，即"纱巾"或"绸巾"之意。

A. 蒙古语　　B. 藏语　　C. 土家语　　D. 壮语

⑦澳门位于广东省珠江口西侧，澳门特别行政区由（ ）、（ ）和（ ）组成。

A. 澳门半岛　　B. 凼仔岛　　C. 路环岛　　D. 南丫岛

⑧（ ）、（ ）、（ ）和（ ）是蒙古族服饰的主要部分。

A. 首饰　　B. 长袍　　C. 腰带　　D. 靴子　　E. 帽子

⑨喜戴四棱小花帽的是（ ）族。

A. 回族　　B. 维吾尔族　　C. 傣族　　D. 土家族

⑩台湾地区节庆活动主要可分为（ ）、（ ）与（ ）等类别。

A. 中华传统节庆　　B. 地方民俗庆典　　C. 原住民祭典　　D. 法定节日

3. 简答题

①我国少数民族维吾尔族打招呼的主要方式是什么，其主要节日有哪些？

②简述藏族的待客之道。

③列举我国各少数民族饮食习惯的特色，分析作为接待人员来讲需要注意哪些？

④怎样利用你所学过的知识，更好地提高现今我国服务业的服务质量？

4. 实训题

①让少数民族的学生，运用所学比较本民族现在的习俗与以往习俗有哪些改变？

②让学生在本校内，对民族之间的礼仪的了解程度进行调查，并对尊重各少数民族的民俗与礼仪进行宣传工作，写出报告。

项目十　我国主要客源国的习俗礼仪

【学习目标】

随着我国经济的不断发展，改革开放的日益扩大，来我国观光旅游和参加商务活动的国际人士日益增多。旅游接待是面向全世界的工作，这就需要让学生充分学习到主要客源国礼仪在涉外交往中的重要作用；了解我国主要客源国的历史与文化背景差异，在熟知各国人民的性格特点和习俗的基础上，掌握我国主要客源国的礼仪。

任务一　欧洲国家习俗礼仪

欧洲是世界上资本主义经济最发达的地区，工业生产水平和农业机械化程度较高，生产总值居世界首位。欧洲地区的旅游业是起步最早，设施、设备最完善，是世界第一大旅游区域，也是我国重要的客源产生地和旅游目的地。这里人口密度大，城市人口比例高，对我国入境旅游业的发展具有重要意义。

一、英国

英国位于欧洲西北部大西洋的不列颠群岛上，面积约24.48万平方千米。截止到2013年的统计，有人口6077万人。官方和商业通用语为英语，居民多信奉基督教、基督新教。国歌是《上帝保佑女王》，国花为玫瑰花，国鸟为红胸鸽，国石为钻石。

1. 英国人的性格特点

（1）寡言含蓄　英国人性格孤僻，生活刻板，办事认真，对外界事物不感兴趣，往往寡言少语，对新鲜事物持谨慎态度，具有独特的冷静的幽默。他们保守、冷漠，感情轻易不外露，即便有很伤心的事，也常常不表露出来。他们很少发脾气，能忍耐，不愿意与别人做无谓的争论。

（2）恪守传统　他们守旧，一般都热衷于墨守成规，矜持庄重。一般家庭喜爱用以前几代人传下来的旧家具、旧摆设、旧钟表。首都伦敦有许多“百年老店”，而且越是著名的商店，越对原有的式样或布置保持得完整。

（3）崇尚艰苦奋斗　英国人以艰苦奋斗、吃苦耐劳为美德。他们对住的地方要求不是很高，房屋也不要求非常温暖，即使冬天，卧室也要窗户大开。英国人在吃的方面也不求精，但是特别看重饭桌上的礼仪。

2. 习俗

（1）饮食习俗　英国人讲究口味清淡，他们喜欢吃牛肉、羊肉、蛋类、禽类、甜点、水果等。一般较喜爱的烹饪方式有：烩、烧烤、煎和炸。英国料理名菜有：牛肉腰子派、炸鱼排、皇家奶油鸡等。

（2）主要节日　英国的传统节日有新年、情人节、复活节、圣诞节等，除此外还有特别的“薄煎饼日”、“银行假日”，这是全国性的假日。

阅读资料10-1

英国伦敦大本钟

大本钟位于英国议会大厦的北角，钟楼高79米，钟楼四面的圆形钟盘，直径为6.7米。大本钟建于1859年，根据格林尼治时间每隔一小时敲响一次。第二次世界大战期间，议会大厦曾遭德国空军轰炸，大本钟幸免于难。作为伦敦市的标志以及英国的象征，大本钟巨大而华丽，重13.5吨，四个钟面的面积有2平方米左右。大本钟从1859年就为伦敦城报时，至今已过一个半世纪，现在大本钟的钟声仍然清晰、动听（见彩图13所示）。

3. 礼仪与禁忌

（1）礼仪

① 见面礼仪。英国人彼此第一次认识时，一般都以握手为礼，但不像东欧人那样常常拥抱。随便拍打客人被认为是非礼的行为，即使在公务完结之后也如此。

② 仪态礼仪。在英国，人们在演说或别的场合伸出右手的食指和中指，手心向外，构成V形手势，表示胜利；在英国，如有人打喷嚏，旁人就会说上旁保佑你，以示吉祥。

③ 商务礼仪。到英国从事商务活动要避开7月和8月，这段时间工商界人士多休假，另外在圣诞节、复活节期间也不宜开展商务活动。在英国送礼不得送重礼，以避贿赂之嫌。在商务会晤时，按事先约好的时间光临，不得早到或迟到。英国工商界人士办事认真，不轻易动感情和表态，他们视夸夸其谈，自吹自擂为缺乏教养的表现。

（2）禁忌　首先，英国人有排队的习惯，可以看到他们一个挨一个地排队上公共汽车、火车或买报纸，加塞在英国是一种令人不齿的行为。其次，英国人非常不喜欢谈论男人的工资和女人的年龄，甚至他家里的家具值多少钱，也是不该问的。如果你问了一位女士的年龄，也是很不合适的，因为她认为这是她自己的秘密，而且每个人都想永葆青春，没有比对中年妇女说一声“你看上去好年轻”更好的恭维话了。再次，不能砍价。在英国购物，最忌讳的是砍价。英国人不喜欢讨价还价，认为这是很丢面子的事情。

二、意大利

意大利位于欧洲南部，面积约30.13万平方千米。截止到2013年年底的统计，有人口约6104.9万人。其宗教信仰大多数信奉天主教。语言以意大利语为主，个别地区讲法语和德语。国歌《马梅利之歌》，国花为雏菊，国石是珊瑚。

1. 意大利人的性格特点

（1）酷爱文物　意大利是一个具有悠久文化艺术传统的文明古国。古老的建筑、优美的雕塑，各式各样的艺术珍品遍布全国各地。全国有超过1400个博物馆，收藏着500多万件文物和200多万件各类艺术品。这些珍贵的古代文物，是意大利人民的宝贵财富，也为意大利带来滚滚财源。酷爱文物，保护文物是意大利人的公共道德，被视为一种社会的责任。

（2）热情好客　意大利人性格开朗、热情，喜欢交朋友。朋友见面时总是热情打招呼，互相交谈起来滔滔不绝，面部表情丰富且爱打手势，告别时往往相互拥抱。对待异国他乡的客人大都会真诚相待，当陌生人问路或车子抛锚时，往往会主动提供热情的帮助。

（3）时间观念不是很强　意大利人热情好客，也很随便，时间观念不强，常常失约或晚点。赴宴迟到是常事，特别是出席宴会、招待会等活动时，经常迟到。他们晚到15分钟或20分钟是司空见惯的事。如果迟到时间过长，他们常常会说：“交通太拥挤了，真是对不起。”

2. 习俗

（1）饮食习俗　意大利的饮食以味醇、香浓、原汁原味闻名，注重炸、熏等方式，以炒、煎、炸、烩等方法见长。意大利菜肴最为注重原料本质，保持原汁原味，一般汁浓味厚，调料擅长使用番茄酱、酒类、柠檬、芝士等。

（2）主要节日　意大利的主要节日有新年、复活节、狂欢节、八月节、圣诞节、解放日等。

3. 礼仪与禁忌

（1）礼仪

① 见面礼仪。意大利人相互见面时，大多都惯行握手礼，常见朋友之间，多招手示意。意大利的格瑟兹诺人，遇见朋友总习惯把帽拉低，以此表示对朋友尊敬。

② 待客礼仪。意大利人在与宾客相见时，习惯热情向客人问好，面带笑容地以“您”字来称呼客人。他们时间观念不强，对约会总习惯迟到，认为这样是礼节风度。他们有说话心直口快，情绪爱激动的特点，谈问题时从不转弯抹角或耍心计，一般都是直出直入、开诚布公。

③ 商务礼仪。意大利企业的总经理握有很大的权力，喜欢独断专行，即便是部长、课长级人员，也多半仅是照办上面交待清楚的事情，因此从事商务活动应尽量与总经理直接打交道。意大利人对初次见面的人虽然十分客气，但往往对问题不予以明确答复，他们不愿仓促表态。只有经过一段时间的接触，取得了他们的信任，洽谈生意才能较为顺利。

④ 社交礼仪。意大利人很开明，思想解放，头脑灵活；在与人交往时性格爽快又耿直，不耍心计，做任何事都讲究开诚布公；在社交场合看重衣服的穿着，举止行动也要十分端正；在言谈话语中特别尊重他人，讲究文明和礼貌，待人处事非常热情。

（2）禁忌　意大利人以黑色为丧礼色，是忌讳的颜色，认为只有遇有丧事时，才臂缠黑纱，系黑领结。给意大利人赠送鲜花时，忌送菊花。尽管意大利的国花是雏菊，但因为每年11月2日死人节期间，人们在陵墓上献上的鲜花普遍为菊花。忌讳交叉握手，与朋友握手时，不要越过另两个人拉着的手去同第四个人握手。因为四个人的手臂组成“十”字，形似十字架，不吉利。

意大利与西方一些国家一样将数字“13”作为“魔鬼数字”，忌用“13”，意大利所有饭店没有13号房间，电车也没有13路车；星期五也被视作不吉利，安排宴会、聚餐等活动，要避开星期五。

三、法国

法国位于欧洲西部，面积约为55．16万平方千米，截止到2013年的统计，拥有人口约为6568．2万人。通用法语。信奉天主教、基督新教、犹太教、佛教、东正教等宗教。国歌《马赛曲》，国花是鸢尾花，国石是珍珠，国鸟是公鸡。

1．法国人的性格特点

（1）浪漫多于严谨　由于其国家悠久的历史，独特的文化，从而塑造了法国人独特的浪漫气息。浪漫是一种处世态度，体现在生活的许多方面。浪漫的法国人在待人方面很热情，处事方面较为随意，有时许诺不兑现，对未来和前途充满美好的幻想，对婚恋富于激情，时间观念不是很强，思维方式中诗情画意的成分多些。

（2）享受胜于奋斗　“超前享受”是法国人与其他国家人性格的最大区别。法国人只要有了一份稳定的收入，人们都可通过银行贷款或以分期付款的方式购买汽车及其他大额物品，把大部分薪水用于消遣或旅游。法国的节假日非常多，除了周末两天休息日以外，每年还有11天的法定假日，外加5周带薪年休假，总共140天。因此法国人非常注重生活的享受和生活的质量。

（3）酷爱花卉　法国人爱好摆弄花草树木。度假旅游是法国人最大的嗜好，即使两三天的短假也常出门踏青。花卉香水业是法国重要的经济产业。鲜花是法国人生活中不可缺少的组成部分。

2．习俗

（1）饮食习俗　法国是世界三大烹饪王国之一。以米饭或面粉为主食，

阅读资料10-2

法国香水文化

法国香水及化妆品业举世闻名，它和法国时装、法国葡萄酒并列为法国三大精品产业，是法国人的骄傲。

法国人使用香精香料和化妆品始于13世纪前后，当时的宫廷里，不仅女人乐施粉黛，而且男人也粉面纹唇。法国第一家香精香料生产公司1730年诞生于格拉斯市，后来发展到最多的时候达到了上百家，到现在已经合并成三家规模较大的香精香料生产公司。据朋友介绍，格拉斯市一直承担着为法国名牌香水销售公司配制香水的业务，而名牌香水销售公司最多则只在此基础上按比例调入中性酒精和蒸馏水并加上包装。在法国，完全自己配制产品的名牌香水公司可以说很少。

在法国，香水业的发展可以说和时装业的发展有着密切的关系。香水业与时装业的结合是一种很有意思的文化现象。时装设计师们发现在时装上喷些香水会为时装表演和销售香水带来极好的效果，他们纷纷兼售香水。

很爱吃肥嫩猪肉、羊肉、牛肉，喜食鱼、虾、鸡、鸡蛋和新鲜蔬菜；喜用丁香、胡椒、香菜、大蒜、番茄酱等作调料。对煎、炸、烧、烤、炒等烹调方法制作的菜肴偏爱。

（2）主要节日　法国的主要节日有新年、耶稣升天节、复活节、万圣节、圣诞节和国庆节等节日。

3. 礼仪与禁忌

（1）礼仪

① 见面礼仪。法国人在社交场合与客人见面时，一般习惯施握手礼，少女向妇女也常施屈膝礼。男女之间，女子之间见面时，还常以亲面颊来代替相互间的握手。

② 服饰礼仪。法国人对衣饰的讲究，在世界上是最为有名的。所谓“巴黎式样”，在世人耳中即与时尚、流行含意相同。在正式场合，法国人通常要穿西装、套裙或连衣裙，颜色多为蓝色、灰色或黑色，质地则多为纯毛。出席庆典仪式时，一般要穿礼服。

③ 餐饮礼仪。法国人用餐时，两手允许放在餐桌上，但却不许将两肘支在桌子上，在放下刀叉时，他们习惯于将其一半放在碟子上，一半放在餐桌上。

④ 社交礼仪。与英国人和德国人相比，法国人在待人接物上表现是大不相同的。第一，爱好社交，善于交际。对法国人来说社交是人生的重要内容，没有社交活动的生活是难以想象的。第二，诙谐幽默，生性浪漫。第三，渴求自由，纪律较差。第四，自尊心强，偏爱“国货”。第五，骑士风度，尊重妇女。

（2）禁忌　法国人忌讳数字“13”与“星期五”，并对墨绿色比较反感。到法国洽谈贸易时，严禁过多地谈论个人私事，不得提出年龄、职业、婚姻状况、宗教信仰、政治面目甚至个人收入等这类问题。如果初次见面就送礼，法国人会认为你不善交际，甚至认为你粗俗。

在人际交往之中，法国人对礼物十分看重，但又有其特别的讲究。宜选具有艺术品位和纪念意义的物品，不宜以刀、剑、剪、餐具或是带有明显的广告标志的物品。忌讳男人向女人送香水。在接受礼品时，不当着送礼者的面打开包装，是一种无礼的表现。

四、西班牙

西班牙位于欧洲西南部伊比利亚半岛，面积50.59万平方千米，截止到2013年年初的统计，有人口约4661万人。语言为西班牙语，是官方语言和全国通用语言。信奉天主教，还有基督教、伊斯兰教、犹太教等宗教。国歌《皇家进行曲》，国花为石榴，国石是绿宝石。

1. 西班牙人的性格特点

（1）乐观悠闲　西班牙人认为人活着不应成为生活的奴隶，而要成为生活的主人，要善于驾驭生活，把生活安排得丰富多彩，其乐无穷。

（2）热情大方　凡同西班牙人接触过的人都会有这样的印象：他们开朗坦诚，容易接近和交朋友。即使你初次结交一位西班牙人，他也会像老朋友那样无拘无束地同你侃侃而谈。

（3）自强自立　他们喜欢亲力亲为，不愿意求人、依赖人。即使做不好，或力不从心，也决意要去尝试，哪怕失败了也不懊丧。他们认为投入了，努力了就是收获。尤其是对那些富于挑战和刺激的事，他们更有一种冒险和勇往直前的勇气，这是一种压倒一切困难、自强不息的民族精神。

（4）讲求实际　在西班牙，人们认为虚荣和面子解决不了任何实际问题，成功与收获必须建立在自己亲自动手的努力中。所以，不论在家里还

> **阅读资料10-3**
>
> **西班牙斗牛**
>
> 班牙斗牛，起源于西班牙古代宗教活动（杀牛供神祭品）。13世纪西班牙国王阿方索十世将这种祭神活动演变为赛牛表演。现在西班牙有300多个斗牛场（最大的是马德里的文塔斯斗牛场，可容纳2.5万人）。每年3～11月是西班牙斗牛节，通常以星期日和星期四为斗牛日（使用体重4000千克的非洲纯种公牛）。

是在社会上，西班牙人什么活都愿意干，只要能多挣钱或能省钱。在金钱关系上他们也非常务实，崇尚干活必然拿钱，个人消费个人付账，即使亲朋好友甚至父子之间也如此，这一点和美国人非常相像。

2. 习俗

（1）饮食习俗　西班牙菜肴具有独特的风味，它融合了地中海和东方烹饪的精华。最具有代表性的是西班牙名点“派勒”。西班牙餐桌上的主角，有鳕鱼、虾、牡蛎等，此外还有火腿、蜗牛、鸡肉、鸭肉。一些营养丰富的蔬菜、水果、粗粮也是西班牙人饮食结构中的重要组成部分，当然，还有西班牙的海鲜饭、马德里肉汤、蔬菜冷汤、香肠煮豆子等名菜。

（2）主要节日　西班牙主要节日有西班牙-美洲日、国王胡安卡洛斯一世命名日、格拉纳达日、建军节、年节等节日。

3. 礼仪与禁忌

（1）礼仪

① 见面礼仪。西班牙人通常在正式社交场合与客人相见时，行握手礼。与熟人相见时，男朋友之间常紧紧地拥抱。西班牙人的姓名常有三四节，前一二节为本人姓名，倒数第二节为父姓，最后一节为母姓。通常口头称呼其父姓。

② 服饰礼仪。西班牙人在正式社交场合通常穿保守式样的西装，内穿白衬衫，打领带。他们喜欢黑色，因此一般穿黑色的皮鞋。西班牙妇女外出有戴耳环的习俗，否则会被视为没有穿衣服一般被人嘲笑。

③ 仪态礼仪。当地妇女喜欢用“扇语”来表达自己，如当妇女打开扇子，把脸的下部遮起来，意思是：“我是爱你的，你喜欢我吗？”，若一会儿打开一会儿合上，则表示：“我很想念你”。因此初到西班牙的妇女，如果不了解扇语，最好不要使用扇子。

④ 商务礼仪。西班牙人很重视信誉，总是尽可能地履行签订的合同，即便后来发现合同中有对他们不利的地方，他们也不愿公开承认自己的过失。如在这种情况下，对方能够善意地帮助他们，则会赢得西班牙人的尊重与友谊。

（2）禁忌　在西班牙，不要对斗牛活动有非议。

五、德国

德国位于欧洲中部，面积为35.7万平方千米。截止到2013年的统计，拥有人口约8080万人。通用德语。信奉基督教，此外还有伊斯兰教、佛教、犹太教、印度教。国歌《德意志之歌》，国花是矢车菊，又名蓝芙蓉，属于菊科。国鸟是白鹳。

1. 德国人的性格特点

（1）严肃沉稳　和德国人初交，他们给人的印象往往是沉默寡言、不苟言笑，显得呆板而沉重。接触时间久了，就会觉得德国人待人接物虽严肃拘谨，但态度诚恳。在公共社交场合，德国人显得非常拘泥形式，不擅长幽默。他们一板一眼、正襟危坐，做事谨慎小心，一切按规矩和制度行事。

（2）勤劳整洁　德国人都有坚毅的品质，都能为自己所身处的企业奋斗，不会因为现状不乐观而放弃前进的斗志。德国一般黎明即起洒扫庭院，起居室整理得井然有序、一尘不染。德国人特别注意家庭环境卫生，主妇们早晨送走丈夫和孩子之后，便换上工作服，开始一天最有意义的工作——清洁宅院，创造一个温馨、舒适、美观、清洁的家。

阅读资料10-4

德国啤酒节

德国慕尼黑“啤酒节”也叫“十月节”，每年从9月最后1个星期到10月的第1个星期，历时半月之久。相传，啤酒节始于1810年10月，巴伐利亚国王的王子结婚，婚礼结束后大家饮酒作乐以示庆祝。由于10月正是收获节令，人们辛劳之余，也乐于欢聚一堂，饮酒、唱歌、跳舞，以表达内心的欢乐，因此这个节日便延续下来了。

（3）准时高效　西方人一般都讲究遵守时间，德语中有一句话“准时就是帝王的礼貌”。德国人邀请客人，往往提前一周发邀请信或打电话通知被邀请者。如果是打电话，被邀请者可以马上口头作出答复；如果是书面邀请，也可通过电话口头答复。

（4）遵纪守法　德国人在遵纪守法方面具有很强的自觉性，同时德国也是一个执法严格的国家。在德国，人们视遵纪守法为最高伦理原则，人们普遍存在着求稳怕乱、安于现状、自满自足的心理。在企业里，下级绝对服从上级，一切按规章办事，缺少灵活性和主动性；员工们以服从为天职，而领导者则以是否服从命令、遵纪守法作为衡量员工好坏的标准。这也是形成德国人拘泥、呆板性格的原因之一。

2．习俗

（1）饮食习俗　德国菜不像法式菜那样复杂，也不像英式菜那样清淡，它以朴实无华、经济实惠的特点独立于西餐食坛中。其特点是食用生菜较多，很多菜都带酸味。德国烹饪是以多种多样的肉肴和面包为特征，用餐相当丰盛，富含脂肪，营养价值很高。面包有全麦面包、荞麦面包、面包干。

（2）主要节日　德国主要的节日有圣诞节、狂欢节、复活节，其中圣诞节是德国最重要的节日，就像中国的春节。

3．礼仪与禁忌

（1）礼仪

① 见面礼仪。德国人比较注重礼节形式。在社交场合与客人见面时，一般行握手礼。与熟人朋友和亲人相见时，一般行拥抱礼。

② 餐饮礼仪。德国人在宴会上和用餐时，注重以右为上的传统和女士优先的原则。德国人举办大型宴会时，一般是在两周前发出请帖，并注明宴会的目的、时间和地点。一般宴会则是在8～10天前发出请帖。他们用餐讲究餐具的质量和齐备。宴请宾客时，桌上摆满酒杯、盘子等。他们有个习俗，那就是吃鱼的刀叉不能用来吃其他食物。

③ 待客礼仪。德国人一般不常邀请客人去家中，不速之客有时会被拒之门外。去做客时，一般给女主人带一束鲜花，给小孩买玩具或书，但一定要撕去价格标签，并包装好。做客后，应向主人表示感谢。

（2）禁忌　在德国，不宜随意以玫瑰或蔷薇送人，前者表示求爱，后者则专用于悼亡。德国人对数字“13”与“星期五”极度厌恶。他们对四个人交叉握手，或在交际场合进行交叉谈话或窃窃私语，也比较反感。因为这两种作法，都被他们看作是不礼貌的。与德国人交谈时，不宜涉及纳粹、宗教与党派之争。德国人认定，在路上碰到了烟囱清扫工，便预示着一天要交好运。

在德国，星期天商店一律停业休息，在这一天逛街，自然难有收获。向德国人赠送礼品时，不宜选择刀、剑、剪子、餐刀和餐叉。不允许以褐色、白色、黑色的包装纸和彩带包装礼品。

六、荷兰

荷兰位于欧洲西部，面积有4.15万平方千米。截止到2013年的统计，拥有人口1680.37万人。官方语言为荷兰语。荷兰人大多数信奉基督教。国歌是《威廉·凡·那曳》，国花是郁金香，国鸟是琵鹭，国石是钻石。

1．荷兰人性格特点

（1）性格开朗　荷兰人大都性格开朗，外向而热情，开放而不保守，易于接近和交往。这种性格特点也许与荷兰特殊的地理环境和历史背景有关。荷兰可以说是一个海上民族，长期与海洋打交道养成了荷兰人开放、开朗、热情的性格，“海上马车夫”的辉煌历史也造就了荷兰人善于交往的能力。

（2）自信、朴素　荷兰人相信自己的力量能够战胜一切困难。这种自信心很大程度上源于荷兰人几百年来与大海的搏斗。荷兰是一个濒海低洼的国度，为了挡住海潮的侵害，从13世纪起荷兰人就开始修筑海堤，同恶劣的环境进行斗争，这也就培养了荷兰人勤劳自信、无往不胜的优良品格。

（3）善于建立国际商务关系　荷兰人善于建立国际商务关系，他们非常具有竞争性，这从他们的海上救助业就可以看出来。

2. 习俗

（1）饮食习俗　荷兰人的早、午两餐多吃冷餐。荷兰人早餐只是面包涂黄油或奶酪，喝些牛奶或咖啡。荷兰人不怎么喜欢唱茶，平常以喝牛奶来解渴。午餐也很简单，大多只是面包夹火腿。牛奶、土豆、面包是荷兰人的主要食品，荷兰人吃肉类食品喜欢大块或整齐的。

（2）主要节日　在荷兰的主要法定节日有新年、复活节、女王诞辰日、耶稣升天节、圣灵降临节、圣诞节等，还包括有特色的节日——女王节。

3. 礼仪与禁忌

（1）礼仪

① 见面礼仪。在官方场合，荷兰人与客人会面时，通常行握手礼。而在日常生活中，朋友相见时，大多施拥抱礼。与亲密的好友相见时，也有施吻礼的，他们不喜欢交叉着握手，认为这是不吉利的行为。

② 服饰礼仪。大部分荷兰人的穿着打扮和欧洲大陆的其他国家大同小异。在正式社交场合，如参加集会、宴会，男子穿着都较庄重，女士衣着典雅秀丽。最富特色的是荷兰马根岛上居民的服饰，该岛女孩的衬衣都是红绿间隔的条纹。

③ 仪态礼仪。荷兰人在交谈时，不喜欢交叉式谈话。女子入座时，双腿要并拢；男子就座时也不宜抖腿。他们不在众人面前用牙签剔牙。

④ 商务礼仪。到荷兰进行商务活动的最佳月份是每年的3～5月，9～11月。荷兰人具有很强的时间观念，所以在商务活动中，对约会都很讲信义。荷兰人很喜欢听恭维话，在商务活动中，对他们的室内摆设等夸奖几句，他们心情会格外高兴。

（2）禁忌　荷兰人忌讳数字“13”、“星期五”。他们认为“13”象征着厄运，“星期五”象征着灾难。他们在相互交往中，不愿谈论美国、钱和物价等方面的问题。荷兰忌讳有人询问他们的宗教信仰、工资情况、婚姻状况、个人去向等问题。他们认为私人事宜不需要他人过问。他们喝咖啡忌讳一杯倒满，视倒满为失礼的行为和缺乏教养，认为只倒杯子的三分之二处才合适。

荷兰的古城史塔荷斯特被视为“神秘的女人村”。这里的妇女对现代化设施、器械以及社会风尚都很反感，甚至表示憎恶。另外，她们还特别忌讳别人对她们进行拍照。

阅读资料10-5

荷兰的风车

因为地势低洼，荷兰总是面对海潮的侵蚀，生存的本能给了荷兰人以动力，他们筑坝围堤，向海争地，创造了高达9米的抽水风车，营造生息的家园。1229年，荷兰人发明了世界上第一座为人类提供动力的风车。漫长的时期，人们采用原始的方法加工辗磨谷物，最初是手工体力操作，以后是马拉踏车和以水力推动的水车，之后才是借风力运转的风车。因为荷兰平坦、多风，因而风车很快便得到普及。需求的迅速增加，又带动了风车技术的改造。风车的用途也不再局限于辗磨谷物，而是发展为加工大麦，把原木锯成桁条和木板，制造纸张，还从各种油料作物如亚麻籽、油菜籽中榨油，还把香料磨碎制成芥末。尽管用途很多，人们还是更愿意记住从前欧洲流传的这句话：“上帝创造了人，荷兰风车创造了陆地。”见彩图14所示。

七、俄罗斯

俄罗斯是位于欧亚大陆北部的一个国家，地跨欧亚两大洲，国土面积为171.02万平方千米，是世界上面积最大的国家。截止到2012年的统计，俄罗斯总人口约为1.431亿，是世界上人口减少速度最快的国家之一。俄语为其官方语言。俄罗斯主要宗教为东正教，其次为伊斯兰教。国歌《俄罗斯联邦国歌》，国花是葵花，国树是白桦树。

1. 俄罗斯人的性格特点

（1）英勇、坚强　俄罗斯人意志力较强，每当遇到国家的生死存亡和个人成长的重要关键时期，俄罗斯人都能呈现出其超强的凝集力、战斗力和不畏牺牲的精神。

（2）文化底蕴深厚　大多数俄罗斯人都掌握两门以上的外语，除了母语外，基本上能用流利的英语进行对话。深厚的俄罗斯文化积淀使之有高雅的情趣，音乐会和芭蕾舞在生活中不可或缺。

（3）急躁情绪　俄罗斯人性情比较急躁，无论在处理国家事务和日常生活中。俄罗斯曾有名言："我们俄罗斯人有一时的耐心，但缺乏持久的耐心。"俄罗斯人总是急于解决问题，整个民族具有激进或极端的倾向。

2. 习俗

（1）饮食习俗　在饮食习惯上，俄罗斯人讲究量大实惠，油大味厚。他们喜欢酸、辣、咸味，偏爱炸、煎、烤、炒的食物，尤其爱吃冷菜。俄罗斯人一般以面包为主食，喜欢吃黑麦面包。他们喜爱吃牛羊肉，不爱吃猪肉。俄罗斯人喜欢饮酒，尤其喜爱烈性伏特加酒，对我国产的"二锅头"爱不释手。

（2）主要节日　俄罗斯节日主要有国庆日、圣诞节、俄罗斯建军节、诗歌节、妇女节、胜利节、三圣节和送冬节（谢肉节）等。

3. 礼仪与禁忌

（1）礼仪

① 见面礼仪。俄罗斯人初次会面行握手礼。但对熟悉的人，尤其是在久别重逢时，他们则大多要与对方热情拥抱。在称呼方面，在正式场合，他们也采用"先生"、"小姐"、"夫人"之类的称呼。

② 仪态礼仪。俄罗斯人非常重视人的仪表、举止、在社交生活中，俄罗斯人总是站有站相，坐有坐姿。站立时保持身体正直。等候人不论时间长短，都不蹲在地上，也不席地而坐。同时，他们在社交场合还忌讳剔牙等不良动作。

③ 服饰礼仪。俄罗斯人讲究仪表，注重服饰。俄罗斯人多穿西装或套裙，俄罗斯妇女还喜爱穿连衣裙。

④ 商务礼仪。俄罗斯商人一般在初次见面时不轻易交换名片。每年4～6月是俄罗斯人的度假季节，不宜进行商务活动。在进行商业谈判时，俄罗斯商人对合作方的举止细节很在意，因此在商业交往时宜穿庄重、保守的西服。大多数俄罗斯商人做生意的节奏缓慢。

（2）禁忌　俄罗斯人视"葵花"为国花，最讨厌"13"这个数字，而数字"7"却意味着幸福或成功。黑色表示肃穆、不祥或晦气。镜子被视为"神圣物品"，打碎镜子意味着个人生活将出现疾病和灾难，打翻盐瓶、盐罐是家庭不和的预兆，但打碎盘、碟子则意味着富贵和幸福。俄罗斯人都有两个神灵，左手为凶神，右手为善良的保护神，因此学生忌用左手抽考签，熟人见面不能用左手握手，早晨起来不可左脚先着地。

俄罗斯人忌讳的话题有：政治矛盾、经济难题、宗教矛盾、民族纠纷、前苏联解体、阿富汗战争，以及大国地位问题。

阅读资料10-6

俄罗斯套娃

俄罗斯套娃（俄语：матрёшка）是俄罗斯特产木制玩具，一般由多个一样图案的空心木娃娃一个套一个组成，最多可达十几个，通常为圆柱形，底部平坦可以直立。最普通的图案是一个穿着俄罗斯民族服装的姑娘，叫做"玛特廖什卡"，这也成为这种娃娃的通称。早期俄罗斯农村常用的女子名Matryona，拉丁字源是mater"母亲"，因此俄罗斯又有生育的含意。但后来也有用童话中的人物形象做的。

人恒过，然后能改。
——《孟子·告子下》

任务二　美洲国家习俗礼仪

美洲分为北美洲与南美洲，位于太平洋东岸、大西洋西岸。美洲一直都是中国游客非常关注和向往的旅游目的地。长期以来，中国公民赴美国旅游热情不减，加拿大在成为新的旅游目的地后，美洲市场尤其是北美的旅游线路已掀起了一个新的高潮。

一、美国

美利坚合众国位于北美洲的联邦共和制国家，总面积约937.26万平方千米。截止到2013年的统计，拥有人口3．1525亿，是世界上人口数仅次于中国、印度的第三大国家。通用英语。主要信奉基督教。美国国旗为星条旗，国歌《星条旗永不落》，国花为玫瑰花。

1．美国人的性格特点

（1）热情开朗　凡同美国人有过接触的，大都会认为美国人待人热情、开朗大方、易于接近。即使是初次结交一位美国人，他也会对你侃侃而谈，甚至滔滔不绝，使你毫无拘束之感；当你走在街上，对陌生人无意多看了几眼，他也许会向你微笑着点头致意，或者招呼一声“Hello”。

（2）独立进取　美国人不喜欢依赖别人，也不喜欢别人依赖他们；美国人从小便养成独立奋斗、不依赖父母的习惯。在街上，每天清晨都可以看到十一二岁的男孩挨家挨户送报纸，不论风霜雨雪从不贻误，有些女孩很小便到邻居家去帮助照看小孩。美国人从小就培养子女的自强自立能力，这对他们将来到社会上去生活大有裨益。

（3）讲求实际　美国人不像法国人那样喜欢漫无边际的幻想、浪漫，也不像英国人那样讲派头、要面子，而是非常务实。美国早期历史造就了他们善于在逆境中不气馁、看准目标、孜孜以求的性格。美国人在金钱上也非常务实，付出劳动便要取得报酬，求助他人当以惠相报，在美国人看来是天经地义的。所以他们在劳动与报酬方面计算得清清楚楚。搭乘别人的汽车要分担汽油费；使用亲友的电话要交电话费。

（4）求变好动　美国人是一个永远不满足的民族，他们从来不满足于安逸的生活，喜欢挑战自己，喜欢变换工作，喜欢旅游、冒险和体育活动，甚至是衣食住行也要不断地变化，从变化中求得新的感觉、新的刺激，从中获得新的成功乐趣。

2．习俗

（1）饮食习俗　美国人在其口味上喜食生、冷、淡食，一般要清淡、微辣、微甜少酸。主要烹调方法有：煎、炸、炒、炖、精蒸。主要特色有：布法罗辣鸡翅、科布沙拉、阿拉斯加鳕鱼柳、夏威夷沙拉、美国大龙虾等。

（2）主要节日　美国节日分为两大类：政治性的节日和宗教性的节日。政治性的节日如美国独立日、国旗日、华盛顿诞辰纪念日、林肯诞辰纪念日；宗教性的节日有复活节、情人节、万圣节、感恩节、圣诞节；同时还有民俗的节日如愚人节、母亲节、父亲节等。

3．礼仪与禁忌

（1）礼仪

① 见面礼仪。美国人与客人见面时，一般都以握手为礼。他们习惯手要握得紧，眼要正视对方，微弓身，认为这样才算是礼貌的举止。一般同女人握手美国人都喜欢斯文。

② 赴宴礼仪。如果应邀参加家庭聚会，可问主人需要什么礼物，即使

阅读资料10-7

美国——山姆大叔

美国的绰号叫“山姆大叔”。传说1812年英美战争期间，美国纽约特罗伊城商人山姆·威尔逊（1766．9．13—1854．7．31）在供应军队牛肉的桶上写有“u．s.”，表示这是美国的财产。这恰与他的昵称“山姆大叔”（“Uncle Sam”）的缩写（“u．s.”）相同，于是人们便戏称这些带有“u.s.”标记的物资都是“山姆大叔”的。后来，“山姆大叔”就逐渐成了美国的绰号。19世纪30年代，美国的漫画家又将“山姆大叔”画成一个头戴星条高帽、蓄着山羊胡须的白发瘦高老人。1961年美国国会通过决议，正式承认“山姆大叔”为美国的象征。

主人婉谢，届时仍可带瓶酒、一束鲜花，或酌情带一些具有中国特色的小礼物。有任何饮食禁忌可先告知，特殊的文化风俗和饮食禁忌可得谅解和尊重。除非事先言明，一般聚会活动以不带小孩参加为宜。

③ 社交礼仪。美国人在社交场合与客人握手时，还有这样一些习惯和规矩：如果两人是异性，要待女性先伸出手后，男性再伸手相握；如果是同性，通常应年长人先伸手给年轻人，地位高的人伸手给地位低的人，主人伸手给客人。他们另外一种礼节是亲吻礼，这是在彼此关系很熟的情况下施的一种礼。

④ 服饰礼仪。崇尚自然，偏爱宽松，讲究着装体现个性，是美国人穿着打扮的基本特征。美国人十分重视着装细节。在美国，女性最好不要穿黑色皮裙，女士撩动自己裙子的下摆，往往会令人产生成心引诱对方之嫌。美国人认为，出入公共场合时化艳妆，或是在大庭广众之前当众化妆、补妆缺乏教养，而且还有可能令人感到“身份可疑”。

（2）禁忌　美国人讨厌数字“13”和星期五。美国人讨厌蝙蝠和黑猫，蝙蝠被认为是凶神恶煞的象征，黑猫被看成会带来厄运的动物。美国人从来不会用一根火柴点燃二支香烟，认为这样会给人带来灾难。

在美国，若是在别人面前脱鞋或赤脚，会被视为不知礼节的野蛮人。只有在卧室里，或是热恋的男女之间，才能脱下鞋子。女性若在男性面前脱鞋子，那就表示“你爱怎样就怎样”；男性脱下鞋子，就会受到蔑视。鞋带松了，也应走到没人的地方系好。

二、加拿大

加拿大位于北美洲北半部，面积为998.46万平方千米。截止到2013年的统计，拥有人口为3502.5万。英语和法语同为官方语言。加拿大人多信奉基督教。国歌《啊！加拿大》。国树为枫树，加拿大素有“枫叶国”的美誉。国花是枫叶，国兽为海狸鼠。

1. 加拿大人的性格特点

（1）生性活泼、酷爱户外运动　在加拿大，人们无论春夏秋冬都特别酷爱运动。冬天全民投入冰雪运动，溜冰、滑雪几乎无人不能；夏日，男女老少都喜欢穿着尽可能少，躺在草坪和沙滩上享受太阳浴。

（2）热情好客、待人诚恳　加拿大人在日常生活中非常愿意向别人伸出援助之手。如果你驾车外出，向当地人打听去某处的路线，他们都会热情地给你指路。要是他们觉得你还不明白，甚至会主动驾着自己的车在前面为你引路，将你带到应该去的地方。加拿大人生性活泼，谦逊友善，乐于助人。加拿大人说话也非常风趣、幽默。凡与加拿大人打过交道，尤其是在加拿大居住过的人，一般都对加拿大人有较好的印象。

2. 习俗

（1）饮食习俗　加拿大人喜爱吃牛肉、鱼肉、野味、鸡蛋和蔬菜。加拿大人一般喜欢甜酸、清淡、不辣的食品，爱喝原汁原味的清汤，烹调中不加调料，调料放在餐桌上供自由选择。除炸烤的牛排、羊排、鸡排之外，他们也爱吃野味，但忌食各种动物内脏，也不爱吃肥肉。

（2）主要节日　加拿大的节日有全国性的也有地区性的，有西方国家共有的也有加拿大自己的节日。冬季狂欢节是魁北克省居民最盛大的节日。郁金香花节是加拿大首都渥太华的盛大节日。淘金节是加拿大阿尔伯塔省的节日。

阅读资料10-8

加拿大的“三不”饮食文化

不设烟酒。在加拿大请客吃饭都不设烟酒招待客人。因为，加拿大有禁烟规定，并且必须年满16岁以上者方可购买香烟。在联邦政府大楼、电梯、银行、商店、学校及多数公共场所吸烟都是违法的。

不吃热食。加拿大人在待客时，喜欢先将各式菜肴烧好，用碗、盘、碟等器皿盛好后，依次将各式菜肴摆在厨房内的餐桌台上，待客人到齐后，供客人们享用。因为菜肴烧得比较早，时间一长，就成了凉菜。

不排桌席。在加拿大，宴请不安排桌席。通常是客人们手拿一次性使用的塑料餐盆和叉子，一个个排在摆满饭菜的台前，然后自己动手随意选取自己喜爱吃的食物和菜肴，最后自找地方用餐。

3. 礼仪与禁忌

（1）礼仪

① 见面礼仪。加拿大人在社交场合与客人相见时，一般都行握手礼。亲吻和拥抱礼仪适合熟人、亲友和情人之间。男女相见时，一般由女子先伸出手来。女子如果不愿意握手，也可以只是微微欠身鞠一个躬。如果男子戴着手套，应先摘下右手手套再握手。女子间握手时则不必脱手套。

② 仪态礼仪。加拿大人在社交场合一般姿态比较庄重，举止优雅，在交谈时，加拿大人会和颜悦色地面对着对方。加拿大人常用两手手指交叉置于桌上等姿态来缓和紧张气氛或掩饰窘态。有人遇到不幸或心情不好的时候，他们一般会采用这种姿势，这说明他们对这人的处境表示理解和同情。

③ 服饰礼仪。在加拿大，不同的场合有不同的装束。在教堂，男性着深色西装，女士则穿庄重的衣裙。在参加婚礼时，男子或穿着西装，或穿便装。加拿大青年人喜爱那种体现现代生活的节奏感，使着装者显得潇洒的服饰。

④ 商务礼仪。在加拿大从事商务活动，首次见面一般要先作自我介绍，在口头介绍的同时递上名片。加拿大人喜欢别人赞美他的衣服。 在商务谈判中，要集中精力，不要心不在焉，在正式谈判场合，衣着要整齐庄重。加拿大人有较强的时间观念，他们会在事前通知你参加活动的时间。同时参加宴会者也应准时到达，并不能迟到。

（2）禁忌　加拿大人大多数信奉新教和罗马天主教，少数人信奉犹太教和东正教。他们忌讳数字“13”、“星期五”，认为“13”是厄运的数字，“星期五”是灾难的象征。他们忌讳白色的百合花，因为它会给人带来死亡的气息，人们习惯用它来悼念死人。他们不喜欢外来人把他们的国家和美国进行比较，尤其是拿美国的优越方面与他们相比，更是令人不能接受。加拿大妇女有美容化妆的习惯，因此她们不欢迎服务员送擦脸香巾。他们在饮食上，忌吃虾酱、腐乳和臭豆腐等有怪味、腥味的食物；忌食动物内脏和脚爪；也不爱吃辣味菜肴。

任务三　亚洲国家习俗礼仪

亚洲区域历史悠久，地貌各异，人口众多，民族关系复杂，对世界文化的发展有着重大的影响。亚洲周边国家及地区一直是中国公民主要的出境旅游目的地。随着2010年世界最大的自由贸易区“中国—东盟自由贸易区”的全面启动，赴东南亚各国旅游的中国游客持续不断增长。东南亚市场及日本、韩国等地已成为近年来受中国游客青睐的热点线路。

一、日本

日本国位于亚洲东部的岛国，由本州、四国、九州、北海道四个大岛及7200多个小岛组成，其国土面积约为37.78万平方千米。截止到2013年的统计，日本人口约有1.27亿，是世界上最有名的长寿之国。日语为官方语言。居民中大多数信奉神道教和佛教。国歌《君之代》，国石水晶，国鸟是绿雉。

1. 日本人的性格特点

（1）敏感　敏感是日本人具有的主要性格特点之一。这一性格特点也造就了日本人敏锐的观察力和极强的自控能力，与此同时敏感很大程度上也促进了日本人的思想和民智上的开化，使其情感更为细腻丰富。

（2）忠诚　日本人有很强的团体意识和团结精神，与日本人忠君爱国的传统观念相联系。日本人原始古神道的概念，与儒家的“忠孝”结合形成日本人的一种特有观念，于是和合、协力、责任、廉耻、自我牺牲等道德则由此而出。直到现在，日本人的思想深层依然保留这种意识，可以为自己的民族和团体现出最大的忠诚。

（3）重视别人的态度　日本人不喜欢采用和别人相背离的行为。他们要决定自己行动时，首先考虑别人是怎么活动的，或者那样做后别人会怎么看自己。日本人即使自己持有明确的意见，他们也避免“我是这样想的”、“我的意见是这样的”等直接的表达方法，而是采用“恐怕是这样吧？”“我想这么考虑，你看如何呢？”这种婉转的措词，明显的认为这种表达方式是适当而有礼貌的。

2．习俗

（1）饮食习俗　日本料理以鱼、虾、贝等海鲜品为烹饪主料，并有冷、热、生、熟各种食用方法。日本人讲究食品营养学，讲究菜点的色泽和形状，口味多为咸鲜，清淡少油，稍带甜酸和辣味。日本人爱吃鱼以及各种海产品、瘦猪肉、牛肉、鸡肉、鸭肉、鸡蛋和各种野生禽类及蔬菜、豆腐、紫菜，但不吃羊肉、猪内脏及肥猪肉。日本人很讲茶道，餐前餐后都喜欢喝茶，特别喜欢喝清茶。

（2）主要节日　日本全年有14个法定节日，主要有新年、成人节、建国纪念日、绿色和平日、敬老节、文化节、天皇诞辰日、樱花节等节日。

3．礼仪与禁忌

（1）礼仪

① 见面礼仪。日本人见面多以鞠躬为礼，人们相互之间是行30°和45°的鞠躬礼，鞠躬弯腰的深浅不同，表示的含义也不同。男性鞠躬时，两手自然下垂放在衣裤两侧；对对方表示恭敬时，多以左手搭在右手上，放在身前行鞠躬礼，女性尤其如此。在国际交往中，日本人也习惯握手礼，初次见面时有互相交换名片的习惯。

② 仪态礼仪。日本人常常是满脸笑容，不仅高兴时微笑，处于窘迫发怒时也会发笑，以掩饰自己的真实情感。妇女在地板上就座时，总是坐在卷曲的腿上。不同的手势有不同的含义：大拇指和食指合成一个圆，其余三个指头向上伸开，表示钱；伸出小指头，表示女人等。

③ 服饰礼仪。日本人无论在正式场合还是非正式场合，都很注重自己的衣着。在正式场合，男子和大多数中青年妇女都着西服。男子穿西服通常都系领带。和服是日本的传统服装，除一些特殊职业者和传统节日外，在公共场所很少穿和服。

④ 商务礼仪。日本的商务活动，宜选择在2～6月和9～11月，其他时间当地人多休假或忙于过节。日本人在商务活动中很注意名片的作用，他们认为名片表明一个人的社会地位，因此总是随身携带。日本商人比较重视建立长期的合作伙伴关系。

（2）禁忌　日本人不喜欢紫色，认为这是悲伤的色调；最忌讳绿色，认为是不祥之色。他们忌“9”、“4”等数字；他们还忌讳三人一起合影，认为中间的人被左右两人夹着，是不好的预兆。日本人讨厌金银色的猫，认为看到这种猫的人要倒霉；他们也不喜欢狐狸。

阅读资料10-9

日本的“茶道”

本茶道是在日本一种仪式化的、为客人奉茶之事。原称为“茶汤”。日本茶道和其他东亚茶仪式一样，都是一种以品茶为主发展出来的特殊文化，但内容和形式则有别。茶道历史可以追溯到13世纪。最初是僧侣用茶来集中自己的思想，唐代赵州从谂禅师曾经以“吃茶去”来接引学人；后来才成为分享茶食的仪式。现在的日本茶道分为抹茶道与煎茶道两种，但茶道一词所指的是较早发展出来的抹茶道。

现代的茶道，由主人准备茶与点心，还有水果招待客人，而主人与客人都按照固定的规矩与步骤行事。除了饮食之外，茶道的精神还延伸到茶室内外的布置；品鉴茶室的书画布置、庭园的园艺及饮茶的陶器都是茶道的重点。

二、韩国

韩国位于东北亚朝鲜半岛南部，三面环海，领土面积约10.02万平方千米。截止到2012年年底的统计，韩国人口约5000．4万，是单一民族的国家。韩语为其官方语言。居民中大多数信奉基督教和佛教。国歌《爱国歌》，国花是无穷花，国鸟是喜鹊。

1. 韩国人的性格特点

（1）民族主义、爱国精神　韩国人有很强的民族意识，甚至有一定的民族优越感。韩国就像一个大家庭，每个国民都把国事当成了家事。

（2）尊重传统和文化　韩国深受儒家文化的影响，现今韩国已经步入世界经济的前列，但这丝毫不影响韩国人对其文化和历史的尊重和爱护。在韩国，处处可以见到对历史的尊重和珍视。

（3）坚韧、顽强　韩国人的坚韧、顽强在经济发展中表现得很突出。韩国人在现代化的过程中，用了极大的意志力克服掉几千年养成的惰性，养成了坚持不懈，说到做到，雷厉风行的坚韧和顽强的性格。

（4）刻苦、认真　韩国虽然国土面积小，自然资源也相对较为贫乏。但在长期的艰苦环境下，这个民族养成了吃苦耐劳的习惯和性格。韩国人行事认真，不大接受“表面工夫”、“圆滑手腕”，甚至事事较真。

2. 习俗

（1）饮食习俗　韩国饮食的主要特点是高蛋白、多蔬菜、喜清淡、忌油腻，味觉以酸、辣、甜为主。韩国人以米饭为主食，菜肴以炖、煮和烤制为主，基本上不做炒菜。喜欢吃面条、牛肉、鸡肉和狗肉，不喜欢吃馒头、羊肉和鸭肉。韩国人喜爱腌制泡菜，餐餐必有一汤，尤其爱喝大酱汤。韩国饮料品种较多，传统的酒有清酒、药酒、烧酒和啤酒。

（2）主要节日　韩国节日与我国大体相同，有春节、清明节、端午节、中秋节等，其特色节日有开天节、显忠日，国际性的节日有情人节、圣诞节等。

3. 礼仪与禁忌

（1）礼仪

① 见面礼仪。韩国见面采用鞠躬礼和握手礼。妇女一般不与男子握手，而往往代之以点头致意或是鞠躬礼仪。称呼他人时爱用尊称和敬语，习惯称呼对方头衔。韩国人初次见面时，经常交换名片。

② 仪态礼仪。韩国人特别注重礼仪姿态，在站姿、走姿、坐姿上都有严格要求。走姿上，在出行时长者、尊者在前，男女同行时，男人在前女人在后。坐姿上，韩国传统坐姿，男人通常盘腿而坐，女子为双脚交叉、跪坐。与年长者同坐时，坐姿要端正。若是在长辈面前应跪坐在自己的脚底板上，绝对不能把双腿伸直或叉开，否则会被认为是不懂礼貌或侮辱人。未征得同意前，不能在上级、长辈面前抽烟，不能向其借火或接火。在韩国小指伸出表示渺小、看不起。

③ 服饰礼仪。在韩国，韩服是韩国的传统服饰，只有在节日和有特殊意义的日子里穿着。

④ 商务礼仪。按照韩国的商务礼仪，宜穿着保守式样的西装。商务活动、拜访必须预先约会。在名片名字要求上印有英文、朝鲜文对照。商界人士多通晓英语，老人多通晓汉语。他们很重视业务交往中的接待，宴请一般在饭馆或酒吧举行。

（2）禁忌　政府规定，韩国公民对国旗、国歌、国花必须敬重。不但电台定时播出国歌，而且影剧院放映演出前也放国歌，观众须起立。外国人在上述场所如表现过分怠慢，会被认为是对韩国和韩族的不敬。

三、泰国

泰国位于东南亚中南半岛中部，面积约51.31万平方千米。截止到2013年的统计，泰国人口约有6825.1万。泰语为泰国官方语言。居民中大多数信奉上座部佛教。国歌《泰王国歌》，国花是金莲花，国树是桂，国鸟是火背鹇。

1. 泰国人的性格特点

（1）爱独立　泰国人爱好独立，无论在日常生活及工作中，他们通常回避冲突，将自己置身于事外，尽量不同别人来往。

（2）安详、平和的心态　泰国人精神的追求重实，而避虚，重中和，而避极端。泰国人来自四面八方，长期以来形成了一种相互接受，民族融合的特性，同时，也受信奉佛教的影响，养成了泰国人心地平和，不愿树敌的性格。

（3）包容忍让之胸怀　泰国人认为一个人的自尊是最重要的，以至于不能被冒犯。泰国人尽量不会令别人不舒服或讨厌，在这种处事原则的支配下，他们也希望得到同样的礼遇。日常中他们脸上常带着微笑嘴里说着“没关系”，来包容忍让别人的错误。

2. 习俗

（1）饮食习俗　泰国人喜欢吃酸、辣味的食物，不爱过咸、过甜或红烧，爱往菜肴中加入辣酱、鱼露或味精。用餐时多惯于围绕着低矮的圆桌跪膝而坐，以右手抓取食物享用。泰国人不爱喝热茶，喜好凉茶。喝果汁时在其中加入少许盐末。

（2）主要节日　泰国节庆有全国性和地方性两类。全国性的节庆为法定节日，如新年、春节、万佛节、宋干节等，地方性的节日有水灯节、竹炮节等。

3. 礼仪与禁忌

（1）礼仪

① 见面礼仪。泰国人见面行合十礼，相当于西方的握手，双掌举得越高，表示尊敬程度越深。平民百姓见国王双手要举过头顶，小辈见长辈要双手举至前额，平辈相见举到鼻子以下。长辈对小辈还礼举到胸前，手部不应高过前胸。

② 仪态礼仪。在泰国，进入佛殿要脱鞋，进入当地人家的客厅也要脱鞋。他们讨厌在平时生活中拍拍打打的举止，认为这是不礼貌的。当地人向上伸出小指表示和好，大拇指朝下表示失败，伸出弯曲的食指则表示死亡。

③ 服饰礼仪。泰国城市中的男子在正式社交场合通常穿深色的西装，打领带。妇女在正式社交场合穿民族服装，也可穿裙子；在日常生活中，可穿各式流行服装，但在公共场合忌穿短裤。泰国是个多民族国家，每个民族都有自己的传统服饰。

④ 商务礼仪。泰国从事商务活动的最佳时间是11月到次年3月，与大公司打交道，须在赴泰国前两个月去约定。泰国商人喜欢互赠礼物。他们喜欢对方送些小礼品给孩子。在商务活动中，接受邀请后，一般不能再随意改变主意，否则显得反复无常极不礼貌。

（2）禁忌　进入寺庙要脱鞋，服装应整齐、端庄，最好不要穿短裤。遇见僧侣要礼让；女性避免碰触僧侣，如奉献财物，可请男士代劳或直接放在桌上。付小费时不要给硬币，一般硬币是给乞丐的。

泰国人的头顶为最高贵之处，不得摸泰国人的头，特别是小孩的头。传递物品时也切忌不要越过他人的头顶。忌用左手接物和递物。交谈时忌用手指指点对方。坐时不得架二郎腿，不能把脚底翘起对着别人，妇女落座，要求更为严格，双腿必须并拢。泰国人不用红笔签名，因为泰国人死后，要在棺材口写上其姓氏，写时用的就是红笔。在一些农村里，忌赞美别人小孩长得漂亮。

任务四　大洋洲地区国家习俗礼仪

大洋洲位于太平洋西南部和南部赤道的南北广大海域中，共有14个独立国家，是世界上最小的一个洲。是除南极洲外，世界上人口最少的一个洲。大洋洲以澳大利亚和新西兰这两个目的地为主，同时也是我国主要的客源地。

一、澳大利亚

澳大利亚位于南太平洋和印度洋之间，面积约为769.2万平方千米。截止到2013年的统计，拥有人口约为2400万，是世界上城市化水平最高的国家之一。居民中大多数信奉基督教。国歌是《前进吧，美丽的澳大利亚》，国花为金合欢，国树是桉树，国鸟是琴鸟。

1. 澳大利亚人的性格特点

（1）友善　在澳大利亚，熟悉的人见面热情地相互招呼，还喜欢和陌生人交谈，特别是在酒吧，他们有时会主动过来和你聊天，甚至称呼你为“哥们儿”，在和你互相介绍后还可能要与你一起喝杯酒，从此陌生人就成了朋友。

（2）平等　澳大利亚是由移民组成的国家，来自世界各地的移民只有先来后到之分，没有高低贵贱之别，在一个亟待开发的地方，大家都有均等的机会兴家立业，成功与否只取决于自身的努力，个人以前的背景并不重要，这样就养成了平等的观念。直到现在，农牧场主与雇工、老板与雇员仍不存在高低上下的界限，雇主不仅不会表现出高人一等的傲慢，反而会由于地广人稀、劳力不足而对雇员很友善。

（3）享乐第一　澳大利亚人既不像日本人那样勤奋，也不像美国人有那种强烈的竞争意识，而是很注重享受生活。澳大利亚人生活安定，工作有保障，又有诸多的社会福利和保险，基本不存在生活之忧。虽然节假日有双薪甚至三薪，但是澳大利亚人宁愿去度假，所以公众假日很难找人上班，只有亚裔继续着“勤劳、勇敢、智慧”的传统美德。

2. 习俗

（1）饮食习俗　澳大利亚人主食愿意吃面，特别爱吃中国风味的清汤饺子。澳大利亚人对煎、炒、炸等烹调方法制作的菜肴很偏爱，爱吃豆芽菜、番茄、黄瓜、生菜、菜花等蔬菜，味精、酱、姜、胡椒粉是他们常用的调料品。澳大利亚人在饮食上不吃辣味，有的人也不喜欢吃酸味，他们注重菜品的质量，讲究菜肴的色彩。

（2）主要节日　澳大利亚节日主要有国庆日、圣诞节。地方性节日有凯尔特节、悉尼艺术节、布里斯本艺术节。圣诞节是澳大利亚最重大的节日。

3. 礼仪与禁忌

（1）礼仪

① 见面礼仪。澳大利亚人见面行礼时，所行的既有拥抱礼、亲吻礼，也有合十礼、鞠躬礼、握手礼、拱手礼、点头礼。

② 仪态礼仪。在澳大利亚非常注重仪态礼仪。男人们相处，感情不能过于外露，大多数男人不喜欢紧紧拥抱或握住双肩之类的动作。在社交场合，忌讳打哈欠、伸懒腰等小动作。

③ 服饰礼仪。男子多穿西服，打领带，在正式场合打黑色领结，达尔文服是流行于达尔文市的一种简便服装。妇女一年中大部分时间都穿裙子，

阅读资料10-10

澳大利亚大堡礁

大堡礁（Great Barrier Reef），是世界最大最长的珊瑚礁群，位于南半球，它纵贯于澳洲的东北沿海，北从托雷斯海峡，南到南回归线以南，绵延伸展共有2011千米，最宽处161千米。有2900个大小珊瑚礁岛，自然景观非常特殊。大堡礁的南端离海岸最远有241千米，北端较靠近，最近处离海岸仅16千米。在落潮时，部分的珊瑚礁露出水面形成珊瑚岛。在礁群与海岸之间是一条极方便的交通海路。风平浪静时，游船在此间通过，船下联绵不断的多彩、多形的珊瑚景色，成为吸引世界各地游客来猎奇观赏的最佳海底奇观。

在社交场合则套上西装上衣。无论男女都喜欢穿牛仔裤，他们认为穿牛仔裤方便、自如。

④ 商务礼仪。到澳大利亚进行商务活动的最佳月份是3～11月。澳大利亚是一个讲求平等的社会，不喜欢以命令的口气指使别人。他们把公私分得很清楚，所以不要以为一起进过餐，生意就好做了。

（2）禁忌　澳大利亚与西方国家有一些共同的忌讳，如忌讳数字“13”和“星期五”，同时他们为自己独特的民族风格而自豪，因此谈话中忌拿他们与英国、美国比较异同；他们忌讳兔子，认为碰到兔子是厄运来临的预兆；忌谈工会、宗教、个人问题、袋鼠数量的控制等敏感话题；另外，澳大利亚的土著民族都崇拜原始图腾，每个氏族都以某种动植物作为自己的图腾，如青蛙、蝙蝠、甲虫等。因此，禁忌人们伤害或食用其崇拜的图腾。

二、新西兰

新西兰是位于太平洋西南部的岛屿国家，面积约26.8万平方千米。截止到2013年的统计，新西兰约有447万人。居民中大多数信奉天主教。国歌《天佑新西兰》，国花是银蕨，国鸟是鹬鸵。

1. 新西兰人的性格特点

（1）友善　在新西兰，当地居民无论对待本国人还是外来人，都会给予极大的热情，主动问好。当有人需要帮助时，他们也会及时地伸出援助之手。

（2）时间观念不是很强　优越的社会福利待遇，良好的生活环境，使新西兰人适应了安逸的生活。侧面也导致了新西兰人慢节奏、低效率的生活方式。他们缺乏时间观念，赴约时间一般晚半小时左右。

（3）强烈的公民意识　新西兰人公民意识较强，对杂乱的环境非常反感，看到有人这样做时，甚至会发脾气。在公交工具上或公共场合，新西兰人说话声调很低，即使与自己的朋友谈话也是这样。他们会自觉遵守国家的各项规章制度和社会道德规范。

2. 习俗

（1）饮食习俗　新西兰人的饮食基本为牛奶、奶酪、面包和牛羊肉。新西兰菜肴 注重色香味，坚持少油、清淡信念。

（2）主要节日　新西兰节日主要有怀坦吉日、复活节、澳新军团日、女王诞辰日、劳动节、圣诞节、节礼日等。

3. 礼仪与禁忌

（1）礼仪

① 见面礼仪。握手礼是新西兰人常用的见面礼节，在向尊长行礼时，则会采用鞠躬礼，新西兰的土著毛利人见面要行“碰鼻礼”。初次见面，身份相同的人互相称呼姓氏，并加上“先生”、“小姐”等，熟识之后，互相直呼其名。

② 仪态礼仪。新西兰人说话很轻。他们不喜欢用“V”字手势表示胜利，当众嚼口香糖或用牙签剔牙被视为不文明的举止；当众闲聊是很失礼的行为。

③ 服饰礼仪。新西兰人在日常生活里通常以穿着欧式服装为主。他们注重服饰质量，讲究庄重，偏爱舒适，强调因场合而异。新西兰妇女不但要身着盛装；而且参加社交活动时化妆，是一种基本的修养。新西兰毛利人的传统服饰为毛利草裙。

④ 商务礼仪。新西兰人追求平等，他们反感把人划分为等级，按新西兰的商业习惯，交易均基于公平的原则，做生意不讨价还价，一旦提出一个价格就不能再变更。新西兰的商业气氛比较接近伦敦，在新西兰，凡是当地能生产和制造的产品，都不准进口。与其谈生意时，最好有点板球等方面的知识，这样他们对你会有好感。

人不仅要做好事，更要以正确的方式做好事。

——莫利

（2）禁忌　新西兰忌讳干涉别人的事务，也不可说他人的坏话。他们把“13”视为凶数，无论做什么事情，都要设法回避“13”。在国内忌讳男女同场活动，即使看戏或看电影，通常也分为男子场和女子场。新西兰人不愿谈论有关种族方面的问题。

本章小结

欧洲地区是世界第一大旅游市场和客源国产地，主要包括英国、德国、法国、荷兰等国家，其各国人的性格特点、习俗、礼仪与禁忌。

美洲也叫“亚美利加州”，又称新大陆。其中北美洲的美国和加拿大是我国重要的客源市场和旅游目的地。两国人的性格特点、习俗、礼仪与禁忌。

亚洲地区是与我国地理位置相近，经济联系紧密，对我国入境旅游业的发展具有重要意义，其中重要国家有日本、韩国、泰国等，各国人的性格特点、习俗、礼仪与禁忌。

大洋洲地区优越的自然条件，独特的社会民俗，经济发达。对我国旅游业影响最为广泛的为澳大利亚和新西兰，各国人的性格特点、习俗、礼仪与禁忌。

重点内容

各国地理位置　性格特点　各国的饮食习俗　各国的礼仪与禁忌

案例分析一

赴英国旅游一团队，一行25人，有领队陪同。到达英国后，对英国的旅游景点非常满意。最后一天，游客想带些英国的特色纪念品回国，以示纪念。于是领队和海外地接社导游带领游客来到一家非常高档的商店。游客们挑选到了自己喜欢的物品，并针对价格进行了“砍价”，但是这批游客却被请出店外，商家不卖商品给游客。游客被弄得一头雾水，扫兴地返回国内。回国后，游客得知被拒绝的原因后，将组团社告上了法庭。

思考题：运用所学的知识分析，游客被拒绝的原因是什么？该组团社是否有责任，游客是否该将其告上法庭？

案例分析二

某一酒店接待了一批来自加拿大的会议客人。在会议结束以后，酒店准备了酒席为客人践行。在席中酒店准备了一些特色菜，其中最著名的是“×××杂碎”这道菜，服务员详细地介绍了菜的成分和做法。与此同时，见一位加拿大女士出汗，服务人员就送上了擦汗香巾，加拿大女士非常气愤起身离开。这时，其他客人也相继离开了餐桌，只剩下空空的餐桌和桌上没有动过的菜。

思考题：请用所学知识，分析酒店在接待的过程中出现了什么样的问题？作为未来的从业人员来讲，说一说你应当如何做？

基本训练

1．判断题

① 西班牙人时间观念不强，特别是出席宴会、招待会等活动时，经常迟到。（　）

② 在意大利的国花为鸢尾花。（　）

③ 我国大洋洲的主要客源国包括有新西兰和澳大利亚。（　）

④ 德国被誉是个“美酒加音乐”的国度。（　）

⑤ 丹麦俗称“郁金香王国”和“风车王国”。（　）

⑥ 英国的国花为菊花 、国鸟为红胸鸽 、国石为钻石。（　）

⑦ 美国人和中国人一样把谦虚视为一种美德。（　）

⑧ 加拿大人忌讳白色的百合花。（　）

⑨ 澳大利亚人认为碰到蛇是厄运来临的预兆。（ ）
⑩ 意大利的国花是雏菊，给意大利人赠送鲜花时，最好选择菊花。（ ）

2．选择题

① 国歌《上帝保佑女王》是（ ）的国歌。
A．英国　　B．美国　　C．法国　　D．德国
② 美国人的性格特点是（ ）。
A．热情开朗　　B．独立进取　　C．讲求实际　　D．求变好动
③ 酷爱文物的是（ ）国家人的性格特点。
A．意大利　　B．美国　　C．瑞士　　D．法国
④ 购物不允许砍价的国家是（ ）。
A．英国　　B．法国　　C．德国　　D．意大利
⑤ 世界人口排行的前三位是（ ）。
A．印度　　B．美国　　C．英国　　D．中国
⑥ 素有“枫叶王国”之称的是（ ）。
A．荷兰　　B．意大利　　C．加拿大　　D．比利时
⑦ 澳大利亚人的性格特点（ ）。
A．友善　　B．平等　　C．享乐第一　　D．寻求刺激
⑧ 酷爱花卉的是（ ）的一个性格特点。
A．荷兰人　　B．法国人　　C．加拿大　　D．比利时人
⑨ 法国的国歌是（ ）。
A．《布位班人之歌》　　B．《让我们拉起手来》　　C．《皇家进行曲》　　D．《马赛曲》

3．简答题

① 请简要叙述新西兰的商务礼仪有哪些？
② 结合实际，请说出泰国的主要禁忌有哪些？
③ 荷兰人和德国人的主要性格特点有哪些？
④ 各国习俗的共同点有哪些？

4．实训题

① 到一些旅游景区景点，进行调研和外宾交流，将所学知识实际进行应用。
② 通过社会调查，写出我国现今对外宾接待还存在哪些不足。

项目十一　旅行社主要岗位礼仪规范

【学习目标】

通过本章的学习，要求学生能够了解旅行社接待、导游接待的服务礼仪常识，掌握旅行社服务人员、导游接待中的服务礼仪操作规范，并且在实际工作中能够熟练应用。

任务一　旅行社门市部业务员的礼仪

旅行社是旅游业的窗口，是旅游业的神经末梢，是旅游体验的前沿。旅行社门市部业务员负责接待、业务操作、接受咨询、处理突发事件等工作，他们的素质体现的是旅行社的素质，他们代表的是旅行社的形象。因此，对旅行社门市部业务员的礼仪规范和个人素质有很高的要求。

一、前台接待人员的礼仪

（1）进门问候　旅游咨询者走进市部后，门市部服务人员首先要仔细观察、判断旅游咨询者进入门市的意图。其次，门市部服务人员要专注，看到旅游者已进来，就要转向旅游者，用眼神来表达关注和欢迎，注目礼的距离以五步为宜；在距三步的时候就要面带微笑，热情地问候“您好，欢迎光临”，并用手势语言敬请旅游者坐下。最后，门市部服务人员要主动为旅游咨询者提供帮助，可通过接触搭话使旅游咨询者的注意力从无意注意转向有意注意，或者从对旅游产品的注意发展到对该产品的兴趣。

（2）出示旅游产品　出示旅游产品就是在旅游咨询者表明对某种旅游产品产生兴趣时，门市部服务人员要立即取出该产品的宣传资料递给旅游咨询者，以促使其产生联想，刺激他的购买欲望。门市部服务人员与旅游咨询者搭话以后，应尽快出示旅游产品，使旅游咨询者有事情可做，有东西可看，有引起兴趣、产生联想的对象。

（3）旅游产品的说明、推荐　门市部人员应实事求是地说明产品的有用信息，并举例旅游产品的一些卖点。较好的介绍能使门市部服务人员掌握销售的主动权，并能刺激旅游咨询者的购买欲望。礼貌推荐旅游产品就是根据旅游咨询者的情况，在旅游咨询者比较、判断的阶段刺激旅游咨询者购物欲望，促成购买，列举旅游产品的一些卖点或者亮点等特色，向旅游咨询者说明。

（4）签订合同　促进旅游咨询者对打算购买的旅游产品的信任，坚定旅游咨询者的购买决心。当推销成功，旅行社门市部应当依法与旅游者订立书面旅游合同，其目的是维护旅游者和旅游经营者的合法权益。

（5）收取费用　旅游咨询者一旦签好旅游合同后，门市部服务人员就应该收取费用，并为旅游者开好发票。核对团款时要认真仔细，避免发生错收错付情况。

（6）收尾工作　门市部服务人员在为旅游者开好发票、结束销售时，还应询问旅游咨询者是否有亲人或者朋友一起去旅游？告知者旅游出发前要注意哪些事项，什么时间、地点和导游或者全陪导游联系，并可以告知旅游途中要注意的事项。这都将使旅游者体验到门市部是真心实意地为他们服务的，从而对门市部留下美好的回忆，起到良好的宣传效果。

综上所述，整个门市部的对客服务，不仅仅是在推销门市部，也是推销整个旅行社的品牌和提高旅行社的声誉。因此，门市部服务人员要在实际工作过程中，不断学习、实践、体会、总结自己的对客服务礼仪。

二、销售人员的礼仪

同其他实物产品一样，旅游产品这种特殊的商品也需要宣传和推销。旅游产品推销礼仪，是指销售人员在推销过程中应遵循的行为规范与准则。它指导着销售人员的言行举止，是促成良好旅游商务关系的润滑剂。

1. 约见客户礼仪

约见客户，是指推销人员事先征得客户同意，面对面协调接触的活动。总的来说，销售员约见客户时，要事先联系好客户，征求对方同意后会面。约见时应从对方利益出发，多为客户着想，最好由客户决定约见的时间、地点等相关事宜。

（1）约见时间要适宜　销售人员应视客户的具体情况，选择天气良好、对方时间宽裕、情绪好的时候进行约见，可以主动提出几种建议由客户定夺。约见时间一旦确定，销售人员就应按时到达，绝不可失约。

（2）约见地点要方便　约见地点的选择，最好尊重客户的意见，选择客户熟悉的地方，或者选择安全、轻松、无外界干扰、交通较为便利的场所，总之由客户选择约见地点比较礼貌。

（3）约见方式要妥当　约见的形式多种多样，如电话预约、信函预约，也可以当面约见等。不论口头预约还是书面预约，都要注意措辞的礼貌、得体。

2. 拜访客户礼仪

（1）推销人员拜访客户的礼仪

① 事先约定时间、做好准备工作，充分了解拜访对象的情况。推销人员如果要去拜访一个客户，最好事先通过电话说明拜访目的，并约定拜访的时间。准备拜访时需要用到的资料；明确拜访目的；整理服装、仪容；检查各项携带物品是否齐备，如名片、笔、笔记本等。

② 会见拜访对象时，推销人员应面带笑容地向接待员说明身份、拜访目的及拜访对象；从容安稳地等待接待人员引领自己到会客室或拜访对象的办公室。见到拜访对象后，推销人员应主动问好，向客户自我介绍，交换名片；客户请人奉上茶或咖啡时，不要忘了轻声道谢。

③ 商谈时，应与客户保持适当的距离，坐姿端正，举止大方得体，不要有不良习惯和小动作，称呼及遣词用句，都要注意礼貌。

④ 商谈完毕告辞时，推销人员应感谢对方抽出时间接待；行礼后轻轻关上办公室的门；若对方要相送，应礼貌地请对方留步。

（2）推销人员接待预约访客的礼仪　推销人员接待预约访客时，首先，看到客户时立刻起立，向客户微笑着打招呼。面带微笑地问候客户，并交换名片；其次，礼貌地引领客户至会客室入座，奉茶或咖啡，再进行商谈；最后，推销人员视情况可将客户送出会客室或送至电梯口、楼门口。送至电梯口时，应帮客户叫电梯；送往办公楼大门口时注意共乘电梯的礼仪。

（3）推销人员接待临时访客的礼仪　推销人员看到临时到访客人时应立刻起立，微笑着向客户打招呼。请教客户称呼及来意，礼貌地确认客人的姓名、拜访对象及拜访事宜。

迅速地与受访对象取得联系，告之访客姓名及拜访目的。

按照受访对象的指示，将访客带往会客室或办公室。引导访客至会客室的方法是立于访客侧前方，并将右手或左手掌并拢，手臂向前，倾斜约45°引导访客至会客室就座，奉茶或咖啡。然后告知访客受访对象立刻或几分钟以后赶来。

如果受访者抽不出时间，要委婉告之访客，受访人正有事处理，抽不出时间，并请访客留下名片、资料，代为转达，要用双手接下资料后，礼貌地送客。

三、售后服务的礼仪

1. 处理投诉礼仪

（1）聆听旅游者投诉　当接到旅游者投诉后，无论投诉对象是谁，都要认真听取旅游者投诉，要头脑冷静，面带微笑，对宾客遇到的不快表示理解，并致歉意。接受客人投诉时应尽量避开人群较多的地方，避免影响其他客人。无论旅游者投诉态度如何，投诉与事实有多大出入都要虚心接受。

对旅游者的投诉，旅行社是否有过错都不要申辩，尤其是对火气正大、脾气暴躁的旅游者先不要解释，可以先向客人说："对不起"，表示安慰，如事态较严重要立即上报主管经理。

（2）记录旅游者投诉　迅速了解旅游者投诉的具体内容、投诉对象，并立即将旅游者的投诉反映给被投诉对象的所在部门，请他们迅速调查，核实处理，并将调查处理结果尽快反馈给游客，若一时难以处理的也应将有关情况及时反馈给旅游者。

如投诉对象是所在旅行社或者就是导游人员本人，导游人员更应微笑接待，认真倾听，最好当着旅游者的面认真做好记录，不可边听边反驳旅游者的投诉。

（3）处理投诉

① 对一些简单、易解决的投诉，要及时解决并征求旅游者对处理投诉的意见。对一些不易解决的投诉，首先要向旅游者道歉，并感谢旅游者对导游工作提出宝贵意见，向旅游者说明并及时向相关部门经理汇报。

② 及时将处理结果通告旅游者，并再次道歉，以消除旅游者所遇到的不快。对重大投诉或重要旅游者的投诉，要立即上报，及时处理，不得延误。

（4）记录归档　详细记录投诉并写明处理结果，上报批示后归档。

2. 旅游者回访礼仪

① 高度重视旅游者的意见和建议，及时沟通、解释、感谢或补救。旅行社可以设立奖励制度，对提出合理化建议和意见者，给予适当的奖励。旅行社网址和游客意见箱，应该长期设置，并专人负责，及时查看，及时回复和处理，并且长期实施。旅游者意见表由客人填写，可由导游人员直接带回并交给门市。

② 电话访问必须及时，应在行程结束后的两天之内完成。要简洁明了，主题突出，有针对性。

③ 回访旅游者只针对重要客户，行程结束后三天之内完成。以不打扰旅游者为前提，要耐心虚心听取他们的建议和意见。

四、其他服务的礼仪

1. 电话销售礼仪

（1）使用标准的专业文明用语　如："您好！我是×××旅行社的门市服务人员×××，有一个非常好的旅游资讯要传递给您，现在与您通话方便吗？""谢谢您能接听我的电话"等。

（2）面带微笑及训练有素的语音、语速和语调　这是通过声音传达给客户的第一感觉——信任感，增加客户在电话交流时的愉悦感，愿与门市服务人员沟通的愿望。微笑是可以通过电话传达给客户的，让客户能够感觉到门市服务人员的真诚和可信度。

（3）具有良好的语言沟通能力　沟通中最重要的能力是倾听能力，良好的倾听能够准确地了解客户的真实需求。世界潜能大师安东尼•罗宾说过："成功者与不成功者最主要的判别是什么呢？一言以蔽之，那就是成功者善于提出好的问题，从而得到好的答案。"如果门市服务人员想改变顾客的购买形式，就应该改变顾客的思考方式，提出一些好的问题来引导顾客的思维。销售行业的圣言是："能用问的就绝不用说。""多问少说"永远是销售的黄金法则。

（4）具有良好的亲和力　尽量和客户保持语调和语速的同步，以及使用语言和文字组成的习惯相似（比如口头禅、术语等便于与客户建立融洽的沟通氛围，记住顾客的姓名）。大多数人奋斗的目标都是为了成功、成名、成家，可见人对自己的姓名是十分看重的，姓名是人的代号，也可以说是一个人生命的延伸。如果门市服务人员想运用别人的力量来帮助自己，首先要记对方的姓名，叫出客户姓名是缩短门市服务人员与客户距离最简单、最迅速的方法。同理，叫不上或叫错顾客的姓名则与自杀无异。

（5）随时记录　手边放有纸和笔，随时记下所接听或拨打的每一个电话中有价值的信息（双色铅笔、计算器、便笺、电话记录本、客户资料、备忘录等）。

（6）自报家门　无论是接听还是拨打电话，都应该及时报出旅行社或门市和自己的全名，并询问对方的公司、姓名和电话号码以及通信地址，以便于电话沟通中，不时地称呼顾客的姓名，更好地了解顾客的真实情况。

2．传真礼仪

传真，又叫做传真电报。它是利用光电效应，通过安装在普通电话网络上的传真机，对外发送或是接收外来的文件、书信、资料、图表、照片真迹的一种现代化的通信方式。在国内的旅行社和门市中，传真机是不可或缺的办公设备之一。

利用传真通信的主要优点是，它操作简便，传送速度非常迅速，而且可以将包括一切复杂图案在内的真迹传送出去。它的缺点主要是发送的自动性能较差，需要专人在旁边进行操作；有些时候，它的清晰度难以确保。因此，发送传真时，要注意以下礼仪要点。

① 本人或本单位所用的传真机号码，应正确无误地告之重要的交往对象。一般而言，在名片上，传真号码是必不可少的一项重要内容。

② 对主要交往对象的传真号码，必须认真地记好，为了保证万无一失，在有必要向对方发送传真前，最好先和对方联系一下。这样做既提醒了对方，又不至于发错传真。

③ 未经别人允许不要发传真，那样会浪费别人的纸张，占用别人的线路。

④ 传真应当包括联系信息、日期和页数；一般必要的问候语与致谢语不可缺少，发送文件、资料时，更要谨记这一条；注意传真内容必须简明扼要，以节省费用。

⑤ 发送传真时，必须按规定操作，并以提高清晰度为宗旨。

⑥ 人们在使用传真设备时，最看重的是它的时效性。因此在收到他人的传真后，应当在第一时间内即刻采用适当的方式告知对方，以免对方惦念。需要办理或转交、转送他人发来的传真时，千万不可拖延时间，耽误对方的要事。

3．电子邮件礼仪

在电子商务日益频繁的今天，使用电子邮件，是门市服务人员需要学习的内容。发电子邮件时应该注意以下礼仪要求。

① 电子邮件是职业信件的一种，而职业信件中是不应有不严肃的内容的。

② 要小心撰写在E-mail里的每一个字，每一句话。因为法律规定E-mail也可以作为法律证据，是合法的，所以发送E-mail时要小心。如果对旅行社、门市不利的，千万不要写上，如报价等，发邮件时一定要慎重、慎重、再慎重。

③ 邮件内容不要太冗长，使得别人没有兴趣和时间看下去。

④ 不要在邮件末端列出对方的地址。

⑤ 发送附加文件要考虑对方能否阅读该文件。给人细心、体贴的感觉，并让人意识到这个文件的重要性。

⑥ 邮件不要太公式化，可以与门市部、旅行社的企业文化一致，既显出个性又宣传了门市部。

任务二　导游员服务礼仪

导游员是“为旅游者组织安排旅行和游览事项，提供向导、讲解和旅途服务的人员”，是一种高智能、高技能的服务工作。为了使旅游者满意，导游员除了与其他旅游接待人员一样必须具备良好的礼节礼貌修养外，还必须在迎送游客、带客游览、带客购物、导游讲解等全过程的工作中，提供热情、周到的礼仪服务。

一、导游员接团服务礼仪

旅游团体接送是导游人员的一项十分重要的工作。迎接客人礼仪是否周全，直接影响着旅行社和导游员人员在客人心目中的“第一印象”。因此，搞好导游服务的迎接工作十分重要。

1．接团准备

① 了解基本情况与接待标准；掌握团队的游览日程和行程计划；熟悉景点情况；带好所需物品；适时核对接待车辆、就餐安排、交通购票等落实情况；确定与接待车辆司机的接头时间和地点，导游出发前做好一切接团准备。

② 接团时，导游人员应讲究仪表仪容的适度的修饰。导游人员应注意着装的一些基本原则和各式服装的穿法与禁忌，如夏季男性不能穿圆领汗衫、短裤；女性不能穿超短裙；面向客人讲解时不能戴太阳镜等。

2．接站服务

① 导游人员应佩戴导游证、打社旗和持接站牌提前至少30分钟到达机场、车站或码头。绝不能迟到，让客人等候是一件非常失礼的事情。

② 地陪一旦确认是自己应接的旅游团后，应面带微笑，情绪饱满、热情、积极地举起接团标志，向到达的客人致意。与客人见面时，导游人员首先应向领队做自我介绍，若有比自己职位高的同事在场，应先把自己的同事介绍给领队，还要主动、热情招呼，礼貌问候其他客人“各位辛苦了”或“大家辛苦了”，而且要保证在场的全体客人都能听到你的亲切问候。

③ 与旅游者见面时，不要主动去和旅游者握手，但是如果旅游者伸手，应热情大方地与其握手。

④ 引导客人乘车。要尊重老人和女性，爱护儿童。上下车时，导游员应站在车门旁，要让老人、妇女先行，对老弱病残幼等人要主动给予必要的协助与照料，如需要应用手护住门顶以防客人碰头。导游员协助客人上车就座后，应礼貌地清点人数，注意不要用手指点数。

⑤ 在途中应代表组团社或地接社及个人致欢迎辞。致辞应包括热情的欢迎、诚恳的介绍（导游员和司机）、提供服务的真诚愿望以及预祝旅途愉快的祝愿等内容。介绍时，要面带笑容，语气亲切，态度热情。

3. 入住服务

① 导游员要协助领队办理入住手续，协助领队分配住房。事先了解客人的健康状况，以便给予适当的照顾和安排。

② 有事到客人房间，要预先约定，并准时到达，进门前要先敲门，经允许后方可进入。

③ 尊重客人的作息习惯，尽量避免在客人休息时间或深夜打搅对方。

④ 不要随意去客人的房间，特别注意不要单独去异性客人的房间，如果情况需要，进房后门要半掩。

⑤ 有事到客人的房间，在客人没有示意请坐时，一般不要自己先坐下，更不要坐在客人的床上。尽量不要使用客人房间的卫生间。

二、导游员带团游览服务礼仪

1. 乘车服务

① 出发乘车时，导游员应站在车门口照顾好客人上车，要主动帮助客人提拿物品，并轻轻放在车上。对客人中的老幼弱残者，要特别细心地予以照顾，上下车时，应主动照顾搀一把或扶一程。客人中有男有女时，应照顾女士先上车。

② 引导客人乘车，要注意位次。若乘小轿车，应安排年长或位尊者坐在车后排右边位置，导游员坐在后排左手位置或司机旁边。乘面包车时，其座位，以司机之后车门开启处第一排座位为尊，后排次之，司机座位前排座位为小；中型或大型巴士，以司机座后第一排，即前排为尊，后排依次为小。其座位的尊卑大小，依每排右侧往左侧递减。面包车、旅游巴士座位尊卑大小分布如图11-1所示。

2. 途中服务

① 在去旅游点的路上，导游员切忌沉默不语，要向客人介绍本地的风土人情、自然景观，特别是沿途的景象，回答客人提出的问题。

② 导游员讲解时，表情要自然大方，语气语调自然亲切，声音要大小适中，使用话筒时音量、距离要适当。

③ 抵达景点前，应向客人简要介绍景点的概况，尤其是景点的历史、价值和特色。还

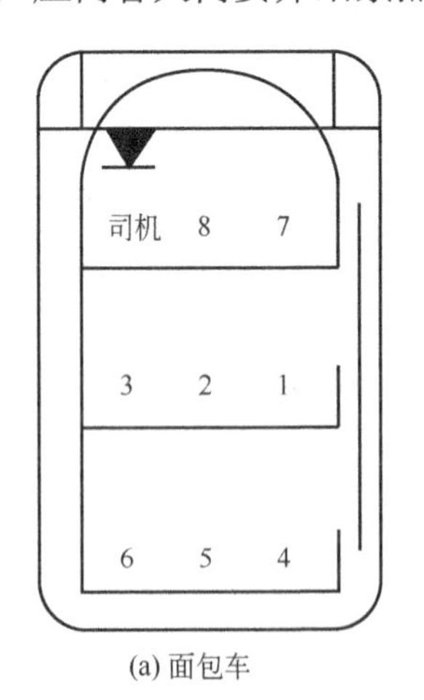

(a) 面包车

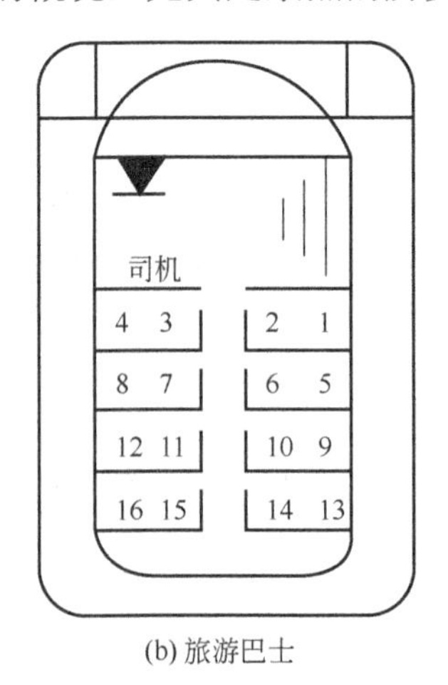

(b) 旅游巴士

图11-1 座位尊卑大小分布

可根据客人特点、兴趣、要求，穿插一些历史典故、社会风貌等，以增加客人的游兴。

④到达景点时，应告诉客人该景点停留的时间、集合的时间和地点以及有关注意事项，如卫生间位置、旅游车车号以及保管好钱物等。

3．游览服务

①导游过程中可适当做些手势，但不宜太多，动作不要过大，不要手舞足蹈、指手画脚。要考虑不同文化背景来使用手势，不要使用一些不恰当的手势。

②客人提问时，要耐心听取，并及时做解答。如果自己正在说话或讲解导游词时，可亲切示意请对方稍等，待自己说话告一段落时再解答客人的提问，不可视而不见、充耳不闻。

③与旅游者交谈时，一般不要涉及疾病、死亡等不愉快的话题；不谈荒诞离奇、耸人听闻、黄色淫秽的事情；对方不愿回答的问题，不要追问；遇到客人反感或回避的话题，应表示歉意，立即转移话题；与外宾交谈，一般不议论对方国家的内政；不批评、议论团内任何人；不随便议论宗教问题；与女宾交谈要谨慎，不要开玩笑；对宾客不要询问收入、婚姻状况、年龄、家庭、个人履历等私人问题。

三、导游员送团服务礼仪

①送客前安排好结算、赠送礼品、摄影留念、欢送宴会等事宜。赠送礼品应方便携带，突出地方特色，具有保存价值。

②致欢送辞。应使对方感受到自己的热情、诚恳，有礼貌和有教养，使大家旅途愉快。

③火车、轮船开动或飞机起飞后，应向客人挥手致意，祝客人旅途愉快，然后再离开。一定要在客人离开后方可离开送站（机场、码头）地点，否则视为不礼貌行为。若客人乘坐的车、船、飞机晚点，应主动关心客人，安抚好客人情绪，必要时须留下与领队共同处理有关事宜。

四、导游员语言服务礼仪

良好的语言能力是导游人员最重要的基本功之一。导游人员通过语言可以建立与旅游者之间的了解与信任，可以提高旅游者的游兴，增加旅途的生机与活力。要想收到良好的语言表达效果，导游人员必须遵循一定的语言礼仪规范。

1．导游员语言运用的基本要求和口语艺术

（1）运用导游语言的基本要求

①语音、语调要适度、优美。在讲解过程中，导游人员的声音要适度，不高不低，以使在场的客人听清为宜。同时，导游人员还应注意讲话声调的高低，讲解时要富有感情色彩，抑扬顿挫，但不矫揉造作、哗众取宠，以使语言具有音乐般的节奏感，悦耳动听，亲切自然。

②要正确掌握语言节奏。导游语言的节奏涉及说话的快慢、语句的停顿及声调的高低。节奏运用得当，不仅使旅游者听得清楚明了，而且可以使他们心领神会，情随意转，从而收到良好的信息传递效果。若导游人员说话快，旅游者可能听不懂，跟不上；讲得慢，客人听了上句等下句，既浪费时间，又使令听者烦恼和不快。所以，导游员要根据旅游者的反应、理解力及讲解的内容等情况决定节奏快慢，该快则快，该慢则慢，快慢相宜。一般来说，讲话的速度掌握在每分钟200个字左右为宜。同时，为了增强讲解在旅游者心理上反应的效果，导游员要善于运用停顿。讲解到一定的时机，突然停顿，故意终止，暂时沉默，可以吸引旅游者的注意力，引发旅游者的思索，也可以使旅游者从全神贯注地倾听中放松

出来，缓解一下紧绷的神经。

③ 合理运用修辞手法和格言典故。导游员在导游讲解中运用比喻、拟人、夸张、排比等修辞手法，并恰当地使用旅游者所熟悉的谚语、俗语、歇后语、格言、典故等，不仅能够形象地描绘自然景观，而且有助于深刻地揭示社会真理，给旅游者以真实感和亲切感，从而可以起到言简意赅、举一反三的作用，增强导游人员语言的生动性。

④ 善于察言观色，注意把握时机。导游人员在与旅游者谈话时，要能听话听音，随机应变，就地取材引出新的话题。在客人讲话时，导游要耐心倾听，不要随便打断，要礼貌地插话，不要使客人感到尴尬，不粗鲁地转换话题。在交谈中，导游人员要善于谈笑，但不能庸俗，不能信口开河，也不能喋喋不休；要先思后言，既不失言，更不能失态。

（2）讲解的口语艺术　导游语言是一种口头语言，有“快、急、难、杂”的特点，往往没有时间字斟句酌。

① 准确恰当。导游人员的口语质量如何，在很大程度上取决于遣词用语的准确性。讲解的词语必须以事实为依据，准确地反映客观事实，做到就实论虚，入情入理，切忌空洞无物，或言过其实的词语。

② 鲜明生动。在讲解内容准确、情感健康的前提下，语言还要力求鲜明生动，言之有神，切忌死板、老套、平铺直叙。一般地说，导游人员要善于恰当地运用一些修辞手法，如对比、夸张、比喻、借代、映衬、比拟等来“美化”自己的语言，只有“美化”了的语言，才能把导游内容亦即故事传说、名人轶事、自然景物等讲得有声有色，活灵活现，才能产生一种美感，勃发一种情趣，以强烈的艺术魅力吸引游客去领会所讲解的内容，体验所创造的意境。

③ 风趣活泼。风趣活泼是导游语言生动性的一种表现。导游人员要善于借题（景或事）发挥，用夸张、比喻、讽刺、双关语等，活跃讲解气氛，增强艺术表现力。机智、风趣的讲解语言，不仅能融洽感情，活跃气氛，而且能增添客人们的游兴，获得一种精神享受。

④ 优雅文明。讲解用语要注意讲究优雅文明，切忌粗言俗语，切忌使用游客忌讳的词语。有的导游员由于平时文明修养不够，在讲解时不知不觉“冒”出一些不文明的用语，如：啄木鸟找吃——全凭一张嘴。

⑤ 浅白易懂。导游员讲解的内容主要靠口语来传达，口语声过即逝，游客不可能像看书面文字那样可以反复阅读。当时听得清楚，听得明白才能理解，所以要根据口语“有声性”的特点，采用浅白易懂的口语化讲解。口语化的句子一般比较短小，虽然也有属于长句的，但一般要在中间拉开距离，分出几个小句子来，如：“这座大佛高17米，他的头就有14米长，10米宽，头顶中心的螺髻可以放一个大圆桌，大佛的脚背有8米多宽，站100个人，一点也不拥挤。”

⑥ 清楚圆润。导游员讲解的口语要吐字（词）正确清楚，要正确运用自己的发音器官。发音器官是由呼吸喉头声带、共鸣腔和咬字器官组成的。这些器官在发音过程中协调配合得好，才能形成正确清楚的语音，否则，就会含混不清。无论是普通话、粤语、闽南语，还是外语都要力求发音准确，吐字（词）清楚。其次，要讲究声音的清亮圆润，避免粗糙生硬，嘶哑的重喉音、鼻音和气声，正确运用呼吸器官和共鸣腔，使声音和谐、纯正、适度。

2．致辞服务礼仪

在导游活动开始之初和结束之时，导游人员都要向客人致欢迎辞和欢送辞。如果说欢迎辞好比一首乐章的“序曲”，那么，欢送辞则是不可缺少的“尾声”。要使导游活动做到

“善始善终”，就必须讲究致辞的礼仪规范。

（1）欢迎辞　导游员在接团时，有准备地致一篇欢迎辞，很容易拉近自己与游客之间的心理距离，使自己与旅游团各成员的关系变得很亲密，同时使自己处于主动有利的位置。

① 欢迎辞的内容。欢迎辞内容包括：代表所在接待社、本人及司机欢迎客人光临本地；介绍自己的姓名及所属单位；简要介绍当地风土人情和游览目的地的基本情况以及接团后的大致安排，使旅游者心中有数；表示提供服务的诚挚愿望；预祝旅游愉快顺利。

② 欢迎辞的常用模式。欢迎辞除了要表达以上的基本内容外，并没有固定的模式，在形式上可以不拘一格。常用的致欢迎辞的方式有风趣式、闲谈式、朗诵式、猜谜式等。

总之，致欢迎辞的方法还有许多种，如开门见山、单刀直入、穿针引线、触景生情等，真可谓“八仙过海，各显神通”。然而，这种种致欢迎辞的方法，原则上要短小精悍、风趣有益，并能随机应变。

（2）欢送辞　欢送辞是旅行游览过程结束后，导游人员为表示惜别、感谢合作、征求意见、期待重逢所作的口头演说。一段好的欢送辞犹如一篇好文章的精彩结尾，会给客人留下长久的怀念与美好的回忆。

① 欢送辞的内容。欢送辞主要包括：回顾当地的旅游活动，感谢大家的合作；表达友谊和惜别之情；诚恳征求旅游者对接待工作的意见和建议；若旅游活动中有不顺利或旅游服务有不尽如人意之处，导游人员可借此机会再次向旅游者赔礼道歉；表达美好的祝愿。

② 欢送辞常用模式。有些导游员在带团过程中，开场时欢迎辞特别精彩，在中间的讲解和服务工作也非常认真仔细，但临到结束时，欢送辞却马马虎虎。这种不重视结束语的做法是非常不明智的，这会造成所有的工作都前功尽弃的，太不值得了。所以说导游的结束语、欢送辞是非常重要的。欢送辞在模式上可以随团而异，欢送辞大致可分为抒情式和总结式两种。

第一，抒情式。用热情洋溢的语言，抒发惜别之情，以巩固和加深与客人相处一段时间以来所建立的友情。如，重庆一位导游员在送别一个日本东京汉诗研究旅游团时所致的欢送辞是这样的。

“中国有句古话说：‘物唯求新，人唯求旧’，东西是新的好，朋友还是老的好。这次我们是新知，下次各位有机会来重庆，我们就是故交了。祝各位百事如意、健康幸福、一路顺风！谢谢各位！”

这位导游员针对客人都精通汉诗这一特点，在致欢送辞时，借“诗”抒情，既热情奔放，又韵味悠长，收到了良好的效果。该团客人回日本后，在给这位导游员的信中，还谈到在重庆度过的难忘日子。

抒情式的欢送辞应注意情感要真挚，要有感而发；比喻要恰当，切忌过分夸张，以免使游客产生虚伪之感。

第二，总结式。用热情而平静的叙述性的语言对全程旅游情况做一个简单的回顾，并表示感谢合作、期待重逢、衷心祝福之意。

另外要选择适当的时间做致欢送辞的工作。这项工作一般是在送游客去机场（车站、码头）的路上，因此，时间要充分估计好，不要到车站码头这

阅读资料11-1

风趣式欢迎辞

在致欢迎辞时，幽默是导游员与游客建立友好关系的最有效的手段之一，它不仅能缩短导游人员与游客之间的感情距离，而且能够调节游客心理，制造活泼气氛，激发游客兴趣，往往给人以热情、开朗的良好印象。

例如：“各位早上好！我叫××，是××旅行社的导游，十分荣幸能为各位服务。各位大都是医生吧，医生是人间最美好的职业。我一出生，就对医生有特别的感情，因为我是难产儿，多亏了医生我才得以‘死里逃生’。长大之后，我立志当一名救死扶伤的医生，可是医学院却没有录取我，尽管我没有福气进医学院，但医院我每年都要去几次，我这人特别容易感冒。当医生不行，当‘病人’却十分合格，真没办法……今天的旅游节目是这样为大家安排的，首先参观岳阳楼、洞庭湖，然后去参观一家中医院。如果还有时间，我想请大家参加一个特别节目，就是看看我为什么老是容易患感冒。谢谢！”

闲谈式欢迎辞

闲谈式的欢迎辞大都语气平和，不急不缓，情感真挚，娓娓道来，如拉家常似的，给人以亲切自然的感受。

例如：“各位早上好！昨天晚上大家坐了七八个小时的夜车，一定很累吧？的确，由于我国交通事业目前还不十分发达，建国后虽然取得了很大进展，但比贵国还有很大差距。若乘贵国新干线上的列车，那么，北京到大同，就会从现在的七八个小时缩短到两三个小时，大家就不会像现在这样疲劳了。但众所周知，我国幅员辽阔，面积是贵国的26倍，实现这一愿望当需时日，同时也需要技术上的大力支持与协助。在此，我真诚地希望各位能为中日友好，也为大家今后在我国旅游的方便做出贡献。

说到贡献，大家实际上已付诸于行动了。诸位这次来我国旅游不正是对我国旅游业的支持与贡献吗？对此，我代表大同市120万人民及国旅大同分社全体职工，表示衷心的感谢与热烈欢迎。中国有句古话叫‘有朋自远方来，不亦乐乎’，因此能为大家导游，我感到由衷的高兴……”

些工作还没做完，因为一旦到达目的地，游客们忙于整理自己的行李准备下车，没有心思听导游员讲解了。

（3）沟通用语　导游员带团旅游，要负责团员吃、住、行、游、购、娱的方方面面。由于团员的兴趣、爱好、要求各不相同，素质参差不齐，要使每个团员都满意是一件很不容易的事情。因此，对于导游服务人员来说，必须具备一定的沟通礼仪，才能做好协调工作。

① 规范地运用服务礼貌用语。语言是使沟通能有效进行的基本形式和手段之一，礼貌的服务语言贯穿于服务过程的始终，是导游人员与客人良好沟通的基础，也是提供优质服务的一个重要方面。文明当先，导游人员想在使用文明用语方面有所提高，真正做到用语文明，就要在以下几个方面表现得完全合乎礼仪规范：用词恰当，简单明了；口齿清楚，吐字清晰；语调柔和，亲切生动；表达委婉，流畅灵活、谦虚谨慎，沉着大方。

不仅如此，好的服务礼貌语言应使声音、表情、动作相互烘托于一体的。如果只有声音而不以动作、表情相配合，有言无形，有声无色，就会失去服务语言的特色。所以，导游服务人员在运用服务语言时，应以生动的面部表情、恰当的动作和优美的声音这些外在感情，去表达自己对客人的体贴和关心。

② 耐心倾听客人的诉说。善于说话并不是沟通技巧的全部，倾听在沟通过程中也占有重要的地位，是否善于倾听是判断一个人沟通能力的标准之一。善于倾听，可以获知更多的信息；善于倾听，是对客人的尊重；善于倾听，有助于发现问题的关键所在。

当客人提出某些具体要求时，导游服务人员一定要暂停手中的工作，目视客人，耐心地倾听客人的诉说，不轻易打断客人的话，要注意客人的措辞、表达方式、语气和声调，并用眼神、手势以及各种表情做出必要的反馈以表示最多的关注，适时提出一些问题。从某种意义上来说，耐心倾听客人的要求，本身就会使客人在一定程度上感到满足。

③ 适度地赞美客人。赞美客人的穿着打扮、言谈举止本身就是对客人的肯定与接受，也是对客人的重视。赞美客人，要求导游服务人员善于发现客人的长处，并适时地、恰到好处地对其表示欣赏、称赞、钦佩。但赞美的语言宜实事求是，忌无中生有；宜适可而止，忌过度泛滥；宜恰如其分，忌夸大其词。背离了以上原则，就会有阿谀奉承之嫌，甚至会引起客人的鄙视乃至厌恶。

④ 想客人之所想，急客人之所急。在旅游接待服务工作中，无论何时何地，也无论采取何种方式沟通，要取得成功，不可缺少的就是能够站在客人的立场上去思考问题。只有换位思考，把“客人需要什么”作为服务的起点，“急客人之所急，帮客人之所需，解客人之所难”，才可以使沟通更有成效，才能使导游服务人员的服务质量达到更高的水平，也才会为旅游企业建立起更好的信誉。

阅读资料11-2

导游人员要有善于和人打交道的性格

一位美国人在申请当导游时，填写了她所具有的能力和个人素质。这些素质分为5个方面：精力旺盛，热情；能同各种类型、各种性格和各种年龄的人打交道；喜欢广交朋友；有能力解决矛盾；有幽默感。以上这几个方面值得有志于导游职业的人士参考，尤其是善于和人打交道的性格很重要。导游人员特别需要从感情上与游客沟通。出现问题时，解决得好，导游人员与游客的关系会进一步融洽，所有困难都变得容易解决得多，如果处理得不好，游客自然会对导游人员产生回避心理，关系越处越难处，甚至无法接受导游人员的服务，最终不欢而散。大家都有这样的感受：一名好的导游人员往往能带动全团的情绪，即使是在游人多、困难多的情况下，也能轻而易举地解决意外事件，一个妙趣横生的小笑话就能拉近与游客的距离。这就是沟通的作用。

五、购物服务礼仪

1．导游人员购物服务礼仪

旅游购物是旅游活动的一个组成部分，是旅游过程的延伸和物化。同时，购买满意的当地物品也是旅游者的需求。它对丰富旅游内容、提高旅游区形象、增加旅游收入、扩大社会效益都有极其重要的作用。

但由于中国旅游业的不成熟，低价竞争使得购物成为旅游中的一个敏感的字眼，游客往往把它同欺骗、宰客联系在一起。因此在购物过程中，导游员要十分重视和讲究礼仪礼貌，以坦诚的态度、周到的服务，合理地安排好此项活动。

① 根据旅游团客人的要求，合理安排客人购物。如无此要求，不得强加于人。

② 去购物途中，要向客人介绍本地商品的特色，教客人鉴别商品的知识，当好客人的购物顾问。下车前，要交代清楚停留时间及有关购物的注意事项。

③ 注意前后态度要一致，不能介绍景点时简单、敷衍，讲到购物就热情高涨，这样，会引起客人的猜疑和不信任。

④ 导游人员应严格遵守导购职业道德，应将客人带到商品质量好、价格公平合理的商店，而不应该唯利是图，为了一点“好处费”，昧着良心违背职业道德，与不法经营者相互勾结，从而损害旅游者的利益。

⑤ 如遇小贩强拉强卖，导游人员有责任提醒客人不要上当受骗，导游人员本人不得向客人直接销售商品，不能要求客人为自己选购商品。

2．处理购物纠纷礼仪

旅游购物纠纷是指在开展旅游购物活动过程中，发生于买卖双方之间的争执、矛盾或者冲突。服务人员对纠纷的正确态度，除了要事先对纠纷积极进行预防外，还要及时发现纠纷，及时制止纠纷，并妥善进行调解。

（1）认真对待纠纷　对待顾客的纠纷必须认真对待，任何微小的纠纷，如果不能得到及时的处理，都有可能一再升级，迅速扩大，甚至还会酿成重大事端，对双方造成损失。

（2）仔细调查纠纷　处理购物纠纷的妥善办法，是要摆事实、讲道理，以理服人。这就要求必须做仔细的调查。调查纠纷的常用方法有以下几种：现场调查、上门调查、电话调查、信函调查等。

（3）妥善处理纠纷　在具体处理纠纷时，有关人员要依据总的指导思想“顾客总是对的”，当顾客提出批评或进行投诉时，不论其方式、方法是否正确，都应当将其视为对于单位的关心与激励，认真倾听顾客的申诉，积极与顾客进行有效的沟通，了解顾客的合理要求，并尽可能地予以满足。

六、处理突发事件礼仪

在游览过程中，有时会发生一些意想不到的特殊事情。导游员在带团过程中常见的突发事件有：路线与日程的变更；漏接、空接、错接及误机（车、船）事故；旅游者丢失财物、旅游者患病。对这些突发事件，导游人员必须要有足够的思想准备，做好预防工作，更要掌握各类事件的预防措施，尽量避免或减少突发事件的发生。一旦发生，应善于决断，迅速及时地采取措施，以最恰当方式处理好意外事件，同时注意处理过程中的礼仪规范。

① 向旅游者实事求是地说明困难，态度要诚恳，言辞要委婉，不可夸夸其谈、信口开河，任意夸大或扭曲事实。向游客进行耐心细致的解释，以防引起误解。

② 诚恳地道歉，以求得谅解。安排好在当地滞留期间的食宿、游览等事宜。

③ 当客人丢失财物时，导游人员应稳定游客的情绪，请游客冷静地回忆，详细了解丢失情况，尽量协助寻找。同时要提供热情周到的服务，安慰失主，缓解失主的不快情绪。对发生此类事故应向失主表示歉意，并帮助其解决因物品丢失而带来的生活方面的困难。

④ 游客患一般疾病时，导游人员要劝其及时就医并多休息。关心游客的病情，询问身体状况并安排好用餐，必要时通知餐厅为其提供送餐服务。

⑤ 适当地给予物质补偿，必要时经领导同意可采取加菜、加酒、赠送小纪念品等物质补偿的方法，或者请旅行社领导出面向旅游者表示歉意。

附　旅行社主要岗位礼仪实训与安排

旅行社岗位礼仪实训11-1

【实训项目】 投诉服务礼仪。

【实训目标】 通过对投诉服务礼仪的实训，使学生学会受理投诉的基本知识，掌握处理投诉礼仪操作的规范，并能灵活的运用到实际当中。

【实训学时】 2学时。

【实训方法】 教师阐述案例，然后将学生分成三组，每组分派学生扮演客人、地陪和计调人员及酒店负责人，按程序、标准演示整个服务过程。模拟后，由三组学生分别进行相互点评，教师予以总结。

【实训案例】 泰国某旅游团一行16人在嘉峪关附近的一家餐馆用午餐，吃着吃着，大家感觉菜的味道不对，后来大家干脆不吃了，找来地陪小陈，要小陈与餐馆交涉，否则大家下午都不去景点了。

【实训提示】

①这是一起较为突出的集体投诉，投诉的问题也较为严重，而且投诉的地点就在人员较为拥挤的餐厅。

②类似这样的投诉，导游人员的处理时要格外注意，既要维护客人的权益，又不能兴师动众，否则易引起在座的其他旅游团队的“共鸣”，这样势必引起混乱。

③首先向客人表示歉意，再迅速采取措施，请出餐馆负责人，将客人认为有问题的菜全部撤下，并迅速换上新菜。

④必要时请示旅行社计调人员，适当赔偿客人损失。

【实训方案】

（1）地陪小陈迅速赶到现场，面带微笑，向客人表示歉意，倾听客人意见，并亲口尝尝菜肴的味道。

（2）核实情况后，再次表示道歉，请餐厅立即将变味的菜撤掉，并对客人明确表态：

①一定负责将此事处理好；

②请大家安静，先休息一下；

③迅速与餐馆负责人联系，请他们直接倾听客人意见；

④请游客派出1～2名代表与餐馆方面商谈处理意见。

（3）请餐馆先换上几个相应的新菜。

（4）尽快公布游客代表与餐馆方面商谈的处理意见，该赔偿的迅速赔偿。

（5）客人离店时，餐馆负责人应再次向客人表示歉意。

（6）客人离开本地时，地陪应再次表示歉意。

旅行社岗位礼仪实训11-2

【实训项目】 导游人员景点讲解服务礼仪。

【实训目标】 通过讲解服务礼仪实训项目的训练，锻炼学生的语言表达能力、言谈举止、应变能力等。

【实训学时】 2学时。

【实训方法】 教师先讲解示范，每位学生进行3～5分钟的景点导游讲解，学生相互点评，教师总结。

【实训考核】 导游人员讲解服务礼仪实训考核内容，见表11-1所示。

表11-1 导游人员讲解服务礼仪实训考核表

考生单位： 考生姓名：

项目	分类	要求	应得分	实得分	景点
语言	正确	语音、语调	10分		
		语法、用词造句正确，表达得体	10分		
	流畅优美	句子完整、连贯，声调有起伏，抑扬顿挫。讲究修辞，语言有美感	20分		
	生动形象	具有趣味性、幽默感、感染力强	20分		
讲解内容	正确完整	介绍的内容正确无误，讲解切题、重点突出、相对完整	20分		
	有机结合	讲解的文化专题内容应与当地的景点、民俗风情有机结合	10分		
礼貌礼仪		言谈、举止、服饰、神态得体大方	10分		
合计分数			100分		

备注：如有明显语病，应酌情扣3～5分。

旅行社岗位礼仪实训11-3

【实训项目】 旅游者购物服务实训礼仪。

【实训目标】 通过购物礼仪的实训，要注意礼仪操作的规范，并能熟练应用到实际工作中。

【实训学时】 2学时。

【实训方法】 教师先讲解案例，进行模拟前提示。将学生分为两组，每组分别派学生扮演客人、导游和购物店工作人员等，演示整个服务过程。完成后，由两组学生分别进行相互点评，教师予以总结。

【实训案例】 法国旅游团的西特朗先生来景德镇旅游的第二天早上，告诉地陪小邵，昨晚他在瓷器一条街花了500元买了一件薄胎花瓶，发现不是人工做的，而是灌浆压的赝品，希望地陪小邵能帮忙退货。

【实训提示】

① 游客在旅游目的地买到伪、劣、假、冒产品，导游人员应予以同情。

② 导游人员要有维护当地旅游声誉和保护游客合法权益的高度责任感。

③ 必要时，可以陪同游客前往商店帮助游客退换不合格产品。

【实训方案】

① 地陪小邵听到西特朗先生购买了赝品投诉后，表示同情与关心，并表示积极协助。

② 了解西特朗先生购物的时间、地点以及商场等有关具体情况。

③ 先电话与该商场联系，反映西特朗先生购物情况，请准予退货。

④ 必要时陪同西特朗先生前往该商场，帮助退货，办理过程中遇到困难，及时向旅行社或工商部门反映。

⑤ 以上工作尽量在游客离开景德镇之前完成。

旅行社岗位礼仪实训11-4

【实训项目】 旅游者安全事故服务实训礼仪。

【实训目标】 通过为旅游者提供安全事故服务礼仪的实训，使学生学会处理突发安全事故的基本礼仪知识，要注意礼仪操作的规范，并能熟练的应用到实际工作中。

【实训学时】 2学时。

【实训方法】 教师先讲解案例，进行模拟前提示。将学生分为两组，每组分别派学生扮演客人、导游员和公安人员、旅行社工作人员等，演示整个服务过程。完成后，由两组学生分别进行相互点评，教师予以总结。

【实训案例】 一天，江西国际旅行社导游小王接待日本“日中友好观光团”，在庐山参观返回饭店途中，因旅游车刹车失灵，在庐山海军疗养院附近发生车祸。

【实训提示】

① 一旦发生交通安全事故，应立即组织抢救，首先应抢救重伤员（尤其是奄奄一息者）。

② 打电话报案(122)并呼叫救护车（120），注意保护好现场。

③ 迅速报告所在旅行社，并由接待社报告组团社。首先报告事故发生地点的所属旅游行政管理部门，请求派人协助处理。

④ 做好安抚工作，采取多种办法稳定大家情绪。

⑤ 尽力按计划继续进行游览参观活动。

⑥ 探望受伤人员，并协助旅行社及有关方面解决受伤人员生活困难。

⑦ 医疗部门开具抢救医疗证明，协助公安交通管理部门开具交通事故证明书，以便办理离团、延长签证以及索赔等手续。

⑧ 写出书面报告，其内容包括发生事故的原因、抢救经过和人员伤亡以及诊断情况，事故责任和责任者的处理结果；受伤者及其他旅游者的反映。

【实训考核】 旅游者安全事故服务实训礼仪考核内容，见表11-2所示。

表11-2 旅游者安全事故服务实训礼仪考核表

考生单位：　　　　　　　　　　　　　　　　　　　　考生姓名：

程　序	操　作　标　准	配　分	得　分
1	迅速检查旅游团伤亡情况：所幸无一死亡，但有几位坐在窗户旁的游客因旅游车撞上路旁梧桐树被震碎的玻璃片砸伤脑袋	12分	
2	小王立即拦车将受伤的几位日本游客送往就近的海军疗养院进行检查治疗	12分	
3	与此同时，小王打电话报告庐山管委会，并请他们转告江西国旅，请求派人员协助处理此事	12分	
4	小王和领队在医院协助医生对受伤游客进行治疗，全陪带领其他游客返回饭店休息	12分	
5	省旅游局、省国旅领导随即赶到庐山，探望受伤游客，并设宴安抚其他游客	12分	
6	根据旅行社决定，受伤住院者由其他工作人员协助照料，小王带领其他游客乘调换的旅游车继续游览观光	10分	
7	小王协助海军疗养院为几位受伤游客开具医疗证明并协助庐山交警部门开具交通事故证明书	10分	
8	两天后，小王将几位受伤人员送往旅游团下一站旅游目的地——广州	10分	
9	小王将此次发生事故的详细情况书面报告旅行社、省旅游局：事故发生原因是旅游车司机为了省油，关闭油门下坡，与其他旅游车交会时，旅游车失去控制	10分	
10	合　计	100分	

蠢材妄自尊大，他自鸣得意的，正好是受人讥笑奚落的短处，
而且往往把应该引为奇耻大辱的事，大吹大擂。——克雷洛夫

本章小结

前台接待人员的礼仪：进门问候；出示旅游产品；旅游产品的说明、推荐；签订合同；收取费用；收尾工作。

销售人员的礼仪：约见客户礼仪；拜访客户礼仪。

售后服务的礼仪：处理投诉礼仪；旅游者回访礼仪。

其他服务的礼仪：电话销售礼仪；传真礼仪；电子邮件礼仪。

导游员服务礼仪：导游员接团服务礼仪；导游员带团游览服务礼仪；导游员送团服务礼仪；导游员语言服务礼仪。

导游员语言服务礼仪：导游语言运用的基本要求和口语艺术；致辞服务礼仪。

购物服务礼仪：导游人员购物服务礼仪；处理购物纠纷礼仪。

处理突发事件礼仪

重点内容

前台接待人员礼仪　销售人员礼仪　处理投诉礼仪　导游带团礼仪　导游语言礼仪

案例分析一

不可忽视的细节

从事导游工作的小王和她的一位外国朋友一同经历了一场小风波，让小王至今记忆犹新。一次小王与一位美国朋友一同去西单游玩。当时，那位美国朋友对北京的民俗风情特别感兴趣，所以建议乘坐人力三轮车前往。她们找到一辆人力车后，那位美国朋友饶有兴趣地和对方讨价还价。其实她只是想体验一下北京的生活，把讨价还价当成一种游戏，那位美国朋友在讨价还价的时候非常开心。最终，她们将100元的价格压到80元。坐在人力车上，那位美国朋友还一再地“炫耀”她的成果。大约过了40分钟，人力三轮车平稳地将车停靠在了西单。“一人80元，按人头算……”，那位车夫捏着手里的80元钱不满地嚷嚷着。“Why?”那位美国朋友非常不理解车夫的要求。小王当时很尴尬。最终还是那位美国朋友妥协了，又拿出了80元递到车夫手中。但这之后，那位美国朋友一直都闷闷不乐。那天小王的心情也一下子变了个样，她总想找机会把不愉快的气氛调节一下，但是她的美国朋友却始终很少说话。所以在后来她从事导游工作时，一直都非常注意这个问题，每次都会尽力帮助游客问清楚价格等细节问题。

分析：旅游接待规范和礼仪在商业活动中的重要性。

案例分析二

一个旅行团在赴敦煌“唐城”参观途中，一位游客随手将一个空易拉罐扔出窗外。这时，坐在车前的导游小姐站起身来，笑容可掬地说：“今天去‘唐城’参观，我把‘唐城’的来历讲给大家听吧。前几年，我国一个电影制片厂和外国一家公司在敦煌合拍一部故事片，外方出资数百万元在戈壁滩上修了一座仿古城堡。影片拍完后，外方准备把它拆了就地销毁。我们敦煌人说，仿古城堡你们随意处置，因为是你们花钱建的，可烧毁后的灰烬都得拉走，撂在这里可不行。我们戈壁滩再穷，也不是堆垃圾的地方。外方反复考虑，可能觉得不合理，当然更可能是考虑到双方的友谊和防止人为的环境污染，最后决定将城堡无偿赠给敦煌人民。如今它已成为古老敦煌的一处人文景观，参观的人络绎不绝，还有许多电影电视拍摄的外景地也用上了它，它就是我们今天要去的‘唐城’。”导游小姐停了一下又接着说：“当然，你们可能会觉得敦煌人精明，‘讹’了人家‘一座古城’，可‘讹’的道理没错吧？戈壁滩再穷，也不是堆垃圾的地方，因为这里毕竟是我们的家乡啊！”说完，导游小姐咯咯地笑了起来。那位扔易拉罐的游客脸红了，连忙叫了起来：“师傅，您停停车，我把那个易拉罐捡回来得了。”车厢里顿时掌声一片。

分析：导游人员和游客的礼貌语言及礼貌行为有什么作用。

基本训练

1．判断题

① 旅行社门市部应当依法与旅游者订立书面旅游合同，其目的是维护旅游者和旅游经营者的合法权益。（　）

② 旅游产品推销礼仪，是指推销人员在推销过程中应遵循的行为规范与准则。（　）

③ 接受客人投诉时尽量在人群较多的地方，投诉与事实有出入时要据理力争。（　）

④ 推销员约见客户时，要事先联系好客户，由推销人员约定见面的时间与地点。（　）

⑤ 欢迎辞在模式上可以随团而异，欢送辞大致可分为抒情式和总结式两种。（　）

⑥ 导游过程中可适当做些手势，但不宜太多，动作不要过大。（　）

⑦ 导游人员与旅游者见面时，应主动和旅游者握手，以此显示对其的热情。（　）

⑧ 对旅游者进行电话访问必须及时，应在行程结束后的3天之内完成。（　）

⑨ 门市部服务人员在距旅游者三步远的时候就要面带微笑，热情地问候“您好，欢迎光临”，并用手势语言敬请旅游者坐下。（　）

⑩ 导游员在讲解过程中，合理运用修辞手法和格言典故会增加语言的生动性。（　）

2．选择题

① 注目礼的距离以（　）步为宜。

A．两　　B．三　　C．四　　D．五

② 约见客户礼仪（　）。

A．约见的距离要得当　　B．约见的地点要方便

C．约见的时间要适宜　　D．约见的方式要妥当

③ 售后人员回访时，只对重要客户，行程结束后（　）天之内完成，以不打扰旅游者为前提。

A．2　　B．3　　C．4　　D．5

④ 欢送辞常用模式有（　）。

A．朗诵式　　B．抒情式　　C．总结式　　D．猜谜式

⑤ 调查购物纠纷的常用方法有（　）等。

A．现场调查　　B．电话调查　　C．信函调查　　D．上门调查

3．实训题

① 模拟旅行社前台接待程序。

② 请你用面见客户的方式模拟向机关工作人员推销海南七日游产品。

③ 两人一组，其中一人为顾客，一人为导购人员，试模拟购买场景。

④ 如有游客来你学校参观游玩，请设计一方案，包括从接团—带团—送团的全过程，并进行模拟训练。

⑤ 导游人员在带团过程中，既不能宰客、欺客，又不能胁迫游客购物。那么在导游人员讲解时要掌握哪些原则？

⑥ 模拟导游人员讲解礼貌规范的欢迎辞。

项目十二　酒店主要岗位礼仪规范

【学习目标】

通过本章的学习，使学生对酒店前厅服务礼仪、客房服务礼仪、餐厅服务礼仪、酒吧服务礼仪、康乐服务礼仪有更系统的了解，掌握服务中礼仪的规范，并能够在实际工作中正确、熟练地应用，从而使客人能够得到精神满足的同时，塑造良好的行业形象。

任务一　前厅服务礼仪规范

酒店是指能够接待境内外客人，为他们的旅行提供住宿、饮食、购物、娱乐及其他服务的综合性、服务性的企业。酒店服务人员在服务中注重礼仪，讲究仪表、举止、语言，执行服务操作规范，是服务人员主动热情、周到服务的外在表现，也是酒店的层次和服务水平的反映。

酒店前厅部位于酒店大堂，负责销售客房商品和酒店其他服务，组织接待工作，协调各部门的对客服务，为客人提供订房、入住登记、问询、行李、电话、留言、退房、委托办理等服务的综合性服务部门。在这里，客人形成了对饭店的“第一印象”和“最后印象”。前厅服务始终贯穿着客人在酒店居住的全过程，前厅工作人员的工作效率、服务质量和礼仪服务水平都会直接影响到客人对酒店整体服务的评价，进而决定了客人对酒店服务的满意程度。因此，对前厅部工作人员的个人素质和服务礼仪都有较高的要求。

一、礼宾接待礼仪规范

为了体现酒店的档次和服务水准，许多高档次酒店都设立礼宾（Concierge）部，下设酒店代表、迎宾员（门童）、行李员、委托代办等岗位，为客人提供周到的、人性化的礼宾服务。

1．酒店代表的服务礼仪

酒店代表主要负责代表酒店在机场、车站、码头等主要出入境口岸迎送客人，提供有效的接送服务，并及时向客人推销酒店产品。此项服务是酒店整体对客服务的延伸和扩展，也是酒店对外宣传的窗口。为了树立酒店的良好形象，要求酒店代表要有较高的外语交流水平、强烈的责任心、较强的应变能力、良好的人际交往能力和较强的业务能力，在工作时要着装整洁、仪表端庄，形象气质佳。

① 了解情况，准备接站。及时从预订处取得需要接站的客人名单，掌握抵达的客人姓名、人数和所乘的航班、车船次等信息。提前做好接站的准备，写好接站告示牌，安排好车辆，提前半个小时或一小时到站等候。

② 迎接客人，核对信息。要主动迎接问候，表示欢迎，并向客人介绍自己的身份和职务，同时帮助客人提拿行李，引领客人上车。接到客人后，用电话及时通知酒店前厅接待员有关客人抵店的信息，包括客人的姓名、到酒店的大致时间、用房有无变化等。在行车途中，要提醒客人注意安全，并简要介绍酒店的服务项目和城市概况。

③ 店内接待，办理住宿。将客人接到酒店后，引领客人到前厅办理住宿手续。若是VIP客人，客户关系经理或大堂副理应提前10分钟在酒店门口恭候客人，并为VIP客人办理住宿登记手续。

④ 意外情况，灵活处理。一旦出现误接或在机场、车站、码头等地找不到客人，应立即与酒店取得联系，查找客人是否已乘车抵达酒店，并及时与前厅确认。随时掌握酒店的客房状态，对无客房预订的散客，主动向客人问好，介绍酒店的产品和服务，推销客房和其他产品。

⑤ 客人离店，祝愿道别。按时将客人送到机场、车站或码头，主动热情地向客人道别，并祝客人一路平安，使客人有亲切感。

2．门厅迎送服务礼仪

前厅部的门童也称迎宾员，他们一般穿着比较高级华丽、标志醒目的制服，站在正门处代表酒店迎送客人。门童是宾客抵达酒店时接触到的第一人，也是酒店的第一“门面”。所以门童在岗时，应仪态规范、精神饱满、思维敏捷、动作迅速、语言标准，做到客来有迎声，客走有送声。

（1）迎接客人

① 礼貌迎客，开启车门。客人抵店时，应面带微笑主动向客人点头致意和问候，并致15°鞠躬礼。如客人乘车抵达时，应立即主动迎上，引导车辆到适当的地方，车停稳后，替客人开车门，一手拉开车门，一手挡住车门框的上沿，以免客人碰头。如果发现是信仰佛教或伊斯兰教的客人，因教规习俗，不能为其护顶。

② 提拿行李，周到细致。门童应准确、及时地为客人开门。如果客人的行李较多，应帮助客人提拿行李，在进入大厅后交给行李员。客人下车后，要注意车座上是否有遗落的物品，如发现有遗落，要及时提醒客人或帮助取出。对于载客抵达的出租车，应将其车牌号记下，并交予客人，以备在客人遗失物品时能及时找回。

③ 礼貌待客，周到服务。住店客人进出酒店时，门童要热情地招呼致意，对重要客人和常客应称呼他（她）的姓氏，以表达对客人的礼貌和重视。如遇下雨天，要撑伞迎接，以防宾客被淋湿。若宾客带伞，应为宾客妥善保管。

④ 特殊客人，针对服务。团队客人到店前，门童应先做好迎接的准备工作。当客人较集中到达时，门童要尽可能让每一位宾客都能看到热情的笑容和听到亲切的问候声。对老人、儿童、残疾客人，应先问候，征得同意后予以必要的扶助，以示关心照顾。

（2）送别客人

① 客人离店，礼貌道别。客人离店时，门童应主动为客人叫车，等车停稳后，拉开车门，请客人上车，护顶，并向客人道别，感谢客人的光临，预祝客人旅途愉快。当客人的汽车启动时，门童应挥手向客人告别，目送客人，以示礼貌和诚意。

② 为客服务，细心周到。客人如果有行李，门童应协助行李员将行李装好，并请客人核实。对于载客离店的出租车，应在值班日记上记录车牌号、离店时间、客人性别、人数及特征等。

3．宾客行李服务礼仪

行李接送工作关系到宾客的财产安全，因此行李员应具有较高的责任心，在服务中要做到礼貌热情、思想集中、认真负责，同时还要求着装整洁、仪容端庄、站姿端正、精神饱满。

（1）入住行李服务

① 礼貌迎客，提携行李。客人抵达时，应热情相迎，微笑问候，主动帮助提携行李，并问清行李件数。若客人坚持亲自提携行李时，应尊重客人意愿，不要强行接过来。在推车装运行李时，要轻拿轻放，切忌随地乱丢、叠放或重压。团队行李要集中摆放，以免丢失或错拿。

② 等候客人，引领服务。陪同客人到总服务台办理住宿手续时，应侍立在客人身后二三步处等候，以便随时听候客人的吩咐。引领客人时，要走在客人侧前方二三步处，随着客人的步子行进。遇拐弯处，要微笑向客人示意，以体现对客人的尊重。

③ 上下电梯，服务规范。陪同客人乘电梯时，行李员应主动为客人按电梯按钮，然后一手挡住电梯门敬请客人先进入电梯。随后携行李跟进，再按楼层钮。到达楼层时，应礼让客人先步出电梯。如果有大件行李挡住出路，则先运出行李，然后用手挡住电梯门，再请客人出电梯。

④ 为客开门，带客进房。引领客人进入房间时，先放下行李，再按门铃或敲门，停顿三秒钟后再开门。开门后，先打开过道灯，扫视一下房间无问题后，后退到房门的一边，再请客人进房。进入房间，将行李物品按规程轻放在行李架上或按客人的吩咐将行李放好。箱子的正面要朝上，箱把手朝外，便于客人取用。与客人核对行李，确认无差错后，可简单介绍房内设施和使用方法（没有客房接待服务人员的情况下）。询问客人是否有其他要求，如客人无要求，应礼貌告别，及时离开房间，以免使客人产生向其索要小费的误会。

⑤ 礼貌告别，登记记录。离房前应向客人微笑礼貌告别，目视客人，后退一步，再转身离开。到房间门口处转身目视客人，面带微笑，道别，将门轻轻关上。注意关门不要用力过大或随意关门，以免因响声而造成客人的不快。返回礼宾部，填写“散客/团队入住行李搬运记录”。

（2）离店行李服务

① 客人离店，运送行李。客人离店时，行李员在接到搬运行李的通知后，进入客房前，无论房门是关着还是开着，均要按门铃或敲门通报，得到客人允许后方可进入房间。

② 放置行李，填写记录。询问客人行李物品件数并认真清点，及时稳妥地运送放置到车上。行李放好后，不要立即转身离开，应与门厅门童一起向客人热情告别，并将车门关好，挥手目送客人离去。返回礼宾部，填写“散客/团队离店行李搬运记录”。

（3）行李寄存服务

① 寄存服务，查验准确。客人要求寄存行李时，行李员要礼貌地向客人征询所住房号、姓名等，并将饭店有关行李寄存的规定耐心地告知客人。

② 填写单据，存放安全。行李员应认真检查每件行李是否已上锁，是否属于可寄存的行李物品。请客人填写一式两份的“行李寄存单”核实后签字。行李员将行李放入行李房中，分格整齐、集中摆放。

③ 行李领取，核准凭证。客人提取行李时，应请客人出示行李寄存凭证，核对无误后，把行李交给持寄存凭证的客人，并请客人在“行李暂存记录”上签字。如果客人丢失寄存卡，行李员一定要凭借足以证实客人身份的证件放行行李，并要求客人写出行李已取的证明。如果不是客人本人来领取，一定要请他出示证件，登记上证件号码，并要求客人写出行李已取的证明，否则不予放行。

④ 客人离店，主动搬运。行李员主动帮助客人提携行李，并负责运送到车上。放置好行李后，向客人作好交代。向客人道别并致谢。

二、总台服务礼仪规范

前厅总服务台是酒店的神经中枢，是宾客入住酒店的必经之地。总台接待服务人员，应做到服饰整洁、精神饱满、举止自然大方，以规范快捷的接待服务给客人留下良好印象。

1．预订服务礼仪

① 热情接待，准确报价。电话预订或面谈预订，都应主动问好，热情礼貌，询问需求，并及时予以答复。若有客人需要的房间，要主动介绍设施、价格，根据各种不同类型的客人，准确报出散客价、团队价、协议价等。并有义务以客人预先确定的价格为客人提供房间。

② 记录清楚，处理快捷。帮助客人落实订房时，要认真做好记录，向客人复述一遍确认，以保证内容完整、准确无误，应耐心、高效地对客服务。

③ 婉言拒绝，以表歉意。若没有客人需要的房间，应表示歉意，并以建议代替拒绝，向客人推荐其他类型房间；若因客满无法接受预订，应婉言拒绝，征得客人同意后，把客人列入等候名单，一旦有空房立即通知客人，或为客人介绍其他同档次的酒店。预订员应用友好或遗憾的态度对待客人，并希望客人下次光临。

2．接待服务礼仪

① 礼貌迎接，核实预订。客人到达前台时，应予以目光的注视，面带微笑，热情问候。如果知道客人姓名或职务，用姓氏或头衔来称呼客人，以示尊重，然后识别客人有无预订，主动为客人提供服务。

② 办理住宿，服务周到。为客人办理住宿登记手续时，要认真快捷，注意礼貌的用语。当知道客人的姓氏后，应尽早称呼姓氏。有较多客人抵达时，要按顺序依次办理，注意“接一顾二招呼三”，即做到手中办理一个，用语言接待下一个，通过眼神、表情招呼另一个，使顾客感受到尊重，不被冷落。

③ 取送证件，操作规范。给客人递送单据、证件时，应上身前倾，将单据、证件文字正对着客人双手递上；若客人签单，应把笔套打开，笔尖对着自己，右手递单，左手送笔。验看、核对客人的证件确认无误后，要迅速交还证件，并表示感谢。

④ 递交钥匙，礼貌热情。客人办理完住宿登记手续后，接待员把客房钥匙连同房卡交给客人时，要用双手递上，同时要做到态度热情，有礼貌地介绍房间情况，并祝客人住店愉快。

⑤ 客史档案，有效管理。接待VIP和常客时，酒店应根据客史档案中客人的资料简化登记手续，让客人体会到酒店对他的足够重视，减少投诉，提高服务质量。

3．问询服务礼仪

① 礼貌迎客，认真倾听。问询员要精神饱满，思想集中，遇到客人前来问询时，注视客人，微笑问候。认真倾听客人问询的内容，耐心回答问题，做到有问必答、百问不烦、用词得当、简明扼要。

② 态度热情，言语恰当。本职工作要熟悉，服务中不能推托，不理睬客人或简单地回答“不行”、“不知道”。遇到自己不清楚的问题，可以请客

> **阅读资料12-1**
>
> **接站的着装颜色**
>
> 欧美许多国家把黑色作为丧葬的象征，若穿上黑色衣裙或套裙之类的服装去接待，会引起客人的误解与不愉快；日本人忌讳绿色，认为绿色象征着不祥；比利时人忌讳蓝色，以蓝色为不吉利；摩洛哥人忌讳穿白色衣服，他们认为白色是贫困的象征；乌拉圭人忌讳青色，认为青色意味着黑暗，是临死的征兆；巴西人忌讳棕黄色，他们认为人死好比黄叶落下；在泰国，红色是不吉利的颜色；埃塞俄比亚人对死者表示深切哀悼时穿淡黄色衣服，所以他们出门做客时不能穿淡黄色的衣服；伊朗、伊拉克人不喜欢蓝色，认为蓝色是办丧事的颜色。

人稍候，迅速查阅资料或向有关部门、人员请教后再回答，忌用“也许”、“大概”、“可能”等模糊语言应付客人。如遇到有敏感性政治问题或超出业务范围不便回答的问题，应表示歉意。在任何情况下，服务人员都不得讽刺、挖苦和讥笑客人。

③ 忙中不乱，井然有序。如多人同时问询，要做到忙而不乱、井然有序，应先问先答、急问快答，使不同的客人都能得到适当的接待和满意的答复，避免怠慢。

4. 结账服务礼仪

① 微笑问候，确认房号。客人离店要求结账时，主动迎接客人，微笑问候，问清客人姓名、房号，以防出错。同时收回客房钥匙。

② 客人请候，等待查房。请客人稍等，通知客房服务中心派客房服务员检查房间状况。

③ 工作细心，核实账目。委婉地询问客人是否有最新消费，并在电脑上查阅以免漏账。收付款项清点准确，动作要娴熟、迅速，尽量不让客人久等。

④ 递送账单，标准规范。递送账单给客人时应按规范操作。收款数目当面说清，钱款当场点清，避免差错。

⑤ 结账完毕，道谢告别。办理完结账手续，要向客人礼貌致谢、道别，欢迎客人再次光临。

5. 总机服务礼仪

电话服务礼仪在酒店服务中非常重要，客人与工作人员虽然不直接见面，但在客人心目中，酒店工作人员从通话中所体现出的礼貌、热忱和友善，就代表着酒店的服务水平和整体形象。

① 坚守岗位，集中精神。话务员要面带微笑，使语言热忱亲切、甜美友善，语调不宜太高，语速不宜太快，用词要简练得当。时刻保持良好的工作状态，随时准备应答各类电话。

② 接听电话，礼貌及时。接听电话动作要迅速，电话铃响三声以内提机应接，自报店名和岗位，热诚提供帮助。如果业务繁忙，在铃响三声后接听，应向顾客致以歉意，在接待服务中坚持使用礼貌用语。

③ 聆听要求，认真记录。用电话沟通时，宜保持嘴唇与话筒约1寸距离，仔细聆听客人的要求，如果对方讲话不清楚可请对方重复一遍，态度要谦和。当客人留言时，要认真倾听和记录，并跟进、履行对客人的承诺，做到热心、耐心和细心。

④ 转接查找，快速及时。为客人接转电话和查找资料时，不能让对方等候电话超过15秒钟。熟悉常用号码，按客人的要求迅速准确地转接电话。对于所要求接进房间的电话，要问清住客的房号、姓名，核对无误后方可接进。

⑤ 尊重他人，礼貌道别。讲究职业道德，尊重他人隐私，不偷听他人电话。通话结束后，应热情道谢告别，待对方挂断电话后，方可关掉电键。

三、大堂副理服务礼仪规范

大堂副理也称“大堂值班经理”，是酒店与客人之间密切联络的纽带。在岗位上代表总经理全权处理客人投诉，负责前厅服务协调和贵宾接待等服务与管理工作。

① 讲究形象，谦逊有礼。精神饱满，面带微笑，仪态自然得体；出言谨慎，口气婉转，态度诚恳，谦逊有礼。当客人发脾气时，要保持冷静，待客人平静后再做婉言解释与道歉，要宽容、忍耐，绝对不能与客人发生争执。

② 主动热情，礼貌待人。有宾客前来，应主动上前或起立，热情问候；然后请宾客就

座，集中注意力，认真倾听客人诉说。对外宾要用外语交谈，对内宾要说普通话。

③ 客人问询，不厌其烦。对客人提出的问询，要百问不厌并给予全面详细的答复，使对方感到可信、满意。自己能答复的问题，绝不借口推脱给其他部门解答。对确实不了解、没把握的事，不要不懂装懂，更不能不负责任地自以为是。

④ 善于分析，沉着冷静。对于客人投诉所反映的问题，要做到热情相待，耐心听取，认真记录，冷静分析。即使对方情绪激动，也要心平气和，善解人意，逐步引导，充分尊重投诉者的心情。善于察言观色，适时地用征询、商量、建议性的口吻与客人交谈。

⑤ 维护形象，坚持原则。尽量维护客人的自尊，同时也要维护好酒店的形象和声誉，原则问题不能放弃立场，应机智灵活处理。

⑥ 解决投诉，表示感谢。对客人的任何意见和投诉，均应给予明确合理的交代，力争在客人离开酒店前解决，并向客人表示感谢。

四、商务中心服务礼仪规范

商务中心是指专门供客人使用，为其提供打字、传真、复印、翻译、会议记录等专项服务的商务设施。

① 精神饱满，注重仪表。商务中心文员在工作岗位要仪表整洁，仪容端庄，仪态大方；工作时间要精神饱满，精力集中；在客人面前，注意自己的坐、立、行走姿势。

② 主动热情，讲究效率。客人来到时，微笑起身问候，按客人的要求，做到准确、快捷、细心、周到，高效、优质的完成各项业务。

③ 注重信誉，代客保密。讲究职业道德，本着“客人至上，信誉第一”的宗旨，对客人高度负责，绝对尊重客人的意愿，不对外泄露文件的内容。

任务二　客房服务礼仪规范

客房是酒店的主要产品，是供客人住宿、休息、会客和洽谈业务的场所，是客人临时的家。客房服务质量的好坏直接影响客人对酒店产品的满意度，也对酒店的声誉和经济效益产生很大影响。因此，客房服务员必须为客人提供标准化、规范化的服务，让客人在酒店住宿期间感觉自在、舒适、方便、安全。

一、迎送服务礼仪规范

1. 迎接客人礼仪

① 礼貌迎客，引领进房。楼层服务员接到来客通知，要在电梯口迎接，主动问候客人，如果是常客，要称呼客人的姓氏。引导客人出电梯，主动帮助客人，征得同意后帮助提携行李（没有行李员的情况下）。引领客人要在客人的侧前方约两三步，按客人的步幅前进。来到预订的房间门口，先敲门或按门铃，如无异常，向客人要房间钥匙开门。开门、开灯后，后退一步，侧身而立，请客人进房间，随后跟进，然后放置好客人的行李物品。

② 端茶送巾，介绍情况。有预订的客人进入房间后，服务员应及时送上茶水、毛巾。端茶送水要根据客人的生活习惯和时令特点。在送茶递送毛巾时，必须使用托盘和毛巾夹。待客人坐下后，要根据客人的具体情况介绍酒店的服务项目和房间内设备设施及使

用方法。

③ 询问、祝愿，礼貌告别。询问客人有无其他要求后，要说祝福的话语，并告诉客人如有需要可以联系的方式。离开房间时，要先后退一二步，再转身走出，到门口时转身面向客人，微笑点头示意，轻轻将门关上。

④ 随机应变，灵活服务。接待服务要以客人的需要为准，体现为客人着想的宗旨。服务员应视情况随机应变，灵活机动地简化某些服务环节。

2．送别客人礼仪

① 客人退房，认真检查。接到客人退房通知时，应仔细检查客人是否有遗留的物品，检查各种需要收费的饮料食品和物品有无消耗，查看房间内的主要配备用品有无破损或短缺；若有损坏或短缺，应婉转询问，请客人退回或赔偿。

② 征询意见，礼貌送客。客人离店前，在可能的情况下，应主动、礼貌地征询客人对酒店服务的意见，礼貌道别。

二、日常服务礼仪规范

1．进房服务礼仪

（1）住客房进房礼仪

① 仔细观察，准确判断。进入房间之前，观察房间门上是否有“请勿打扰”标识，如有，不能进房。客房服务员发现“请勿打扰”标识到下午14时，仍未取消，可打电话到该客房询问情况。

② 敲门通报，耐心等候。开门前必须要敲门，用右手的食指或中指第二指关节轻敲三下门，若无回应，过5秒钟再敲三下，并通报身份。敲门后站在距离客房门外40厘米左右远的正中位置，表情自然大方，注意有无客人发问。当房内有应声，应后退半步，面带微笑站好，眼望窥视镜，不能低头或东张西望，并根据工作单上标注的姓氏称呼客人，征询客人“可以开始客房服务吗？”

③ 再次敲门，二次等候。若房间内无应答，5秒钟后，再次敲门通报，操作规范同第一次相同，这一次可以提高一点声音。然后第二次等候，与第一次等候相同，以便给客人充分的时间。

④ 开锁开门，通报进门。还无应答时，取钥匙开门。把门轻轻推开至45°左右，再次通报，以便确认房间是否有人或有特殊情况。当确认可以开始客房服务时，要将房门打开完全靠拢，直至服务完毕。开门切勿用力过猛，以免发出不必要的噪声。

（2）非住客房进房礼仪

① 仔细观察，敲门通报。观察客房门上是否有显示“请勿打扰”标识。如有，不能进房；如果无标识可以敲门，用右手的食指或中指第二指关节轻敲三下门，若无回应，过5秒钟再敲三下，敲门后通报身份。

② 开锁开门，进入房间。房间无应答时，取钥匙开门，把门轻轻推开至45°左右，确认房间无人或有无特殊情况后，将房门全部敞开靠拢直至服务完毕。

2．客房清扫服务礼仪

① 进房打扫，遵守礼仪。客房服务员进房打扫卫生，通常在客人外出后进行。进房间前要敲门，遵守进房礼仪。

② 整理房间，行为规范。客房服务员按照客人接待规格和酒店规定整理房间，做到说话轻、走路轻、操作轻，打扫时须开门进行。在客房内工作时，不要随意触摸客人的贵重

物品，不能随便丢弃客人的任何东西，打扫完后将物品放回原处；不可在客人房间看电视、听音乐；不要使用和接听房间里的电话。客房清洁过程中，遇到客人回来，服务员要礼貌地请客人出示房间钥匙或房卡，确定是该房间的客人，并询问客人是否可继续整理。如果客人需要整理，应尽快完成，以便客人休息。

③ 打扫完毕，及时离开。打扫完房间，不要逗留。如客人在房间，离开时向客人告别，然后礼貌地后退一步，再转身走出房间轻轻关上门。

3. 其他服务礼仪

① 访客接待服务。访客来访时，应礼貌问好，询问拜访哪位客人，核对被访者姓名、房号是否一致。在征得客人同意后，请访客办理登记手续，才能指引访客到客人房间。若住客不愿见访客时，要礼貌委婉说明，同时不能让访客在楼层停留等待，应请访客到大堂问询处，为其提供留言服务。

② 会客服务。客人在接待来访者，要及时根据客人的要求，备足茶水。访客离开时，应热情相送，并注意来访者是否在没有主人陪同下带走贵重物品。服务人员要在来访登记本上写明离开的时间。

③ 洗衣服务。住店客人需要洗衣物服务时，服务人员要做到“六清一认真一主动”。“六清”是房号要记清，要求要写清，口袋要掏清，件数要数清，破损要查清、污渍要看清；“一认真”是协助客人认真填写洗衣单,并请客人在洗衣单上签字；“一主动”是主动送客衣到房间。洗烫完毕的衣物送回客房时，若客房有“请勿打扰”提示或客人不在房间时，可将留言从门缝处塞进去，以告知客人方便时通知服务员送进房间。

任务三　餐饮服务礼仪规范

酒店的餐饮部是向客人提供食品、饮料和相应各种服务的部门。餐饮服务是直接由餐饮部工作人员通过手工劳动来完成的，其服务态度、业务水平、操作技能等都直观地反映在客人面前，其举手投足、只言片语都有可能让客人产生深刻的印象。因此，餐饮服务员的服务要注重礼貌礼节，让客人在餐饮消费时，享受到主动、耐心、周到的服务，使生理上、心理上的需求能够得到极大的满足。

一、餐厅服务礼仪规范

餐厅是客人就餐的场所，餐厅提供面对面的服务，其特点是时间长、需求多。餐厅服务按其服务流程可分为：餐前、餐中、餐后服务工作。要使客人在享受美味佳肴的同时，得到满意的服务，需服务人员掌握娴熟的服务技能，懂得和遵守服务中的各项礼貌礼节，要做到仪表整洁，仪姿端庄，精神饱满，坚守岗位，随时准备向前来的客人提供规范的礼貌服务。

1. 餐前服务礼仪

（1）迎宾入座

① 热情问候。当客人走近餐厅时，应面带微笑注视、主动问候客人，对熟悉的客人宜用姓氏打招呼。同时用靠门一边的手平伸指向厅门，请客人入门。

② 安排座位。询问客人是否有预订。对已预订的客人，要迅速查阅预订单或预定记录，将客人引到其所订的餐桌；如客人没有预订，应根据客人到达的人数，客人喜好、年龄、身份等情况安排合适的餐桌，同时还要考虑到餐厅的平衡，避免某些餐桌

太繁忙。

③ 引客入座。引领时走在客人侧前方二三步处，并不时回头，把握好客人与自己的距离。当客人被带到餐台边时，按照先主宾后主人，先女宾后男宾，先年长者后年轻者的顺序为客人拉椅让座。操作方法是：站在椅背的正后方，双手握住椅背的两侧，后退半步的同时，将椅子拉后半步；用右手做请的手势，示意客人入座。在客人即将坐下的时候，双手扶住椅背的两侧，用右腿顶住椅背，手脚配合将椅子轻轻往前送，使客人不用自己挪动椅子并能恰到好处地入座。

（2）香巾服务　客人入座后，服务员应根据客人人数取香巾，放在香巾架中，站在客人右侧，按女士优先、先宾后主的原则，顺时针方向依次用香巾夹送上，并礼貌地招呼客人使用。

（3）斟茶服务　服务茶水时，应先询问客人喜欢饮用何种茶，适当做介绍并告知价位。按照先宾后主的顺时针顺序在客人的右侧为客人斟倒茶水，以八分满为宜。为全部客人倒完茶，将茶壶添满水后，放在转盘上，供客人自己添茶，注意茶壶嘴不要直接朝向客人。

（4）铺放餐巾　依据女士优先、先宾后主的原则为客人铺餐巾，一般情况下应在客人右侧为客人铺餐巾。铺餐巾时应站在客人右侧，拿起餐巾，将其打开，注意右手在前，左手在后，将餐巾轻轻铺在客人腿上，注意不要把胳膊肘送到客人的面前。

（5）点菜服务

① 客人坐稳后，要注意客人要菜单的示意，适时主动送上菜单。递菜单给客人时，从客人的左侧双手递上，态度要谦恭。如果男女客人在一起时，应将菜单先给女士；如多人一起用餐时，应将菜单递给主宾。

② 若是明档式点菜，引领客人到点菜区，走在客人的侧前方，主动为客人介绍菜品。

③ 在客人考虑点菜时，服务员不要以不耐烦的语气或举动来催促，应准备好纸和笔，微笑站立在客人一侧耐心等候，让客人有充分的时间选择菜肴，认真记录客人点的每一道菜和饮料，点菜结束后要复述一遍，杜绝差错。

④ 当客人犹豫不定征求服务员意见时，应视时间、客人人数、大致身份、就餐目的等具体情况，为客人推荐合适的本餐厅的菜肴供客人选择。

2．餐中服务礼仪

（1）上菜服务

① 餐厅服务要讲究效率，缩短客人的等候时间，传菜时必须使用托盘。

② 遵守上菜顺序。中餐上菜的顺序一般是凉菜、主菜、热菜、汤菜、甜菜、点心、水果，中式粤菜上菜顺序是先上汤后上菜；西餐上菜的顺序一般是面包黄油、开胃品、汤、副菜、主菜、甜食、咖啡或餐后酒。

③ 服务员要做到“三轻”，即走路轻、说话轻、操作轻。传菜时要做到端平走稳、汤汁不洒、忙而不乱，上菜和撤菜动作要干净利落，做到轻、准、平、稳，不推、拉餐盘。上菜时，切不可从客人肩上、头顶越过，以免发生意外。

④ 上菜时要选择合适的位置，宜在陪坐之间进行，不要在主宾和主人之间操作。同时报上菜名，必要时简要介绍菜肴的特色典故、风味、食用方法与特点等。

⑤ 摆放整形菜时，注意“鸡不献头，鸭不献掌、鱼不献脊”，应把鱼腹朝向主宾，也可按地方习俗摆放菜肴。

⑥ 如菜肴较多，一般在一道菜用过1/3以后，再开始上下一道菜。每上一道菜，须将前一道菜移至副主人一侧，将新菜放在主宾、主人面前，以示尊重。菜上齐后，应礼貌告诉客人："菜已上齐，请慢用。"

（2）分菜服务

① 分菜由服务员左手垫上布将热菜盘托起，右手使用派菜用的叉、匙，站在客人的左侧操作，按先宾后主、先女后男的顺序依次分派菜品。

② 分菜应主动、迅速，不能等客人开始食用后再分菜，操作时不要将手伸入客人的盘碟中或将汤汁带出盘碟外面，滴在客人身上或餐桌上。

③ 分菜时应均匀，头、尾、骨、刺等不能分给客人。

④ 分菜时尽量做到一勺准、一叉准，菜量分让做到均匀一致，不要让客人有厚此薄彼的感觉。切忌出现一碟分两勺或多分后收回的现象。

（3）斟酒服务

① 斟酒的顺序是先主宾后主人、先女宾后男宾，先主要宾客后一般宾客。如果是一个人服务，可先从主宾开始，按顺时针的顺序逐一服务；如果是两名服务员同时服务，应一个从主宾开始，另一个从副主宾开始，依次绕台服务。

② 为客人斟酒时，要先征得其同意。凡是客人点用的酒水，开瓶前，服务员应左手托瓶底，右手扶瓶颈，商标朝向主人，请其辨认核对选酒有无差错，表现了对客人的尊重，也证明商品质量的可靠。

③ 斟酒量的多少，要根据酒的类别和要求进行。斟酒时手指不要触摸酒杯杯口。

④ 在宾主讲话时，服务员应停止一切活动，端正地静立在僻静的位置上，并要注意宾客杯中的酒水，喝到只剩1/3左右时，应及时进行斟倒。

⑤ 斟酒时，不要站在客人左侧，不准站在一个位置为左右两位客人斟酒，不准隔位斟、反手斟。瓶内酒水不足一杯时，不宜为客人斟酒，瓶底朝天有失礼貌。切忌一杯酒用两只酒瓶同斟。

（4）席间服务

① 席间服务时，服务员要做到"四勤"，即眼勤、嘴勤、手勤、腿勤。

② 工作中要注意仪态，多人站立时，应站在适当的位置，排列成行。正式宴会中，主方或客方代表发表讲话时，应停止上菜斟酒和服务。

③ 撤换餐具。如客人提出更换酒水、饮料时，要根据酒水的品种及时更换合适的酒具；客人酒杯中洒落汤汁、异物时要及时更换酒具。当客人用完浓汁浓味或带骨、刺、壳的菜品后，以及在甜、咸菜品交叉时，须更换餐具。更换餐具时，从主宾开始，在客人的右侧撤换餐具。

④ 客人有意吸烟时，应主动上前帮其点火，将烟灰缸及时放置到客人执烟的一侧。点烟时，掌握好火苗的位置与大小，切不可烧及客人；如果使用火柴要由外向里将火柴头在盒侧磷面上划着，同一根火柴只能为一位客人点烟。烟缸内如果有三个烟头，要及更换。更换烟缸时，以不打扰客人为宜，动作要轻快。

3. 餐后服务礼仪

（1）结账服务

① 客人用餐完毕要求结账时，服务员应立即核实账单，账单无误后放在收款盘里或账单夹内，走到主人右侧，打开账单夹，正面朝向主人，右手持账夹上端、左手轻托账夹下

端，递至主人面前，请主人检查，注意不要其他客人看到账单。

② 当客人要直接向收款员结账，应客气地告诉客人账台的位置，并用手势示意。

③ 如果是住店客人签字，服务员要立即送上笔，同时有礼貌地请宾客出示酒店欢迎卡或房间钥匙。迅速准确核准后，向客人表示感谢。

④ 现金结账要唱收唱付。在客人确定所找钱数正确后，服务员要真诚感谢客人，并迅速离开客人餐桌。

⑤ 注意结账的时机，不可催促客人，同时也要注意服务态度。

（2）送客服务

① 宾客结账后起身离开时，应主动为其拉开座椅，礼貌地询问他们是否满意，并注意观察和提醒客人不要遗忘随身物品。

② 客人离开前，如愿意将剩余食品打包带走，应积极为之服务。

③ 引领客人到餐厅门口，礼貌与客人道别，向客人表示感谢，诚恳欢迎客人再次光临。

二、酒吧服务礼仪规范

酒吧是酒店为客人提供酒水、饮料并让其欣赏音乐、消除疲劳、交际娱乐的休闲场所。酒吧环境幽静，格调雅致，为了与酒吧高格调的氛围相协调，必须提供高标准的服务。

1．酒吧服务员礼仪

① 保持良好的仪表仪容，恭候客人的光临，客人到来，热情问候。同餐厅服务一样，礼貌地引领客人到使他们满意的座位，拉椅让座，注意让女宾在先。

② 恭敬地从客人右侧把酒单双手递上，站立一旁，听候客人的吩咐。给客人开票时，站在客人的右侧，上身略前倾，保持适当的距离，精神专注，按照客人的要求，做好记录。开票后要复述一遍并表示感谢。

③ 为客人上酒水、饮料、食品时，注意使用托盘端送，并应从客人的右侧送上，注意女士优先。操作时，要轻拿轻放，并注意手指不能触及杯口。一般拿杯子下半部或杯脚，让客人感到礼貌、卫生。

④ 在客人面前放酒杯时，不要拿得很高，要从低处慢慢地送到客人面前。

⑤ 如客人需要用瓶酒时，在开瓶前，应以左手托瓶底，右手扶瓶口，酒标面向客人，经客人查验确认后，方可打开瓶盖斟酒，使客人放心饮用。

⑥ 斟酒时要按先宾后主，先女后男的顺序进行，以示尊重与礼貌。

⑦ 客人示意结账时：尽快用托盘上账单，请客人核查。客人付款时，要视情况小声唱收。如付款的客人醉了，要当着他的同伴或邻座客人唱收，避免发生纠纷或误会。

⑧ 客人离开时，要热情道别，提醒是否有遗忘之物，并致谢意，欢迎再次光临。

2．调酒师礼仪

① 客人走到吧台前，应主动热情招呼，根据客人的要求斟倒或调制各种饮品。在客人面前放酒杯时，应由低到高慢慢地送到客人面前。

② 调酒师应在吧台前面对客人调制各种饮品，转身取后面的酒瓶时，也要斜着身子取。调酒服务的操作过程要当着客人的面进行，要十分注意操作技术，讲究动作的正确、迅速、简便和优美。摇晃调酒壶的动作不要过大或做作，要随时清洁好调酒用具。

③ 对常来的客人要记住其爱好，热忱地为他们提供喜爱的饮品。注意对熟客、女宾不要显得过分亲热，以免引起其他客人的不满。对于孤单客人，为不使他感到寂寞，可适当

地陪他聊天，但要顺着客人的意思讲，不可喧宾夺主，以示尊重。

④ 客人之间谈话时，不可侧耳旁听，更不能打断插话。客人低声交谈时，应主动回避。

⑤ 客人离去时，要热情道别，欢迎客人再次光临。

任务四　康乐中心服务礼仪规范

在现代酒店中，为了使住店客人享受到丰富的精神生活，得到锻炼身体、增加知识的机会，酒店大都建造了康乐中心，如游泳池、健身房、桑拿浴室、KTV娱乐中心、保龄球馆等服务项目。这些为客人直接服务的部门，要求服务员按照所从事的具体服务工作着装，做到仪表整洁，仪容端庄。在岗位上，坚持站立服务，精神饱满，思想集中，面带微笑，随时准备为客人提供高标准的礼貌服务。

一、游泳池服务礼仪

① 客人到来时，主动迎接客人，亲切问候，递送衣柜钥匙和毛巾，引领客人到更衣室并提醒客人妥善管理好自己的衣物。

② 游泳池巡视员在客人运动时要加强巡视，时刻注意游泳者的动态，特别是老人和小孩，以免发生事故。

③ 游泳池的专职教练要有良好的职业礼仪修养，为人师表，悉心教授，善于沟通。

④ 游泳池服务员要热情地为客人提供塑料软包装的饮料（尽量不使用玻璃瓶装饮料），以确保客人的人身安全。客人离开时，主动收回衣柜钥匙，并主动提醒客人的衣物是否有遗忘。

⑤ 热情地送客道别，并欢迎再次光临。

二、健身房服务礼仪

① 健身房服务员要仪容整洁、身体健康、精神饱满，微笑迎客，主动礼貌问候。

② 健身房服务员能够熟练地讲解和操作健身器材，并根据客人的具体情况帮助客人拟订健身计划，引导客人参加健身运动，能为客人提供技能规范。

③ 健身房服务员要坚守岗位，严格执行健身房规定，注意客人的健康情况，随时给予指导，确保客人正确运动，以防发生危险。

④ 客人健身完毕，礼貌送客，热情告别。

三、桑拿浴室服务礼仪

① 服务员要有良好的职业礼仪规范，客人到来时，热情相迎，要注意客人的身体状况，对虚弱不宜者要善意劝阻。对第一次来的客人要主动介绍桑拿浴的方法与注意事项。

② 服务员要将浴室温度调至客人要求的温度，一般在68～90℃为宜。

③ 服务员坚守岗位，密切关心注意客人的动静，每隔几分钟从玻璃窗口望一望，防止客人因不适在浴室内晕倒，发生意外。

④ 做好浴室的清洁卫生工作，并提供干净浴具。

⑤ 客人离开时，要提醒是否有遗忘物品，热情道别，欢迎再次光临。

阅读资料12-2

“以右为上”礼节的来由

以右为尊、以右为上的礼数从古至今，由来已久，在中、西方文化交流中也是达成共识的。那么你知道“以右为上”的礼节从哪里来吗？

据说在冷兵器时代，人们争斗的武器是剑和刀，而一般的人是将剑和刀持于身体的左侧，以左手执刀剑的居多。当双方放弃争斗，愿意和平协商时，主动一方将对方让于自己的右位就座，实际上是将最有利于进攻的位置让给了对方。而将最不利于进攻、利于防守的位置留给了自己，这无疑是最充分地表达了自己和平的诚意，最充分地展示了主人的豁达，这恰恰“解释”了礼仪和礼节的真谛，即礼仪、礼节无非是将方便让给别人、将不利留给自己的一种仪式而已。

显而易见，骄傲与谦卑是恰恰相反的，可是它们有同一个对象。这个对象就是自我。 ——休谟

四、KTV娱乐中心服务礼仪

① 客人来到舞厅、KTV包房，要热情接待，礼貌问候，躬身致意，并引领客人到适当的位置。

② 对第一次来的客人介绍KTV设备的操作方法。

③ 迅速将客人所点的酒水、食品从右侧送到客人的桌上。

④ 细心观察客人动态，以便提供所需服务，如添加饮料，热情回答客人提出的询问。

⑤ 结束时，全体服务员到门口欢送，礼貌道别。

量贩式KTV和普通KTV的差异见表12-1所示。

表12-1 量贩式KTV和普通KTV的差异对照

项目	量贩式KTV	普通KTV
营业时间	基本上24小时营业	一般只有晚上营业，营业时间不超过次日2点
基本情况	装修舒适，音响效果一流	良莠不齐，好差均有可能
计费方式	采用小时和分钟计费	价格与消费时间长短无关
价格方面	包厢按时段计费，不同时段价格差异明显，非节假日和白天的价格非常之优惠	按包厢大小计费，价格一般固定
最低消费	不设最低消费和人头费	设有最低消费和人头费
服务方式	包厢不设专职服务员，采用自助服务	包厢设有专职的服务人员
酒水供应	附设便利超市，酒水、小点几乎平价供应	不设超市，酒水、小点价格高昂
营业规模	规模化经营，一般拥有几十个甚至上百个大小包厢	包厢数量多少不定
服务对象	消费人员涵盖商务消费人群和普通消费者	多为商务消费人群
附加服务	多数提供免费餐饮等附加服务，中餐和晚餐可一并在内解决	不提供免费餐饮等附加服务
其他方面	突出安全、健康和自助式的时尚概念	没有安全、健康和自助式的概念

五、保龄球馆服务礼仪

① 客人到达保龄球馆时，服务员要热情地表示欢迎，主动为客人提供服务，询问客人的鞋码，将合适的保龄鞋交给客人。

② 客人换好鞋后，服务员应引领客人到选定球道，根据客人的性别、年龄等帮助客人选择重量适当的球，并介绍打球的步骤与方法，对于容易发生危险的情况，要提醒客人注意。

③ 球道的服务员要用心服务，尽量满足客人的休闲娱乐。在客人打球的过程中，服务员要毕恭毕敬地站在球道的后侧随时听候客人的吩咐。

④ 当客人娱乐休息时，服务员要主动上前征询客人意见，根据客人需要及时提供所需的饮料、面巾等服务。

⑤ 当客人告别时，服务员要站在门口，鞠躬向客人道别，并提醒客人是否将个人物品携带好。

阅读资料12-3

什么是量贩式KTV（KTV量贩版）

“量贩”源于1963年法国的一家超大型类似超级市场的大卖场，后来日本把这种购物经营业态叫做量贩，日语中“量贩”的意思是指“大量批发的超市”，由此引申的量贩式经营，指的就是透明、自助和平价的消费方式。1983年量贩出现在台湾。“量”是指商品的数量，“贩”是低价销售，是一种以量定价的经营形式。目前量贩已在上海、武汉、成都、郑州等城市扎根，当地的不少大型百货公司都通过量贩运作获得成功，营销量实现了规模扩张。

KTV从某种意义上来讲分为两类：一为KTV点播系统（由不同类型的单一产品、软件组成）；二为KTV演唱场所，通常称为包房、厢房、卡拉OK厅等，设有小型超市、卡拉OK包房，能存储几十万首歌曲的自助点歌系统。所有顾客的饮食消费均在超市购买，房间按时计费，完全的DIY，自主权较大，更人性，更自由。成为同学、朋友、家庭聚会的首选地，甚至成为一些情侣约会的重要场所。

附　酒店主要岗位礼仪实训安排与考核

酒店岗位礼仪实训12-1

【实训项目】 客房预订服务礼仪。

【实训目标】 通过对客房预订礼仪的实训，使学生学会受理电话预订业务的基本知识，掌握利用有效的对话完成客房推销，要注意礼仪操作的规范，并能达到熟练应用。

【实训学时】 4学时。

【实训方法】 参考“客房预订服务模拟对话”，教师先讲解示范，然后将学生分成两组，每组派学生扮演客人和预订员，按程序、标准演示整个服务过程。完成后，由两组学生分别进行评比，学生观察并相互点评，教师予以总结。

客房预订服务模拟对话

预订员：您好，冰城酒店预订部。

客　人：您好，我想订一间客房。

预订员：先生，请问您在什么时间需要？住几人？预住几天？

客　人：7月1日，只有我一人，住两晚。

预订员：7月1日抵店，住两晚，7月3日离店，对吗？

客　人：是的。

预订员：好的。请稍等。（查看计算机及客房预订控制盘）先生，我们这里有标准间每晚380元，标准套房每晚680元，每种房间都配有Internet插口。不知先生您需要哪种类型的客房？

客　人：我要订一间标准间。

预订员：请问先生您的全名，可以吗？

客　人：我姓李，叫李明。

预订员：李先生，请问您是用现金还是用信用卡结账？

客　人：现金。

预订员：李先生，请问您需要保证您的客房预订吗？现在是旅游旺季，对于普通订房我们只保留到当晚18点，您可以先用信用卡担保，到时候再用现金结账就可以了。

客　人：不用了，我会准时到的。

预订员：（在预订单上注明付款方式）李先生，请问您乘坐火车还是飞机，需要我们接吗？

客　人：不用了。

预订员：李先生，请问您的电话号码？以便我们及时与您联络。

客　人：电话是133××××××××。

预订员：谢谢您，李先生，请允许我核对您的订房内容：您预订的是一间标准间，每晚380元，7月1日抵店，住两晚，7月3日离店，付款方式为现金结账，您的联系电话是133××××××××，对吗？

客　人：是的。

预订员：如果您在抵店前有什么变更，请及时通知我们，好吗？

客　人：好的。

预订员：谢谢您，再见。

客　人：再见。

【实训考核】 客房预订服务礼仪训练考核内容，见表12-1所示。

表12-1 客房预订服务礼仪训练考核表

考生单位： 考生姓名：

程序	操作标准	配分		得分
		语言	操作	
热情接待 准确报价	1．三声内接起，左手拿起话筒，右手拿笔准备记录。 2．主动问候客人，自报部门。 3．聆听客人预订要求，决定是否受理此预订。 4．询问预订客人姓名。 5．根据客人特点和要求，介绍房间种类和房价	5分 5分 5分 5分 10分	3分 2分 3分 2分	
记录清楚 处理快捷	1．仔细询问客人预订的有关信息，并详细记录。 2．预订的操作要快捷、准确无误。 3．复述预订内容	10分 5分 10分	3分 2分	
婉言拒绝 以表歉意	1．无法接受预订时，婉言拒绝，注意用建议代替拒绝。 2．向客人致歉，用友好、遗憾和理解的态度对待客人。 3．礼貌道别，希望客人下次光临	10分 10分 5分	5分	
总分		100分		

酒店岗位礼仪实训12-2

【实训项目】 客人入住登记接待服务礼仪。

【实训目标】 通过客人入住登记接待服务礼仪实训项目的训练，使学生了解总台接待的基本知识，掌握客人入住登记接待服务的程序及标准，在操作过程中注意礼仪规范的运用，并达到熟练应用。

【实训学时】 4学时。

【实训方法】 教师先讲解示范，然后学生按程序、标准操作，学生观察并相互点评，教师指导纠正。

【实训考核】 客人入住登记接待服务礼仪训练考核内容，见表12-2所示。

表12-2 客人入住登记接待服务礼仪训练考核表

考生单位： 考生姓名：

程序	操作标准	配分		得分
		语言	操作	
礼貌迎接 核实预订	1．面带微笑，目视客人，主动问好。 2．恰当地称呼客人。 3．询问是否有客房预订	5分 5分 5分	3分 2分 3分	
办理住宿 服务周到	1．操作认真、快捷、准确。 2．使用礼貌用语。 3．对客人做到“接一顾二招呼三”	2分 5分 5分	5分 2分 5分	
取送证件 操作规范	1．递送证件时，上身前倾，文字正对着客人双手递上。 2．客人签单，打开笔套，笔尖对着自己，右手递单，左手送笔	10分 5分	10分 10分	
递交钥匙 礼貌热情	1．双手提送房间钥匙、房卡。 2．礼貌介绍，祝愿告别	5分 5分	5分 3分	
总分		100分		

酒店岗位礼仪实训12-3

【实训项目】 收银结账服务礼仪。

【实训目标】 通过收银结账服务礼仪实训项目的训练，使学生了解前厅结账的基本知识，掌握结账服务的程序及标准，将礼仪的知识运用到操作过程中，达到熟练应用的程度。

【实训学时】 2学时。

【实训方法】 教师先讲解示范，然后学生按程序、标准操作，学生观察并相互点评，教师指导纠正。

【实训考核】 散客结账服务礼仪训练考核内容，见表12-3所示。

表12-3 散客结账服务礼仪训练考核表

考生单位： 考生姓名：

程序	操作标准	配分		得分
		语言	操作	
微笑问候 确认房号	1. 面带微笑，目视客人，主动问好。 2. 确认客人姓名、房号，并随时称呼客人的名字。 3. 主动收取房间钥匙	5分 5分 3分	3分 2分 5分	
客人稍候 等待查房	1. 通知客房服务中心让客房服务员马上查房。 2. 请客人等候	5分 5分	2分 5分	
工作细心 核实账目	1. 询问客人是否有其他消费。 2. 打印账单，交付客人核查消费明细。 3. 确认付款方式	5分 5分 3分	2分 5分	
递送账单标准规范	1. 结账，请客人在账单上签字。 2. 收款数目当面说清，钱款当场点清。 3. 动作娴熟、迅速，在最短时间内完成结账手续	5分 5分	5分 3分 5分	
结账完毕 道谢告别	1. 将给客人的单据递交到客人手中。 2. 道别，欢迎客人再次光临	5分 5分	5分 2分	
总分		100分		

酒店岗位礼仪实训12-4

【实训项目】 带客进房服务礼仪。

【实训目标】 通过带客进房服务礼仪实训项目的训练，使学生了解带客进房服务的基本知识，掌握带客进房服务的程序及标准，将礼仪的知识运用到操作过程中，达到熟练应用的程度。

【实训学时】 4学时。

【实训方法】 参考“带客进房服务模拟对话”，教师先讲解示范，然后将学生分成组，每组派学生扮演客人和预订员，按程序、标准演示整个服务过程。完成后，由每组学生分别进行评比，学生观察并相互点评，教师予以总结。

带客进房服务模拟对话

服务员：（客人下电梯）您好！您是1518房间的客人吗？

客　人：是的。

服务员：我帮您拿一下行李吧，（在客人的侧前方引领）这边请（手势）。

客　人：好的。

服务员：您的房间在电梯的左侧。这是安全出口。您的房间到了，1518号。请您把钥匙借我用一下，我帮您开房间门。（敲门，通报身份，用钥匙开门）先生，开门时只需将钥匙对准门锁，门就会自动开启。（门打开45°角观察屋内有无异常情况，无异常情况将门完全打开，后退一步）先生您请进。

服务员：您请坐，您的两件行李我放在行李架上了，您看可以吗？这是您的房间钥匙。您请保管好。（问茶）请用茶，请用毛巾。先生，您是第一次下榻我们酒店吧！

客　人：是的，第一次。

服务员：那我给您简单介绍一下酒店的情况吧！

客　人：好的。

服务员：您看，我们酒店是按照国际四星级标准建造的。一共24层。一楼是咖啡厅，二楼是中餐厅，三楼是西餐厅。餐厅除了咖啡厅是24小时营业之外，其余的营业时间都是早6:00至晚10:00。您居住的这间豪华套房是一间外景房，可以看到外边的大海。房间内的中央空调在这，如果您需要调节温度，只需旋转这个钮就可以了。房间电视有45个频道，其中1台是我们酒店内部频道，24小时有节目，您可以自动选看。这是客房小酒吧，内装的食品饮料、酒水是额外付费的，价目表在这儿。打电话，内线直接拨号，外线前加9，需要开通长途请与总台联系，长途电话是电脑计费，最后记入您的总账中。卫生间内的热水每天24小时供应。此外，我们还有收费洗衣服务，您只需将要洗的衣物放至洗衣袋中即可，请将要求填写在洗衣单上面，我们的服务员会按时收取的。先生，如果您还有其他不清楚的地方，请您阅读我们的《服务指南》，内有详细说明。

客　人：好的。

服务员：您还有其他需要吗？

客　人：没有了。

服务员：那好，先生，祝您居住愉快，再见。（倒退一步、转身，带出托盘和毛巾，走到房门前一步转身，面向客人点头示意，轻轻关上房门。）

【实训考核】 带客进房服务礼仪训练考核内容，见表12-4所示。

表12-4　带客进房服务礼仪训练考核表

考生单位：　　　　　　　　　　　　　　　　　　考生姓名：

程序	操作标准	配分		得分
		语言	操作	
礼貌迎客	1. 电梯口迎接客人，面带微笑，主动问好。 2. 确认客人身份。 3. 帮客人提携行李	5分 2分 2分	3分 3分	
引领进房	1. 在客人侧前方引领，使用正确的引领手势。 2. 所要房间钥匙，请客人等候。 3. 敲门，报身份。 4. 开门45°角观察，开灯，将门完全打开。 5. 后退一步，请客人进房间	2分 3分 3分 2分	5分 2分 5分 7分 5分	
端茶送巾	1. 放置行李，告之客人。 2. 归还钥匙，请客人坐。 3. 问茶，递送毛巾，要使用托盘和毛巾夹	2分 3分 3分	3分 2分 5分	
介绍情况	1. 介绍酒店服务项目和房间设备、设施情况。 2. 仪态规范，语言标准	5分	 5分	
询问祝愿 礼貌告别	1. 询问客人是否还需要其他服务。 2. 祝愿、告别。 3. 后退一步，转身，离开房间，带出托盘和毛巾。 4. 到门口，转身面向客人，示意，将门轻轻关上	3分 5分	3分 2分 5分 5分	
总分		100分		

酒店岗位礼仪实训12-5

【实训项目】 进房服务礼仪。

【实训目标】 通过对进房礼仪的实训，使学生掌握客房进房的礼仪规范，达到熟练应用的程度。

【实训学时】 4学时。

【实训方法】 教师先讲解示范，然后学生按程序、标准操作，学生观察并相互点评，教师指导纠正。

【实训考核】 进房服务礼仪训练考核内容，见表12-5所示。

表12-5 进房服务礼仪训练考核表

考生单位： 考生姓名：

程 序	操 作 标 准	配 分		得 分
		语言	操作	
仔细观察	1. 观察有无异常情况。 2. 观察是否有“请勿打扰”标识		2分 3分	
敲门通报	1. 站姿规范。 2. 敲门动作规范、轻重适当、有节奏感。 3. 报身份，语音语调优美，有亲切感	5分	5分 5分	
耐心等候	1. 屋内有应答，后退一步。 2. 面带微笑，眼睛注视窥视镜。 3. 等候客人开门	5分	5分 5分	
二次敲门 二次等候	1. 无人应答，二次敲门，与第一次敲门间隔5秒。 2. 面带微笑，站姿规范。 3. 敲门动作规范，敲门声音适当加重，有节奏感。 4. 报身份，语音语调优美，音量适当提高，有亲切感。 5. 二次等候，确认无应答	5分	5分 5分 5分 3分	
开锁开门	1. 操作时，身体与门保持适当的距离。 2. 开门时磁卡平衡插入继电孔中取电。 3. 房门与手的方向一致。 4. 轻轻打开房门		3分 3分 3分 5分	
再次通报	1. 房门打开45°左右，再次敲门通报。 2. 仪态规范。 3. 如发现客人正在睡觉，立即轻轻退出，将门关好	3分	5分 5分 5分	
进入房间	1. 如无客人将门完全打开，取电。 2. 将房门完全靠拢，直至服务完毕		5分 5分	
总 分		100分		

酒店岗位礼仪实训12-6

【实训项目】 斟酒服务礼仪。

【实训目标】 通过对斟酒服务基础知识的学习和操作技能的训练，使学生了解斟酒服务的方式、方法，斟酒的顺序等，同时也要注意操作中礼仪的规范，并能熟练应用。

【实训学时】 4学时。

【实训方法】 教师先讲解示范，然后学生按程序、标准操作，学生观察并相互点评，教师指导纠正。

【实训考核】 斟酒服务礼仪训练考核内容，见表12-6所示。

表12-6　斟酒服务礼仪训练考核表

考生单位：　　　　　　　　　　　　　　　　考生姓名：

程　序	操　作　标　准	配　分		得　分
		语言	操作	
斟酒准备	检查酒水标识和酒水质量，按规范展示酒水	5分	10分	
斟酒顺序	站在客人的右后侧，按照先宾后主的顺序依次斟酒		10分	
斟酒姿势	1．左手托盘或背在身后，右脚向前，侧身而立。 2．酒水商标朝外，显示客人。 3．瓶口不要碰杯口，相距2厘米左右。 4．握瓶姿势正确，步法正确。 5．收瓶姿势规范，动作优美		10分 10分 15分 10分 10分	
斟酒标准	1．斟酒量8分满。 2．不滴不洒、不少不溢		10分 10分	
总　　分		100分		

酒店岗位礼仪实训12-7

【实训项目】 上菜、分菜服务礼仪。

【实训目标】 通过对上菜、分菜基础知识的学习和操作技能的训练，使学生了解上菜、分菜服务要求，掌握操作程序与标准及服务技巧，达到礼仪的规范、熟练。

【实训学时】 6学时。

【实训方法】 教师先讲解示范，然后学生按程序、标准操作，学生观察并相互点评，教师指导纠正。

【实训考核】上菜服务礼仪训练考核内容，见表12-7所示；分菜服务礼仪训练考核内容，见表12-8所示。

表12-7　上菜服务礼仪训练考核表

考生单位：　　　　　　　　　　　　　　　　考生姓名：

程　序	操　作　标　准	配　分		得　分
		语言	操作	
上菜顺序与原则	依据上菜顺序和原则上菜		20分	
上菜位置与姿势	从上菜口将菜肴送上餐桌，姿势正确规范	5分	15分	
上菜方法	1．上菜前要整理餐台上菜肴，移出位置后再上菜。 2．展示菜肴、后退一步。 3．报菜名时声音要洪亮清晰，介绍特色。 4．语言表达准确，语音语速适中，语态自然大方，操作符合礼仪规范	10分 15分	5分 10分 5分 5分	
其他服务	菜上齐了要告诉客人，并询问是否需要加菜或其他帮助	10分		
总　　分		100分		

表12-8　分菜服务礼仪训练考核表

考生单位：　　　　　　　　　　　　　　　　考生姓名：

程　序	操　作　标　准	配　分		得　分
		语言	操作	
分菜手法	分菜手法正确，工具卫生，使用得当		20分	
分菜姿势与位置	分菜位置正确，操作姿势标准	5分	20分	
分菜顺序	能够按先宾后主的顺序依次进行		15分	
分菜要求	不滴不洒，一次到位，分派均匀		25分	
分菜禁忌	能够做到不违反分菜禁忌要求	5分	10分	
总　　分		100分		

酒店岗位礼仪实训12-8

【实训项目】餐前服务礼仪。

【实训目标】通过对餐前有关服务知识的学习和操作技能的训练，使学生了解餐前服务工作的内容和要求，掌握操作程序与标准及服务技巧，同时要注意操作过程中礼仪规范。

【实训学时】8学时。

【实训方法】教师先讲解示范，然后学生按程序、标准操作，学生观察并相互点评，教师指导纠正。

【实训考核】餐前服务礼仪训练考核内容，见表12-9所示。

表12-9 餐前服务礼仪训练考核表

考生单位： 考生姓名：

程序	操作标准	配分		得分
		语言	操作	
迎接客人	客人来到餐厅时，应面带微笑，主动上前问好	3分	2分	
引位	1. 询问是否有预订，并安排满意的位置。 2. 引领客人时，应走在客人侧前方二、三步处，且不时回头，把握好客人与自己的距离	3分	5分	
拉椅让座	1. 当引位员把客人带到餐台边时，服务员应主动上前问候并协助为客人拉椅让座，注意女士优先。 2. 站在椅背的正后方，双手握住椅背的两侧，后退半步的同时将椅子拉后半步。 3. 用右手做请的手势，示意客人入座。 4. 在客人即将坐下的时候，双手扶住椅背的两侧，用右腿顶住椅背，手脚配合。 5. 将椅子轻轻往前送，使客人不用自己移动椅子便能恰到好处地入座。 6. 拉椅、送椅的动作要迅速、敏捷，力度要适中、适度	2分 2分	5分 3分 5分 3分 3分	
服务香巾	1. 站在客人右侧，用毛巾夹服务毛巾。 2. 按女士优先，先宾后主的原则依次送上。 3. 注意毛巾的卫生、温度。 4. 客人用过毛巾后，征询客人同意后方可撤下	2分	3分 5分 2分 2分	
服务茶水	1. 服务茶水时，应先询问客人喜欢饮用何种茶，适当做介绍并告之价位。 2. 按照先宾后主的顺序为客人倒茶水。 3. 在客人的右侧倒第一杯礼貌茶，以八分满为宜。 4. 为全部客人倒完茶，将茶壶添满水后，放在转盘上，供客人自己添茶	3分	5分 5分 3分	
餐巾服务	1. 服务员依据女士优先、先宾后主的原则为客人铺餐巾。 2. 一般情况下在客人右侧为客人铺餐巾（特殊情况左侧）。 3. 站在客人右侧，将餐巾打开，注意右手在前，左手在后，将餐巾铺在客人腿上，注意不要把胳膊肘送到客人面前（左侧相反）	2分	5分 3分 5分	
送上菜单	1. 保证菜单干净整洁，无破损。 2. 当客人入座后，拿出相应数量的菜单，并打开菜单，站在客人的右后侧，按先宾后主，女士优先的原则，依次将菜单送至客人手中	2分	2分 5分	
撤筷套	1. 在客人的右侧，用右手拿起打开筷套封口，捏住筷子的后端并取出，摆在桌面原来的位置上。 2. 每次脱下的筷套握在左手中，最后一起撤走	2分	5分 3分	
总分		100分		

无论是别人在跟前或者自己单独的时候，都不要做一点卑劣的事情：最要紧的是自尊。 ——毕达哥拉斯

酒店岗位礼仪实训12-9

【实训项目】 餐中服务礼仪。

【实训目标】 通过对餐中有关服务知识的学习和操作技能的训练，使学生了解餐中服务工作的内容和要求，掌握操作程序与标准及服务技巧，同时要注意操作过程中礼仪规范。

【实训学时】 8学时。

【实训方法】 教师先讲解示范，然后学生按程序、标准操作，学生观察并相互点评，教师指导纠正。

【实训考核】 餐中服务礼仪训练考核内容，见表12-10所示。

表12-10 餐中服务礼仪训练考核表

考生单位： 考生姓名：

程序	操作标准	配分		得分
		语言	操作	
上菜、分菜服务	遵守上菜、分菜服务程序与标准	5分	10分	
餐盘、餐具的撤换	1. 撤换餐盘时，要观察客人盘中食物是否吃完，应征得客人同意后才能撤换。 2. 按先宾后主的顺序依次撤换。 3. 使用托盘撤换时，先在客人的右侧撤换餐具，动作要轻、稳。 4. 用过的餐具要及时撤下	5分 5分	5分 5分 5分	
烟灰缸的撤换	1. 烟灰缸内有三个烟头或有明显的杂物时要及时撤换。 2. 撤换时，使用托盘，用右手的拇指和中指捏紧一个干净的烟灰缸的外壁，从客人的右侧将干净烟缸覆盖在已用过的脏烟缸上，将两只烟缸同时移入托盘，然后再将清洁的烟缸放回餐桌		5分 10分	
服务香烟	1. 服务员左手持火柴盒，右手的食指和拇指持火柴底部，由外向里将火柴头盒侧磷面上划着。 2. 右手除食指、拇指而外的其余的三个指头稍向内呈弧形，避免划燃的火苗。 3. 在划火柴时，服务员应侧身避开，待火柴完全燃烧后再送到客人面前。 4. 使用打火机为客人点烟，须事先对其火焰进行检查	5分	10分 10分 5分	
服务酒水	遵守斟酒的服务程序和标准	5分	10分	
总分		100分		

本章小结

前厅服务礼仪规范：礼宾接待礼仪规范、总台服务礼仪规范、大堂副理服务礼仪规范、商务中心服务礼仪规范。

礼宾接待礼仪规范：酒店代表服务礼仪、门厅迎送服务礼仪、宾客行李服务礼仪。

总台服务礼仪规范：预订服务礼仪、接待服务礼仪、问询服务礼仪、结账服务礼仪、总机服务礼仪。

客房服务礼仪规范：迎送服务礼仪规范、日常服务礼仪规范。

餐饮服务礼仪规范：餐厅服务礼仪规范、酒吧服务礼仪规范。

餐厅服务礼仪规范：餐前准备工作、餐前服务礼仪、餐中服务礼仪、餐后服务礼仪。

酒吧服务礼仪规范：酒吧服务员礼仪、调酒师礼仪。

康乐中心服务礼仪规范：游泳池服务礼仪、健身房服务礼仪、桑拿浴室服务礼仪、KTV娱乐中心服务礼仪、保龄球馆服务礼仪。

重点内容

前厅接待礼仪规范　客房服务礼仪规范　餐中、餐后服务礼仪规范

案例分析

迎宾员小张，是某饭店刚刚经过培训上岗的新职工。第一天，他就承担了到机场接机的任务。他的客人是一位欧洲来的商务客人汤姆。飞机晚点，夜幕已经降临，虽然小张饥肠辘辘，但是当他接到汤姆后，仍然很兴奋。从机场到饭店，一路上小张不断地使用英文与汤姆攀谈，小张牢牢地记住培训师对他的告诫："对客人要热情，不要让客人在驱车到饭店的路上感到寂寞，要谈中性话题。"小张将这次接机当作练习听力和口语的好机会。当小张为自己的首次单独完成接机任务而兴奋不已时，却接到了主管打来电话，说汤姆对这位接机员很遗憾。小张百思不得其解。

分析：试从小张、客人汤姆、服务礼仪三个角度，来分析此案例。

基本训练

1．判断题

① 在引领客人时，服务人员一般走在客人的右前方。（ ）

② 斟酒服务时，可以站在客人的左侧，也可以在一个位置为左右两位客人斟酒。（ ）

③ 服务人员在接待工作中，按照"接一顾二招呼三"的接待方式行事。（ ）

④ 酒瓶内不足一杯时，不宜为客人斟酒，瓶底朝天有失礼貌，不可一杯酒用两只酒瓶同斟。（ ）

⑤ 分送菜品时，可视情况把菜从客人肩头越过，或隔人上菜。（ ）

⑥ 请客人在账单上签字时，服务人员让账单的正面朝向自己，把笔套打开，笔尖对着自己，左手递单，右手送笔。（ ）

⑦ 为客人提供点烟服务时，服务员左手持火柴盒，右手的食指和拇指持火柴底部，由外向里将火柴头盒侧磷面上划着。（ ）

⑧ 当客房服务员给客人提供完客房服务后，离开房间时，一般是先道别，再转身走出，到门口后轻轻将门关上。（ ）

⑨ 服务员撤换酒具时，是左手托盘，右手从客人的左侧撤换。（ ）

⑩ 斟倒酒水时，要一次性斟倒要求的酒量，不能续斟。（ ）

2．选择题

① 服务员要做到"三轻"是指（ ）。

A．走路轻　　B．说话轻　　C．操作轻　　D．动作轻

② 服务员在服务过程中要注意客人杯中的酒水，喝到只剩（　）左右时，应及时进行斟倒（　）。

A．1/2　　B．1/3　　C．1/4　　D．没有了

③ 引领客人进入客房后，服务员要做到（　）。

A．放置行李　　B．问茶斟茶　　C．递送毛巾　　D．房间介绍

④ 在处理客人投诉的程序中，最关键的环节是（　）。

A．表示同情和歉意　　B．做好记录

C．为客人解决问题　　D．检查落实

⑤ 客房服务员在"请勿打扰"房到了（　）时，客人仍未离开房间，里面也没有声音，可打电话到该客房。

A．上午10:00　　B．中午12:00　　C．下午14:00　　D．下午18:00

3．简答题

① 前厅接待岗位的服务规范有哪些？

② 简述餐厅迎客服务规范。

③ 餐中服务礼仪有哪些？

④ 客房进门应遵循哪些礼仪？

⑤ 康乐中心游泳池岗位的服务礼仪有哪些？

4．实训题

① 对进出店客人迎宾服务程序进行模拟操作。

② 模拟酒店总服务台人员有礼貌地接待客人预订、入住、结账。

③ 练习引领客人进入客房的礼仪。

④ 模拟客人洗衣服务礼仪，及发现洗坏了衣服时处理的服务礼仪。

⑤ 符合礼仪与操作规范地进行中餐餐中服务。

⑥ 模拟操作康乐中心主要岗位的礼仪。

⑦ 对前厅、餐厅的接待服务工作进行全程模拟礼仪训练。

参考文献

[1] 李莉主编. 实用礼仪教程. 北京：中国人民大学出版社，2002.
[2] 王守勋主编. 待人接物. 北京：中国展望出版社，1986.
[3] 张文编著. 酒店礼仪. 广州：华南理工大学出版社，2003.
[4] 王泽应，李培超，胡建新编著. 公关礼仪学. 长沙：中南工业大学出版社，1998.
[5] 王晓进，曾宪植，周汝忠主编. 公共关系实务大全. 北京：北京工业大学出版社，1994.
[6] 周国宝主编. 现代国际礼仪. 广州：华南理工大学出版社，2006.
[7] 徐爱琴主编. 实用礼仪学. 浙江：浙江大学出版社，2005.
[8] 杨铭铎主编. 旅游服务礼仪. 重庆：重庆出版社，2006.
[9] 艾建玲主编. 旅游礼仪教程. 湖南：湖南大学出版社，2006.
[10] 何丽芳主编. 酒店礼仪. 广东：广东省出版社，2005.
[11] 徐克茹主编. 商务礼仪标准培训. 北京：中国纺织出版社，2007.
[12] 唐树伶，王炎主编. 服务礼仪. 北京：清华大学出版社、北京交通大学出版社，2006.
[13] 于英丽主编. 前厅客房服务技能实训教程. 大连：东北财经大学出版社，2006.
[14] 姜文宏，王焕宇主编. 餐厅服务技能综合实训. 北京：高等教育出版社，2004.
[15] 于英丽主编. 餐厅服务技能实训教程. 大连：东北财经大学出版社，2006.
[16] 李雯主编. 酒店前厅与客房业务管理. 大连：大连理工大学出版社，2005.
[17] 陈妲主编. 旅游交际礼仪. 大连：大连理工大学出版社，2005.
[18] 冯兆军主编. 饭店服务礼仪学习手册. 北京：旅游教育出版社，2006.
[19] 陆永庆，王春林，郑旭华主编. 旅游交际礼仪. 北京：东北财经大学出版社，2006.
[20] 李欣主编. 旅游礼仪教程. 上海：上海交通大学出版社，2004.
[21] 王明景主编. 旅游服务礼仪. 北京：科学出版社，2006.
[22] 徐云松，左红丽主编. 门市操作实务. 北京：旅游教育出版社，2006.
[23] 李嘉珊，刘俊伟主编. 旅游接待礼仪. 北京：中国人民大学出版社，2006.
[24] 黄明亮，刘德兵主编. 导游业务实训教程. 北京：科学出版社，2007.
[25] 魏星主编. 导游语言艺术. 北京：中国旅游出版社，2002.
[26] 孙乐中主编. 导游实用礼仪. 北京：中国旅游出版社，2005.
[27] 王元海，黎美洋，陶华举主编. 旅游宗教文化. 四川：四川大学出版社，2005.
[28] 王晞，牟红主编. 旅游实用礼宾礼仪. 重庆：重庆大学出版社，2002.
[29] 肖彬主编. 形象设计概论. 北京：中国劳动社会保障出版社，2004.
[30] 李永主编. 空乘礼仪教程. 北京：中国民航出版社，2003.
[31] 千舒，陈秋玲主编. 服务礼仪的N个细节. 北京：海潮出版社，2005.
[32] 张湖德，张春彦，车延萍主编. 时尚美容形象设计. 北京：人民军医出版社，2005.
[33] 刘小清主编. 现代营销礼仪. 大连：东北财经大学出版社，2002.
[34] 田文燕，张震浩主编. 顾客服务的艺术服务礼仪. 北京：中国经济出版社，2005.
[35] 张世满，王守恩编著. 中外民俗概要. 天津：南开大学出版社，2005.
[36] 宝胜，舒惠芳主编. 客源国（地区）概况. 北京：机械工业出版社，2006.
[37] 刘金同主编. 实用社交礼貌礼仪教程，北京：北京大学出版社，2007.
[38] 舒伯阳，刘名俭编著. 旅游实用礼貌礼仪. 天津：南开大学出版社，2005.

彩图1　服务人员化妆风格

彩图2　色彩

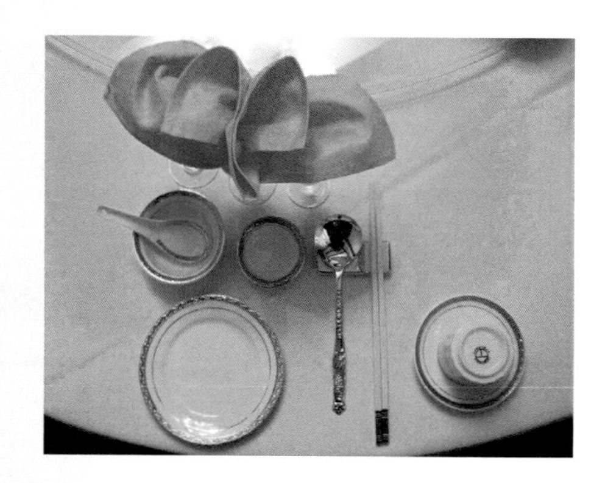

彩图3　中餐餐具

彩图4　西餐餐具

彩图5　满族旗袍

彩图6　朝鲜族住房

彩图7　农乐舞

彩图8　蒙古包

彩图9　馕

彩图10　孔雀舞

彩图11　白族住房

彩图12　苗族服饰

彩图13　大本钟

彩图14　荷兰风车